IPO企业上市财务

问题答疑与案例应用

陈涣波 著

中国法治出版社
CHINA LEGAL PUBLISHING HOUSE

前言
Preface

第三次和新老朋友见面，我倍感荣幸。

IPO疑难点丛书中，我著有《IPO问询疑难点论证及案例剖析》和《破解IPO：疑难点剖析与案例点评》，该系列主要关注IPO的法律方面，而本系列则着重于IPO的财务模块。两个系列相辅相成，内容互不重叠，直击IPO的核心痛点。

财务领域既充满挑战，又极具吸引力。企业上市，财务问题往往是能否成功的决定性因素，也是IPO的核心所在。然而，对于许多企业而言，财务不仅复杂、难以把握，梳理要点和对其进行规范更是艰难。因此，我撰写这个财务系列，旨在提供一套全面、系统、实用的财务指南，助力企业顺利上市。

特点鲜明突出

本系列特色鲜明，延续了之前《IPO问询疑难点论证及案例剖析》《破解IPO：疑难点剖析与案例点评》的风格，即先在正文总结，再用案例解释。在正文中，以通俗易懂的语言解释会计准则；在案例部分，精心挑选了156个案例进行解读。案例均选自典型企业IPO的问询和回复，北京证券交易所、上海证券交易所、深圳证券交易所官方发布的发行上市审核动态，以及财政部发布的收入准则应用案例，力求克服典型疑难问题。这156个案例，没有一个是多余的，没有两个是重复的。每个案例中都穿插了笔者的分析，与正文相互呼应，帮助读者更好地理解和应用。

在排版方面，本系列仍旧延续了之前独特的风格。但不同以往的是，本书首次采用双色印刷。在正文中，会计准则、法规等引用内容用不同的字体并另起一行印刷，重点词句用彩色字体标示；在案例中，问询和回复的重点信息也用彩色字体标出，特别醒目。

这种独特的“标出重点内容+穿插分析”的形式，在所有同类图书中算是独树一帜。我之所以要让图书内容一目了然，是为了帮助读者快速抓住重点，减少阅读负担。希望读者将时间用于思考，而不是浪费在咬文嚼字上。与此同时，我深知，各位IPO从业人员的时间宝贵。因此，我在撰写时力求语言简洁明了，逻辑清晰严谨，避免冗长的理论阐述和空洞的说教。

内容全面翔实

本书聚焦于企业IPO中与收入相关的复杂情形。全书分为两个大专题，每个专题各有7章，围绕“收入”全面展开。

专题一“收入‘五步法’”分布在第1章至第7章，详细介绍了识别合同、识别单项履约义务、确定交易价格、分摊交易价格以及确认收入5个环节。其中，第1章“单项履约义务”介绍了收入确认的五步法模型，并讨论了如何识别合同中的单项履约义务，通过多个场景（如运输服务、知识产权许可、生物医药研发服务等）展示了在不同业务下如何界定单项履约义务。第2章“可变对价”涉及合同中因折扣、返利等因素导致对价金额可能变化的情况。书中特别关注了实务中常见的可变对价问题，如附最低转售价担保、暂定价格、销售返利等情形，并提供了具体的分析方法。第3章“合同变更”探讨了3种合同变更对收入确认的影响，以及如何区分合同变更与可变对价。第4章“应付客户对价”分析了企业该如何辨别应向客户支付对价，以及实务中6种常见的疑难情形。第5章“重大融资成分”讨论了合同中可能包含的融资成分，以及如何评估、处理。第6章“收入确认”解释了时段法与时点法的区别，并讨论了判断履约义务是在时段内履行还是在时点履行的多种容易混淆的情形。在第7章“特殊销售模式”中，我整理了13种特殊销售模式的收入确认问题，如安装、验收、售后代管、寄售、融资租赁等，并提供了36个案例，请读者细心品读。

专题二“特定交易”分布在第8章至第14章，侧重于7种特定类型的交易活动，包括附有销售退回条款的销售、净额法、额外购买选择权、授予知识产权许可、售后回购、客户未行使的权利，以及无须退回的初始费。其中，第8章“附有销售退回条款的销售”讨论了附有销售退回条款的销售业务的处理，包括如何估计退货率、计提负债、调整收入等。第9章“净额法”深入讨论了主要责任人与代理人的判断标准、使用净额法或总额法的情形，以及电子商务平台、寄售等9种不同业务模式的具体应用。第10章“额外购买选择权”，探讨了客户购买额外商品或服务的选择权以及会计处理，特别是在“奖励积分”“销售返利”两大情形中。第11章“授予知识产权许可”介绍了知识产权许可的收入确认方式，包括时段法和时点法的应用前提、特许权使用费销售提成的会计处理等。第12章“售后回购”讨论了售后回购交易的会计处理，强调了回购时点和两大情形的区分方法。客户未行使的权利常见于预收账款的交易中，第13章“客户未行使的权利”阐述了客户未行使的权利如何确认收入。第14章“无须退回的初始费”探讨了客户支付的初始费用，以及这些费用的确认时机。

在这本书中，我结合自己的工作经验和理论知识，从收入“五步法”到特定交易，对IPO中的财务，尤其是收入问题，进行了全面而深入的剖析。我明白，每个企业都是独特的。所以，在撰写过程中，我尽量做到既注重理论知识的讲解——因为那是地基——又结合实际情况给出具体的辨析方法，帮助读者更好地理解和应对企业上市的财务问题。

机遇与挑战并存

企业和投行人正面临着越来越严峻的挑战：一方面，企业需要呈现真实的财务状况以应对监管要求；另一方面，券商、律师、会计师也需要不断提升专业素养和综合能力，以适应行业的发展和竞争压力。严格的监管要求、激烈的市场竞争以及企业不断提高的期望值，都在持续考验我们的专业能力和适应能力。然而，正是这些挑战孕育了机遇。努力学习、研究IPO的相关财务知识，我们可以逐步提升自己的专业水平和市场竞争力，为企业IPO保驾护航，同时还能为自己的职业发展拓宽道路，甚至实现弯道超车。

我希望通过这一系列书籍为广大同人提供一份实用的财务指南，帮助大家在企业IPO工作中少走弯路、提高效率。同时，我也期待本系列书籍能够激发大家对财务知识的兴趣和热情。

无言的感激

作为作者，我为能够和大家分享我在财务领域的心得与见解，撰写本系列图书感到无比荣幸，这不仅是对我多年工作经验的系统梳理，也希望能够帮助那些在上市道路上奋斗的同人解决一些实际问题。愿此书能够成为阁下成功路上的良师益友，陪伴阁下走过企业IPO的每一个难关。希望这本书能够成为各位读者手中的一把利剑，助阁下一臂之力。

在未来的日子里，无论我涉足哪个领域，都会继续在投行深耕，为企业上市提供专业和全面的服务。

衷心感谢所有读者朋友的支持。无论阁下是新朋友还是旧知交，不管我们之间是忘年之交，还是平昔之交，阁下对正版图书的支持，是我继续写下去的动力源泉。未来，这一套财务系列还会有更多的图书陆续出版，请关注我的名字。如果阁下有任何问题、建议，欢迎随时通过邮件（arpaulchan@qq.com）与我联络，我期待与您一起围炉探讨，把酒言欢，共同探讨IPO领域的见解。

最后，我要特别感谢中国法治出版社的韩璐玮、贺鹏娟等多位老师。正因为有了老师们辛勤的付出，这本专业书籍才得以问世。无言的感激！

目录

Contents

专题一　收入“五步法”

专题二　特定交易

案例索引目录

专题一　收入“五步法”

第1章 单项履约义务

履约义务，是指合同中企业[①]向客户转让可明确区分商品的承诺。规定主要出自《企业会计准则第14号——收入》第七条、第九条、第十条、第三十三条、第三十六条、第三十七条以及《监管规则适用指引——会计类第2号》《监管规则适用指引——会计类第4号》。

一、收入“五步法”

根据《企业会计准则第14号——收入》“五步法”模型，收入确认和计量大致分为五步：第一步，识别与客户订立的合同；第二步，识别合同中的单项履约义务；第三步，确定交易价格；第四步，将交易价格分摊至各单项履约义务；第五步，各单项履约义务履行后确认收入。

其中，第一步、第二步、第五步主要与收入的确认有关，第三步、第四步主要与收入的计量有关。请阅读案例“1–1 科拓股份 2021–09”。

识别合同中的单项履约义务是收入“五步法”的第二步，对于后续收入确认至关重要，因为它是确定每个单项履约义务在某一时段内或是在某一时点履约时确认收入的基础。如果识别不准确的话，将会对收入“五步法”模型的后续步骤产生不良的连锁反应。所以，在执行《企业会计准则第14号——收入》时，应当恰当识别并披露合同中的业务活动是构成单项履约义务，还是构成可明确区分的多项履约义务。

① 本系列正文中不刻意区分发行人、公司与企业。

二、如何判断履约义务

单一合同提供多项服务，识别合同中的履约义务，本质上是合同拆分。

合同开始日，企业应当评估合同，识别合同所包含的各单项履约义务，并确定各单项履约义务是在某一时段内履行，还是在某一时点履行。然后，在履行了各单项履约义务时分别确认收入。

企业与客户签订的合同中通常包含履行合同各项条款的承诺。履约义务既包括合同中明确的承诺，当然也包括在合同中并未明确的约定，即由于企业已公开宣布的政策、特定声明或以往的习惯做法等导致合同订立时客户会合理预期企业将履行的隐含承诺。因此，企业在识别合同中的履约义务时，应当将明确、隐含承诺都考虑在内。

识别单项履约义务可分为企业向客户转让可明确区分商品（或者商品或服务的组合）的承诺与企业向客户转让一系列实质相同且转让模式相同的、可明确区分商品的承诺两种情形。

（一）情形一：企业向客户转让可明确区分商品（或者商品或服务的组合）的承诺

在识别单项履约义务时，企业应判断向客户承诺转让的商品或服务本身是否能够明确区分，以及商品或服务在合同层面是否能够明确区分。

1. 可明确区分

合同中承诺的商品或服务构成单项履约义务的必要条件是“可明确区分”，若商品或服务本身不能够明确区分，则可直接判断不能构成单项履约义务。

《企业会计准则第14号——收入》第十条第一款规定：

> 企业向客户承诺的商品同时满足下列条件的，应当作为可明确区分商品：
> （一）客户能够从该商品本身或从该商品与其他易于获得资源一起使用中受益；
> （二）企业向客户转让该商品的承诺与合同中其他承诺可单独区分。

在评估某项商品是否能够明确区分时，应当基于该商品自身的特征，而与客户可能使用该商品的方式无关。因此，无须考虑合同中可能存在的阻止客户从其他来源取得相关资源的限制性条款。换而言之，不用考虑商品或服务是否能够满足特定客户需求，只要该商品本身能够带来价值即意味着可明确区分。

针对上文"可明确区分"中的第一个条件，当企业转让给客户的商品或服务可以由客户使用、消耗或按大于残值的金额出售，或者以产生其他经济利益的方式持有商品时，表明客户能够从该商品本身获益。如果只有把具有不同物理使用性能的标的物加以有机整合，对客户才有使用价值，则应当将组合认定为单项履约义务。

值得注意的是，商品、服务能单独计价、购买，只是判断构成单项履约义务的辅助标准，并非充分条件，关键看是否可明确区分，请参考案例"1-2 三维天地 2021-12""1-8 英方软件 2022-03""1-10 博大科工 2022-03""1-11 联软科技 2021-11""1-12 合合信息 2022-03""1-13 美智光电 2021-12""1-14 森泰股份 2022-02""1-21 浩辰软件 2022-03"。

2. 不可单独区分

企业确定了商品本身能够明确区分后，还应当在合同层面继续评估转让该商品的承诺是否与合同中其他承诺彼此之间可单独区分。

针对"可明确区分"中的第二个条件，《企业会计准则第14号——收入》第十条第二款规定：

> 下列情形通常表明企业向客户转让该商品的承诺与合同中其他承诺不可单独区分：
>
> 1. 企业需提供重大的服务以将该商品与合同中承诺的其他商品整合成合同约定的组合产出转让给客户。
> 2. 该商品将对合同中承诺的其他商品予以重大修改或定制。
> 3. 该商品与合同中承诺的其他商品具有高度关联性。

其中，对于第一项，如果合同承诺的某项商品或服务不可明确区分，企业应当站在合同更高的层面，将合同中承诺的商品或服务进行组合，直到该组合满足可明确区分的条件，请阅读案例"1-15 上交所发行上市审核动态——单项履约义务识别 2024-03"。

第三项中的高度关联性是指合同中承诺的各单项商品或服务之间会受到彼此的重大影响，而非仅存在功能上的单方面依赖。若合同中承诺的多项商品或服务之间具有高度关联性，导致相关商品或服务在合同层面不可明确区分，企业应将商品或服务整体识别为一项履约义务。

（二）情形二：企业向客户转让一系列实质相同且转让模式相同的、可明确区分商品的承诺

企业向客户转让一系列实质相同且转让模式相同的、可明确区分商品的承诺，也应当作为单项履约义务。其中，转让模式相同，是指每一项可明确区分商品均满足在某一时段内履行履约义务的条件，且采用相同方法确定其履约进度。

情形二主要是针对劳务服务。劳务服务可能每天都会发生，如果按天识别为多项履约义务会使会计核算异常烦琐，而且与合同业务实质也不相符。因此，合并为一项履约义务更为合理。

1-1　科拓股份2021-09[①]

根据申报材料：发行人对于智慧停车运营管理业务，在运营服务期间分期确认收入。

请发行人：说明是否存在单一合同提供多项服务的情形，发行人区分单项履约义务的一般原则，识别合同、识别单项履约义务、确定交易价格、确认收入的流程、方法及其合规性。

｜回复｜

一、公司签订合同时存在单一合同提供多项服务的情形

公司在签订合同时，部分项目存在单一合同提供多项服务的情形，主要根据客户需求签订该类合同。

公司在与客户签订部分智慧停车运营管理服务合同时，存在单一合同提供多项服务（包含智慧停车运营管理服务和其他衍生业务）的情形，比如公司和客户签订智慧停车运营管理服务合同时，约定开通电子支付和提供电子发票功能的合同条款。

不同业务类型下的具体服务分别为：（1）智慧停车运营管理服务主要提供停车场运营管理服务（SAAS平台、云岗亭人工服务和金牌售后服务等）；（2）电子

① 本书所有精选的案例皆节选自北京证券交易所、上海证券交易所、深圳证券交易所公开披露的文件、官方发布的发行上市审核动态，以及财政部发布的收入准则应用案例。本书在引用时，除了影响阅读的明显错误之外，不会刻意去修改其中的格式、文字、标点符号、逻辑等错误。另外，公司简称后的日期为被引用案例披露的日期。

支付主要是为停车场开通电子支付功能；（3）电子发票主要是为停车场开通电子发票开具功能。

二、区分单项履约义务的一般原则

根据新收入准则[①]规定，对于公司与客户签订的合同，需要识别单项履约义务。合同开始日，公司对合同进行评估，合同中向客户转让商品或服务的承诺是否可明确区分，并确定各单项履约义务是在某一时段内履行，还是在某一时点履行，然后，在履行了各单项履约义务时分别确认收入。

分　析

判断是否构成单项履约义务首先需要判断是否可明确区分，若商品或服务本身不能够明确区分，则可直接判断不能构成单项履约义务。[②]

三、识别合同、识别单项履约义务、确定交易价格、确认收入的流程、方法及其合规性

分　析

以下是收入“五步法”典型的五大步骤：识别合同、识别单项履约义务、确定交易价格、分摊交易价格、确认收入。

1. 识别合同，相当于在辨认蛋糕。
2. 识别单项履约义务，相当于在寻思将蛋糕切成几份。
3. 确定交易价格，相当于在确认蛋糕有多大。
4. 将交易价格分摊至各单项履约义务，是在切蛋糕。
5. 确认收入，等于在确认几时吃蛋糕。

（一）识别合同

公司在履行了智慧停车运营管理服务合同中的履约义务后，即在客户取得相关服务控制权时确认收入。

当公司与客户签订的智慧停车运营管理服务合同存在合同变更：

① 本系列案例中，新收入准则均指《企业会计准则第14号——收入》。

② 本系列案例中的“分析”一般是针对上文，特别是重点强调的内容。

1.合同变更增加了可明确区分的服务及合同价款，且新增合同价款反映了新增服务单独售价的，公司将该合同变更部分作为一份单独的合同进行会计处理。

2.合同变更不属于上述1规定的情形，且在合同变更日已提供的服务与未提供的服务之间可明确区分的，公司视为原合同终止，同时，将原合同未履约部分与合同变更部分合并为新合同进行会计处理。

3.合同变更不属于上述1规定的情形，且在合同变更日已提供的服务与未提供的服务之间不可明确区分的，公司将该合同变更部分作为原合同的组成部分进行会计处理，由此产生的对已确认收入的影响，在合同变更日调整当期收入。

分　析

合同变更的内容请往下阅读第3章“合同变更”。

（二）识别单项履约义务

合同开始日，公司对智慧停车运营管理服务合同进行评估，识别该合同所包含的各单项履约义务（如智慧停车运营管理服务、其他衍生业务的开通电子支付和提供电子发票），并确定智慧停车运营管理服务和其他衍生业务（电子发票）在某一时段内履行，其他衍生业务（电子支付）在某一时点履行，然后，在履行了各单项履约义务时分别确认收入。

（三）确定交易价格

公司与客户签订的智慧停车运营管理服务合同，明确了各单项履约义务的交易价格，不存在重大融资成分和应付客户对价等，其中：

1.可变对价。

公司与客户的合同中约定的对价金额存在因停车场收益等因素而变化。公司按照最可能发生金额（双方盖章认可的对账凭证）确定可变对价的最佳估计数。

分　析

可变对价的内容请往下阅读第2章“可变对价”。

2.客户支付非现金对价的（如以停车场广告位使用权换取公司智慧停车运营管理服务），公司按照广告位的公允价值确定交易价格，广告位的公允价值不能合理估计的，公司参照其承诺向客户转让服务的单独售价间接确定交易价格。

（四）将交易价格分摊至各单项履约义务

公司与客户签订的智慧停车运营管理服务合同，包含两项或多项履约义务时，合同明确了各单项履约义务的交易价格，无需将交易价格分摊至各单项履约义务。

（五）履行各单项履约义务时确认收入

公司在履行了合同中的履约义务，即客户取得相关服务控制权时确认收入。其中智慧停车运营管理服务和其他衍生业务（电子发票）在某一时段内履行，公司按服务期确定履约进度，按时段确认收入；其他衍生业务（电子支付）在某一时点履行的履约义务，公司按服务完成时为控制权转移的时点，按时点确认收入。

分　析

收入确认的内容请阅读第6章“收入确认”。

综上所述，公司确认收入的流程和方法符合企业会计准则要求。

1-2　三维天地 2021-12

申请材料显示，部分外购软件二次开发实施收入单独就产品及劳务进行计价，发行人项目实施过程中存在变更合同的情形。

请发行人：补充披露外采软件二次开发与实施项目下软件实施与技术服务是否属于单项履约义务，相关收入确认是否符合企业会计准则规定。

｜回复｜

《企业会计准则第14号——收入》第九条规定如下：

“合同开始日，企业应当对合同进行评估，识别该合同所包含的各单项履约义务，并确定各单项履约义务是在某一时段内履行，还是在某一时点履行，然后，在履行了各单项履约义务时分别确认收入。

履约义务，是指合同中企业向客户转让可明确区分商品的承诺。履约义务既包括合同中明确的承诺，也包括由于企业已公开宣布的政策、特定声明或以往的习惯做法等导致合同订立时客户合理预期企业将履行的承诺。企业为履行合同而应开展的初始活动，通常不构成履约义务，除非该活动向客户转让了承诺的商品。

企业向客户转让一系列实质相同且转让模式相同的、可明确区分商品的承诺，也应当作为单项履约义务……”

《企业会计准则第14号——收入》第十条规定如下：

“企业向客户承诺的商品同时满足下列条件的，应当作为可明确区分商品：

（一）客户能够从该商品本身或从该商品与其他易于获得资源一起使用中受益；

（二）企业向客户转让该商品的承诺与合同中其他承诺可单独区分。

下列情形通常表明企业向客户转让该商品的承诺与合同中其他承诺不可单独区分：

1.企业需提供重大的服务以将该商品与合同中承诺的其他商品整合成合同约定的组合产出转让给客户。

2.该商品将对合同中承诺的其他商品予以重大修改或定制。

3.该商品与合同中承诺的其他商品具有高度关联性。”

公司外采软件二次开发与实施项目与自研应用软件产品销售与实施模式的生产方式有所区别，但公司对客户承担的责任义务、计价方式、验收方式并无不同之处，二者的收入确认方式均遵循软件产品销售及实施业务的收入确认原则即以合同中约定的项目验收交付取得验收报告作为收入确认时点。

发行人外采软件二次开发与实施项目中，发行人外采软件移交给客户与发行人提供软件实施与技术服务的业务关系如下：

1.根据公司与客户的合同约定及项目实施情况，公司需将合同中外采软件、外采硬件、自有研发软件进行二次开发的整合，再经过系统测试、适配等工作形成最终产品或解决方案，客户在验收时系对公司交付的整个软件系统进行验收，并未区分销售产品与提供劳务设置不同的验收时点。

因此，发行人向客户所交付的是与项目合同约定的包括软硬件在内的一体化实施项目，即使外采软件与技术实施服务在合同中有进行单独计价，但外采软件与技术实施服务均不能作为单项可明确区分商品单独转让给客户，而是需要将外采软件、技术实施服务与合同中承诺的其他商品整合成合同约定的组合产出转让给客户。该情况符合前述新收入准则中“表明企业向客户转让该商品的承诺与合同中其他承诺不可单独区分”的第一项规定：企业需提供重大的服务以将该商品与合同中承诺的其他商品整合成合同约定的组合产出转让给客户。

分　析

1.某些合同虽然包含多项义务，但企业在与客户商议价格时可能更关注总价，而非其中各项履约义务的价格，从而导致合同中标注的各商品或服务的价款未必代表各项履约义务的单独售价。所以，是否单独计价、签几份合同并不是判断单项履约义务的关键，而应当着重看是否可明确区分。案例中，外采软件与技术实施服务在合同中虽然单独计价，但各类商品须整合才能转让给客户，不可明确区分！

2.先确定为单项履约义务后，交易价格再在各项履约义务中分摊。逻辑顺序不能搞乱！

2.外采软件二次开发与实施项目中，发行人需要根据客户需求，在原装的国外软件基础上，添加不同的模块和功能，以更好地满足不同应用场景的具体需求。发行人提供的软件实施与技术服务对外采软件进行了重大修改或定制化开发，外采软件必须经过定制化的开发、调试后方能交付客户使用。

该情况说明了发行人提供的软件实施与技术服务对外采软件进行了重大修改或定制化开发，符合前述新收入准则中“表明企业向客户转让该商品的承诺与合同中其他承诺不可单独区分”的第二项规定：该商品将对合同中承诺的其他商品予以重大修改或定制。

分　析

“该商品将对合同中承诺的其他商品予以重大修改或定制”是《企业会计准则第14号——收入》第十条中承诺之间不可单独区分的三大情形之一。特别是在软件行业，如本案例中，发行人对外采软件进行了重大修改或定制化开发，发出了不可单独区分的信号。

3.发行人提供的软件实施与技术服务对外采软件进行了重大修改或定制化开发，外采软件必须经过定制化的开发、调试后方能交付客户使用，该情况亦说明了发行人外采软件与软件实施和技术服务具有高度关联性，即使合同中对二者有进行单独计价，并不表示对这种关联性的否定。

该情况符合前述新收入准则中“表明企业向客户转让该商品的承诺与合同中

其他承诺不可单独区分”的第三项规定：该商品与合同中承诺的其他商品具有高度关联性。

分 析

1.“该商品与合同中承诺的其他商品具有高度关联性”是承诺之间不可单独区分的三大情形中最重要的情形，是判断单项履约义务的首选。

2. 是否具有高度关联性等与是否单独计价无关，本案例中，合同虽然对各项义务单独计价，但并不能否定它们之间“具有高度关联性”的事实。

综上，发行人外采软件二次开发与实施项目下软件实施与技术服务符合新收入准则中企业向客户转让该商品的承诺与合同中其他承诺不可单独区分的情形，不属于单项履约义务，发行人相关收入确认符合新收入准则规定。

1-3 宣泰医药 2021-08

招股说明书披露，2019—2020年泊沙康唑肠溶片销售金额分别为5,345.66万元、25,035.93万元。2020年度，美国市场对该类产品需求增加。若除原研药授权仿制药厂商以外的第三家仿制药企业进入市场，则LANNETT不再支付销售奖励；2021年2月，AET的泊沙康唑肠溶片已经获批。

请发行人说明：发行人向LANNETT授予的盐酸安非他酮缓释片的首次发售权与泊沙康唑补充协议条款的关系，首次发售权是否构成单项履约义务、发行人对该项履约义务的对价分摊及会计处理。

| 回复 |

发行人向LANNETT授予的安非他酮的“首次发售权”与泊沙康唑补充协议无实质关联，“首次发售权”不构成单项履约义务，不涉及分摊的会计处理，具体分析如下：

鉴于泊沙康唑肠溶片产品在美国优异的经销成果，发行人与LANNETT建立了双赢的合作关系。出于对LANNETT销售渠道的认可和销售管理能力的肯定，发行人向其授予安非他酮的“首次发售权”，该授予行为仅出于发行人对LANNETT的信任和认可，与泊沙康唑肠溶片的补充协议条款无关联。

但“首次发售权”不构成单项履约义务，因为其本质为“优先谈判权”，具体内容为：供应商目前的安非他酮分销协议届满，或供应商目前的安非他酮分销协议终止（以较早者为准）后，经双方同意，在最终协议所述条款及条件下，LANNETT有权在十五天内就在区域内分销安非他酮，与供应商进行独家协商。即“首次发售权”实质系给予LANNETT优先谈判协商的权利，并无实质代理及销售的权利授予，也无明确的预期经济利益流入，且该优先谈判权利的公允价值难以评估，双方对于售价、权益分成比例等关键条款仍需在后续谈判中协商确定，合作成功的概率也无法评估为95%以上，不能计入或有资产。根据《企业会计准则第14号——收入》（财会〔2017〕22号）的规定，履约义务是指合同中企业向客户转让可明确区分商品的承诺。该“首次发售权”不属于可明确区分商品，故不构成履约义务，也自然不构成单项履约义务。

该“首次发售权”不构成单项履约义务，因此不对其进行收入分摊，也不对其进行会计处理。

分 析

合同中承诺的商品或服务是否构成单项履约义务首先看是否“可明确区分”，案例中，“首次发售权”不属于可明确区分的商品或服务，公允价值又难以评估，无法进入收入“五步法”参与“分配蛋糕”。

综上所述，虽然安非他酮“首次发售权”与泊沙康唑调整出口价格在同一份补充协议中出现，但实质上是两项交易事项，不属于一项履约义务，无需分摊对价。

1-4 招标股份 2021-09

根据申报文件：工程监理业务收入按客户或第三方机构确认的已完成工作量占合同约定总额比例计算项目完工百分比；按照已收或应收的合同金额（不含缺陷责任期金额）确定提供劳务收入总额，但已收或应收的合同金额不公允的除外；缺陷责任期金额在经客户确认的当期，确认收入的实现；零星小额项目在提供的监理服务已经完成，并经客户确认后，确认收入的实现。

请发行人结合新、旧收入准则及相关内容，项目合同条款的约定：补充披露发行人作为全过程工程咨询服务模式企业，发行人工程监理、试验检测等各项服务之间存在何种关系，上述服务之间是否互相独立；发行人对同一工程项目是否同时提供上述多种服务，发行人在签订合同或协议时是否将上述服务作为一揽子服务提供，是否涉及在同一合同或协议下将合同对价在上述不同服务间进行分摊；

若是，请补充披露各项服务是否构成单项履约义务，合同对价分摊的依据和方法是否合理，标准是否一贯。

｜回复｜

1. 发行人各项业务的关系

发行人资质齐备，可以为工程建设项目的各阶段提供服务，具备全过程工程咨询服务的能力。从业务承揽角度来讲，公司六大类业务均服务于客户的工程项目建设的不同阶段，公司可以通过承接前端业务后向后端业务延伸，实现业务的拓展和协同，因此理论上，发行人可先后获取招标服务、勘察设计、工程监理和试验检测、养护加固业务。但是从具体执行角度来讲，客户的需求通常是按阶段顺序先后发生的，完成招标服务后，才会进行到工程监理和试验检测、养护加固等环节。在全过程咨询服务尚处于探索阶段的情况下，客户较少将一个项目的多个或全部阶段的工程咨询委托给发行人实施。报告期内，发行人实施的全过程工程咨询服务业务较少，各项业务均以独立开展为主。

在全过程工程咨询服务中，发行人存在多个子公司以联合体形式为同一个项目提供不同服务的情形，在该种模式下，各项业务的主体工作也在项目建设进展到需要其提供相应服务的阶段开展，实际上也以独立开展为主。但存在一定的交融，主要表现在：①发行人作为牵头方，对各阶段的业务进行整体的管理和监督；②在业务实施过程中，存在多项业务同时发生的情形，比如项目施工阶段存在工程监理、试验检测、工程测量等多种工程咨询服务并行开展的情形。

分　析

若步骤之间联系紧密、相互影响，就暗示着可能存在高度关联性，得视为一项履约义务。本案例中，为工程建设项目各阶段提供的各项服务，是按阶段顺序先后独立开展的，虽有交融，但不具有高度关联性。

2. 同一工程项目提供多项业务不属于一揽子服务，无需对合同对价进行分摊

发行人对同一工程项目存在同时提供多种服务的情况，①除了全过程工程咨询服务，发行人同一工程项目下的多种服务是分开独立与业主或客户签订，各个合同的对价金额不取决于其他合同的定价或履行情况，各个服务构成单项履约义务，故不作为一揽子服务提供，不存在需要将合同对价在不同服务间进行分摊的情形；②在全过程工程咨询服务中，发行人目前签订的全过程工程咨询服务主要是以工程监理牵头签订合同，一种是工程监理结合其他主体作为联合体与业主签订合同，另一种是由工程监理单独与业主签订合同，再由工程监理外包给其他主体。无论是以联合体与业主签订合同还是工程监理与业主签订合同再分包，在全过程咨询服务合同中均已对各项业务的收费标准进行规定，确认各项业务的收费金额，再叠加确定合同金额。故全过程工程咨询服务合同中的各项服务不是作为一揽子服务提供，各项服务构成单项履约义务，合同中已对各个单项业务的金额进行单独约定，各项服务的定价按照单项具体业务参照收费标准计取，不存在需要将合同对价在不同服务间进行分摊的情形。

分 析

多份合同基于同一商业目的而订立并构成一揽子交易的，应当合并为一份合同进行会计处理。而本案例中，各项服务是单项履约义务，不是一揽子交易，不满足合同合并的条件，应单独核算。

第1节 合同合并

合同合并是合同拆分，即识别一份合同中履约义务的反操作。

对于合同合并，《企业会计准则第14号——收入》第七条规定：

企业与同一客户（或该客户的关联方）同时订立或在相近时间内先后订立的两份或多份合同，在满足下列条件之一时，应当合并为一份合同进行会计处理：

（一）该两份或多份合同基于同一商业目的而订立并构成一揽子交易。

（二）该两份或多份合同中的一份合同的对价金额取决于其他合同的定价或履行情况。

（三）该两份或多份合同中所承诺的商品（或每份合同中所承诺的部分商品）构成……单项履约义务。

要将多份合同进行合并，前提是每一份文件都必须符合收入准则中“合同”的明确定义，即合同必须是双方或多方之间订立有法律约束力的权利义务的协议。举例来说，某销售合同条款中，仅约定了商品的销售单价，却未明确约定采购数量，也未约定与转让商品相关的清晰明确的支付条款，那么这份文件就不符合收入准则中关于“合同”的定义。所以，这样的“合同”不能与其他真合同合并。

《企业会计准则第14号——收入》第七条这3个条件，用笔者的话来说，就是“我中有你，你中有我，相互依存，互不独立”。

合同合并所面临的关键问题是：形式上，这些子合同被分别签订、履行，那如何将属于同一个交易的多个子合同合理地辨识出来呢？如果合并不足，即只将部分子合同进行合并；或者合并过度，即将不属于一个交易的子合同合并进来，都无法完整地反映整个交易。

笔者认为，多份合同能否合并，当成一项履约义务，应当从合同的内容以及订立两个方面的“关联性”着手：一是分析子合同内容的关联性；二是看子合同订立过程的关联性。

1-5 昆船智能 2021-11

发行人子公司昆船电子为关联方昆船集团、昆船机械提供配套产品，专项产品按照军方核定价格结算。

请发行人说明：发行人提供的运营维护服务和备品备件销售是否存在“捆绑销售”情形，该业务收入确认方式，相关会计处理的合规性。

|回复|

报告期内，公司与客户的智能物流系统及装备、智能产线系统及装备业务销售合同均未约定“捆绑销售”的相关条款。质保期结束后，客户可自行选择向公司或其他第三方采购运营维护服务、备品备件。报告期内，公司的运营维护服务业务主要通过招投标等程序与其他方竞争后取得；亦存在客户根据备品备件型号向其他第三方采购而非向公司采购的情形。公司提供的运营维护服务和备品备件销售不存在“捆绑销售”情形。

因运营维护服务、备品备件销售与其他业务不存在“捆绑销售”情形，其均为单项履约义务并根据其业务实质要求确认收入，具体情况如下表所示：①

① 为了节省篇幅，本系列引用案例表格中的不重要内容会被省略，但不影响阅读、理解。另外，如无特别注明，表格中金额的单位为“万元”，比例的单位为“%”。

业务类型	收入确认方式
运营维护服务	根据签订的技术服务合同内容，约定提供了相应服务，收到价款或取得收取款项的证据，相关成本能够可靠地计量时，予以确认收入。合同明确约定服务成果需提交设备维护报告书并经客户验收确认的，在取得经客户验收确认后的设备维护报告书时确认收入。合同明确约定服务期限的，在合同约定的服务期限内，按提供服务的进度或次数分期确认收入
备品备件	已经发出并经购货方验收确认，收到价款或取得收取款项的证据，产品销售收入金额已确定，且相关的经济利益很可能流入，产品相关的成本能够可靠地计量

分　析

度量履约进度的方法有产出法、投入法，服务次数是产出法的指标。服务几次，客户心里明镜似的。

如上所述，公司运营维护服务、备品备件销售与其他业务不存在“捆绑销售”情形，不属于《企业会计准则第14号——收入》第七条规定，应当合并为同一份合同进行会计处理的情形，具体分析如下表所示：

会计准则规定	相关分析
企业与同一客户（或该客户的关联方）同时订立或在相近时间内先后订立的两份或多份合同	公司与客户的运营维护服务、备品备件业务合同在对应系统或装备业务合同签署完较长期间后（质保期结束后）签署，不属于同时或相近时间订立
该两份或多份合同基于同一商业目的而订立并构成一揽子交易	公司的运营维护服务、备品备件业务与其相关的系统或装备类合同并非基于相近时间订立
该两份或多份合同中的一份合同的对价金额取决于其他合同的定价或履行情况	公司运营维护服务、备品备件业务定价与对应系统或装备业务定价独立，不存在一份合同对价取决于其他合同的情形
该两份或多份合同中所承诺的商品（或每份合同中所承诺的部分商品）构成本准则第九条规定的单项履约义务	运营维护服务、备品备件与对应的系统或装备业务分别构成独立的单项履约义务

分 析

1. 收入“五步法”，第一步是识别客户合同。若多份合同可以合并为一份合同，则应当捆绑在一起，当成一项整体履约义务处理。不能合并的，应当分别作为单项履约义务处理。

2. 合同能被合并的前提是必须符合收入准则中“合同”的定义。

3. 多份合同能否合并，当成一项履约义务，可以从子合同内容的关联性和订立过程的关联性入手分析。上表就是从以下角度分析的：订立时间是否相近、定价是否独立、履约义务之间是否可明确区分。

因此，公司的运营维护服务、备品备件销售与其他业务不构成多重交易安排，均为单项履约义务，在满足收入确认条件时确认相关收入，相关会计处理方式符合会计准则规定。

1-6 中科英泰 2021-05

根据回复材料，从2018年开始，公司组建了新零售团队，与阿里、京东、腾讯、苏宁易购等互联网巨头建立了业务合作关系。

请发行人说明：发行人与苏宁易购的合作年限，合作过程中采购发行人产品的金额以及具体用途，此次购销合同的具体内容，售回的原因及商业合理性，该事项未认定为销售退回的原因，由该事项认定苏宁为主要供应商的原因，苏宁易购产品回售发行人的具体磋商过程及定价合理性，相关损失和费用如何承担，与此售回事项对应的货物流、资金流具体情况，货物的最终处置情况，该事项的核算以及是否符合会计准则的要求，该事项有无纠纷或潜在纠纷，是否存在潜在利益输送。

| 回复 |

公司从2018年10月与苏宁易购开始合作，苏宁易购采购公司的主要产品为智能交易终端、自助交易终端、智能秤等，包括Anypos600、Selfpos60等产品规格，产品用于旗下的线下零售业态布局和实体店面，其中智能交易终端、智能秤主要用于苏宁小店、苏鲜生等，自助交易终端主要用于家乐福超市卖场、家乐福便利店等。

2020年3月，受苏宁易购内部拓展计划变更影响，苏宁小店开店数量未达预期，造成从公司采购的Anypos600产品积压闲置，且受战略调整影响，苏宁易购未来智能商用终端设备采购倾向于自助交易设备为主，因此苏宁易购与公司商议购回事宜。公司最终同意购回苏宁闲置Anypos600产品基于以下三方面考虑：（1）本次购回的Anypos600产品主要系2019年度售出，为苏宁尚未投入使用的新机，产品配置、技术指标与公司2020年度同类产品不存在较大差异，经改制后可再次售出；（2）公司作为专业的智能商用终端设备制造商，有较好的销售渠道，公司有能力对该产品改制后再实现对外销售；（3）按当时售价约7.5折优惠价格购回，预计产品销售后公司可获得一定的利润，同时减少客户的损失，更有利于双方后期继续合作。

经双方充分协商，公司与苏宁易购子公司苏宁智能科技服务有限公司签订《资产转让协议》，约定："转让方（苏宁智能科技服务有限公司）拥有闲置的苏宁小店收银类资产设备需要转让，受让方愿意依据本协议项下的条件，购买转让方的资产。"该转让协议涉及产品Anypos600共2,016台，转让金额（含税）为734.83万元。同时协议约定："转让资产由转让方负责分批运至受让方指定的收货地并承担相应的运费，受让方指定的收货地址为：山东省青岛市城阳区高新区新业路28号英泰产业园。"

截至2020年12月31日，公司已支付采购款734.83万元，会计确认和列报产成品采购金额650.29万元。

公司认为，在购回产品前，公司与苏宁易购2019年度签订的销售合同中约定的卖方义务除法定质保期产品责任外已履行完毕，收入已满足确认条件，与购回对应的销售款项已收回。销售退回一般是指因存在质量缺陷或未达到合同约定的技术指标进行的合同追责行为，不存在买方需要折价的情况，如存在因质量缺陷等未履行合同义务给买方造成损失情形的还需要承担损失赔偿责任。经查看公司与苏宁易购签订的《业务合作主合同》，其中第三十一条规定："退货范围为问题商品，包括：1.残次品，含用户退换货的商品；2.任何侵犯他人的知识产权或其他民事权利或任何引起有关侵权争议的商品；3.任何被召回的商品；4.滞销品"；第三十四条规定："甲方（本公司）应及时配合乙方（苏宁易购）进行问题商品的处理，乙方可以选择更换或退货。更换或退货的费用由甲方承担。合同到期或无论何种原因造成合同终止，且无论是否续签，乙方均可将库存的问题商品全部进行退货，价格以乙方最近一次进货单价为准。"

公司2019年所售苏宁易购产品均为按照合同订单生产新机，不属于退换货、滞销品，不存在质量、侵权或其他应召回问题，不属于合同约定的问题商品。从实际购回协议和交易结果来看，购回商品由苏宁易购方负责运输至本公司，运输费用由苏宁易购方承担，购回价格3,225.66元/台（不含税）低于本公司对苏宁易购2019年销售单价4,112.19元/台（不含税）。从交易结果可以佐证，本次购回不属于合同约定的问题商品退回。

该批设备购回后，公司依照客户需求进行了改制，共发生改制费用73.75万元。

《企业会计准则第14号——收入》（2017修订）第七条规定：企业与同一客户（或该客户的关联方）同时订立或在相近时间内先后订立的两份或多份合同，在满足下列条件之一时，应当合并为一份合同进行会计处理：

（一）该两份或多份合同基于同一商业目的而订立并构成一揽子交易。

（二）该两份或多份合同中的一份合同的对价金额取决于其他合同的定价或履行情况。

（三）该两份或多份合同中所承诺的商品（或每份合同中所承诺的部分商品）构成本准则第九条规定的单项履约义务。

分 析

多份合同能否合并构成单项履约义务，应当着重分析合同内容与合同订立过程的关联性，看是否构成一揽子交易。

《企业会计准则第14号——收入》（2017修订）第十九条规定：企业应付客户（或向客户购买本企业商品的第三方）对价的，应当将该应付对价冲减交易价格，并在确认相关收入与支付（或承诺支付）客户对价二者孰晚的时点冲减当期收入，但应付客户对价是为了向客户取得其他可明确区分商品的除外。企业应付客户对价是为了向客户取得其他可明确区分商品的，应当采用与本企业其他采购相一致的方式确认所购买的商品。企业应付客户对价超过向客户取得可明确区分商品公允价值的，超过金额应当冲减交易价格。向客户取得的可明确区分商品公允价值不能合理估计的，企业应当将应付客户对价全额冲减交易价格。

分　析

应付客户对价的内容请往下阅读第4章“应付客户对价”。

公司与苏宁易购之间购回Anypos600的资产转让行为不属于销售退回，具有独立的商业目的，与前期销售合同不构成一揽子协议，不存在与其他产品构成单项履约义务的情形。同时，公司向苏宁易购支付的对价是为了向其取得可明确区分的商品，购回价格是在考虑了产品成新率、改装成本、合理的商业利润等因素基础上双方协商的结果，对价基本反映了该等商品的公允价值，应该采用与发行人其他采购相一致的方式以采购成本确认所购买的商品。因此，公司按照产成品采购进行会计处理和列报符合企业会计准则规定。

分　析

1.若企业自客户处取得了可明确区分的商品或服务，并且能够从主导商品或服务的使用中获益，那么企业应当采用与本企业其他采购相一致的方式确认所购买的商品，即分别对销售和购买业务进行处理，而非应付客户对价。本案例中，发行人从苏宁易购购回旧品，改装后再对外销售，与之前向苏宁易购的销售无关。一销一购，一收一付，分别处理。

2.本案例中，公司向苏宁易购购回自己的产品，是为了改制后再对外销售，不是销售退回，且定价、产品、收付款前后无关联，与前期的销售合同不构成一揽子协议。

截至2020年末，公司向苏宁易购销售购回产品对应的销售款项已收回，公司从苏宁易购购回相关产品对应的价款已支付完毕，就购回产品不存在纠纷以及潜在纠纷迹象。

公司与苏宁易购为完全独立的法人单位，不存在因股权投资、重大技术、市场依赖等其他关联关系，不存在潜在利益输送行为。

1-7　工大科雅 2021-10

根据申报材料，报告期内发行人营业收入分别为27,976.89万元、30,428.63万元、30,758.12万元，主要产品包括智慧供热解决方案和智慧供热服务。根据行业

惯例，客户一般在每年二、四季度进行验收，具有明显的季节性特征。此外，发行人各类业务主要根据客户验收凭证、合同履约进度、服务期限等进行收入确认。

请发行人：结合具体项目说明同一项目内不同合同内容及不同合同之间进行合并的方法及合规性。

｜回复｜

1.《企业会计准则》对合同并事项的有关规定

根据《企业会计准则第14号——收入》第七条，“企业与同一客户（或该客户的关联方）同时订立或在相近时间内先后订立的两份或多份合同，在满足下列条件之一时，应当合并为一份合同进行会计处理：(一）该两份或多份合同基于同一商业目的而订立并构成一揽子交易。(二）该两份或多份合同中的一份合同的对价金额取决于其他合同的定价或履行情况。(三）该两份或多份合同中所承诺的商品（或每份合同中所承诺的部分商品）构成本准则第九条规定的单项履约义务”。

根据《企业会计准则第14号——收入》第九条，“履约义务，是指合同中企业向客户转让可明确区分商品的承诺”。

根据《企业会计准则第14号——收入》第十条，“企业向客户承诺的商品同时满足下列条件的，应当作为可明确区分商品：(一）客户能够从该商品本身或从该商品与其他易于获得资源一起使用中受益；(二）企业向客户转让该商品的承诺与合同中其他承诺可单独区分。下列情形通常表明企业向客户转让该商品的承诺与合同中其他承诺不可单独区分：1.企业需提供重大的服务以将该商品与合同中承诺的其他商品整合成合同约定的组合产出转让给客户。2.商品将对合同中承诺的其他商品予以重大修改或定制。3.该商品与合同中承诺的其他商品具有高度关联性”。

2.发行人同一项目内不同合同之间进行合同合并的方法及合规性

报告期内，发行人的个别客户基于其内部管理的要求或项目所处阶段的实施需要，将同一项目所需的产品和工程施工（主要内容为产品的安装、调试等服务）分别履行招标或采购流程，进而与发行人签署两个以上不同性质（采购内容）的合同。常见情形包括：针对同一项目与发行人分别签订一份产品销售合同和一份工程施工合同，或者针对同一项目与发行人分别签订多份产品销售合同和一份工程施工合同等。

由于上述情况符合《企业会计准则第14号——收入》第七条第一项“该两份或多份合同基于同一商业目的而订立并构成一揽子交易”的规定，故应进行“合同合并”处理，即将上述就同一项目分开签订的产品销售合同和工程施工合同合并作为一份合同进行处理。

3. 发行人同一项目内不同合同内容之间进行履约义务合并的方法及合规性

报告期内，同一项目内不同合同内容之间的合并以构成单项履约义务为前提。具体判断方法为：根据《企业会计准则第14号——收入》第十条，发行人评估同一项目内的不同合同内容之间是否构成“不可单独区分的承诺”，如是，不同合同内容合并为一项单项履约义务进行处理。常见情形包括：①发行人与客户签订的智慧供热解决方案合同约定，产品安装完毕并调试运行后，客户进行验收，客户在验收后产生支付剩余货款的义务；验收完成前，即便产品已经交付或使用，但仍由发行人承担主要风险，客户不承担付款责任。②发行人的工程施工等承诺或义务包含在产品销售合同中，不单独约定工程施工的具体价格等信息。

由于上述情况符合《企业会计准则第14号——收入》第十条第二款中“1.企业需提供重大的服务以将该商品与合同中承诺的其他商品整合成合同约定的组合产出转让给客户。2.该商品将对合同中承诺的其他商品予以重大修改或定制。3.该商品与合同中承诺的其他商品具有高度关联性”，即发行人的设备销售和工程施工不属于“可明确区分商品的承诺”，故设备销售和工程施工等不同内容应合并为一项整体履约义务进行会计处理。

报告期内，除个别项目仅涉及单纯硬件产品销售或工程施工内容外，发行人与客户签订的其他各类智慧供热解决方案项目合同均存在同一项目内不同合同内容之间进行合并的情形。

综上所述，发行人同一项目内不同合同之间进行合并的方法主要依据“该两份或多份合同基于同一商业目的而订立并构成一揽子交易”，同一项目内不同合同内容之间进行合并的方法主要依据合同约定的单项履约义务，上述合并的方法正确，具有合规性，符合《企业会计准则》的规定和公司业务的特点。

分 析

1. 本案例是少数需要合并为一项整体履约义务的案例。

2.《企业会计准则第14号——收入》第七条规定的3个合同合并的条件，只要满足其一，就应当将多份合同视为一份合同。其中，第一个条件，即“该两份或多份合同基于同一商业目的而订立并构成一揽子交易”，是最常见的判断依据。

3. 本案例中，虽然设备销售和工程施工分别签了合同，但属于“不可明确区分”的商品，构成一揽子交易，故合并成一份合同。

第2节　质量保证服务

对于附有质量保证条款的销售，企业应当评估该质量保证是否在向客户保证所销售商品符合既定标准之外提供了一项单独的服务。

1. 保证类质量保证

法定的或者承诺的质量保证服务是为了保护消费者权益，使消费者免遭因产品瑕疵造成的损失。质量保证必须依附于商品而存在，如果独立于商品之外就没有任何价值，它本身不能明确区分，与产品销售具备高度关联性。因此，法定要求、企业承诺履行的质量保证一般不是单项履约义务，而应当按照《企业会计准则第13号——或有事项》的规定处理。但即使是或有事项，如果产品质量保证费用的金额占当期营业收入的比例较小，或金额无法准确、可靠计量，或者预计需要承担质量保证义务的可能性较低、后续的维护成本较小，可直接将实际发生的费用计入当期损益，不用计提与质量保证相关的预计负债，参见案例“1-8 英方软件 2022-03”“1-9 宏德股份 2021-10”“1-10 博大科工 2022-03”。

2. 服务类质量保证

质量保证期限越长，越有可能构成单项履约义务。法定要求、企业承诺履行的免费维保期过后，企业提供收费的额外服务，客户有需要的可以单独购买的，这类质量保证一般构成单项履约义务，用直线法在期间内确认收入，参见案例“1-8 英方软件 2022-03”“1-12 合合信息 2022-03”“1-21 浩辰软件 2022-03”。但也不一定，实践中，质量保证服务能不能单独计价、购买，是不是免费，只是判断是否构成单项履约义务的辅助标准，不是充分条件，关键要看是否可明确区分，参见案例“1-11 联软科技 2021-11”。

如果企业必须履行某些特定的任务以保证所转让的商品符合既定标准，如企业负责运输被客户退回的瑕疵商品，这些特定的任务可能不构成单项履约义务。

1-8　英方软件 2022-03

根据申报材料：公司向客户销售软件产品时提供一年免费维保，免费维保期后提供收费维保服务，一般定价为对应销售合同价格的10%。公司在实际签订软件销售合同时，存在部分销售合同为客户提供超过一年的免费升级服务，公司将

超过行业惯例的一年的免费维保服务识别为单项履约义务。

请发行人说明：一年免费维保服务与收费维保服务的具体差异，未将免费维保服务识别为单项履约义务是否符合企业会计准则的规定；超过一年的免费维保服务识别为单项履约义务的具体会计核算方法，收入分摊情况；是否针对一年免费维保服务计提质保金，报告期各期实际发生金额、质保金计提的充分性。

｜回复｜

1.一年免费维保服务与收费维保服务的具体差异

公司的软件产品一般会有免费维保期，期限以1年为主。免费维保期内，公司主要提供以下服务内容：一是通过电话、邮件等方式向客户提供使用过程中的技术咨询服务；二是通过网络提供补丁程序包方式向客户提供Bug修复、安全补丁等日常版本升级、更新售后服务。免费维保到期后，客户不再获得公司的除Bug修复补丁外的其他服务，但仍能够持续使用公司的软件。

免费维保期后，客户可通过购买收费维保服务，除继续获得上述服务内容，还可实现原有产品版本的迭代升级。客户购买收费维保主要是为了继续满足其软件版本迭代升级需求，以获得迭代升级版本的新功能，或解决后续可能由于自身业务系统升级或更换服务器、操作系统而出现的不兼容问题。客户可从公司提供的维保服务中获取对应的经济利益。

2.未将免费维保服务识别为单项履约义务是否符合企业会计准则的规定

公司向客户销售软件产品而提供一年免费维保服务，符合行业惯例，主要是为客户在维保期限内正常使用软件产品所提供的售后技术咨询、缺陷修复改进、维护版本日常更新等服务，确保客户所购买的软件产品在使用过程中不会出现故障。

公司提供的一年免费维保服务是对所销售产品在一定期限内符合约定质量要求提供的基本保障，与软件销售具备高度关联性，仅使客户避免因商品质量问题而导致的损失，不会因此获得新的经济利益，系符合行业惯例的质量类保证，并非向客户提供的一项单独服务。因此，公司未将一年内的免费维保服务识别为单项履约义务符合企业会计准则的规定。

分 析

法定或承诺的质量保证服务与产品销售具备高度关联性，一般不构成单项履约义务。

3. 超过一年的免费维保服务识别为单项履约义务的具体会计核算方法，收入分摊情况

2020年1月1日，发行人开始实施新收入准则，将维保期超过一年的免费维保服务识别为单项履约义务，且每一年度分摊金额为该笔软件销售收入的10%。超过一年部分的免费维保服务自2021年起随着服务期间摊销而开始确认收入。2021年1—6月，一年以上免费维保服务确认收入10.87万元。

分　析

1. 超过合理期限的维保服务，不管是免费还是收费，一般均构成单项履约义务。这里的合理期限一般是指行业、合同惯例。

2. 其实，是不是单项履约义务跟收不收费没关系，得看是否可明确区分。

4. 是否针对一年免费维保服务计提质保金，报告期各期实际发生金额、质保金计提的充分性

公司的产品系经过多年迭代开发的成熟产品，且在实际推向市场前经过了严格的测试。作为标准化的软件，公司产品在实际售后过程中，日常所面对的问题主要集中在客户对于软件使用的咨询和简单的Bug修复，费用发生的金额较小，故公司在相关费用发生时直接计入当期费用，而未单独计提质保金。

分　析

免费的质量保证服务需要计提质保金。但现在的趋势是，金额小或占比不重大的，可以直接计入当期费用，不单独计提预计负债。

1-9　宏德股份 2021-10

申报文件显示：发行人销售费用中售后服务费分别为112.30万元、245.45万元、137.20万元和44.21万元，系产品销售后因质量问题而发生的维护费用。

请发行人：

一、结合发行人对主要客户质量保证约定、产品质量保证典型合同条款，分析并披露发行人是否计提预计负债、计提比例、计提比例是否能够覆盖实际发生的产品质量保证费用，如未计提预计负债的，其原因及合理性

｜回复｜

发行人未针对质量保证条款计提预计负债，原因如下：

1.发行人产品质量稳定，报告期内，发行人退换货金额占当期营业收入的比例分别为0.57%、1.14%、0.30%和0.44%，占比较低；

2.发行人产品如发生质量问题，通常在客户生产检验环节即可发现，一般在确认收入的当期就能够收到客户提出的质量异议并及时处理，出现跨年度未处理产品质量异议的情况较少；

3.发行人的同行业可比上市公司日月股份、吉鑫科技均未针对质量保证条款计提预计负债。

综上，发行人未计提预计负债，按照当期实际发生的产品质量保证费用计入当期损益，与同行业可比上市公司会计政策一致。

分　析

质量保证服务一般需要计提质保金。但现在实践中的趋势是，金额小或占比不重大的，如本案例中，报告期内，退换货的金额占当期营业收入的比例分别为0.57%、1.14%、0.30%和0.44%，占比很小，则可以直接将当期实际发生的产品质量保证费用计入当期损益，无须单独计提负债，省事不少。

二、披露新收入准则下发行人产品质量保证义务是否构成单项履约义务及相关会计处理

｜回复｜

根据财政部2017年7月发布的《企业会计准则第14号——收入》(财会〔2017〕22号)(以下简称新收入准则)第三十三条规定：对于附有质量保证条款的销售，企业应当评估该质量保证是否在向客户保证所销售商品符合既定标准之外提供了一项单独的服务。企业提供额外服务的，应当作为单项履约义务，按照本准则规定进行会计处理；否则，质量保证责任应当按照《企业会计准则第13号——或有事项》规定进行会计处理。在评估质量保证是否在向客户保证所销售商品符合既定标准之外提供了一项单独的服务时，企业应当考虑该质量保证是否为法定要求、质量保证期限以及企业承诺履行任务的性质等因素。客户能够选择单独购买质量保证的，该质量保证构成单项履约义务。

根据发行人与客户签订的合同，发行人与金风科技等客户约定的质保期为自货物交付至买方并经买方验收合格之日起7,300个自然日（即20年），同时，在技术规格条款中约定：卖方提供买方认可的产品使用寿命证明文件，在合同中无明确约定的，按20年使用寿命确定。发行人未将超过通常合同惯例的长保质期条款作为单项履约义务进行，主要原因为：

1. 20年是风力发电机组设计寿命的行业要求

根据中华人民共和国机械行业标准《风力发电机组设计要求》（JB/T10300–2001）第5.2.2条，标准风力发电机组的设计寿命应至少20年。金风科技等客户为风电整机制造商，根据上述行业标准，该等客户组装的风电机组的设计寿命通常为20年，因此，该等客户要求为其提供关键部件的供应商提供的质保期也为20年。

2. 发行人轮毂、底座等风电设备专用件后期发生的维护成本很小

根据中国科学院工程热物理研究所出版的《风电机组全寿命周期性能研究》，风电机组的设计寿命通常为20年，在其服役的生命周期中，风电叶片是风电机组更换次数最多，维护成本最大的一个部件。相对而言，发行人轮毂、底座等风电设备专用件后续发生的维护成本相对较小。

综上，金风科技等客户要求的20年质保期，是其依据风电机组使用寿命行业标准而确定的。发行人提供20年质保期，为了保证所销售的产品符合既定标准，在质保期间，由于铸件产品特性，发行人一般无需额外提供运营维护，因此，发行人提供的20年质量保证，不构成单项履约义务。

因发行人产品质量保证义务不构成单项履约义务，且销售后因质量问题返厂维修而产生的售后维修费金额较小，发行人未对产品质量保证义务计提预计负债，未进行单独的会计处理。

分　析

一般来说，质量保证期限越长，越有可能构成单项履约义务。保质期一般不会有本案例中的20年这么长，但各行业有其特殊的要求、惯例，质保期符合行业惯例一般不作为一项单项履约义务。

1-10　博大科工 2022-03

申报文件显示：报告期各期，发行人销售费用金额分别为1,149.59万元、

1,004.87万元和624.97万元，其中包装费分别为254.70万元、328.07万元、290.16万元；质量保障费用466.24万元、195.80万元、135.57万元，系因产品质量瑕疵而支付给客户的赔偿款；职工薪酬94.51万元、71.78万元、99.31万元；并发生零星保险费用。

请发行人：

一、说明质量保障费用发生的具体原因，报告期是否因产品瑕疵流失重要客户情形，质量保障费用、包装费用、保险费用的会计处理是否符合《企业会计准则》规定，是否构成单项履约义务

｜回复｜

（一）说明质量保障费用发生的具体原因，报告期是否因产品瑕疵流失重要客户情形

公司质量保证费用主要系因产品质量瑕疵而支付给客户的赔偿款，根据公司与主要客户签署的供货合同，若产品出现质量问题，需要向客户赔偿由此造成的损失，主要包括检验费用、分拣费用、测试费用、返工费用、报废费用等。报告期内，公司质量保证费用主要系向法雷奥、华达供应的空调系统零部件产品出现少量浸渗、泄漏问题，由此向其支付的索赔款。

报告期内，公司未发生因产品质量瑕疵而流失重要客户的情形。报告期内，公司持续为客户供应稳定可靠的汽车零部件，及时响应客户反馈的产品质量问题，2018年初由于对法雷奥的部分新产品正处于产能爬坡过程中，生产工艺尚不稳定，由此出现部分不良品，属于汽车零部件生产过程中的正常现象，随着公司强化质量管理，生产工艺不断改善，产品质量逐渐稳定，公司对法雷奥销售规模逐年提升，双方业务合作不断加强。

（二）质量保障费用、包装费用、保险费用的会计处理是否符合《企业会计准则》规定，是否构成单项履约义务

1.质量保障费用

根据新收入准则有关规定：对于附有质量保证条款的销售，企业应当评估该质量保证是否在向客户保证所销售商品符合既定标准之外提供了一项单独的服务。企业提供额外服务的，应当作为单项履约义务，按照本准则规定进行会计处理；否则，质量保证责任应当按照《企业会计准则第13号——或有事项》规定进行会计处理。在评估质量保证是否在向客户保证所销售商品符合既定标准之外提供了一项单独的服务时，企业应当考虑该质量保证是否为法定要求、质量保证期

限以及企业承诺履行任务的性质等因素。

根据公司与主要客户签署的销售合同，公司对客户提供的质量保证仅系保证产品满足正常的质量标准，即保证类质量保证，公司未额外提供单独的服务，客户亦不能单独购买该质量保证服务，相关质量保证不构成单项履约义务。公司在质量保证费用实际发生时，计入当期损益，相关会计处理符合《企业会计准则》的有关规定。

分　析

质量保证服务能不能单独计价、购买，是不是免费，只是判断是否构成单项履约义务的辅助标准，不是充分条件，切记。

2. 包装费用

公司包装费用主要系塑料托盘、隔板、缠绕膜等包装物料支出。根据公司与主要客户签署的销售合同，一般要求公司按照客户的标准要求对产品进行包装，相关包装活动不是可明确区分的服务，系与交付的产品密切相关，客户无法单独从包装活动中受益，因此不构成单项履约义务。

公司包装物一般系重复循环使用的周转材料，在运往客户处后一般会回收重复使用，相关包装物无法对应特定销售合同，对应包装费支出不是为履行特定合同而发生的增量成本，无法在尚未履行的与已履行（或部分履行）的履约义务之间进行区分，不构成合同履约成本，在发生领用时一次性计入当期损益，相关会计处理符合《企业会计准则》的有关规定。

3. 保险费用

保险费用主要系购买商业综合责任险所发生的支出。根据公司与主要客户签署的销售合同，一般要求公司购买涵盖产品责任、汽车召回等汽车零部件行业通用范围的保险，该条款系与交付产品密切相关，无法单独区分，不构成单项履约义务。

根据公司投保的商业综合责任险合同，被保险产品涵盖公司销售给主要客户的产品，保险期限系未来一段期间，相关保险支出无法对应特定的客户销售合同，且无法在尚未履行的与已履行的履约义务之间进行区分，不构成合同履约成本，公司将保险支出直接计入当期损益，相关会计处理符合《企业会计准则》的有关规定。

分　析

1. 判断是否构成单项履约义务首先应当判断商品之间可否明确区分。坦白来说，如果识别成单项履约义务，后续会有分摊交易价格、分别确认收入等好多麻烦事。所以，如案例中的包装费用、保险费用等琐碎事项，尽量不识别为单项履约义务。

2. 识别合同履约成本与识别单项履约义务同理，都是看可否明确区分。

综上，公司产品质量保障、包装和产品保险均不构成单项履约义务，相关费用支出不构成合同履约成本，公司相关会计处理符合《企业会计准则》的有关规定。

二、发行人是否根据合同条款计提质保相关的预计负债，并分析说明相关预计负债计提的充分性

｜回复｜

公司质量保证费用主要系因产品质量瑕疵而支付给客户的索赔款，报告期内发生额分别为466.24万元、195.80万元、135.57万元和93.01万元，占营业收入的比例分别为1.55%、0.56%、0.35%和0.43%。公司在质量保证费用实际发生时计入当期损益，未计提质保相关预计负债，主要系报告期内公司质量保证费用金额及占比总体较小，系在部分新产品量产爬坡过程中发生，相关支出发生具有一定的不确定性，金额无法准确可靠计量，因此未计提相关预计负债。

同行业可比公司针对质量保证费用会计处理情况如下：

公司	会计处理
爱柯迪	以公司历年的质量损失的实际发生额作为参考依据，按照公司当年销售收入的一定比例计算应保留的质量保证费用，并据此计提当期质量保证费
文灿股份	未计提产品质量保证相关预计负债，于发生时计入销售费用
泉峰汽车	未计提产品质量保证相关预计负债，于发生时计入生产成本
嵘泰股份	未计提产品质量保证相关预计负债

分　析

不计提产品质量保证为预计负债，直接计入当期损益好像成为一种趋势。

可以看出，除爱柯迪外的同行业可比公司均未针对产品质量保证计提预计负债，系于实际发生时计入产品成本或当期损益。公司质量保证费用相关会计处理符合实际业务情况和行业惯例，符合《企业会计准则》的相关要求。

1-11 联软科技 2021-11

根据招股说明书，本公司的营业收入分为网络安全产品及技术服务收入。网络安全产品以签收或验收确认收入；技术服务是指为客户提供的维保服务、安全咨询及服务。发行人与客户签订的销售合同中，存在销售软件并赠送驻场服务条款的合同，该类合同在新旧会计准则的处理上存在差异。根据相关合同，客户认为必要时，发行人需要修改软件以增加客户要求的合理的功能。

请发行人说明：

一、除将驻场服务拆分为单项履约义务外是否还有其他单项履约义务，拆分出的单项履约义务为某一时点还是某一时段履约义务以及确认依据

｜回复｜

1.除将驻场服务拆分为单项履约义务外是否还有其他单项履约义务

根据《企业会计准则第14号——收入》（财会〔2017〕22号）第九条，合同开始日，企业应当对合同进行评估，识别该合同所包含的各单项履约义务，并确定各单项履约义务是在某一时段内履行，还是在某一时点履行，然后，在履行了各单项履约义务时分别确认收入。履约义务，是指合同中企业向客户转让可明确区分商品的承诺。履约义务既包括合同中明确的承诺，也包括由于企业已公开宣布的政策、特定声明或以往的习惯做法等导致合同订立时客户合理预期企业将履行的承诺。企业为履行合同而应开展的初始活动，通常不构成履约义务，除非该活动向客户转让了承诺的商品。

根据合同约定，公司提供的主要履约义务包括：销售标的物、安装调试服务、一定期限的免费售后服务、驻场服务，公司将其识别为产品销售及驻场服务两项履约义务。具体情况如下：

……

基于新收入准则的相关规定，对于公司与客户签订的销售软件并赠送驻场服务的合同，公司自2020年1月起执行新收入准则将驻场服务拆分为单项履约义务；除此之外，公司将销售标的物、提供安装调试服务及一定期限的免费售后服务识别为单项履约义务，不进行拆分。

分 析

是否单独计价、收不收费并不是判断是否构成单项履约义务的充分条件，应着重看可否明确区分。本案例中的驻场服务等虽为赠送，但能够明确区分，则应识别为单项履约义务。

综上，公司除基于新收入准则的要求将赠送的驻场服务拆分为单项履约义务外，销售合同中不存在其他需要拆分的单项履约义务。

2.拆分出的单项履约义务为某一时点还是某一时段履约义务以及确认依据

《企业会计准则第14号——收入》(财会〔2017〕22号)第十一条规定：满足下列条件之一的，属于在某一时段内履行履约义务；否则，属于在某一时点履行履约义务：(一)客户在企业履约的同时即取得并消耗企业履约所带来的经济利益。(二)客户能够控制企业履约过程中在建的商品。(三)企业履约过程中所产出的商品具有不可替代用途，且该企业在整个合同期间内有权就累计至今已完成的履约部分收取款项。具有不可替代用途，是指因合同限制或实际可行性限制，企业不能轻易地将商品用于其他用途。有权就累计至今已完成的履约部分收取款项，是指在由于客户或其他方原因终止合同的情况下，企业有权就累计至今已完成的履约部分收取能够补偿其已发生成本和合理利润的款项，并且该权利具有法律约束力。

单项履约义务	分 析	某一时段/时点履约义务
约定销售标的物、安装调试服务、售后服务	在产品安装调试完成前，客户无法取得经济利益，也不能控制履约过程在建的商品，发行人整个合同期间内无权就累计至今已完成的履约部分收取款项	属于某一时点履约义务
驻场服务	驻场服务系根据客户具体要求派出工程师常驻客户现场，为客户进行日常维护的服务。服务期内，企业消耗人力成本，客户能获得驻场服务带来的经济利益，即客户在发行人履约的同时即取得并消耗发行人履约所带来的经济利益，符合条件(一)	属于某一时段履约义务

分 析

1.《企业会计准则第14号——收入》第十一条是判断属于某一时点还是某一时段内履约义务的金标准，详细请往下阅读第6章“收入确认”。

2.驻场服务，是在整个履约期间内平均发生的，按照直线法确认收入最合适。

综上所述，约定销售标的物并提供安装调试服务和售后服务属于某一时点履约义务，驻场服务属于某一时段履约义务。

二、“按照其单独售价的相对比例将交易价格分摊”中“相对比例”如何确定及确认依据，相关收入合同条款如何确定

|回复|

《企业会计准则第14号——收入》(财会〔2017〕22号)规定：合同中包含两项或多项履约义务的，企业应当在合同开始日，按照各单项履约义务所承诺商品的单独售价的相对比例，将交易价格分摊至各单项履约义务。企业不得因合同开始日之后单独售价的变动而重新分摊交易价格。企业在类似环境下向类似客户单独销售商品的价格，应作为确定该商品单独售价的最佳证据。单独售价无法直接观察的，企业应当综合考虑其能够合理取得的全部相关信息，采用市场调整法、成本加成法、余值法等方法合理估计单独售价。在估计单独售价时，企业应当最大限度地采用可观察的输入值，并对类似的情况采用一致的估计方法。

公司单独标价销售的驻场服务平均售价约为1,000元/人/天，按照全年250个工作日测算，平均售价为25.00万元/人/年。根据奇安信披露信息，奇安信技术支持与安全服务团队人均单价为800—1,100元/天，公司与同行业水平接近。根据企业在类似环境下向类似客户单独销售商品的价格，应作为确定该商品单独售价的最佳证据，因此公司按照25.00万元/人/年对合同中赠送的驻场服务进行分摊。

对包含赠送驻场服务的合同，收入确认具体方法如下：

步骤	具体工作
1	根据合同中约定的赠送驻场服务的人数、天数，按照25.00万元/人/年标准，计算驻场服务的价格
2	销售产品部分的价格=合同总金额–驻场服务的价格

续表

步骤	具体工作
3	在取得客户出具的产品验收报告时，一次确认销售产品相关的收入
4	在驻场服务期内，采用直线法分期确认驻场服务收入

分　析

驻场服务是免费的，但是其是单项履约义务。先推算出驻场服务的价格，再倒推出产品的价格，然后分别确认收入。在本案例中，用在类似环境下向类似客户单独销售商品的价格，即纯人工费用倒推出驻场服务的单独售价，值得借鉴。

三、如出现应客户需求修改软件功能情形时的收入确认时点，是否出现提前确认收入情形

｜回复｜

公司个别销售合同存在如下条款：“公司应当在客户要求时或公司认为必要时，修改许可软件以增加客户要求的合理的功能，且公司应当承担该修改的成本，公司主动修改软件的，不得影响客户对软件的正常使用。”

上述条款来源于大型客户提供的软件采购标准合同模板，是保障客户权利的兜底性条款。实践中，公司与客户签订的合同已明确约定销售产品内容、产品配置及清单明细，且公司业务人员通过方案说明、产品演示等方式详细告知客户销售产品标的的具体内容。通常情况下，合同签订后不存在客户要求修改软件功能的情况。

此外，公司持续对产品进行更新迭代的过程中，对软件产品的修改不会影响客户对购买产品的正常使用，不存在因公司主动修改软件导致客户无法正常使用的情况。

综上所述，应客户需求修改软件功能的合同条款系个别客户的兜底性条款，通常情况下，合同签订后不存在客户要求修改软件功能的情况，亦不存在因公司主动修改软件导致客户无法正常使用的情况，公司不存在提前确认收入的情形。

分 析

对产品的修改不会影响客户对产品的正常使用，也就不会影响商品控制权的转移，即收入确认的时点。

1-12 合合信息 2022-03

根据招股说明书，发行人将一定期间内对客户提供升级、更新及技术支持服务识别为一项单独履约义务并在服务期内分期确认收入，B端场景化解决方案业务直销模式下发行人收款节点包括终验后稳定运行后一段时间/技术维护升级服务期满。

请发行人说明：B端场景化解决方案业务中的技术维护升级服务是否为一项单项履约义务，该业务的具体收入确认时点。

| 回复 |

公司将B端场景化解决方案业务中的技术维护升级服务识别为一项单项履约义务。技术维护升级服务内容主要为提供升级、更新及技术支持服务等服务，该项服务一般首年免费，次年收费。

1. B端场景化解决方案业务中的技术维护升级服务是否为一项单项履约义务

根据新收入准则第三十三条“对于附有质量保证条款的销售，企业应当评估该质量保证是否在向客户保证所销售商品符合既定标准之外提供了一项单独的服务。企业提供额外服务的，应当作为单项履约义务，按照新收入准则规定进行会计处理……在评估质量保证是否在向客户保证所销售商品符合既定标准之外提供了一项单独的服务时，企业应当考虑该质量保证是否为法定要求、质量保证期限以及企业承诺履行任务的性质等因素。客户能够选择单独购买质量保证的，该质量保证构成单项履约义务”。

公司B端场景化解决方案业务中的技术维护升级服务构成单项履约义务分析如下：

（1）客户能否选择单独购买质量保证：发行人的合同中约定提供软件一次性授权服务外，会同时提供免费的升级、更新及技术支持服务（一般为正式授权之日起的最长不超过12个月）。客户能够选择单独购买这些服务。合同中一般有如下表述：自公司正式授权之日的第二个授权年度（第13个月）起，公司按授权许可软件的授权许可费的×%比例/固定金额×收取该年度的维护费，因此该项服务能够单独购买，该质量保证构成单项履约义务。

（2）发行人提供的质保是否提供了额外服务：质量保证服务旨在保证所售的软件符合既定标准，以免客户购买瑕疵或缺陷商品。发行人提供的升级、更新及技术支持服务不影响客户对于发行人销售产品的正常使用，不会因为缺少该项服务导致客户使用的产品出现瑕疵或缺陷，因此属于在保证所销售软件既定标准之外的额外服务。升级、更新及技术支持服务存在市场公允定价［大部分合同中一般会有如下表述：自发行人正式授权之日的第二个授权年度（第13个月）起，发行人按授权许可软件的授权许可费的×%比例/固定金额×收取该年度的维护费，即合同中约定了升级、更新及技术支持服务的公允价格］。

综上，B端场景化解决方案业务中的技术维护升级服务与软件可明确区分，应该作为单项履约义务，公司按照其各自单独售价的相对比例，将交易价格分摊至这两项履约义务，并在各项履约义务履行时分别确认收入。

分 析

笔者一直强调，商品能单独计价、购买，只是判断构成单项履约义务的辅助标准，不是充分条件，关键看是否可明确区分，参见上个案例“1–11 联软科技 2021–11”。但是，笔者发现很多案例喜欢往单独计价、购买的方向论述。

2. 该业务的具体收入确认时点

公司B端场景化解决方案业务合同内容一般为：软件一次性授权服务+免费的升级、更新及技术支持服务（一般为正式授权之日起的最长不超过12个月）。公司以B端场景化解决方案业务中一次性授权服务验收（以获取交付正式版本授权软件邮件或客户验收报告作为收入确认依据）之月，作为技术维护升级服务收入确认起始点，在服务期间内分期确认收入。

分 析

质量保证构成单项履约义务的，一般用直线法在服务期间内平摊收入，这样更方便。

第3节　研发服务合同中排他条款

有时候，研发服务合同中会包含排他条款，如一定时间内不能为其他公司提供类似研发服务等，类似劳动合同中的竞业限制，属于保障客户权益的一种措施。

对于研发服务合同中约定的排他条款以及客户能够选择单独购买的排他协议，可参照质量保证进行会计处理。

若排他服务可单独购买，或者是在研发服务提供结束后较长一段时间持续存在且不属于行业惯例的排他条款等情况的，则应将排他条款识别为单项履约义务，参照服务类质保进行会计处理；若排他性属于研发服务的属性或特有安排，与提供的研发服务密切相关，如与研发服务履约期限相同，或者是按照行业惯例作出的约定等，则不应将排他条款识别为单项履约义务，参照保证类质保进行会计处理。

第4节　安装服务

企业为客户提供产品及安装，如果产品安装简单不复杂，既可以由销售方安装，也可以由其他安装公司安装，安装过程中并没有对产品进行重大修改或定制，那么产品销售与安装也不存在高度关联性。并且，合同中对客户的承诺是交付产品之后再提供安装服务，在这种情形之下，合同就存在销售产品与安装（试运行）服务两项履约义务，参见案例“1–13 美智光电 2021–12”。反之，如果企业提供安装服务的目的是促进产品销售，那么产品销售与安装服务存在高度关联性，这种情形之下的安装服务不应单独作为一项履约义务，参见案例“1–14 森泰股份 2022–02”。

倘若企业为客户提供的产品，如某些特殊专用设备，安装时需要特殊软件、专利技术等，客户只能在企业安装后才能从产品组合中获益。那意味着该产品与安装具有高度关联性，不可明确区分，应合并作为一项履约义务，即企业只为客户提供商品，参见案例“1–15 上交所发行上市审核动态——单项履约义务识别

2024-03”“1-16 维嘉科技 2022-03”。

至于存在安装的情形中，该在何时确认收入，请阅读第7章第1节“安装”。

1-13　美智光电 2021-12

申报文件显示：报告期内，发行人仅对智能门锁产品提供安装服务，相关合同包括交付商品和安装两项履约义务。发行人自2019年4月起开始销售含安装服务的智能门锁产品，2020年8月前，发行人通过省级代理模式进行销售，安装工作由省级代理商负责，省级代理商委托宁波美美家园向消费者提供安装服务，发行人向省级代理商支付安装费用。2020年9月起，发行人停止通过省级代理模式销售，发行人委托宁波美美家园向消费者提供安装服务并向其支付安装费用，2020年向其采购的安装服务金额为228.35万元。

请发行人：结合前述情况和《企业会计准则第14号——收入》，分别说明发行人执行新收入准则前后发行人销售智能门锁并提供安装服务的收入确认及会计处理，是否符合规定。

｜回复｜

一、执行新收入准则后（2020年1月1日至2021年6月30日），销售智能门锁并提供安装服务的收入确认及会计处理

（一）收入确认

2020年1月1日起，公司执行2017年最新修订的《企业会计准则第14号——收入》，根据《企业会计准则第14号——收入》应用指南（2018）[①]中的规定，“合同开始日，企业应当对合同进行评估，识别该合同所包含的各单项履约义务，并确定各单项履约义务是在某一时段内履行，还是在某一时点履行，然后，在履行了各单项履约义务时分别确认收入”。具体说明如下：

1.从业务流程角度看，公司对消费者的承诺是交付产品之后再提供安装服务，

① 本系列案例中，“应用指南”“《企业会计准则第14号——收入》应用指南（2018）”“《企业会计准则第14号——收入》应用指南”“《新收入准则应用指南》”“《〈企业会计准则第14号——收入〉应用指南》”“《企业会计准则第14号——收入（2017修订）应用指南》”“《〈企业会计准则第14号——收入〉应用指南（2018）》”“《企业会计准则应用指南——收入》（2018）”“《企业会计准则第14号——收入（应用指南2018）》”“《企业会计准则第14号——应用指南》”“《企业会计准则第14号——收入》应用指南2018”均指财政部会计司编写组编著的《〈企业会计准则第14号——收入〉应用指南2018》，中国财政经济出版社2018年版。

而非两者的组合产出，公司向消费者履行转让智能门锁产品的承诺能够独立于其提供安装服务的承诺。

2. 智能门锁的安装是常规性的，安装工序较为成熟。因此，公司并未对智能门锁产品和安装提供重大整合服务，安装服务也不会对产品作出重大修改或定制。

分　析

“将对合同中承诺的其他商品予以重大修改或定制”是不可单独区分的重要情形之一。

3. 公司自身不负责具体门锁安装工作，具体门锁安装工作由第三方授权网点负责，市场上提供门锁安装的厂商很多，服务不存在显著差异，可替代完成产品安装的选择较多，即消费者能够从该产品与其他第三方提供的安装服务一起使用中获益，也可从其与公司免费提供的安装服务一起使用中获益。

4. 消费者接收智能门锁产品后，可以使用该产品，也可将其以高于残值的价格转售，表明公司销售该类商品与安装服务彼此之间不会产生重大的影响，也不具有高度关联性。

由上可知，公司销售智能门锁产品与为消费者提供安装服务是相互独立的，公司销售门锁的相关合同包括两项履约义务，即交付商品和安装。因此，公司根据合同或订单约定，在将智能门锁交付给购货方后确认交付商品的履约义务收入，在智能门锁完成安装后确认安装履约义务的收入，符合新收入准则规定。

分　析

与下个案例“1-14 森泰股份 2022-02”不同的是，本案例中，门锁安装不是由公司负责，而是外包给第三方，这大致可以说明智能门锁产品的销售和安装可以相互独立，由此判断二者不具有高度关联性，合同可分拆成两项履约义务。

（二）会计处理

根据《企业会计准则第14号——收入》应用指南（2018）中的规定，“将交易价格分摊至各单项履约义务当合同中包含两项或多项履约义务时，需要将交易价格分摊至各单项履约义务，以使企业分摊至各单项履约义务（或可明确区分的商品）的交易价格能够反映其因向客户转让已承诺的相关商品而预期有权收取的对价金额”。

公司销售包安装服务的门锁，门锁单价中包含商品售价和安装服务价格，未约定商品和服务单项售价。由于门锁安装工作由第三方授权网点负责，公司根据安装量向第三方授权网点支付安装费用，因此，公司向第三方授权网点支付的安装费用即为门锁安装服务的公允价值，扣除安装服务价格后剩余部分作为商品售价。

因此，公司销售包安装服务的门锁的主要会计处理为：

1.销售包安装服务的门锁

借：应收账款

　贷：主营业务收入（销售商品收入）

　贷：应交税费—销项税

　贷：合同负债（安装服务公允价值）

2.提供安装服务

借：合同负债

　贷：主营业务收入（安装服务）

分　析

1.相互独立的履约义务，即使未单独定价、出售，也应当区分出各项履约义务的公允价，其一般是反推出来的。

2.对于未完成的合同义务，比较执行《企业会计准则第14号——收入》前后的区别，执行前是计入“应收账款”，执行后是计入“合同负债”。先将安装服务挂在“合同负债”，安装结束后，“合同负债”再转为收入。

综上，执行新收入准则后，发行人销售智能门锁并提供安装服务的收入确认及会计处理符合《企业会计准则》规定。

二、执行新收入准则前（2018年1月1日至2019年12月31日），销售智能门锁并提供安装服务的收入确认及会计处理

（一）收入确认

根据《企业会计准则第14号——收入》应用指南之“四、销售商品收入确认条件的具体应用”之“（一）下列商品销售，通常按规定的时点确认为收入，有证据表明不满足收入确认条件的除外：3.销售商品需要安装和检验的，在购买方接受商品以及安装和检验完毕前，不确认收入，待安装和检验完毕时确认收入。如果安装程序比较简单，可在发出商品时确认收入”。

智能门锁的安装是常规性的，安装工序较为成熟，市场上提供门锁安装的厂商很多，安装程序简单，因此，公司智能门锁交付时确认收入符合收入准则的相关规定。

分　析

安装程序比较简单，可以在交付时就确认收入。关于带安装的销售该几时确认收入，详细请移步阅读第7章第1节“安装”。

（二）会计处理

公司销售包安装服务的智能门锁，商品交付确认收入，同时根据安装服务费用标准计提安装成本，实际发生安装时，向服务商支付安装费用。具体会计处理如下：

1.销售包安装服务的门锁

借：应收账款

　贷：主营业务收入

　贷：应交税费—销项税

2.计提安装成本

借：主营业务成本（安装成本）

　贷：其他流动负债

综上，执行新收入准则前，发行人销售智能门锁并提供安装服务的收入确认及会计处理符合《企业会计准则》规定。

1-14　森泰股份 2022-02

申报文件及发行人回复显示：2018年洪湖市顺安路桥工程有限责任公司向发行人采购286.04万元耐候共挤WPC产品，由于销售价格包含了安装费，该客户销售价格为13,392.11元/吨。

请发行人：说明“需安装的产品销售业务”的定价依据，未将安装业务作为单项履约义务确认收入的判断依据。

| 回复 |

一、"需安装的产品销售业务"的定价依据

公司需安装的产品销售业务的定价原则一般以成本加成为基础，综合考虑产品成本、人员成本、安装成本，与客户协商确定价格。

2018年洪湖市顺安路桥工程有限责任公司买卖安装合同属于需安装的产品销售业务，销售收入286.04万元，合同约定发行人承担安装义务，双方按照固定单价、总价包干方式结算。

固定总价结算是指发行人与客户约定的完成合同约定范围内安装量以及实施全部工作的总价款为固定金额，双方按固定总价进行结算，除客户要求增减安装量和设计变更情形外，合同总价不进行调整。

分　析

能单独计价、购买，收不收费，只是判断构成单项履约义务的辅助标准，不是充分条件。虽然案例中未约定安装单独的价格，但不能凭此判断销售中夹杂的安装义务不是单项履约义务，而应看是否可明确区分。

固定单价、总价包干结算方式是指发行人与客户综合考虑市场价格、销量等，协商确定产品的固定单价，产品单价确定后后续一般不会因市场环境或产品数量的变化进行调整，双方最终依据实际安装的产品数量进行结算，结算的总价包括材料价格、安装费用及运输装卸费用等，即总价是对客户所购买产品的所有费用包干。

报告期内发行人需安装的产品销售业务按结算方式可划分为固定总价和固定单价、总价包干，其中以固定单价、总价包干结算方式为主。

二、未将安装业务作为单项履约义务确认收入的判断依据

1.新收入准则的有关规定

根据财政部修订后的《企业会计准则第14号——收入》规定："履约义务，是指合同中企业向客户转让可明确区分商品的承诺……下列情形通常表明企业向客户转让该商品的承诺与合同中其他承诺不可单独区分：1.企业需提供重大的服务以将该商品与合同中承诺的其他商品整合成合同约定的组合产出转让给客户。2.该商品将对合同中承诺的其他商品予以重大修改或定制。3.该商品与合同中承诺的其他商品具有高度关联性。"满足上述情形之一，一般即可认定企业向客户转让该商品的承诺与合同中其他承诺不可单独区分。

2.根据《企业会计准则第14号——收入》对照分析

报告期内，发行人需要安装的产品销售业务均为国内销售业务，公司根据客户需求提供与产品相关的安装服务，提供安装服务的目的是促进产品销售，并非仅仅为客户提供一项单独的服务。客户购买的是安装完成的产品，发行人须提供安装服务以将销售的产品整合成合同约定的安装完毕的产品转让给客户；提供安装服务的产品销售以安装完毕并经客户验收作为产品销售货款的结算条件，安装服务与产品销售具有高度关联性，安装服务与产品销售不可明确区分，亦不构成单项履约义务。

分 析

企业为客户安装产品后，客户才能获益，则产品与安装具有高度关联性，不能明确区分。该合同不可分拆，只有一项履约义务，即只为客户提供产品。

1-15 上交所发行上市审核动态——单项履约义务识别 2024-03

发行人D主要从事核辐射监测类系统、火警消防系统、安防系统及其他安全相关系统的研发、设计、生产和集成，并提供相应的技术服务。发行人分批发出各类设备，存在同一系统内的不同设备分不同批次、跨期发货等情况。部分合同明确约定设备发货开箱验收后仍需提供安装调试等服务，具体包括：一是发行人需提供现场安装和调试服务，客户确认合格后方视为交货完成，且约定提供技术服务，并解决安装现场出现的任何问题；二是部分合同约定交货后临时性验收条款，明确所有机组/设备应经性能试验或连续试运行且达到保证性能并经客户确认后，方可视作可接收。合同约定的结算条款为总体合同的里程碑式付款进度，未就单批次/台约定付款进度，如预付款10%、进度款60%、到货款20%、验收10%，进度款约定在卖方按合同约定交付全部合同设备后，向卖方支付合同价格的60%。

发行人认为此类业务属于销售商品业务，在单一设备发出并经客户开箱验收时确认收入。

｜分析｜

公司向客户转让多项商品和服务的承诺，是整体合并为一项履约义务进行收入确认，还是单独区分为多项履约义务分别进行收入确认，其判断的关键在于公司向客户承诺转让的若干商品或服务之间是否可明确区分。

发行人D认为分批供货并确认收入类业务属于销售商品业务，单一设备交付即完成单项履约义务，未考虑同一系统内包括不同批次发货的多项设备，且发行人需承担整体安装和调试义务，合理性存疑。对此类业务来说，虽然相关设备作为单独商品可以明确区分，但在合同层面，单一设备交付不符合向客户转让该商品的承诺与合同中其他承诺可单独区分的要求。一是安装调试服务与交付的设备构成重大整合，企业需提供重大的服务以将合同中承诺的各项设备整合成合同约定的组合产出转让给客户，合同约定交付成果为系统，设备到货验收后发行人仍需承担安装调试服务工作，对所有设备进行临时性验收，若运行中出现问题需予以解决修正。二是不同设备之间具有高度关联性，合同明确了每项系统包括的具体设备，不同设备间在功能上具有关联性。

此外，合同里程碑式付款条款主要基于合同整体进度，与设备控制权转移无关，且进度款约定在全部设备交付完成后支付，不足以支持发行人将单一设备交付作为单项履约义务的论述。

分 析

里程碑代表从客户处收取款项的权利，与履约进度、控制权转移是两码事，没有必然的关系。

综上，考虑到各设备之间功能上存在高度关联，需经过安装调试将不同设备整合成可使用的系统交付，表明相关承诺在合同层面不可明确区分，不应将单项设备拆分为单项履约义务。

目前，发行人D已撤回申请。

分 析

1.判断是否可明确区分，首先看商品或服务是否可明确区分，如果商品或服务本身能够明确区分，还应站在合同层面继续评估合同中的承诺彼此之间是否可单独区分。

2.本案例中，单从商品的角度看，各设备作为单独商品，的确可以明确区分，但是，若站在合同更高的层面往下俯视，我们会发现合同约定的是，转让给客户是组合、系统，即踩中不可单独区分的第一种情形“企业需提供重大的服务以将该商品与合同中承诺的其他商品整合成合同约定的组合产出转让给客户”。换而言之，单个设备对客户来说，只是一个散落的零部件，没有什么价值，客户并未从单个设备受益，客户要的是组合后的整体。

3.即使零部件全到齐了，没有组合、安装、调试，它们对客户来说仍然是一堆废铜烂铁。打个比方，笔者想要一个电脑，对方却甩过来硬盘、主板、存储控制器、显卡、CPU等一堆零件，这让笔者一个非计算机专业人士情何以堪呢？客户需要的是软硬件结合后的组合、系统，何况，合同还约定着所有机组、设备应该经性能试验或连续试运行且达到保证性能并经客户确认后，方可被接收。这些约定都表明，产品与安装具有高度关联性，不可明确区分，应合在一起视为一项履约义务。

1-16　维嘉科技 2022-03

根据申报资料及审核问询回复：购销合同中，发行人对产品硬件、软件金额和价格分别进行了约定。

请发行人说明：合同中对软件产品的安装、使用、升级、维护等方面的明确约定，并结合相关条款、产品软硬件的关联度等因素，说明产品软件是否构成单项履约义务，发行人对其确认收入的会计处理及合规性。

｜回复｜

一、合同中对软件产品的安装、使用、升级、维护等方面的明确约定

软件在出厂前就已经安装在机器设备硬件系统中，与硬件系统配合一起使用实现相应功能。随硬件系统更换而更换，故未做单独约定，因此发行人销售合同中未对软件产品的安装、使用、升级、维护等方面进行明确约定，仅有个别合同约定了软件过保后升级情况：“设备软件过保后，因软件落后需要升级和改造，乙方要免费给甲方改造和现场升级调试，同时对甲方的操作、维修人员和有关工艺技术人员进行操作培训，使之完全掌握全部使用技术。”

二、结合合同条款、产品软硬件的关联度等因素，说明产品软件是否构成单项履约义务，发行人对其确认收入的会计处理及合规性

1. 产品软硬件关联度

软件基于机器设备硬件系统设计，用于收集设备运作相关重要信息、核心部件关键数据。通过数据统计和计算实现硬件状态监控、故障诊断等特定功能。软件安装于机器设备中并随其一并销售，构成机器设备的组成部分，随硬件系统的变更而变更，非独立运行，软硬件关联密切。

2. 产品软件是否构成单项履约义务，相关会计处理合规性

根据《企业会计准则第14号——收入》（2017修订）第十条规定："企业向客户承诺的商品同时满足下列条件的，应当作为可明确区分商品：

（一）客户能够从该商品本身或从该商品与其他易于获得资源一起使用中受益；

（二）企业向客户转让该商品的承诺与合同中其他承诺可单独区分。

下列情形通常表明企业向客户转让该商品的承诺与合同中其他承诺不可单独区分：

1. 企业需提供重大的服务以将该商品与合同中承诺的其他商品整合成合同约定的组合产出转让给客户。

2. 该商品将对合同中承诺的其他商品予以重大修改或定制。

3. 该商品与合同中承诺的其他商品具有高度关联性。"

报告期内，公司销售嵌入式软件产品，该软件与硬件具有高度关联性，软件产品无法单独销售，客户无法单独从设备硬件或软件任一项受益，同时也无法从与其他易于获得资源一起使用中获益。发行人需要对其进行整合，向客户交付组合产品，故软件与硬件销售不可明确区分，应合并作为一项履约义务，在整体设备完成客户验收后确认收入，不涉及相关收入的分摊，符合《企业会计准则》的规定。

分　析

1. 此案例涉及软件与硬件搭配的问题，如电脑的硬件与软件，没安装软件的电脑形同虚设。

2. 某些特殊专用设备需要特殊软件、专利技术等，如果硬件缺少软件时无法运行，则软件与硬件一般具有高度关联性，客户只能从产品组合中获益，软件与硬件销售应合并作为一项履约义务。

第5节　运输服务

企业向客户销售商品，往往会约定企业需要将商品运送至客户指定的地点。对于存货生产、销售过程中发生的运输费用（可能会包括运杂费、报关费、运输装卸费等），企业应当基于运输活动的发生环节及目的，恰当区分运输费用的性质，再进行会计处理。

一、运输费用的确认

运输费用应当区分是否与履行客户合同相关。

（一）与履行客户合同无关

对于与履行客户合同无关的运输费用，若运输费用属于使存货达到目前场所和状态的必要支出，形成了预期会给企业带来经济利益的资源时，运输费用应当计入存货成本，否则应计入期间费用，参见案例“1–19 广浩捷 2021–12”。

（二）与履行客户合同相关

对于为履行客户合同而发生的运输费用，属于合同履约成本。

1. 控制权转移之前

若运输活动发生在商品的控制权转移之前，此时的运输活动是销售商品必要的流程步骤。企业的主营业务是销售商品，不是提供物流服务，运费是企业需要控制的一项成本。所以，这种情形下的运费通常不构成单项履约义务，而应将相关支出作为与商品销售相关的成本计入合同履约成本（参见案例“1–17 收入准则应用案例——运输服务 1”），采用与商品或服务收入确认相同的基础进行摊销计入当期损益。该合同履约成本应当在确认商品或服务收入时结转计入“主营业务成本”或“其他业务成本”科目，而非“销售费用”科目，并在利润表“营业成本”项目中列示。

若客户不认可送来的商品，企业只得将商品运回，发生的往返运费也是销售商品的一项步骤，还是得计入营业成本。

2. 控制权转移之后

若运输活动发生在商品控制权转移之后，则可能表明企业向客户提供了一项运输服务，运输此时就成了企业一项产生利润的业务，不再是必经的工作步骤，常见于卖方工厂里交货。企业应当考虑将其识别为单项履约义务，在确认运输服务收入的同时，将相关支出计入运输服务成本，请阅读案例“1–18 收入准则应用案例——运输服务2”“9–3 锡南科技 2022–02”。

（三）变更列报

另外，企业执行《企业会计准则第14号——收入》之后，变更运输费用的列报项目，可视为会计政策变更，而非差错更正。

二、贸易术语

贸易术语是在长期国际贸易惯例中创建的特殊术语，主要用于确认买卖双方的价格结构、交货地点、风险、责任划分和费用等。

运输费用是否构成单项履约义务还得看不同贸易术语下运输费用发生与商品控制权转移的时点。以2020版的《国际贸易术语解释通则》为例：

1. FOB

FOB（船上交货），是装运港船上交货，即出口方（卖方）在签订的合同中指定的装运港将货物装载到进口方（买方）指定的船上，并完成交货。FOB价格包含货物成本价、国内费用和净利润。卖方需要支付并承担货物在装运港装船前的所有费用和风险。货物交付到装运港指定的船上时，风险转移，买方应承担由此产生的一切费用、风险。所以，卖方在装运港装船后的运输费用，一般才构成单项履约义务。

2. CIF

CIF（成本、保险费加运费），包含FOB价格、保险费加运费，是指在装运港装运上船时卖方即完成交货。卖方需要承担把货物运至指定目的地港口所需的运费、保险费用和其他一系列费用。装运港装船之后，货物的一切损失和风险、额外费用均与卖方无关，由买方承担。所以，卖方装运港装船后的运输费用，一般才构成单项履约义务，参考案例“9–26 三间家居 2022–01”。

3. DDP

DDP（完税后交货），是指卖方在指定的目的地，办理完进口清关手续，将在交货运输工具上尚未卸下的货物交与买方，完成交货。

DDP 对买方最有利，而卖方须承担最大的责任。卖方必须承担将货物运至指定的目的地的一切风险和费用，包括需要办理海关手续时在目的地应交纳的任何税费。所以，DDP 的运输支出，一般不构成单项履约义务，参考案例“9-26 三问家居 2022-01”。

1-17 收入准则应用案例——运输服务 1

甲公司与乙公司签订合同，向其销售一批产品，并负责将该批产品运送至乙公司指定的地点，甲公司承担相关的运输费用。假定销售该产品属于在某一时点履行的履约义务，且控制权在送达乙公司指定地点时转移给乙公司。

| 解析 |

甲公司向乙公司销售产品，并负责运输。该批产品在送达乙公司指定地点时，控制权转移给乙公司。由于甲公司的运输活动是在产品的控制权转移给客户之前发生的，因此不构成单项履约义务，而是甲公司为履行合同发生的必要活动。

分 析

运输活动是在产品的控制权转移给客户之前发生的，不构成单项履约义务。

1-18 收入准则应用案例——运输服务 2

甲公司与乙公司签订合同，向其销售一批产品，并负责将该批产品运送至乙公司指定的地点，甲公司承担相关的运输费用。假定销售该产品属于在某一时点履行的履约义务，且控制权在出库时转移给乙公司。

| 解析 |

甲公司向乙公司销售产品，并负责运输。该批产品在出库时，控制权转移给乙公司。在此之后，甲公司为将产品运送至乙公司指定的地点而发生的运输活动，属于为乙公司提供了一项运输服务。如果该运输服务构成单项履约义务，且甲公司是运输服务的主要责任人。甲公司应当按照分摊至该运输服务的交易价格确认收入。

分　析

1. 与上个案例"1-17 收入准则应用案例——运输服务1"不同，本案例的产品是在出库时，控制权就转移了，之后发生的运输费用构成单项履约义务。

2. 由于卖方甲公司是主要责任人，应全额确认收入。

1-19　广浩捷 2021-12

报告期内，公司销售费用分别为699.61万元、974.59万元和1,287.38万元，销售费用率远低于同行业可比公司平均值。2020年度，销售人员人数由16人增长为45人。运输费用部分计入销售费用，部分计入营业成本。

请发行人：补充披露运输费用计入销售费用或营业成本的划分依据，相关会计处理是否符合《企业会计准则》的规定。

｜回复｜

根据《企业会计准则》相关规定："在企业向客户销售商品的同时，约定企业需要将商品运送至客户指定的地点的情况下，企业需要根据相关商品的控制权转移时点判断该运输活动是否构成单项履约义务。通常情况下，控制权转移给客户之前发生的运输活动不构成单项履约义务，而只是企业为了履行合同而从事的活动，相关成本应当作为合同履约成本；相反，控制权转移给客户之后发生的运输活动则可能表明企业向客户提供了一项运输服务，企业应当考虑该项服务是否构成单项履约义务。"

公司自2020年1月1日起适用新收入准则，将原计入销售费用核算销售货物相关运输费作为合同履约成本，采用与该资产相关的商品收入确认相同的基础进行摊销，计入当期营业成本；与销售货物无关的运输费用计入销售费用。公司运输费用相关会计处理符合《企业会计准则》的规定。

分　析

1. 要先区分运输费用是否与履行客户合同相关。对于与履行客户合同无关的运输费用，预期会给企业带来经济利益的资源时计入存货成本，否则，如本案例一样计入期间费用；对于与履行客户合同相关的运输费用，还需要再进一步区分运输活动是发生在商品控制权转移前还是后。

2.企业执行《企业会计准则第14号——收入》之后，变更运输费用的列报项目，可视为会计政策变更，而非差错更正。

第6节 知识产权许可

企业向客户授予知识产权许可的，应当评估授予客户的知识产权许可是否可与所售商品明确区分，是否构成单项履约义务。构成单项履约义务的，应当进一步确定其是在某一时段内履行还是在某一时点履行；不构成单项履约义务的，企业应当将该知识产权许可和所售商品一起作为单项履约义务进行处理。

知识产权许可与所售商品不可明确区分的情形包括：

1. 该知识产权许可构成有形商品的组成部分并且对于该商品的正常使用不可或缺

例如，企业向客户销售设备和相关软件，软件内嵌于设备之中，设备必须安装了软件之后才能正常使用，参见案例“1–16 维嘉科技 2022–03”“1–20 创耀科技 2021–07”。

2. 客户只有将该知识产权许可和相关服务一起使用才能够从中获益

例如，客户取得了授权许可，但是只有通过企业提供的在线服务才能访问相关内容。

1–20 创耀科技 2021–07

招股说明书披露，公司提供的基于IP授权的量产服务，具体为公司在芯片的量产环节向客户提供IP授权，并根据客户需求，直接或协助客户对接晶圆厂商进行晶圆制造、委托封测厂商完成芯片的封装测试，最终交付芯片产品。公司具体负责沟通排期、下达订单，同时，由于公司作为客户宽带电力线载波通信芯片核心IP的设计方，能够结合芯片的设计参数等为客户定制具体的芯片测试用例和方案，因此，公司还同时参与晶圆测试、最终测试，并对芯片良率进行跟踪。

请发行人说明：

一、公司同时提供IP设计开发服务、IP授权、量产服务的情况下，是否单独确认芯片的技术许可费，若是，请单独披露相关收入确认政策及依据，若否，请

说明未单独确认芯片的技术许可费的原因，是否符合企业会计准则的规定

｜回复｜

IP设计开发服务、基于IP授权的量产服务是公司提供IP授权服务的两个阶段，收费亦对应IP授权收费的两个阶段，分别收取IP授权的固定费用和IP授权的提成费用，IP授权的固定费用和IP授权的提成费用属于技术许可费。

1. IP设计开发服务单独确认芯片的技术许可费

IP设计开发服务系公司基于自有技术积累，为客户提供宽带电力线载波通信芯片的核心IP暨芯片功能模块，在向客户交付IP时，客户获得使用该IP集成在芯片设计版图中的权利，收取的IP授权固定费用属于技术许可费。IP设计开发服务收入即技术许可费已单独确认，符合企业会计准则的规定。

2. 基于IP授权的量产服务未单独确认芯片的技术许可费，符合企业会计准则的规定

基于IP授权的量产服务系公司凭借自身丰富的芯片量产经验及对设计开发阶段交付的核心IP的理解，通过制定、改良芯片测试方案并不断优化芯片，在晶圆制造、封装、测试环节为客户提供芯片量产服务，并依据芯片出货量收取包含IP授权提成费用在内的量产服务费。因此，基于IP授权的量产服务收费涵盖IP授权的提成费用，即量产服务收费包含技术许可费。

根据《企业会计准则第14号——收入》应用指南，授予知识产权许可是否构成单项履约义务的判断："企业向客户授予知识产权许可时，可能也会同时销售商品，这些承诺可能在合同中明确约定，也可能隐含于企业已公开宣布的政策、特定声明或者企业以往的习惯做法中。在这种情况下，企业应当评估授予客户的知识产权许可是否可与所售商品明确区分，即该知识产权许可是否构成单项履约义务，并进行相应的会计处理。授予客户的知识产权许可不构成单项履约义务的，企业应当将该知识产权许可和所售商品一起作为单项履约义务进行会计处理。知识产权许可与所售商品不可明确区分的情形包括：一是该知识产权许可构成有形商品的组成部分并且对于该商品的正常使用不可或缺；二是客户只有将该知识产权许可和相关服务一起使用才能够从中获益。"

量产服务交付芯片系销售商品行为，在销售商品的同时，公司对客户提供了IP授权，未单独确认芯片技术许可费，主要由于该IP授权和销售商品不可明确区分：前述IP作为芯片的模块，构成芯片的组成部分并且对于芯片的正常使用不可或缺。公司向客户交付芯片，该IP内嵌于芯片之中，芯片必须具备前述IP（模块）

才能正常使用。综上，IP授权与量产服务交付芯片具有高度关联性、不可明确区分，故基于IP授权的量产服务构成单项履约义务，无需单独确认芯片技术许可费用，符合企业会计准则规定。

分 析

没有IP模块，芯片动不了，IP授权对商品的正常使用不可或缺。所以，二者具有高度关联性、不可明确区分。

二、说明该类合同的收入是否准确划分，各项收入的划分、确认的具体政策及依据、成本构成情况

｜回复｜

IP设计开发服务、基于IP授权的量产服务是IP授权服务的两个阶段，公司确认为IP设计开发服务和基于IP授权的量产服务两项收入，收入划分准确。

分 析

对于特殊情形，仍然按照《企业会计准则第14号——收入》第九条、第十条的规定判断是否构成单项履约义务。在销售商品的同时提供IP授权，笔者个人理解，其本质上是一种特殊的安装服务。

1-21 浩辰软件 2022-03

根据申报材料：CAD软件业务中永久授权模式与订阅模式下均包括升级服务，报告期内升级业务收入包括用户单独购买的付费升级服务与2020年起实施新收入准则后合同中约定的免费升级服务，升级服务在向客户交付升级密钥或升级服务期满时确认收入。

请发行人说明：永久授权模式与订阅模式下免费与付费升级服务的合同约定与服务内容、是否拆分不同的履约义务及收入确认方法，升级服务按照时点法确认收入的原因及合理性。

｜回复｜

一、永久授权模式与订阅模式下免费与付费升级服务的合同约定与服务内容

<table>
<tr><th rowspan="2">授权模式</th><th rowspan="2">区域</th><th colspan="2">合同约定与服务内容</th></tr>
<tr><th>免费升级</th><th>付费升级</th></tr>
<tr><td>永久授权</td><td>境内/境外</td><td>约定期限内，许可方向被许可方提供免费的产品升级服务</td><td>被许可方使用浩辰CAD系列软件产品的性质为：升级；被许可方在约定期限内付款；许可方在约定期限内发货</td></tr>
<tr><td>订阅</td><td>境内</td><td>约定期限内，许可方向被许可方提供免费的产品升级服务</td><td>—</td></tr>
</table>

二、是否拆分不同的履约义务及收入确认方法

1.公司根据合同中不同的履约义务进行了分拆，分别确认相应收入

《企业会计准则第14号——收入》(财会〔2017〕22号)第九条约定：“合同开始日，企业应当对合同进行评估，识别该合同所包含的各单项履约义务，并确定各单项履约义务是在某一时段内履行，还是某一时点履行，然后，在履行了各单项履约义务时分别确认收入。履约义务，是指合同中企业向客户转让可明确区分商品的承诺。履约义务既包括合同中明确的承诺，也包括由于企业已公开宣布的政策、特定声明或以往习惯做法等导致合同订立时客户合理预期企业将履行的承诺。”

《企业会计准则第14号——收入》(财会〔2017〕22号)第十条约定：企业向客户承诺的商品同时满足下列条件，应当作为可明确区分商品：

(一)客户能够从该商品本身或从该商品与其他易于获得资源一起使用中收益；

(二)企业向客户转让该商品的承诺与合同中其他承诺可明确区分。

下列情形通常表明企业向客户转让该商品的承诺与合同中其他承诺不可单独区分：

1.企业需要提供重大的服务以将该商品与合同中承诺的其他商品整合成合同约定的组合产出转让给客户。

2.该商品将对合同中承诺的其他商品予以重大修改或定制。

3.该商品与合同中承诺的其他商品具有高度关联性。

公司的主营业务主要为向客户销售标准软件产品。在具体执行时，为客户提供软件产品新购和升级服务，同时各系列产品新购和升级均存在相应的官方报

价。公司标准销售合同条款主要包括以下内容：1）约定销售标的物（客户购买的各系列软件产品或者升级产品）的数量和金额；2）约定升级服务的数量和金额；3）付款及交货方式；4）公司提供的售后服务。

公司根据合同约定，识别的单项履约义务为：1）软件产品新购或付费升级：向客户交付相应软件产品或升级密钥并经客户确认后，即完成相应的履约义务。2）软件产品免费升级：公司在实际签订软件销售合同时，存在部分销售合同基于商业谈判需求，在合同中注明为客户提供免费升级服务的条款。由于免费升级服务为合同中明确的承诺，满足新收入准则对可明确区分商品的规定。因此，公司根据新收入准则的规定以及自身的业务特征，对所有存在"提供免费升级"条款的销售合同进行归类，将每个合同约定的"免费升级"服务识别为单项履约义务。

分　析

1. 有没有标价、能不能单独购买、是不是免费，只是判断是否构成单项履约义务的辅助标准。本案例中，升级服务是免费的，照样被认定是单项履约义务。

2. 知识产权许可与所售商品不可明确区分有两种情形，第一种就是知识产权许可构成有形商品的组成部分并且对于商品的正常使用不可或缺。若软件不升级还可以使用，那么升级服务通常是单项履约义务，与收不收费无关。

公司未将合同中约定的售后服务作为单项履约义务进行识别。合同中约定的售后服务，主要是公司向客户提供软件使用的方式说明或解答软件使用相关的技术咨询问题。对于此项内容，公司的常规处理方式是通过官网、热线电话等方式为客户提供一系列自助式服务，帮助客户解决产品使用过程中的问题，属于常规技术支持性质的内容。因此公司在软件产品销售过程中提供的售后服务是为了保证所销售软件产品的客户体验，并非向客户提供的一项单独服务，不能独立于软件销售，与软件销售具备高度关联性，且不收取合同金额以外的任何费用，不能够单独计价，客户不能单独选择是否购买该项服务。由于售后服务不满足新收入准则"企业向客户转让该商品的承诺与合同中其他承诺可单独区分"的规定，因此公司未将售后服务识别为单项履约义务。

分　析

售后服务必须依附于商品而存在，如果独立于商品之外就没有任何价值，那它本身不能明确区分，与产品销售具备高度关联性，不是单项履约义务。售后服务详细请温习第1章第2节“质量保证服务”。

综上所述，公司将免费升级服务拆分为单项履约义务外，无其他单项履约义务，公司就销售合同识别的单项履约义务之间划分清晰。

2.收入确认的方法

《企业会计准则第14号——收入》（财会〔2017〕22号）第十四条第一款规定“企业应当按照分摊至各单项履约义务的交易价格计量收入”，第二十条规定“合同中包含两项或多项履约义务的，企业应当在合同开始日，按照各单项履约义务所承诺商品的单独售价的相对比例，将交易价格分摊至各单项履约义务。企业不得因合同开始日之后单独售价的变动而重新分摊交易价格”，第二十一条规定“企业在类似环境下向类似客户单独销售商品的价格，应作为确定该商品单独售价的最佳证据。单独售价无法直接观察的，企业应当综合考虑其能够合理取得的全部相关信息，采用市场调整法、成本加成法、余值法等方法合理估计单独售价。在估计单独售价时，企业应当最大限度地采用可观察的输入值，并对类似的情况采用一致的估计方法。市场调整法，是指企业根据某商品或类似商品的市场售价考虑本企业的成本和毛利等进行适当调整后，确定其单独售价的方法。成本加成法，是指企业根据某商品的预计成本加上其合理毛利后的价格，确定其单独售价的方法。余值法，是指企业根据合同交易价格减去合同中其他商品可观察的单独售价后的余值，确定某商品单独售价的方法”。

对于合同中包含软件产品销售与免费升级服务的，公司将交易价格在两项履约义务间进行分摊，软件产品向客户交付并经客户确认后确认收入，升级服务在向客户交付升级密钥或升级服务期满时确认收入。

三、升级服务按照时点法确认收入的原因及合理性

《企业会计准则第14号——收入》（财会〔2017〕22号）的相关规定如下：

“第三十六条：企业向客户授予知识产权许可的，应当按照本准则第九条和第十条规定评估该知识产权许可是否构成单项履约义务，构成单项履约义务的，应当进一步确定其是在某一时段内履行还是在某一时点履行。

企业向客户授予知识产权许可，同时满足下列条件时，应当作为在某一时段内履行的履约义务确认相关收入；否则，应当作为在某一时点履行的履约义务确认相关收入：

（一）合同要求或客户能够合理预期企业将从事对该项知识产权有重大影响的活动；

（二）该活动对客户将产生有利或不利影响；

（三）该活动不会导致向客户转让某项商品。

第三十七条：企业向客户授予知识产权许可，并约定按客户实际销售或使用情况收取特许权使用费的，应当在下列两项孰晚的时点确认收入：

（一）客户后续销售或使用行为实际发生；

（二）企业履行相关履约义务。”

公司向客户提供的软件升级服务，在向客户提供完软件升级服务后，该履约义务就已完成，不满足《企业会计准则第14号——收入》（财会〔2017〕22号）“第三十六条（三）该活动不会导致向客户转让某项商品”的规定。因此，公司按照企业会计准则的规定将软件升级服务识别为以某一时点确认收入的单项履约义务，具体表现在向客户提供软件升级服务后或在合同约定的升级期满时确认相应收入。

分　析

对于以某一时点确认收入的单项履约义务，完成的瞬间就可以确认收入了，详细请往后阅读第6章第1节“时点履约义务”。

第7节　生物医药研发服务

生物医药研发服务合同因合同执行周期长、研发风险高，企业一般会依据一定流程和节点开展服务，并在合同中与客户协商确定工作里程碑，约定各里程碑的服务内容、金额。

实践中，不同企业对合同中的单个里程碑服务承诺能否识别为单项履约义务的处理存在差异，判断的关键在于评估客户是否能够从单个里程碑服务成果中受益，并且各里程碑服务的承诺是否可明确区分。

1. 受益

一是评估客户是否能够从单个里程碑服务成果中受益。

生物医药研发服务过程中，客户一般能够通过技术转让或专利授权的形式从阶段性的里程碑研发成果中受益。如果某一里程碑成果与其他里程碑成果只能结合使用才能产生为客户所利用的经济价值，或者里程碑服务成果有较大不确定性，客户无法从中受益，那发行人不应将单个里程碑服务的承诺视为单项履约义务。

客户能否受益比较难判断，也不是判断的关键。

2. 可明确区分

二是评估单个里程碑服务的承诺是否可明确区分，这才是决定性的因素。

第一，发行人是否可以向客户独立交付里程碑服务成果。当发行人提供的研发服务是将研发过程中的各项里程碑服务整合为最终的研发成果，即客户所签订的组合产出，单个里程碑服务成果将作为根据客户要求的最终研发成果的投入，则不应视为单项履约义务。第二，各里程碑服务之间是否相互分离，是否相互之间不会受到彼此的重大影响。当发行人预计前面阶段服务的修正，将导致其他里程碑服务内容的补充或更换，而客户没有办法选择仅购买其中的一项服务时，则表明各里程碑服务成果是不可明确区分的，不应将单个里程碑服务承诺视为单项履约义务。

1-22　科创板发行上市审核动态——生物医药研发服务 2023-02

发行人D公司提供抗体药物研发生产服务，为客户提供抗体工程人源化筛选、细胞株构建、工艺开发、制剂处方筛选、原液生产、成品稳定性研究等服务，D公司与客户签订的合同既有全流程项目，也有部分特定环节的项目，合同中约定了相应里程碑节点，D公司按照约定条件向客户交付验收，不同里程碑成果的交付相互独立。D公司将单个里程碑视为单项履约义务。

发行人E公司提供基因治疗研发生产服务，为客户提供载体研制、基因功能研究、药学研究、临床样品生产等服务。E公司与客户的合同中约定里程碑服务内容及金额，但在合同执行过程中里程碑服务内容受载体自身特点、工艺开发复杂度、物料及技术参数控制等多种因素影响，在合同执行过程中会出现一定程度的调整。E公司将完成全部合同约定视为单项履约义务。

发行人F公司提供多肽创新药研发生产服务，为客户提供药学研究资料所需

的全部研发和生产工作，具体工作包括原料药工艺研究及小试、原料药中试及放大批试验、原料药质量研究、制剂处方工艺研究、制剂质量研究以及提供注册申报资料等。F公司与客户的合同中约定，若F公司未能提供符合国家审评中心要求的研究资料和原料药及制剂样品，F公司应就已取得的研发成果进一步补充或更换。F公司将完成全部服务工作视为单项履约义务。

上述生物医药研发服务合同，均包含了多个里程碑工作节点，且发行人均按照里程碑节点约定的服务内容及金额提供研发服务。但是，合同中履约义务应如何识别，各里程碑节点是否均能够识别为单项履约义务，上述企业的处理存在差异。

| 解析 |

关于D公司，公司与客户签订的抗体药物研发生产服务合同，首先，客户可以在D公司独立交付的里程碑服务成果的基础上选择D公司的竞争对手继续服务以完成研究开发目的，或将现有技术向第三方转让，即客户能够从单个里程碑服务成果中受益。其次，D公司提供服务的各里程碑服务成果均为独立交付内容，不需要将已完成的里程碑服务与其他节点的服务内容进行整合形成一项产品向客户进行交付。最后，虽然D公司向客户提供的里程碑服务内容也是提供下一步研发服务的需要，但D公司与客户约定各阶段成果交付后将无法进行修订，如需修订将签署新的合同予以明确，因此各里程碑服务承诺之间不具有高度关联性，可明确区分。因此，D公司将单个里程碑服务承诺视为单项履约义务。目前，发行人D已发行上市。

关于E公司，公司与客户签订的基因治疗研发生产服务合同，首先，E公司提供的基因治疗研发技术路径存在一定的不确定性，E公司的客户难以转让已取得的技术成果，也难以委托第三方继续开发，无法从已取得的里程碑服务成果中受益。其次，E公司与客户签订的合同中约定里程碑服务内容受其他里程碑执行过程中的多种因素影响，将出现一定程度的调整。这种因素影响有可能是单项里程碑内部因素影响，也可能是不同里程碑因素之间的相互影响。最后，E公司提供的载体研制等研究设计服务的修订，将导致临床基因治疗临床样品生产的返工，不同里程碑服务之间存在高度关联度。因此，E公司将完成全部合同约定的服务视为单项履约义务。目前，发行人E已发行上市。

关于F公司，公司与客户签订的多肽创新药研发生产服务合同，首先，客户虽然可以从多肽创新药研发生产服务成果中受益，但是，F公司提供单项里程碑服务的目的是将成果整合到客户指定的药学研究资料中，单个里程碑服务成果仅仅代表了最终产品的投入。其次，客户要求F公司在最终未能提供符合要求的研究资料和样品时，需要就已完成的研究内容进一步补充或更换，F公司提供研发服务中存在对其他里程碑服务成果的重大修改，各单项里程碑服务承诺不可明确区分。因此，F公司将完成全部服务工作视为单项履约义务。目前，发行人F已发行上市。

分析

1.分辨单项履约义务，无论情形多复杂，最终还是得回归《企业会计准则第14号——收入》第十条：一是客户能否受益，二是承诺之间是否可明确区分。生物医药研发服务合同虽比普通的合同复杂，但也是如此，一看受益，但这不是关键，二看里程碑之间是否可明确区分，这才是根本。

2.对于D公司，各个里程碑的服务成果都分得清清楚楚，就像一个个独立的“小宇宙”，可明确区分，可以独立交付，客户能够从单个“小宇宙”中受益。也就是说，一个里程碑的完成不会对其他里程碑产生重大影响，因此，D公司可以将每个里程碑拆分为一项履约义务。

3.里程碑服务是否可明确区分，看交付的内容是否独立、存在高度关联度。与D公司不同，E公司将整个合同视为一个履约义务。这是因为E公司提供的服务，不同里程碑之间相互影响，不可明确区分，内容高度关联。这种高度关联性意味着“牵一发而动全身”，一个里程碑的变更可能会导致其他里程碑的重大调整。

4.对于F公司而言，同样如此。客户虽然可以从单个里程碑服务中受益，但单个里程碑服务成果只是半成品，对客户来说不过是破铜烂铁，毫无意义。如果F公司未能提供符合客户要求的成果，需要对已完成的研究内容进行重大修改，这表明各项里程碑不可明确区分，高度关联，“一荣俱荣，一损俱损”，所以，F公司将整个服务视为一项履约义务是合理的。这一点，F公司、E公司与D公司就不一样，客户拿到D公司某个里程碑成果后，可以自己或者找别家继续执行。

第8节　定制模具

企业在同一合同中为客户设计、生产某新产品专用模具，并使用该模具为客户生产若干样品，不应仅由于后续生产需要使用模具而认为模具与样品之间存在高度关联性。若企业在后续生产过程中，需要根据客户对样品的使用情况持续修正模具，基于修正后的模具再生产样品，最终将符合客户要求的模具及样品转让给客户，表明设计生产专用模具和生产样品之间互相受到彼此的重大影响，二者在合同层面不能明确区分，应将其识别为一项履约义务。

当企业用于给客户生产产品的模具不是自主研发制造，而是从他处购买，客户采购产品时再通过定价调整对企业购买的模具予以补偿时，企业按照外购、已定的模具生产产品，产品无法对模具产生重大影响，这意味着模具与产品之间不存在高度关联性。因此，企业提供的模具与产品销售可明确区分，二者应视为两项独立的履约义务。

第2章　可变对价

根据《企业会计准则第14号——收入》的规定，收入采用“五步法”模型确认与计量。首先，通过识别合同中的独立履约义务来核定收入确认的对象是什么；其次，通过明确交易价格和分配到各个履约义务来确认金额是多少；最后，控制权转移时确认收入。

可变对价是“五步法”模型第三步“确定交易价格”的一部分，需要合理评估向客户销售的劳务或商品预计能够收取的对价金额。可变对价的规定主要来自《企业会计准则第14号——收入》第十六条、第二十四条、第二十五条以及《监管规则适用指引——会计类第2号》《监管规则适用指引——会计类第4号》。

一、可变对价

交易价格是指企业因向客户转让商品而预期有权收取的对价金额。有时候，可能会因为合同中存在的重大融资成分、非现金对价、应付客户对价等因素，导致交易价格与合同价格不一致。

可变对价是指企业与客户签订的合同中约定的对价金额可能因折扣、价格折让、返利、退款、奖励积分、激励措施、业绩奖金、索赔等因素而变化。此外，企业有权收取的对价金额，将根据一项或多项或有事项的发生而有所不同的，也属于可变对价的情形。

可变对价的支付条件一旦被触发，就有可能对合同价格和收款产生或大或小的影响。所以，可变对价一开始就应当合理预估，将不确定的因素从最开始的交易价格中剥离出来，待不确定的因素确定之后再修正估计。

当然，这也不是一成不变的。如果估计难度太高或周期太长，且可能得调整的金额不重大，在合同总价的占比比较低，企业可以“偷懒”，不用估计后修正，参见案例“2-4 信科移动 2022-03”。

（一）最佳估计

《企业会计准则第14号——收入》第十六条要求：

合同中存在可变对价的，企业应当按照期望值或最可能发生金额确定可变对价的最佳估计数，但包含可变对价的交易价格，应当不超过在相关不确定性消除时累计已确认收入极可能不会发生重大转回的金额。企业在评估累计已确认收入是否极可能不会发生重大转回时，应当同时考虑收入转回的可能性及其比重。

1. “极可能”

《〈企业会计准则第14号——收入〉应用指南2018》认为，“极可能”是一个比较高的门槛，发生的概率应远高于“很可能”（可能性超过50%），但不要求达到“基本确定”（可能性超过95%）[①]。

实务中，涉及概率的问题，绝大部分还是靠职业判断，甚至是拍脑袋决定。

2. “重大转回”

评估可变对价对收入确认的影响程度，可评估可变对价占合同交易价格的占比是否重大。至于怎么才算是“重大”，没有统一的量化标准，仍然属于职业判断。

（二）资产负债表日重新估计

在每一资产负债表日，企业应当重新估计可变对价金额，以如实反映报告期末存在的情况以及报告期内发生的情况变化。

对此，《企业会计准则第14号——收入》第十六条接着规定：

每一资产负债表日，企业应当重新估计应计入交易价格的可变对价金额……

《企业会计准则第14号——收入》第二十四条还要求：

① 财政部会计司编写组编著：《〈企业会计准则第14号——收入〉应用指南2018》，中国财政经济出版社2018年版，第56页。

对于可变对价及可变对价的后续变动额，企业应当……将其分摊至与之相关的一项或多项履约义务，或者分摊至构成单项履约义务的一系列可明确区分商品中的一项或多项商品。

对于已履行的履约义务，其分摊的可变对价后续变动额应当调整变动当期的收入。

销售返利、销售退回等可变对价的变动，属于资产负债表日后调整事项，企业须根据下一年实际发生的返利、退回等情况，调整资产负债表日的财务报表。

若在评估过程中发现可变对价有变化，应当及时调整可变对价。如果可变对价后续有变动，企业应当根据会计准则把可变对价及可变对价的后续变动额分摊至一种或多种履约义务，也可以分摊至一种或多种商品。分摊到商品存在一个附加前提，那就是商品之间必须可明确区分。

如果履约义务已经履行，则应当将分摊的可变对价后续变动额调整当期收入。

二、区分因“赔偿、补偿”形成的或有事项

无论可变对价还是或有事项，均会涉及给予客户赔偿、补偿、折扣和罚款等多种情形，如因产品瑕疵而给客户的补偿、未按承诺履行义务而支付的赔偿、法定质保引发的补偿以及产品损害赔偿等。不同情形下，相同或相似标签背后隐藏的经济实质却可能不同，会计处理起来容易混淆。

（一）归类为可变对价

赔偿、补偿作为可变对价计入交易价格的关键是要与合同承诺提供的商品或服务直接相关，从而构成转让商品或服务有权收取对价的一部分。

它有以下特点：

1. 与提供的商品或服务直接相关

赔偿或补偿是针对产品或服务自身的瑕疵或问题而给予客户的价格减让。

2. 构成企业转让商品或服务有权收取对价的一部分

能否按合同承诺提供商品或服务决定了企业预期有无权利收取对价的金额。

3. 合同条款未约定并不一定就不会产生可变对价

赔偿或补偿义务不仅产生于合同条款，亦可能产生于法律规定、行业惯例以及客户的合理预期等。

4. 金额不固定

赔偿或补偿金额可能是固定的，也可能是随价款比例而变化的。

（二）归类为或有事项

或有事项是指过去的交易或者事项形成的，但该事项造成的结果具有不确定性，须由未来事项去证实，如与产品责任相关的法律要求的损害赔偿和法定质保引发的补偿等。

与可变对价不同的是，符合或有事项定义的赔偿、补偿等具有以下特点：

1. 补偿产品缺陷

该赔偿、补偿是为了赔偿、补偿因产品或服务缺陷给客户造成的直接损失或损坏，并非针对商品或服务自身瑕疵或问题而给予的价格减让。

2. 不属于收取对价的一部分

该赔偿、补偿并不构成企业转让商品或服务而有权收取对价的一部分，而是独立于合同履约义务之外的一项成本或费用。比如，法定质保引发的补偿是企业因修理、更换而需要承担的成本或费用，并未直接减少客户需要支付的对价。产品损害要求的赔偿虽然有可能减少了客户需要支付的对价，但也是针对产品或服务给客户造成的人身损害或财产损失的赔偿，在法律上属于侵权责任。

（三）如何区分

区别可变对价和或有事项的关键在于赔偿或补偿是否“与提供的商品或服务直接相关”以及“构成转让商品或服务有权收取的对价金额”。

1. 是否与合同承诺提交的商品或服务直接相关

是否“与合同承诺提交的商品或服务直接相关”，需要考虑赔偿、补偿是针对商品或服务自身瑕疵或问题而给予的价格减让，还是因为产品缺陷给客户造成损害或损失的侵权赔偿，或是企业需要承担产品修理、更换的费用。

2. 是否构成因转让商品或服务而有权收取对价的一部分

是否“构成因转让商品或服务而有权收取对价的一部分”，需要评估企业能否按合同承诺提供商品或服务，是否影响预期有权向客户收取的对价金额，金额是否存在显著差异。

实务中，我们可以粗略地判断下列事项不属于可变对价：

- 客户因取消合同/订单而支付的违约金/赔偿款，企业应作为营业收入。

- 企业因违反合同的约定而支付给客户的罚款，企业应冲减营业收入。
- 企业提前完成合同的约定，客户给予的奖励，企业应确认营业收入。

2-1 收入准则应用案例——基于客户销售额的可变对价

甲公司与乙公司签订合同，为其提供电力能源节约设备。甲公司向乙公司仅提供设备购置安装，不参与乙公司电力能源供应的运营和管理，不提供其他服务，但是需要根据法定要求提供质量保证，该合同仅包含一项履约义务。

在设备安装完成投入运营后，乙公司向甲公司支付固定价款，总金额为5,000万元（等于甲公司对于设备生产安装的实际成本），5,000万元固定价款付清后，设备所有权移交给乙公司。在设备投入运营后的4年内，乙公司于每年结束后，按电力能源实际节约费用的20%支付给甲公司。假定不考虑其他因素。

｜解析｜

该合同的对价金额由两部分组成，即5,000万元的固定价格以及在4年内按乙公司电力能源实际节约费用的20%计算的可变对价。对于固定价格，甲公司应当将5,000万元直接计入交易价格。对于可变对价，甲公司应当按照期望值或最可能发生金额确定该可变对价的最佳估计数，计入交易价格的可变对价金额还应该满足准则规定的限制条件（即包含可变对价的交易价格，应当不超过在相关不确定性消除时，累计已确认的收入极可能不会发生重大转回的金额）。为此，甲公司需要根据电力能源节约设备相关合同约定、项目可行性报告、乙公司的供电运营与管理历史情况、建设项目的最佳供电能力等因素，综合分析评估项目在合同约定的未来4年内预计电力能源节约成本，据此确定可变对价的最佳估计数，同时，计入交易价格的可变对价金额还应该满足准则规定的限制条件，并在不确定性消除之前的每一资产负债表日重新评估该可变对价的金额。

分 析

1. 与可变对价同时出没的关键词有："交易价格""最佳估计数""极可能""重大转回""重新评估"。

2. 销售合同中存在可变对价的，企业应当对计入交易价格的可变对价按照期望值或最可能发生金额进行估计。在每一资产负债表日，企业应当重新估计可变对价金额，以如实反映报告期末存在的情况以及报告期内发生的情况变化。

3.本案例中，合同的对价金额由5,000万元的固定价格和20%的可变对价组成，是典型的“一固定一变动”。笔者必须强调的是，合同价格不同于交易价格，合同价格是合同纸面上的，而交易价格需要对合同价格中的可变对价、重大融资成分等作出最佳估计。

2-2 联盛化学 2021-11

申请文件及问询回复显示：发行人自2019年起对拜耳集团进行阶梯定价，依照采购数量划分为三档，三档价格依次递减。

请发行人：结合与拜耳集团阶梯定价合同的起始日期、签订频次、是否跨期以及新收入准则中关于“可变对价”的规定，说明发行人对阶梯定价销售合同的会计处理方式、是否符合《企业会计准则》相关规定，并测算执行新收入准则对阶梯定价销售合同相关收入确认的影响。

｜回复｜

一、发行人与拜耳集团阶梯定价合同的起始日期、签订频次、是否跨期说明

报告期内，每年10—11月，公司会与拜耳集团商讨关于未来一年ABL的销售数量及单价，达成一致意见后形成年度框架协议。2018年10月双方约定2019年框架协议由往年的统一定价调整为阶梯定价，协议中约定拜耳集团阶梯下一年度采购定价依照采购数量划分为三档，2,000吨以内为一档价格；2,000吨至3,000吨采用二档价格；3,000吨以上采用三档价格，三档价格依次递减，三档价格相互独立，执行二三档价格的时候，不影响已执行部分的价格。框架协议签订后，拜耳集团根据其生产需要向公司采购，每次采购单独签订合同并约定采购数量及单价。

框架协议达成后，拜耳集团与公司后续的交易即按照新的框架协议执行，原有协议随即废止，一般双方协议签订在每年10—11月，11—12月开始执行新签署的协议，所以框架协议存在跨期情形。

二、结合新收入准则中关于“可变对价”的规定，说明发行人对阶梯定价销售合同的会计处理方式、是否符合《企业会计准则》相关规定

1.可变对价的规定

《新收入准则》第十五条规定：“企业应当根据合同条款，并结合其以往的习惯做法确定交易价格。在确定交易价格时，企业应当考虑可变对价、合同中存在的重大融资成分、非现金对价、应付客户对价等因素的影响。”

《新收入准则应用指南》指出，企业与客户的合同中约定的对价金额可能是固定的，也可能会因折扣、价格折让、返利、退款、奖励积分、激励措施、业绩奖金、索赔等因素而变化。此外，企业有权收取的对价金额，将根据一项或多项或有事项的发生有所不同的情况，也属于可变对价的情形。

2.阶梯定价的履约方式

联盛化学与拜耳集团约定了年度阶梯定价模式，按采购量执行阶梯分档价格，但价格差很小。该等约定是框架性的，在实际交易过程中，拜耳集团会根据实际需求向联盛化学逐步下达采购订单，每份采购订单的采购数量及采购价格是明确的。当累计采购量达到阶梯数量时，超出的采购量将会执行下一档采购价，但不会对阶梯数量内的采购价格进行重新调整，只适用未来的购买交易事项。即阶梯数量内的交易价格是不变的，合同对价是确定的。

3.阶梯定价销售合同的会计处理方式符合《企业会计准则》的规定

《新收入准则》第十六条第一款规定：“合同中存在可变对价的，企业应当按照期望值或最可能发生金额确定可变对价的最佳估计数，但包含可变对价的交易价格，应当不超过在相关不确定性消除时累计已确认收入极可能不会发生重大转回的金额。企业在评估累计已确认收入是否极可能不会发生重大转回时，应当同时考虑收入转回的可能性及其比重。”

按此项规定，若存在可变对价，则说明存在不确定性因素以及收入发生重大转回的可能性。这与联盛化学的实际履约方式完全不同。因此，我们认为，联盛化学与拜耳集团约定的阶梯定价销售合同不存在可变对价，其会计处理方式符合《企业会计准则》的规定。

综上所述，收入准则所述的可变对价是指已发生交易的价格可能受到未来不确定事项影响的情形，已发生交易价格存在变化的可能；公司与拜耳集团约定的阶梯定价属于未来交易的价格可能受到已发生事项影响的情形，但未来交易一旦发生，价格即已确定。因此，公司与拜耳集团的阶梯定价约定不属于收入准则所述的可变对价，虽然框架协议执行过程中存在跨年度执行的情形，但因不属于可变对价合同，无需对收入金额做会计调整。现有会计处理符合《企业会计准则》相关规定。

分 析

1. 可变对价强调的是合同中约定的对价金额可能因折扣、价格折让、返利等特殊情形的发生而变化。

2. 而本案例中的阶梯定价只是一种常见的定价模式。每次采购订单的采购数量及采购价格是明确的，对应的采购档位也是确定的，不受未来事件的影响，未来不会发生“重大转回”。既然合同价格是确定的，就不是“可变”对价了。

三、并测算执行新收入准则对阶梯定价销售合同相关收入确认的影响

报告期内，公司与拜耳集团约定的阶梯定价差异情况如下：

项目	2021年	2020年度	2019年度
阶梯定价最大差异额（美元/吨）	190.00	190.00	200.00
阶梯定价最大差异率（%）	3.92	3.92	4.04

从上表可以看出，报告期内，阶梯定价的最高价与最低价之间差异很小。假设按可变对价进行处理，2018年度营业收入将调减约21万元，2019年度营业收入将调减约23万元，2020年度营业收入将调增约44万元。

经分析，发行人与拜耳集团签订的阶梯定价销售合同不属于可变对价合同，在新旧收入准则下，收入确认政策未发生实质性变化。因此执行新收入准则后，对阶梯定价销售合同相关收入确认无影响。假设认定阶梯销售合同为可变定价合同进行测算，阶梯定价的最高价与最低价之间差异很小，对报告期内发行人营业收入影响较小。

2-3 瑞晨环保 2022-01

申报材料及审核问询回复显示：买断业务，公司通常在合同中对运行效率或节电率等节能降耗指标做出具体约定，并约定若产品节能降耗指标未达到约定值，按照实际与约定值之间的差值相应调整扣减合同金额。因此销售价格为“固定价格+价格调整”。

请发行人：说明买断业务的价格调整约定是否属于可变对价。

|回复|

财政部2017年修订的《企业会计准则第14号——收入》规定，公司在确定交易价格时应考虑可变对价的影响；财政部会计司编写组编著的《〈企业会计准则第

14号——收入〉应用指南》规定，公司有权收取的对价金额，将根据一项或多项或有事项的发生有所不同的情况，也属于可变对价的情形。具体情况如下表所示：

《企业会计准则第14号——收入》	《企业会计准则第14号——收入》应用指南
第十五条　企业应当根据合同条款，并结合其以往的习惯做法确定交易价格。在确定交易价格时，企业应当考虑可变对价、合同中存在的重大融资成分、非现金对价、应付客户对价等因素的影响。	公司有权收取的对价金额，将根据一项或多项或有事项的发生有所不同的情况，也属于可变对价的情形。
第十六条　合同中存在可变对价的，企业应当按照期望值或最可能发生金额确定可变对价的最佳估计数，但包含可变对价的交易价格，应当不超过在相关不确定性消除时累计已确认收入极可能不会发生重大转回的金额。	企业与客户的合同中约定的对价金额可能是固定的，也可能会因折扣、价格折让、返利、退款、奖励积分、激励措施、业绩奖金、索赔等因素而变化。

报告期内，公司通常在买断业务合同的验收条款中，对产品运行效率或节电率等性能指标做出具体约定，并约定在验收前的测试环节，若产品的实测性能指标未达到合同的约定值，将根据约定相应扣减合同金额。因此，根据上表，在签订合同时，公司买断业务的销售价格可能受到产品在试运行、验收测试环节的运行效率或节电率低于约定的性能指标这一未来事件的影响，属于会计准则规定的“可变对价”的范畴。

分　析

1.“一固定价格一可变对价”是常见的可变对价形式，本案例与案例“2-1 收入准则应用案例——基于客户销售额的可变对价”一样，都是这种形式。

2.可变对价强调的是，合同中约定的对价在未来可能会变化。本案例就是一个典型，合同金额会受试运行、验收测试等未来事件的影响。

根据公司买断业务的收入确认方法，公司销售的风机、水泵产品运送至客户指定地点后需进行安装、调试，经现场验收合格并取得书面验收文件后确认收入。因此，在公司确认买断业务收入时，公司产品已通过性能考核与验收，相关质量技术标准已获得了客户的认可，即双方已就实际交易金额达成一致，合同签订时的“可变对价”的不确定性已消除，不存在其他可能导致交易价格变动或影响获取对价的权利的情形，公司根据双方确认的（调整后）合同金额确认收入，符合会计准则的规定。

分　析

可变对价一开始应当合理预估。此处的特殊之处在于，现场验收后就可以确认收入，"可变对价"马上变成了"不变对价"，交易价格瞬间就可以确定了。

2-4　信科移动 2022-03

根据申报材料：对于移动通信一体化服务，发行人在项目完工并经客户验收后确认收入，并在取得客户或第三方出具的审计报告当期调整对应项目收入；同行业可比公司存在部分合同分期确认收入的情形；根据销售合同，部分合同约定承包人按月分解签约合同价，并按有合同约束力的支付分解表分期计量和支付，发行人的工程施工付款流程包括预付款、工程进度付款、质保金、竣工付款等。

请发行人说明：对于移动通信一体化服务，是否构成可变对价，收入确认是否符合企业会计准则的规定。

｜回复｜

根据《〈企业会计准则第14号——收入〉应用指南2018》，企业可变对价的界定为：企业与客户的合同中约定的对价金额可能是固定的，也可能会因折扣、价格折让、返利、退款、奖励积分、激励措施、业绩奖金、索赔等因素而变化。此外，企业有权收取的对价金额，将根据一项或多项或有事项的发生有所不同的情况，也属于可变对价的情形。

由于发行人的无线网络建设项目中工程审计为必备环节，而工程审计可能会对完工验收时核算的工作量进行调整，进而对发行人可收取的对价金额造成影响。因此，审计调整金额构成可变对价。

根据《〈企业会计准则第14号——收入〉应用指南2018》，计入交易价格的可变对价金额，应当不超过在相关不确定性消除时，累计已确认的收入极可能不会发生重大转回的金额。企业在评估与可变对价相关的不确定性消除时，累计已确认的收入金额是否极可能不会发生重大转回时，应当同时考虑收入转回的可能性及转回金额的比重。

发行人按照完工验收时核算的工作量确认收入，在取得客户或第三方出具的审计报告当期调整对应项目收入，主要是因为客户或第三方的审计具有如下特征，符合将可变对价计入交易价格的限制条件：

（1）工程审计依赖于第三方的判断，与项目设计概预算金额的差异具有不确定性，导致在确认收入时对可变对价即工程审计调整金额的估计存在较大困难，不具有可操作性；

（2）项目完工验收后至工程审计报告出具一般在一年以上，周期较长，即对价金额的不确定性预计在较长时间内无法消除；

（3）报告期各期审计调整金额占比在5%以内，审计调整金额相对于合同总价而言占比较低，金额不重大。

分　析

1. 发行人先按照完工验收时核算的工作量确认收入，在取得客户或第三方出具的审计报告当期再调整收入。合同价格受未来审计报告的影响，属于可变对价。

2. 虽说可变对价要一开始先预估，后再修正，但有时候实在没办法估计或周期太长，就无须这么操作。如同本案例，项目从完工验收后至出具工程审计报告的周期较长，难以预估，且可能得调整的金额在合同总价的占比比较低，金额不重大，那企业可以“偷懒”，不用估计、修正。

在同行业可比上市公司中，润建股份、中贝通信的同类业务的收入确认方法与发行人基本一致。因此，发行人的移动通信一体化服务的收入确认方法，符合企业会计准则的相关规定。

第1节　附最低转售价担保

销售合同中附最低转售价担保，是指公司向客户销售商品时，约定当客户向第三方转售商品的售价低于某一约定金额时，公司将向客户支付差价，即经担保的最低转售价值。

当公司保证客户将获得一项最低金额的出售收入时，应当审慎判断客户是否取得了商品的控制权。因为最低转售价担保条款可能导致企业或关联方在触发条款之后根据最低价回购，这可能构成融资交易。

若客户取得了商品的控制权，公司确认收入时应当将为客户提供的最低转售价担保作为可变对价进行会计处理。

第2节 暂定价格

暂定价格的销售合同通常是指在商品控制权转移时，销售价格尚未最终确定的安排。例如，大宗商品贸易中的点价交易，即以约定时点的期货价格为基准加减双方协商的升贴水来确定双方买卖现货商品价格；金属加工业务中，双方约定合同对价以控制权转移之后某个时点的金属市价加上加工费来确定；某些金属矿的贸易价格将根据产品验收后的品相检验结果进行调整等。

暂定销售价格的交易安排中，企业应分析导致应收合同对价发生变动的具体原因。

1. 交易双方履约的变动

与交易双方履约情况相关的变动（如基于商品交付数量、质量等进行的价格调整）通常属于可变对价，企业应按照可变对价进行会计处理。一般根据与客户所签署合同约定的暂定价格确认收入，待价格确定后，公司根据与客户签订的价差协议确定价格，再调整当期收入。

2. 定价挂钩的变动

在点价销售模式中，交易价格的变动受双重因素的影响。首先，向客户交付的商品数量会直接影响结算金额，这种由交付数量变化引发的结算金额的变动，应视为可变对价；其次，选择的结算基准日也会影响最终的结算金额，这是因为商品价值的变动源于商品或原材料价格指数，而这些指数是不受交易双方控制的。指数变化会引起的结算金额变动具体应当按以下方式处理：

与定价挂钩的商品或原材料价值相关的变动（如定价挂钩不受双方控制的商品或原材料价格指数，因指数变动导致的价款变化）不属于可变对价，企业应将其视为合同对价中嵌入一项衍生金融工具（一般确认为“以公允价值计量且其变动计入当期损益的金融资产”），通常应按所挂钩商品或原材料在客户取得商品控制权日的价格计算确认收入，客户取得商品控制权后，上述所挂钩商品或原材料价格后续变动对企业可收取款项的影响，应按照金融工具准则处理（通常计入

"公允价值变动损益"），不计入交易对价。

第3节　销售返利

销售返利是一种企业为了扩大产品的销售额、提高产品市场竞争能力，和客户建立长久良好合作关系的促销方式。一般要求客户在一个期间内达到约定的数量或销售额，企业才给予奖励。

企业对客户的销售返利形式多种多样，返利的条款也不尽相同。目前，销售返利主要有两种形式：一是现金返利，即冲减应收账款或返还货款；二是实物返利，即达到合同约定的数量或销售额赠送货物。

一、区分额外购买选择权

企业应当基于返利的形式和合同条款的约定，考虑相关条款安排是否会导致企业未来需要向客户提供可明确区分的商品或服务，在此基础上判断返利属于可变对价还是提供给客户的重大权利。

《监管规则适用指引——会计类第2号》认为：

……一般而言，对基于客户采购情况等给予的现金返利，企业应当按照可变对价原则进行会计处理；对基于客户一定采购数量的实物返利或仅适用于未来采购的价格折扣，企业应当按照附有额外购买选择权的销售进行会计处理，评估该返利是否构成一项重大权利，以确定是否将其作为单项履约义务并分摊交易对价。

从《监管规则适用指引——会计类第2号》的态度可以看出，监管机构倾向于将现金返利按照可变对价处理，把实物返利、仅适用于未来采购的价格折扣按照附有额外购买选择权的销售处理。

实务与理论中，销售返利的会计处理并没有统一，现金返利与实物返利按照可变对价和额外购买选择权处理的情况都存在，特别是现金返利，不同案例有不同的做法，合理就行。这一节，笔者先演示按照可变对价该如何处理。至于按照附有额外购买选择权该如何处理，请移步阅读第10章第2节"销售返利"的内容。

二、按照可变对价处理

若按照可变对价处理，销售返利作为合同中交易价格的可变对价，仍然遵循可变对价处理的大原则。先按扣减预估返利后的净额确认收入，后续根据实际情况调整。之所以要冲减收入是因为销售返利在未来当销售数量或者金额累计达到一定数额，满足返利的条件后，可能得按照销售数量或者金额的约定比例返还金额或者实物。

1. 现金返利

对于现金返利，应当结合返利政策以及经销商过往的销售情况、能力等先估计、预提返利金额为负债，同时冲减收入，结算时再按照实际返利金额酌情调整已经预提的负债，请参考案例“2–5 瑞能半导 2021–06”“3–1 收入准则应用案例——合同变更与可变对价的判断 1”。

2. 实物返利

将商品销售、实物返利区分为两项履约义务，将未返货部分的不含税价款计入合同负债，冲减当期收入。实际返货时，将合同负债转为收入，同时结转成本。这种操作比按照附有额外购买选择权处理简化许多，参见案例“2–6 酒仙网 2021–09”。

如果企业估计合同期内的销售额不能够达到返货的标准，下一期无须给客户返利实物，可以按合同约定的单价和当期实际销售数量确认收入。但估计时，需要考虑下一年销售数量实际确认时不会因现在估计时未考虑因素导致已确认的收入转回。笔者提醒，预计不能够达到返货标准是简化、“偷懒”处理此类问题的小技巧，参考案例“10–6 沃文特 2022–04”。

如果企业无法合理估计在合同期内的销售额能否达到返货的标准，应按照预计能够达到目标值应给客户返利的情况确认收入（可考虑用较低的销售单价），避免年末销售数量确定时需要将已确认的收入转回。

2–5 瑞能半导 2021–06

根据问询回复，公司与部分经销商之间的销售返利安排，形成可变对价。公司在销售时已约定单位销售返利金额，根据约定的单位销售返利和已实现的未支付返利的销售数量计提销售返利，并冲减收入。

请发行人说明：

一、重新说明销售返利的定价方式及商业合理性；同行业公司采用该种定价模式的具体做法，返利金额及占比，核算方式，与发行人是否一致

｜回复｜

（一）销售返利的定价、操作方式及商业合理性

1.定价方式

公司在定价时制定目录价格，作为经销商向公司采购时的提货价格，并对于经销商所服务的不同终端客户，制定对经销商的实际销售价格（即经销商的实际采购价格），目录价格与实际销售价格的差额即为返利。公司向经销商销售产品时，按照目录价格并冲减预提返利的金额确认收入。

公司在制定目录价格时主要考虑经销商所在区域、竞争对手竞品价格以及主要终端客户的实际销售价格等因素，制定实际销售价格主要考虑终端客户情况、产品实际成本等因素，以更好地管控价格及提升公司的利润空间。

经销商按照目录价格采购产品，在完成最终销售时，经销商根据其销售的终端客户，向公司申请支付相应返利。对于不同的终端客户，同一产品的返利金额可能不同。

该定价方式保证了公司采用经销商模式的情况下仍可对销售至不同终端用户的产品进行差异化定价，提升了公司对价格管控能力。

例如，公司向经销商A销售产品①，经销商A同时向终端客户甲和终端客户乙销售产品①，终端客户甲可接受以0.8元的价格进行采购，而终端客户乙可接受以0.7元的价格进行采购。

返利模式下，公司与经销商A约定：经销商A向公司采购时以0.9元/个进行采购，（i）当经销商A销售予客户甲时，其可凭借向甲销售发票向公司申请0.2元/个返利；（ii）当经销商A销售予客户乙时，其可凭借向乙销售发票向公司申请0.3元/个返利。在上述安排下，公司向经销商销售2个产品，且经销商分别向甲和乙销售1个产品时获得的收入为（0.9−0.2）+（0.9−0.3）=1.3元。

若不采用返利模式，则公司只能按最低统一价格0.6元/个向经销商销售（高于此价格将使经销商可能由于无利润或利润过低无法销售至客户乙而导致采购量减小），再由经销商分别向甲和乙进行销售，向经销商销售两个产品获得收入为0.6×2=1.2元，低于返利模式下的收入金额。

上述定价方式亦符合行业特点，经销商主要承担统一备货和物流仓储的功能

以方便终端客户集中采购，终端客户采购公司产品主要系对产品本身的认可，与特定经销商的关系相对较小，故上述模式既保证了经销商赚取合理利润，同时也保证了公司能够获得更多收益。

2.定价方式举例

举例来说，经销商A向公司以目录价格0.9元订购产品①，并计划向客户甲销售产品①。实施销售前，经销商A需向公司提出报价请求，该请求包含客户甲的名称、产品名称等信息。对于经销商A向客户甲销售产品①，公司审批并确定经销商A实际采购价格为0.7元。此案例中，产品①的返利金额为0.2元。经销商A可自行决定产品①对于客户甲的再销售价格，并自行承担由此带来的收益或亏损。

经销商A向客户甲销售100件产品①，并向公司上报当周的销售情况，包括每笔交易对应的之前经双方确认的报价请求编号、客户的名称、销售的产品名称、数量以及发票的编号。

公司对于经销商上报信息与之前双方确认的报价请求进行比对，核对客户名称、产品名称，以及预先确定的返利金额等信息，确认无误后给予经销商返利。此案例中，公司应给予经销商A 100×（0.9–0.7）=20元返利。

3.商业合理性

（1）提升公司的利润空间

公司产品具备市场竞争力。公司在制定价格时，参考不同终端客户对于产品的价格接受程度，通过设置不同的返利金额实现不同最终销售价格，以获取更多利润。相比以统一价格销售于经销商的一口价定价方式，此种方式可提高公司对价格接受程度较高终端客户的利润率，避免经销商按统一价格采购产品后销售予高毛利终端客户获得超额利润，提升公司的盈利水平。

（2）避免经销商跨区域和跨终端客户的无序竞争

由于申请返利时，经销商必须提交向预先约定的对象的销售证明，公司对于经销商上报的销售情况与之前约定的终端客户进行对比，按照对应终端客户应享受的返利予以支付。若经销商向未经约定的客户销售商品，则无法获得返利，从而难以获得利润。故上述约定有利于公司避免经销商跨区经营或向未约定的客户进行销售，避免经销商的无序竞争。

（3）促进经销商更为积极地销售公司产品

返利模式下，经销商需要先按照目录价格把货款支付给公司，目录价格通常高于经销商的再销售价格，经销商将公司的产品销售给下游客户之后才能获得返利，因此为尽早获得返利，经销商会更积极地销售公司的产品。

上述模式在半导体经销领域使用较为广泛，是被主要经销商认可的定价方式。

（二）同行业公司采用该种定价模式的具体做法，返利金额及占比，核算方式，与发行人是否一致

对于境内上市公司，发行人的返利具体情况与同行业公司对比如下：

项目	圣邦股份	艾为电子	瑞能半导
具体做法	经销商向公司订货时，公司就每一产品给予其一个订单价格，并对不同终端客户制定不同返利，在经销商实现最终销售时根据实际销售的终端客户向经销商支付返利； 公司按照扣除预计返利后的金额确认收入	公司对不同经销商销售同一款产品的下单价相同，但根据经销商对应的不同终端客户、经销商自身情况等公司会给予不同比例的返利，在实现最终销售后，以冲抵货款的方式进行结算返利； 公司当期计算返利金额后冲减当期已确认的销售收入	公司在制定价格时制定目录价格和实际销售价格，二者之差即为返利金额。在经销商完成最终销售后，公司向经销商结算返利； 公司在确认收入的同时按照预估情况预提返利并冲减收入
会计处理	公司向经销商销售产品时，将订单价格借记“应收账款—××经销商货款”，贷记“主营业务收入”； 同时预提返利，将预计返利部分借记“主营业务收入”，贷记“应收账款—××经销商返利”		
报告期内返利占收入比	2014年至2016年分别为41.55%、43.18%、43.91%	2017年至2020年1—6月分别为27.72%、17.97%、12.55%、15.66%	2017年至2020年1—9月分别为25.41%、27.32%、28.95%、30.46%

分　析

销售返利作为合同价格中的可变对价，应当先预提冲减收入。此处预提是贷记“应收账款”，有的案例是贷记“预计负债”，有的案例是贷记“其他应付款”“合同负债”，没有统一的做法，未来都是返利金额确定后再冲销负债、转收入。

对于境外上市公司，由于其披露信息较为有限，未披露其具体会计核算方式，但根据保荐机构对经销商的邮件确认，英飞凌、意法半导体、安森美半导体等公司均采用与公司一致的定价方式，即经销商向其采购时按照目录价格支付货款，并在向特定用户销售后获得相应返利，以上半导体公司在制定返利时主要考虑终端客户情况等因素，公司相关返利安排符合行业惯例。根据经销商提供的初步数据，返利比例在20%至40%之间，公司的平均返利占冲销返利前收入比例处于该区间。

综上，返利模式为半导体行业公司较为常用的定价结算方式，公司的返利形式、会计处理与同行业公司一致，返利占比不存在重大差异，公司的返利模式符合行业惯例。

二、销售返利的具体核算方式，冲减收入的时点和依据，与收入确认时点的关系，各期收入金额包含返利的金额、与本期收入的关系，返利跨期确认的具体情况和对收入的影响

｜回复｜

1.销售返利的具体核算方式，冲减收入的时点和依据，与收入确认时点的关系

公司在确认收入的同时预提返利冲减收入，具体核算方式如下：

项目	预提销售返利	结算销售返利	重估期/（年）末预提返利余额
会计处理时点	于收入确认之时	于经销商向指定的终端客户售出商品并提交返利申请之后	于每个资产负债表日
具体核算及依据	参照所销售物料目录价格与当月全部有效协议的经销商实际采购价格加权平均数的差额，计算预提返利金额，并冲减收入金额	双方基于约定的目录价格与经销商实际采购价格的差异，确定实际返利的结算金额，并按照实际结算金额，冲销账面的预提返利	基于经销商的期末存货数量，参照当期结算的返利金额及期末有效协议的经销商实际采购价格的加权平均数，对预提的未支付返利金额进行重估，并将返利重估数和账面的差异调整当期收入

对于同一货物，由于不同经销商以及不同的终端客户对应的返利比率不尽相同，故公司在收入确认的同时，参照所售物料的目录价格与当月全部有效协议的经销商实际采购价格的加权平均数的差额，预提返利金额并冲减收入。于资产负

债表日，公司基于经销商的存货数量，参照当期结算的返利金额及期末有效协议的经销商实际采购价格的加权平均数对账面的未支付返利金额进行重估，并将返利重估数和账面的差异调整当期收入。资产负债表日后（通常为资产负债表日后1—3个月），公司查看期后实际返利结算金额来佐证资产负债表日重估金额的合理性，以及期后是否未发生重大变化。如果发现实际结算返利金额与预估金额存在差异，则会评估该差异是否为资产负债表日后的调整事项，并在必要时调整报告期内销售收入金额，以保证当期销售收入的准确性。新旧会计准则的变动对销售返利的预提和确认无影响。

分 析

1. 可变对价的变动本质是估计变动，属于资产负债表日后调整事项。

2. 销售返利需要在3个时点做3个动作：一是先预提负债并冲减收入，二是支付返利时再冲销负债，三是在资产负债表日重估，有需要时再调整当期收入。第二个、第三个动作没有先后之分。

当经销商实现对终端客户的销售之后，向公司申请返利。公司依据经销商实现再次销售的货物数量及对应的终端销售客户以及该终端客户对应的单位返利，确认应结算的返利金额，并向经销商开具贷记凭证，调整预提的销售返利金额并进行结算。

2. 各期收入金额包含返利的金额、与本期收入的关系

申报期内，各期包含返利的收入金额与本期收入金额具体列示如下：

期间	2020年1—9月	2019年	2018年
返利金额占本期主营业务收入金额的比例	30.46%	28.95%	27.32%

如上表所述，各期收入的金额均为扣除返利后的收入金额。

3. 返利跨期确认的具体情况和对收入的影响

如上所述，公司在确认收入时，同时参照所销售物料目录价格与当月全部有效协议的经销商实际采购价格加权平均数的差额，计算预提返利金额，并冲减收入金额。

同时，公司于各期末时亦基于经销商的期末存货数量，参照当期结算的返利

金额及期末有效协议的经销商实际采购价格的加权平均数，对预提的未支付返利金额进行重估，并将返利重估数和账面的差异调整当期收入。

通过上述方法，公司报告期内不存在重大跨期确认返利的情形，亦不会因返利跨期确认对收入造成重大影响。报告期内，公司合计计提返利91,793.78万元，合计实际支付返利88,251.70万元，二者基本一致，不存在低估返利调增收入的情形，计提金额略高于实际支付金额主要系：①公司实际支付返利为经销商实现终端销售时，计提返利为公司销售予经销商时，返利支付时点具有滞后性；②公司2020年销售收入呈上涨趋势，导致2020年9月末预提返利余额略高。

分　析

可变对价多数会存在实际支付与计提的时点、金额不一致，而引起跨期确认等问题。

2-6　酒仙网 2021-09

申报文件显示：公司给予区域运营商专销产品采购金额10%的返利，每月月底核算统计应结算返利，以等值专销产品货物形式发放。

请发行人：

一、补充说明发行人各销售渠道、模式下，销售返利安排情况，返利的计算方法和具体实现方式，相关会计处理及其对损益表、资产负债表的影响情况

｜回复｜

1.发行人各销售渠道、模式下，销售返利安排情况

<table>
<tr><th colspan="2" rowspan="2">项目</th><th colspan="2">线下品牌连锁</th><th rowspan="2">线下流通</th></tr>
<tr><th>国际名酒城</th><th>酒快到区域运营商</th></tr>
<tr><td rowspan="2">返利政策</td><td>合同约定</td><td>公司对合作酒城不存在销售返利政策</td><td>对区域运营商进行店铺管理奖励，奖励标准为指定产品采购金额的一定比例</td><td>为促进产品在经销区域内的销售，给予其他代理业务经销商采购产品金额的一定比例，作为市场推广奖励，形式一般为等值的指定产品</td></tr>
<tr><td>其他</td><td colspan="2">2020年，公司为管控酒城五粮液市场价格，对门店五粮液上架、陈列按数量给予奖励</td><td>—</td></tr>
</table>

续表

<table>
<tr><th rowspan="2">项目</th><th colspan="2">线下品牌连锁</th><th rowspan="2">线下流通</th></tr>
<tr><th>国际名酒城</th><th>酒快到区域运营商</th></tr>
<tr><td rowspan="2">上述返利政策的计算方法</td><td>—</td><td>店铺管理奖励=采购指定产品金额×返利比例（返利比例一般为10%）</td><td>市场推广奖励=采购指定产品金额×返利比例（公司定期发布返利政策，规定具体产品范围及返利比例）</td></tr>
<tr><td>五粮液返奖励=产品采购数量×单位返利金额</td><td>五粮液返奖励（合伙人）=合伙人采购产品数量×单位返利金额；
五粮液返奖励（门店）=门店进货数量×单位返利金额</td><td>—</td></tr>
<tr><td>实现方式</td><td colspan="3">均为实物返利、折抵等值的指定产品：酒快到区域运营商店铺管理奖励按月度考核结算，自行申请使用；线下流通经销商市场推广奖励按年度考核结算，自行申请使用</td></tr>
</table>

2.相关会计处理及其对损益表、资产负债表的影响情况

根据新收入准则，公司给予客户的均为实物返利、不存在现金返利，并且发放规则和比例一般在合同中已作出约定，属于一项确定的合同履约义务。公司按照两项履约义务，将当期收入对应的未返货部分不含税价款，冲减当期收入，计入合同负债；在实际返货的时候，确认合同负债对应的收入，同时结转对应成本。

分 析

将实物返利确认为一项履约义务，把合同金额按多项履约义务的不含税价款的比例分配。先预提负债，冲减收入。实际返货时，负债再转为收入，同时将实物返利结转为成本。这是实物返利比较常见的操作。

根据旧收入准则，公司按照商业折扣处理方式，将当期收入对应的未返货部分不含税价款，冲减当期收入，计入预收款项；在实际返货的时候，确认预收款项对应的收入，同时结转对应成本。

二、对于返利金额较大的客户，说明各期返利金额占该期销售收入的比例情

况，不同客户之间返利的比例是否差异显著，说明原因及合理性，是否存在利用返利刺激客户向发行人突击采购的情形

| 回复 |

1.不同客户之间返利的比例不存在差异显著

发行人仅就特定范围的产品向客户提供返利政策，对于同一类业务下的客户执行相同的返利政策，且在合同中作出明确约定。报告期内，发行人对大部分客户的返利金额占对其销售收入比例不存在差异。2020年，受疫情原因等影响，发行人参股公司北京骏程新零售有限公司开拓线下门店受到较大影响，发行人对其提供了一定支持，导致其当年返利比例较高。

2.发行人不存在利用返利刺激客户向发行人突击采购的情形

发行人主要返利政策在报告期内保持延续，且均在合同中作出明确约定，此外发行人在2020年底借助酱酒热潮，为推广重点酱酒产品，针对线下品牌连锁客户推出买赠等促销方案，如购买特定商品赠送52° 五粮液股份出品的密鉴（艺术金）等产品，相关产品均为市场较为畅销的酱酒产品，且2021年1—6月实际销售周转良好。

综上，发行人对客户的返利政策在合同中明确约定，在实际业务过程中对于特定产品制定相应的返利政策，返利政策总体上稳定，不存在利用返利刺激客户向发行人突击采购的情形。

2-7 博睿数据 2020-05

根据问询回复，根据公司与各供应商签订的合同，公司在采购京东E卡和苏宁储值卡达到一定标准时能获得金额返还。发行人在收到返还的当月计入营业外收入。

请发行人说明：上述金额返还计入营业外收入的会计处理是否符合企业会计准则的规定。

| 回复 |

根据协议约定，公司采购京东E卡和苏宁储值卡达到一定标准时能获得金额返还。2018年及2019年公司已实际收到返还的京东E卡；公司与苏宁的合作于2019年10月才开始，报告期内未实际收到金额返还。

报告期内，获得返还的京东E卡金额及占利润总额的比例分别为0.11%、0.09%、0.00%。

报告期内，公司实际享受的返还金额较低，同时鉴于：

（1）根据公司与北京京东世纪信息技术有限公司（以下简称京东）签署的《京

东E卡长期销售协议》，京东赠与公司京东E卡的目的是用于促销宣传，京东在返还京东E卡的时候，并未开具增值税红字发票，并非作为前期采购价格的调整，该行为本质上系赠与。

分　析

企业将自产货物无偿赠送给客户，增值税应视同销售货物缴纳销项税。

（2）公司计入主营业务成本的会员费用主要以会员执行监测任务产生的积分、直付会员账单等为计算依据。公司采购京东E卡主要用于支付会员费用，仅仅是一种支付手段，公司除了采用充值卡方式进行支付，还有通过转账支付的方式。报告期内，公司将返还的京东E卡用于支付会员费用，但返还的京东E卡本身并无用途方面的限制，发行人既可以用于支付会员费用，也可以用于发放员工福利或者自行购买京东平台的产品等。因此，采购、收到返还的京东E卡行为本身并不与主营业务成本产生直接联系，不宜直接做冲减主营业务成本处理。

基于谨慎性考虑，公司将获得的充值卡返还金额计入营业外收入。该会计处理符合企业会计准则的规定。

分　析

对于收到销售返利的一方，返利一般冲减采购成本。此案例比较特殊，买的是购物卡，返利也是购物卡，可以购买多种货物，无法与采购的成本一一对应，无法与其他商品明确区分，故最后计入营业外收入。

第4节　现金折扣

现金折扣是销售方提供给信用客户，为鼓励客户尽快支付货款而给予的价格优惠。举个例子，“2/10，1/15，n/30”表示赊销期间为30天，如果采购方在10天之内付款，销售方给予价格上2%的优惠；10天至15天内付款，销售方给予价格上1%的优惠。

《企业会计准则第14号——收入》颁布后，现金折扣的会计核算方法存在争议。2020年12月，财政部会计司在最新问答中明确要求：

企业在销售商品时给予客户的现金折扣，应当按照《企业会计准则第 14 号——收入》（财会〔2017〕22 号）中关于可变对价的规定进行会计处理。[①]

现金折扣是由销售方提供的价格优惠，而是否享受优惠由采购方选择。销售方提供了现金折扣的方案后，并不能控制优惠是否发生。也就是说，附带现金折扣的合同中约定了未来可能发生也可能不发生的事项，事项发不发生不受销售方的控制。因此，将现金折扣归属到可变对价的范围，符合会计准则中可变对价的规定。

1. 销售方

对于销售方，现金折扣作为可变对价的影响因素，需要采取“两步法”确认销售收入：第一步，类似一般销售，先确认应收账款，对现金折扣的发生做出最佳估计，计入负债，销售收入按净额初始确认；第二步，以后在折扣期收款时，择机调整销售收入，冲销负债，超出的部分确认为财务费用。

2. 采购方

从采购方的角度看，现金折扣的处理一般与销售方的方法保持一致。有区别的是，出于谨慎，先采用总额核算成本；在获得现金折扣后，与存货相关的折扣调减存货成本；如果在取得存货与结算货款之间发生了不可预计的事项，导致是否享受现金折扣发生了变动，此时应将变动归因为管理行为，直接计入财务费用，而非调整存货成本。

2-8　先正达 2021-10

发行人根据采购目标实现情况而向客户提供的返利或折扣的现金激励计划，以及对客户按时或提早支付采购货款而提供的现金折扣，发行人按扣减折扣金额后的销售金额确认收入。相关折扣金额是基于现金激励计划的条款、市场条件以及相关历史经验进行估算的。

请发行人披露：现金折扣金额如何估算；现金激励计划、现金折扣等的会计处理是否符合《企业会计准则》的规定。

① 《问：企业在执行〈企业会计准则第 14 号——收入〉（财会〔2017〕22 号）时，对于给予客户的现金折扣应当如何进行会计处理？》，载财政部网站，https://kjs.mof.gov.cn/zt/kjzzss/sswd/srzzsswd/202012/t20201211_3634029.htm，2024 年 7 月 15 日访问。

| 回复 |

一、现金折扣金额如何估算

针对按照采购目标实现情况而向客户提供现金激励计划，先正达集团会根据该客户历史年度完成采购目标的情况和当年市场的情况来判断该客户是否可以完成既定的采购目标的可能性，以及根据现金激励计划条款估计向该客户返还现金的金额。先正达集团将相关折扣金额冲减收入，并贷记相关负债。

分析

现金激励计划中，客户完成既定的采购目标后向客户返还现金，是现金返利，应当先估计、预提返利金额为负债，同时冲减收入，结算时再按照实际返利金额酌情冲销已经预提的负债。

针对客户按时或提早支付采购货款而提供的现金折扣，先正达集团会根据该客户历史年度按时或提早支付货款的支付习惯来判断该客户当年是否会按时或提早支付采购货款。先正达集团根据支付习惯和现金折扣政策规定判断现金折扣的估计值。先正达集团将相关折扣金额冲减收入，并贷记相关负债。

分析

现金折扣，应当按照可变对价处理。一开始，根据支付习惯、历史数据和现金折扣政策对现金折扣做出最佳估计并计入负债，销售收入按净额初始确认。

二、现金激励计划、现金折扣等的会计处理是否符合《企业会计准则》的规定

发行人主要有两种现金折扣：

1.按照客户向发行人采购目标实现情况而向客户提供折扣的现金激励计划；及

2.对客户按时或提早支付采购货款而提供的现金折扣。

针对按照采购目标实现情况而向客户提供现金激励计划，发行人会根据该客户历史年度完成采购目标的情况和当年市场的情况来判断该客户是否可以完成既定的采购目标的可能性，以及根据现金激励计划条款估计向该客户返还现金的金

额。发行人将相关折扣金额冲减收入，并贷记相关负债。

针对客户按时或提早支付采购货款而提供的现金折扣，发行人会根据该客户历史年度按时或提早支付货款的支付习惯来判断该客户当年是否会按时或提早支付采购货款。发行人根据支付习惯和现金折扣政策规定判断现金折扣的估计值。发行人将相关折扣金额冲减收入，并贷记相关负债。

《企业会计准则第14号——收入》的规定如下：

企业应当根据合同条款，并结合其以往的习惯做法确定交易价格。在确定交易价格时，企业应当考虑可变对价、合同中存在的重大融资成分、非现金对价、应付客户对价等因素的影响。当对价是可变对价时，由于企业可能会向客户提供价格折让，企业有权收取的对价金额可能会低于合同标价。企业向客户提供价格折让的，应当在估计交易价格时进行考虑。

企业在判断合同中是否存在可变对价时，不仅应当考虑合同条款的约定，在下列情况下，即使合同中没有明确约定，合同的对价金额也是可变的：一是根据企业已公开宣布的政策、特定声明或者以往的习惯做法等，客户能够合理预期企业将会接受低于合同约定的对价金额，即企业会以折扣、返利等形式提供价格折让。二是其他相关事实和情况表明，企业在与客户签订合同时即打算向客户提供价格折让。

合同中存在可变对价的，企业应当按照期望值或最可能发生金额确定可变对价的最佳估计数。期望值是按照各种可能发生的对价金额及相关概率计算确定的金额。如果企业拥有大量具有类似特征的合同，企业据此估计合同可能产生多个结果时，按照期望值估计可变对价金额通常是恰当的。

发行人有明确的现金激励计划和现金折扣的政策，并且发行人根据相关政策条款，按照期望值估计可变对价金额的会计处理符合《企业会计准则》的要求。

2-9 宾酷网络 2022-03

根据申报材料及审核问询回复：（1）常规营销代理服务业务中，发行人主要通过与客户、供应商间的返点价差获得盈利；（2）供应商对公司返点可分为常规返点和资源返点两大类。公司与供应商之间返点政策，通常根据全年采购量，经双方协商确定，并在年度框架合同或单笔合同中进行约定。

请发行人：

一、补充披露抵扣款项、银行转账结算两类返点的支付方式是否导致会计处理的差异，如否，请结合《企业会计准则》说明原因

｜回复｜

根据《企业会计准则第14号——收入》的相关规定，商业折扣，指企业为促进商品销售而在商品标价上给予的价格扣除。企业销售商品涉及商业折扣的，应当按照扣除商业折扣后的金额确定销售商品收入金额。公司获得的供应商返点，以及将给予客户返点，均系媒体或企业为促进广告投放，在销售上给予购买方的价格扣除，本质上均属于商业折扣性质和范畴。

（一）客户返点的会计处理

公司抵扣款项、银行转账结算两类返点均系商业折扣，在收入、成本确认方面无差异，仅在资金收付上存在差异。具体会计处理如下：

1.收入确认会计处理

公司抵扣款项、银行转账结算两类返点，在符合收入确认条件时均按扣减预提返点后的销售净额确认收入，借记应收账款，贷记主营业务收入和应交税费增值税。

2.客户返点结算会计处理

（1）以抵扣款项的方式结算返点时，由于公司已经按扣减预提返点后的销售净额确认收入和应收账款，无需进行额外会计处理；

（2）以现金方式结算返点时，由公司以银行转账方式将返点支付给客户，公司账面的会计处理为借记应收账款，贷记银行存款。

分　析

客户返点，属于现金返利，应当先预提返利金额为负债，同时冲减收入，结算时再按照实际返利金额酌情冲销已经预提的负债。

（二）供应商返点的会计处理

1.成本确认会计处理

公司抵扣款项、银行转账结算两类返点，在满足成本确认条件时，公司均按扣减预提返点后的采购净额确认成本，借记主营业务成本和应交税费增值税，贷记应付账款。

分析

对于销售返利，采购方按预提返利后的采购净额确认成本是简化操作。若是现金折扣，出于谨慎，采购方一开始采用总额核算成本比较合理。

2.媒体返点结算会计处理

（1）以抵扣款项的方式结算媒体返点时，由于公司已经按扣减预提返点后的采购净额确认成本，无需再进行会计处理。

（2）以现金方式结算媒体返点时，公司在收到供应支付的返点款时，公司账面的会计处理为借记银行存款，贷记应付账款。

综上所述，公司对客户、供应商的抵扣款项、银行转账结算两类返点的支付、收款方式会计处理存在时间性差异，但并不影响收入、成本确认。

二、补充披露“回款奖励”是否实质系“现金折扣”，发行人是否将其作为“商业折扣”进行会计处理，是否符合《企业会计准则》的规定

｜回复｜

根据《企业会计准则第14条——收入》规定，现金折扣是指债权人为鼓励债务人在规定的期限内付款而向债务人提供的债务扣除，如合同约定的正常信用期为90天，如果客户在30天内付款，企业给客户2%的货款折扣；如果客户60天内付款，企业给客户1%的货款折扣。因此现金折扣实际上是在正常的信用周期基础上，为提前回笼货款而制定的相关政策，实质是企业从客户获取融资服务，并支付相应的利息。根据原收入准则规定，企业符合现金折扣情形的，在实际发生时计入财务费用；根据新收入准则，按照财政部会计司2020年12月11日发布的收入准则实施问答，现金折扣作为收入的调整项，与商业折扣会计处理一致。

分析

《企业会计准则第14条——收入》并无上文的明确规定，现金折扣现在依财政部会计司2020年12月发布的收入准则实施问答处理。[①]

---

① 《问：企业在执行〈企业会计准则第14号——收入〉（财会〔2017〕22号）时，对于给予客户的现金折扣应当如何进行会计处理？》，载财政部网站，https://kjs.mof.gov.cn/zt/kjzzss/sswd/srzzsswd/202012/t20201211_3634029.htm，2024年7月15日访问。

公司与部分供应商签订的返点政策中，包括“回款奖励”条款，但相关条款制定上，主要约定为公司在“信用期”内支付货款即可获得供应商相应比例回款奖励，与上述提前回笼资金，获取融资的服务行为存在一定的差异。

综上所述，公司从媒体获得的回款奖励，实际上系供应商基于公司良好的信用，给予公司在采购金额上的折让，是一种采购折让，而非融资服务行为。报告期内针对上述部分供应商回款奖励金额，由供应商开具红字发票给公司，或双方按扣除返点后的金额开票结算等方式，公司最终按照直接抵减采购金额，即按照“商业折扣”进行会计处理，符合《企业会计准则第14条——收入》的规定，具有合理性。

分 析

1. 现金折扣是商业折扣，而非融资行为，按可变对价处理。

2. 只要是可变对价，一般都遵循大原则：先合理估计负债，同额调减收入，用销售净额确认收入，待确定后再修正前期预估的金额。只是不同的可变对价做账的科目不太一样，如销售返利与现金折扣会计处理起来就有很大区别，得进行区分。

第3章 合同变更

合同变更，是指经合同各方同意对原合同范围或价格（或两者）作出的变更。规定主要来自《企业会计准则第14号——收入》第八条。

一、合同变更

合同变更属于收入“五步法”中第一步，是合同识别的内容之一。

（一）三种情形

《企业会计准则第14号——收入》第八条规定：

企业应当区分下列三种情形对合同变更分别进行会计处理：

（一）合同变更增加了可明确区分的商品及合同价款，且新增合同价款反映了新增商品单独售价的，应当将该合同变更部分作为一份单独的合同进行会计处理。

（二）合同变更不属于本条（一）规定的情形，且在合同变更日已转让的商品或已提供的服务（以下简称“已转让的商品”）与未转让的商品或未提供的服务（以下简称“未转让的商品”）之间可明确区分的，应当视为原合同终止，同时，将原合同未履约部分与合同变更部分合并为新合同进行会计处理。

（三）合同变更不属于本条（一）规定的情形，且在合同变更日已转让的商品与未转让的商品之间不可明确区分的，应当将该合同变更部分作为原合同的组成部分进行会计处理，由此产生的对已确认收入的影响，应当在合同变更日调整当期收入。

本准则所称合同变更，是指经合同各方批准对原合同范围或价格作出的变更。

根据上述《企业会计准则第14号——收入》第八条的规定，合同变更可以将变更部分划分为“原合同+独立新合同”“组合原合同”“原合同拆分+组合新合同”三种情形：

情形1：原合同+独立新合同：合同变更部分作为单独合同

合同变更增加了可明确区分的商品及合同价款，且新增合同价款反映了新增商品单独售价的，应当将该合同变更作为一份单独的合同进行会计处理。此类合同变更并不影响原合同的会计处理。

判断新增合同价款是否反映了新增商品的单独售价时，应当考虑为反映该特定合同的具体情况而对新增商品价格所作的适当调整。

情形2：组合原合同：原合同终止及新合同订立

合同变更不属于上述情形1，且在合同变更日已转让商品与未转让商品之间可明确区分的，应当视为原合同终止。同时，将原合同未履约部分与合同变更部分合并为新合同。

新合同的交易价格应当为下列两项金额之和：一是原合同交易价格中尚未确认为收入的部分（包括已从客户收取的金额）；二是合同变更中客户已承诺的对价金额。

情形2是三种情形中最常见的，请阅读案例“3-6 百济神州 2021-06”。

情形3：原合同拆分+组合新合同：合同变更部分作为原合同的组成部分

合同变更不属于上述情形1，且在合同变更日已转让的商品与未转让的商品之间不可明确区分的，应当将该合同变更部分作为原合同的组成部分进行会计处理，由此产生的对已确认收入的影响，应当在合同变更日重新计算履约进度，并调整当期收入和成本等。请阅读案例“6-9 金埔园林 2021-04”。

（二）判断逻辑

以上三种情形有一个共同前提，那便是合同双方都认可并批准合同变更的内容。

合同变更的会计判断逻辑如下所示：

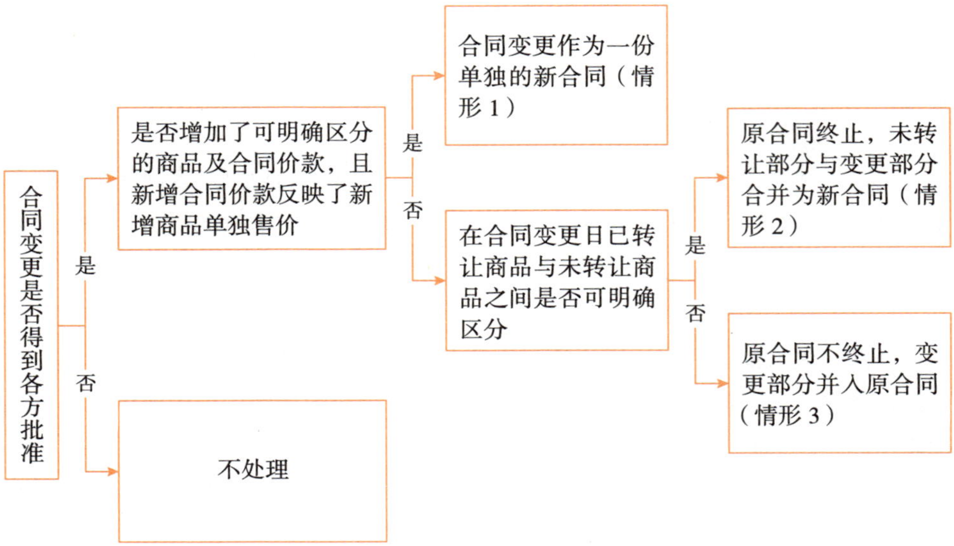

二、区分可变对价

企业应当区分交易价格的变动是属于合同变更还是可变对价。判断交易价格的后续变动属于可变对价还是合同变更，关键看事先可不可以预期。

如果合同无折扣、折让等金额可变条款，且根据企业已公开宣布的政策、特定声明或者以往的习惯做法等相关事实和情况表明，企业不会提供价格折扣、折让等可能导致对价金额可变的安排，这说明合同金额的变化是公司在合同开始日无法合理预期的。所以，合同各方达成协议，批准对原合同价格做出的变更，不属于可变对价，应作为合同变更进行会计处理；反之，如果企业根据合同条款、以往的习惯等，在合同开始日可以合理预期合同金额的变化，则后续实际给予和初始预计之间的差异属于可变对价因不确定性消除而发生的变动，应作为合同可变对价的后续变动处理。请阅读案例“3-1 收入准则应用案例——合同变更与可变对价的判断1”“3-2 收入准则应用案例——合同变更与可变对价的判断2”“3-3 收入准则应用案例——合同变更与可变对价的判断3”。

3-1　收入准则应用案例——合同变更与可变对价的判断1

2×20年1月1日，甲公司与客户乙公司签订合同，在一年内以固定单价100元向乙公司交付120件标准配件。甲公司以往的习惯做法表明，在该商品出现瑕疵时，将根据商品的具体瑕疵情况给予客户价格折让，企业综合考虑相关因素后认为会向客户提供一定的价格折让。合同开始日，甲公司估计将提供300元价格折让。2×20年1月30日，甲公司向乙公司交付60件配件，假定乙公司已取得60件配件的控制权，甲公司确认收入5,850元（100×60-300×60/120）。2×20年1月31日，乙公司发现配件存在质量瑕疵，需要返工，甲公司返工处理后，乙公司对返工后的配件表示满意。甲公司对存在质量瑕疵配件提供的返工服务是为了保证销售的配件符合既定标准，属于保证类质量保证，不构成单项履约义务，甲公司已根据《企业会计准则第13号——或有事项》的规定对相关的质保义务进行了会计处理。2×20年1月31日，为了维系客户关系，甲公司按以往的习惯做法主动提出对合同中120件配件给予每件3元的价格折让，共计360元，该折让符合甲公司以往的习惯做法。甲公司与乙公司达成协议，通过调整剩余60件配件价格的形式提供价格折让，即将待交付的60件配件的单价调整为94元。

｜解析｜

对于配件存在的质量瑕疵，甲公司已进行返工处理，且乙公司对返工后的配件表示满意，甲公司的质保义务已经履行。为维系客户关系，甲公司提供了质保之外的价格折让，并且在合同开始日，根据甲公司以往的习惯，可以预期如果商品不符合合同约定的质量标准，甲公司将给予乙公司一定的价格折让，而后续实际给予的折扣与初始预计的折扣差异属于相关不确定性消除而发生的可变对价的变化，而非合同变更导致的，应作为合同可变对价的后续变动进行会计处理。由于并无证据表明甲公司给予的价格折让与某部分履约义务相关，因此甲公司给予的价格折让与整个合同相关，应当分摊至合同中的各项履约义务，其中，已交付的60件配件的履约义务已经完成，其控制权已经转移，因此，甲公司在交易价格发生变动的当期，将价格折让增加额60元（360-300）分摊至已交付的60件配件，冲减当期收入30元（60×60/120）。甲公司在乙公司取得剩余60件配件控制权时，相应确认收入。

分 析

1. 可变对价是事先可以预期的，而合同变更是后期双方重新达成协议的，这是二者最大的区别。本案例中，合同一开始，甲公司就可以根据以往的习惯做法预期将提供300元的价格折让，很明显是可变对价。

2. 合同开始日，甲公司估计将提供300元的价格折让，由于不构成单项履约义务，先直接确认300元的负债。后期，初步确定需要提供360元的价格折让，比预估的300元增加了60元，需要调增60元负债。但产品分两批交付，所以每次交付后，调整成了事实，再调减当期收入30元（60×60/120）。

3-2 收入准则应用案例——合同变更与可变对价的判断2

甲公司与客户乙公司签订合同，在一年内以固定单价100元向乙公司交付120件标准配件，无折扣、折让等金额可变条款，且根据甲公司已公开宣布的政策、特定声明或者以往的习惯做法等相关事实和情况表明，甲公司不会提供价格折让等可能导致对价金额可变的安排。甲公司向乙公司交付60件配件后，市场新出现一款竞争产品，单价为每件65元。为了维系客户关系，甲公司与乙公司达成协议，将剩余60件配件的价格降为每件60元，已转让的60件配件与未转让的60件配件可明确区分。假定不考虑亏损合同等其他因素。

｜解析｜

由于合同无折扣、折让等金额可变条款，且根据甲公司已公开宣布的政策、特定声明或者以往的习惯做法等相关事实和情况表明，甲公司不会提供价格折让等可能导致对价金额可变的安排，该价格折让是市场条件的变化引发，这种变化是甲公司在合同开始日根据其所获得的相关信息无法合理预期的，由此导致的合同各方达成协议批准对原合同价格做出的变更，不属于可变对价，应作为合同变更进行会计处理。该合同变更未增加可明确区分的商品，甲公司已转让的商品（已转让的60件配件）与未转让的商品（未转让的60件配件）之间可明确区分，因此，该合同变更应作为原合同终止及新合同订立进行会计处理，甲公司向乙公司交付剩余60件配件时，确认收入3,600元（60×60）。本案例不涉及亏损合同的相关会计处理分析。

分　析

1.合同里存在折扣、折让等可变条款，事先可预期的，属于可变对价。而后期根据市场变化才达成新协议，事先不可预期的，属于合同变更。本案例中，甲公司预期不会提供价格折让，后期因为市场新出现一款竞争产品，才与乙公司重新达成协议，是合同变更。

2.在合同变更日，已转让商品与未转让商品之间可明确区分的，属于合同变更中的情形2，即原合同终止及新合同订立，旧合同应当服从新合同，原合同未履约部分与合同变更部分应合并为新合同。本案例中，甲公司与乙公司重新达成新协议，将剩余60个配件的价格降为每个60元，则未来这60个配件销售时按每个60元确认收入。

3-3　收入准则应用案例——合同变更与可变对价的判断3

甲公司与客户乙公司签订合同，为其提供广告投放服务，广告投放时间为2×20年1月1日至6月30日，投放渠道为一个灯箱，合同金额为60万元。合同中无折扣、折让等金额可变条款，也未约定投放效果标准，且根据甲公司已公开宣布的政策、特定声明或者以往的习惯做法等相关事实和情况表明，甲公司不会提供价格折让等安排。双方约定，2×20年1月至6月乙公司于每月月底支付10万元。广告投放内容由乙公司决定，对于甲公司而言，该广告投放为一系列实质相同且转让模式相同的、可明确区分的商品。广告投放以后，由于出现外部突发原因，周边人流量骤减，乙公司对广告投放效果不满意。2×20年3月31日，甲公司与乙公司达成了广告投放服务补充协议，且双方已批准执行，假定分以下三种情形：

情形一：对后续广告服务打五折处理，即2×20年4月至6月客户于每月月底支付5万元。

情形二：增加广告投放时间，即合同期限延长至2×20年8月31日，但合同总价60万元不变，客户于4月至8月每月月底支付6万元。

情形三：增加广告投放媒体，即从2×20年4月1日起到2×20年6月30日，甲公司为乙公司提供两个灯箱来投放广告，在新增的灯箱上提供的广告服务本身是可明确区分的，合同总价60万元和付款情况不变。

假设甲公司为提供广告服务而占用的灯箱不构成租赁，不考虑其他因素和相

关税费。本案例不涉及亏损合同的相关会计处理分析。

｜解析｜

由于甲公司与乙公司签订合同时并没有约定可变对价，且甲公司已公开宣布的政策、特定声明或者以往的习惯做法等相关事实和情况表明，甲公司不会提供折扣或折让等安排，甲乙公司的合同中不存在可变对价，对于2×20年3月31日的补充协议，三种情形均应当作为合同变更进行会计处理。

分 析

1.合同中无折扣、折让等金额可变条款，甲公司预期不会提供价格折让等安排，后期因为市场变化才重新签订了补充协议，不是可变对价，而是合同变更。

2.案例中的三种情形，在合同变更日，已转让商品与未转让商品之间可明确区分，所以，皆属于合同变更中的情形2，即原合同终止及新合同订立，旧合同应当服从新合同。新合同的交易价格应当既包括原合同交易价格中尚未确认为收入的部分（包括已从客户收取的金额），又包括合同变更中客户已承诺的对价金额。

对于情形一，甲乙双方批准对合同价格作出变更，合同变更并没有增加可明确区分的商品及合同价款，且合同变更日已提供的广告服务与未提供的广告服务之间可明确区分，所以甲公司应当将合同变更作为原合同终止及新合同订立进行会计处理。新合同的服务时间为2×20年4月1日至2×20年6月30日，交易价格为15万元（原合同交易价格中未确认为收入的部分30万元与合同变更中客户已承诺的对价金额–15万元之和）。

分 析

3月 ×5万元/月=15万元。

对于情形二，甲乙双方批准对合同范围作出变更，合同变更增加的广告投放时间本身可明确区分，甲公司承诺增加的服务时间与原服务时间并未形成组合产出、不存在重大修改和定制、高度关联等情况，因此，合同变更增加了可明确区分的广告投放服务时间，没有新增合同价款，所以甲公司应当将合同变更作为原合同终止及新合同订立进行会计处理。新合同的服务时间为2×20年4月1日至

2×20年8月31日，交易价格为30万元（原合同交易价格中未确认为收入的部分30万元与合同变更中客户已承诺的对价金额0元之和）。

分 析

5月 ×6万元/月=30万元。

对于情形三，甲乙双方批准对合同范围作出变更，合同变更增加了广告投放服务的范围，在新增的灯箱上提供的广告服务本身是可明确区分的，因此合同变更增加了可明确区分的广告投放服务，但是没有新增合同价款，甲公司应当将合同变更作为原合同终止及新合同订立进行会计处理。新合同（两个灯箱）的服务时间为2×20年4月1日至2×20年6月30日，交易价格为30万元（原合同交易价格中未确认为收入的部分30万元与合同变更中客户已承诺的对价金额0元之和）。

分 析

3月 ×10万元/月=30万元。

3-4 上交所发行上市审核动态——合同履约义务的识别 2023-06

某科创板发行人的主要产品为检测设备，发行人于2020年10月至11月与A公司及其指定主体签署约2,500万元的设备销售合同，并于当年11月至12月向A公司交付设备并确认收入。

审核发现，2020年11月，发行人与A公司在设备销售合同的基础上进一步签订了350万元的补充协议，补充协议的内容是为满足新版国标要求而增加的设备模块升级。2020年12月，A公司针对设备和模块升级同时进行验收，发行人据此确认了设备销售合同收入，但因新版国标尚未发布、补充协议相关合同义务尚未全部完成，未确认补充协议收入。

｜分析｜

对基于同一商业目的订立的两份合同，保荐人未充分说明设备模块升级对该商业目的下的设备功能是否会产生重大影响、补充协议服务内容与设备销售合同相关承诺是否可单独区分，未充分核查补充协议相关义务尚未全部完成对于检测设备销售收入确认时点的影响。

分 析

1. 此为现场督导的案例。

2. 发行人根据原设备销售合同规定完成了设备交付和验收，因此确认了设备的销售收入，这是基于原设备销售合同中的明确条款和已完成的履约义务，如果没有签订补充协议，这种做法是对的。因为签订了350万元的补充协议，补充协议涉及了设备模块升级，增加了原履约义务的不确定性。

3. 签订了补充协议，属于合同变更，应当思考属于合同变更三种情形中的哪一种，进一步考虑对原设备销售合同收入确认的影响。此案例中，签订的补充协议是对设备模块“升级”，保荐人未经充分核查，便认为“升级”对原来的“销售”事项没有影响，即合同变更三种情形中的情形1：“合同变更并不影响原合同的会计处理”，笔者认为，有点草率。

3-5 工大科雅 2021-11

根据反馈意见回复，报告期内，发行人为客户提供智慧供热解决方案的相关产品，根据双方签订的销售合同，发行人需提供的商品和服务通常包括软件、硬件、安装调试；因存在同一合同不同建设内容分拆的情形，报告期内发行人存在连续两年及以上均大量确认收入的情形；在业务的实际执行中，也存在部分合同因客户需求变化而发生变更；根据行业惯例，发行人一般在当年供暖季之前完成安装调试，经过供暖季一定时间的测试或一个完整的供暖季后开始验收工作。

请发行人：结合报告期内合同变更的实际情况，补充说明对相关合同发生变更时的会计处理情况，是否符合《企业会计准则》的相关规定。

｜回复｜

一、《企业会计准则》关于合同变更的相关规定

根据《企业会计准则第14号——收入》应用指南规定，“合同变更，是指经合同各方批准对原合同范围或价格作出的变更。合同变更既可能形成新的具有法律约束力的权利和义务，也可能是变更了合同各方现有的具有法律约束力的权利和义务。

企业应当区分下列三种情形对合同变更分别进行会计处理：

情形（1）：合同变更部分作为单独合同。合同变更增加了可明确区分的商品及合同价款，且新增合同价款反映了新增商品单独售价的，应当将该合同变更部分作为一份单独的合同进行会计处理。此类合同变更不影响原合同的会计处理。

情形（2）：合同变更作为原合同终止及新合同订立。合同变更不属于上述第（1）种情形，且在合同变更日已转让的商品或已提供的服务（以下简称‘已转让的商品’）与未转让的商品或未提供的服务（以下简称‘未转让的商品’）之间可明确区分的，应当视为原合同终止，同时，将原合同未履约部分与合同变更部分合并为新合同进行会计处理。

情形（3）：合同变更部分作为原合同的组成部分。合同变更不属于上述第（1）种情形，且在合同变更日已转让的商品与未转让的商品之间不可明确区分的，应当将该合同变更部分作为原合同的组成部分，在合同变更日重新计算履约进度，并调整当期收入和相应成本等”。

分　析

合同变更与收入确认息息相关，特别是情形（3），即已转让的商品与未转让的商品之间不可明确区分的，得在合同变更日重新计算履约进度，调整当期收入和成本。

二、报告期内发行人主要合同变更情况

报告期内，发行人涉及的合同变更涉及上述三种情形。报告期内发行人在某一年/期确认收入超过500万元的合同变更以及相应的会计处理情况列示如下：

序号	项目	相关会计处理	收入确认情况
情形（1）：合同变更部分作为单独合同			
1	中原油田总部基地供热分离移交项目智能阀及室温控制器采购项目	合同变更增加了可明确区分的商品及合同价款，且新增合同价款反映了新增商品单独售价的，应当将该合同变更部分作为一份单独的合同进行会计处理。此类合同变更不影响原合同的会计处理	原合同2020年确认收入171.21万元；补充合同2020年确认收入799.12万元
2	沈阳铁路局“三供一业”项目改造工程（内蒙古自治区）		原合同2019年确认收入829.92万元；补充合同2020年确认收入7.24万元
3	长治市2019年三供一业换热站自动化控制系统设备供货及安装项目		原合同及补充合同2019年确认收入609.76万元

续表

<table>
<tr><th>序号</th><th>项目</th><th>相关会计处理</th><th>收入确认情况</th></tr>
<tr><td>4</td><td>2016年长春市“暖房子”工程热计量改造程1标段（温度法热计量系统）设备购销项目</td><td></td><td>原合同及补充合同2018年确认收入601.62万元</td></tr>
<tr><td colspan="4">情形（2）：合同变更作为原合同终止及新合同订立</td></tr>
<tr><td>5</td><td>中原油田总部基地供热分离移交项目—自动化系统采购项目</td><td rowspan="2">在合同变更日，已转让的商品与未转让的商品之间可明确区分的，应当视为原合同终止，同时，将原合同未履约部分与合同变更部分合并为新合同进行会计处理</td><td>2020年：2,401.75万元</td></tr>
<tr><td>6</td><td>2016年一管到户改造工程热工成套采购项目</td><td>2018年：813.36万元</td></tr>
<tr><td colspan="4">情形（3）：合同变更部分作为原合同的组成部分</td></tr>
<tr><td>7</td><td>沈阳铁路局“三供一业”项目二期改造工程</td><td rowspan="4">在合同变更日，已转让商品与未转让商品之间不可明确区分，原合同与新销售合同项下的工作内容构成一项履约义务，新销售合同作为原合同的组成部分，在合同变更日重新考虑合同履约义务的完成时点并在控制权转移时点确认相应收入</td><td>2019年：4,497.42万元
2020年：311.11万元</td></tr>
<tr><td>8</td><td>市级智慧供热平台扩容项目</td><td>2020年：531.23万元</td></tr>
<tr><td>9</td><td>廊坊市热电联产集中供热管网工程智能热网监控自动化系统设备供货及安装项目</td><td>2018年：2,114.33万元
2019年：741.28万元</td></tr>
<tr><td>10</td><td>武安市热力总公司建设智慧供热项目合同能源管理项目</td><td>2020年：813.07万元
2021年1—6月：1,453.88万元</td></tr>
</table>

三、结合报告期内合同变更的实际情况，发行人对相关合同发生变更时的会计处理情况正确，符合《企业会计准则》的相关规定

（一）合同变更属于上述会计准则规定的合同变更情形（1）的情况说明

1.合同变更情形（1）的情况举例

2020年5月，发行人与天津市管道工程集团有限公司（以下简称天津管道）签订《中原油田总部基地供热分离移交项目智能阀及室温控制器采购项目》（以下简称原合同1），合同总金额193.47万元。发行人仅向天津管道提供相应的产品，发行人于2020年10月完成上述合同的履约义务，并由天津管道出具了设备到货验（签）收确认单，发行人据此确认收入171.21万元。

2020年10月，天津管道因中原油田总部基地供热分离移交项目的持续推进，对发行人智能阀及室温控制器的采购需求增加，经双方协商签订了《中原油田总部基地供热分离移交项目智能阀及室温控制器采购项目之增补采购合同》（以下简称增补合同）。该合同除产品价格较原合同1产品价格略有浮动外，产品型号、交货周期、验收标准、结算方式、违约责任等条款的约定与原合同一致。2020年10月和11月，发行人完成上述合同约定的供货义务，并根据天津管道出具的设备到货验（签）收确认单核定的供货量和合同约定的产品单价价格，确认了合同的销售收入799.12万元。

2.相应会计处理

上述增补合同增加了可明确区分的商品及合同价款，且新增合同价款反映了新增商品的单独售价，该增补合同作为一份单独的合同进行会计处理，不影响原合同的会计处理，符合《企业会计准则》的相关规定。

分　析

关于合同变更中的情形1，新增的合同有可明确区分的商品及合同价款，且新增合同价款反映了新增商品的单独售价，即新旧合同没太大关系，则可将新增合同作为一份单独的新合同处理，新旧合同相互不影响。

（二）合同变更属于上述会计准则规定的合同变更情形（2）的情况说明

1.合同变更情形（2）的情况举例

2020年6月，发行人与天津管道签订《中原油田总部基地供热分离移交项目——自动化系统采购合同》（以下简称原合同2），发行人向天津管道销售供热监控中心软硬件系统、热力站自动控制系统和分户平衡智能阀数据采集系统，合同标的总额1,483.01万元。2020年12月，发行人按照合同约定和项目实施要求交付首批合同标的产品。

2020年10月，天津管道根据业主的需求变更，对发行人原合同2中的部分设备进行变更和补充，并签订了《中原油田总部基地供热分离移交项目——自动化系统采购合同之补充合同》（以下简称补充合同），合同标的金额3,453.74万元。上述补充合同详细列示确认了原合同2中继续执行的产品的明细及价格、原合同2

终止履行供货义务的产品明细及价格、因需求变更新增产品的明细及价格。补充合同对原合同2继续履行的部分仍按照原合同2约定的价格和验收标准结算。除上述合同内容及条款外，补充合同与原合同2的其他条款内容不存在实质性差异。

2.相应会计处理

在合同变更日，发行人首批供货的产品与补充合同约定的未转让的产品之间可明确区分。合同变更日，未转让的商品既包括原合同2中尚未转让的产品，也包括合同变更后新增的产品，各自履约价格在补充合同中均明确单独约定。

在合同变更日，原合同2终止，原合同2未履约部分与合同变更部分合并为补充合同，并按照补充合同的约定进行相应的会计处理，符合《企业会计准则》的相关规定。

分 析

关于合同变更中的情形2，已转让商品与未转让商品之间可明确区分，新合同对原合同进行了变更和补充，新合同占主导地位，比原合同重要，“旧从新”。

（三）合同变更属于上述会计准则规定的合同变更情形（3）的情况说明

1.合同变更情形（3）的情况举例

2018年7月，中铁九局集团第四工程有限公司（以下简称中铁九局第四工程）与发行人签订《沈阳铁路局“三供一业”项目二期改造工程一阶段工程自动化改造及管理软件建设工程施工专业分包合同》（以下简称原合同3），合同暂定总价为4,947.80万元。合同内容包括产品供货、工程施工、设备调试验收在内的一揽子分包服务。原合同3中约定“此价格仅为双方签订合同时暂定价格，过程结算以《工程量清单》所列细目的单价和施工图范围内实际完成的合格工程数量为准。最终结算以经建设单位认可的造价咨询单位或者上级部门审定的价格为依据”。

因该项目实施地点位于吉林省多个地区，中铁九局第四工程为便于内部预算管理、成本核算以及加强对项目质量和施工进度的监控，将上述原合同3进行拆分，具体拆分方式为：（1）原合同3的效力及双方权利、义务仅限于工程施工部分（预计价款将不超过原合同暂定总价的10%），最终结算金额仍以发行人实际完成的合格工程数量和经建设单位认可的造价咨询单位或者上级部门审定的价格为依据；（2）对于原合同3中涉及的价值占比在90%以上的产品买卖部分，中铁九局第四工程按照其内部管理规定再次履行招投标或竞争性谈判程序。

基于上述情形，发行人与中铁九局第四工程于2019年8月13日、2019年8月31日、2020年6月15日签订3份产品买卖/设备销售合同（以下统称新销售合同），3份合同的暂定总价分别为5,118.31万元、611.94万元和46.45万元，合计5,776.70万元。

2. 相应会计处理

经原合同拆分、新销售合同签订后，原合同3的效力及权利义务仅适用于工程施工部分，新销售合同效力适用于产品/设备销售部分。从合同实施进度来看，相关设备的调试、验收时点均发生在对应工程施工完成之后；从业务实质角度来讲，发行人向中铁九局第四工程承诺的是为其提供智慧供热解决方案，并非分别提供设备销售和工程施工等，发行人需提供重大的服务将这些单项商品进行整合，以形成合同约定的一项组合产出转让给客户。

鉴于上述情况，原合同3与新销售合同在合同变更日已转让商品与未转让商品之间不可明确区分，原合同3与新销售合同项下的工作内容构成一项履约义务，新销售合同作为原合同3的组成部分，在合同变更日重新考虑合同履约义务的完成时点并在控制权转移时点确认相应收入，符合《企业会计准则》的相关规定。

分　析

1. 关于合同变更中的情形3，已转让商品与未转让商品之间不可明确区分，新合同只是旧合同的补充，旧合同比新合同更占主导地位，“新从旧”。

2. “新从旧”，应当将该合同变更部分融入旧合同，在合同变更日重新计算履约进度，并调整当期收入、成本等。

综上所述，报告期内发行人合同变更的情形具有合理性，对相关合同发生变更时的会计处理正确，符合《企业会计准则》的相关规定。

3-6　百济神州 2021-06

公开资料显示，默克集团旗下的默克雪兰诺与百济神州曾就BeiGene-290、BeiGene-283签署合作开发协议，2018年12月19日，BeiGene,Ltd.（公司）收到默

克集团的通知，默克集团出于便利而终止了于2013年12月10日签订的关于公司在研RAF二聚体抑制剂lifirafenib（BGB-283）于中国的许可协议（经修订）。

请发行人说明：新基被百时美施贵宝收购后，终止关于替雷利珠单抗全球合作的具体原因，高于合同约定价款向公司支付1.5亿美元款项的原因及背景，公司认为是可变对价的依据，将其确认为主营业务收入且一次性在2019年当期确认是否符合《企业会计准则》。

｜回复｜

1.新基被百时美施贵宝收购后，终止关于替雷利珠单抗全球合作的具体原因，高于合同约定价款向公司支付1.5亿美元款项的原因及背景

2019年6月14日，发行人和新基公司达成共识并签订终止合作协议，终止双方关于发行人在研抗PD-1抗体替雷利珠单抗的全球合作；终止合作协议的原因系2019年1月3日，百时美施贵宝向新基公司提出收购要约，鉴于百时美施贵宝已有抗PD-1单抗OPDIVO®（欧狄沃®）在全球处于商业化阶段，各方决定终止对发行人替雷利珠单抗的引进，以避免其与OPDIVO®（欧狄沃®）产生竞争。

该终止合作款项金额由发行人与新基及百时美施贵宝考虑替雷利珠单抗的开发阶段及开发成本等因素协商确定。根据发行人与新基公司签订的《独家许可和合作协议》中相关条款中的规定，若新基公司收购第三方公司或者被第三方公司所收购，导致新基公司持有的产品与协议产品产生竞争关系，在此情形下，该协议授予了双方对合同协商进行变更的权利。双方基于商业目的以及谈判时点的实际情况对合同价款进行变更，由新基公司向发行人支付合理的经济利益，以弥补合同终止导致的后续里程碑付款金额的减少。根据双方友好协商，双方签订了补充协议约定新基公司向发行人支付1.5亿美元。

2.公司认为是可变对价的依据，将其确认为主营业务收入且一次性在2019年当期确认是否符合《企业会计准则》

对于2017年与新基公司签订的初始合作协议，由于在该合同中发行人需要向新基公司提供授权专利许可并提供研发服务，故发行人判断该合同属于《企业会计准则14号——收入》下“与客户之间的合同”，适用相关准则。

对于2019年双方签署的补充协议，其对双方的合作期限以及需要支付的对价进行了进一步约定，且未增加可明确区分的商品或者发行人需要进一步提供的服务，故发行人判断该补充协议为初始合作协议的变更，将该补充协议与初始合作协议合并考虑，原合同终止。因此，发行人与新基公司签订补充协议后，将新基公司支付的终止款项作为合同对价的一部分。

分　析

1. 双方是事后签署补充协议，重新约定权利、义务的，属于合同变更，而不是可变对价。

2. 在合同变更日，已转让商品与未转让商品之间可明确区分的，属于合同变更中的情形2，“旧从新”，原合同终止。

根据上述补充协议，在补充协议签订后，双方就替雷利珠单抗的合作将全部终止，发行人重新获得替雷利珠单抗在全球范围内的权利，且无须进一步向新基公司提供与特定适应症有关的研发服务，故发行人在初始合作协议下，已无其他未完成的履约义务。同时，根据补充协议的约定，新基公司向发行人支付的终止款项不可退还。因此，在收到该终止款项当期，发行人将收到的款项一次性计入当期收入。该会计处理方式符合《企业会计准则》的相关规定。

分　析

合同变更、可变对价导致的收入、成本变动一般计入当期损益。

发行人参考了境内外其他上市公司。由于此类药物合作安排在境外上市公司中较为常见，且由于医药研发过程中的不确定性，由于某种原因导致药物合作安排在合作期间内提前终止或者产生变更的情况较多，通常的会计处理为支付对价的一方将支付的对价计入当期的研发费用，收到对价的一方将收到的对价作为合同变更，参考收入准则的相关规定进行会计处理。

与同行业公司的比较情况：

比较公司	终止合作项目	相关会计处理
FORMA THERAPEUTICS HOLDINGS，INC.（纳斯达克代码：FMTX）	2018年新基公司与FORMA终止FT-1101药物的合作，新基公司向FORMA支付款项66亿美元	FORMA公司收到新基公司支付的款项，按照合同变更，参照收入准则处理

续表

比较公司	终止合作项目	相关会计处理
Lexicon Pharmaceutical Inc.（纳斯达克代码：LXRX）	2019 年 Lexicon 与 Sanofi–Aventis Deutschland GmbH（Sanofi）终止对 Lexicon 药物 Sotagliflozin 的合作，Lexicon 重新取得 Sotaglifloin 的全球开发权，Sanofi 向 Lexicon 支付款项 2.08 亿美元	Lexicon 收到 Sanofi 支付的款项，按照合同变更，参照收入准则，在 2019 年计入主营业务收入
海思科医药集团股份有限公司（深交所代码：002653）	2020 年 9 月，海思科与成都海创医药有限公司（海创医药）签订《专利实施许可协议及其相关协议之解除协议》，海创医药撤销在原系列协议中授予海思科中国境内的独占实施许可权、后续知识产权约定以及许可费用安排等，海思科将原获授的 HC–1119 授权许可相关全部权利转让给海创药业，海创药业分三期向海思科支付人民币 2.6 亿元	2020 年海思科按照合同变更，参照收入准则处理，在 2020 年确认主营业务收入人民币 1.1 亿元。该部分收入也未作为非经常性损益

第4章　应付客户对价

随着商业模式不断地创新和企业之间交易不断地复杂化，有时在一个合同中，既会约定企业有向客户收取货款的权利，又会约定企业有向客户或者第三方支付款项的义务，这就产生了应付客户对价的问题。

应付客户对价与可变对价一样，是收入“五步法”模型中第三步“确定交易价格”的内容，是确定交易价格环节中需要考虑的重要情形之一。规定主要出自《企业会计准则第14号——收入》第十九条、《监管规则适用指引——会计类第2号》。

一、如何辨别

如何辨别应付客户对价呢？企业应分析向客户支付对价的目的、自客户取得的商品或服务是否达到了可明确区分的标准。这其实是回到了构成第1章“单项履约义务”中单项履约义务的判断标准——可明确区分。

1. 不可明确区分

若企业自客户处取得了不可明确区分的商品或服务，需要向客户（或向客户购买本企业商品的第三方）支付对价的，应当将应付对价冲减交易价格，并在确认收入与支付（或承诺支付）客户对价二者孰晚的时点冲减当期收入，请阅读案例“11-11 荣昌生物 2022-01”。

这种情况之下，应付客户对价可理解成一种折扣，相当于多项交易构成了一揽子交易，本质上是用“净额法”确认收入。

2. 可明确区分

若企业自客户处取得了可明确区分的商品或服务，并且能够从主导商品或服务的使用中获益，企业通常应将支付给客户的款项作为向客户购买商品或服务处理，而非应付客户对价。这相当于多项业务未构成一揽子交易，本质上是用“总额法”确认收入，参见案例“4–2 维嘉科技 2022–01”“4–3 欧圣电气 2022–01”“4–4 天地环保 2021–07”。

企业应付客户对价超过向客户取得可明确区分商品的公允价值的，超过的金额应当冲减交易价格。向客户取得的可明确区分商品的公允价值不能合理估计的，企业应当将应付客户对价全额冲减交易价格。

二、疑难情形

1. 推广支出

对于企业基于自身宣传需要给超市等支付推广费，如果有明确证据表明企业向客户支付对价是为了取得明确可区分的推广服务，并且能够主导、控制推广服务的使用（如主导商品上架区域、堆放位置，以及展示时间、频率、方式等），企业应将其作为从客户购买推广服务处理，按照支付对价中与推广服务公允价值相当的部分确认销售费用，支付对价超过推广服务公允价值的部分冲减销售收入。若不能够取得对推广服务的控制，则应作为应付客户对价进行会计处理。

2. 好评返现

一些电商企业想要提升店铺的好评度，会许诺客户给予好评后可以返还现金。例如，某店家在包裹中放入五星好评返 5 元的卡片，这 5 元其实就是应付客户对价。按照《企业会计准则第 14 号——收入》，企业应当将应付对价冲减交易价格。为了避免企业确认收入而消费者放弃返现，或者消费者领取了返现但企业还没有确认收入，企业应在确认收入与支付客户对价二者孰晚的时点冲减当期收入，这样可以降低风险。

3. 低价销售商品

一些商家会以超低价售卖商品以赚取口碑，增加购买量和好评数，让商品在搜索界面排在靠前、显著的位置。这种让买家低于成本价购入商品的情形，其实是应付客户的对价超过了客户支付的价格。如买家以 90 元购买到了价值 100 元的产品，那么，超出的 10 元就需要冲减交易价格。当客户取得商品的公允价值不能被准确估计时，出于谨慎，企业需要将应付客户对价全额冲减交易价格。

4. 免费装修款和培训补贴

销售方是一家生产企业，给经销商门店提供了50万元的装修款和培训补贴。但是，这50万元并没有从经销商处取得明确可区分的商品，销售方应当全额冲减销售收入，而非计入销售费用。

5. 电商平台优惠券

电子商务市场竞争日益激烈，电商平台为了提高点击率和积累更多的客户群体，常常推出多样化的促销活动，如派发优惠券，以低于与合作方的结算价格销售。然而，这些促销活动往往导致电商经常亏损，进而引发了电商应该如何准确确认收入，以及对于亏损部分应该冲减收入还是计入销售费用等复杂问题。

举例而言，S公司是一家领先的电商平台。在这个平台上，商家（供应商）销售商品，拥有充分的自主权，自行定价，直接发货给买家，并自行负责售后服务，S公司代为收取款项。S公司扮演着代理人的角色，通过向商家收取一定比例的平台服务费来盈利。买家完成支付后，S公司将代收款项扣除服务费后转交给平台上的商家。

S公司为了提升平台的吸引力和市场竞争力，慷慨地向买家发放优惠券。比如，买家购买600元的商品，使用优惠券后可以立减20元，实际只须向S公司支付580元。然而，S公司作为代理人，仍须按照商品的全额价款600元支付给商家，当然，在支付之前，S公司会扣除30元的平台服务费，最终商家只收到570元。通常情况下，S公司赚取的手续费高于优惠券金额，在某些情况下，手续费也可能会低于优惠券金额。

S公司提供给买家的优惠券应当冲减S公司的收入还是作为S公司的销售费用，实务中有争议。目前主流的观点倾向于后者，即电商平台主要的功能是为商家提供一个销售渠道，向商家收取佣金。电商平台发放优惠券的目的是提高平台的知名度，增加平台的流量，本质上，是电商平台的一种宣传推广行为，而非应付客户对价。从另一个角度看，买家购买的实际上是商家的商品，而非平台的服务。也就是说，买家并不直接是电商平台的客户。因此，S公司提供给买家的20元优惠券不应看作应付客户对价，而应当视为S公司的销售费用。

6. 导流服务

随着电商的繁荣，出现了专门为在线商品推广的导流公司。这些导流公司为知名电商平台的商家提供精准营销推广服务。它们通过设计推广计划和创建在线链接，吸引消费者购买。交易完成后，商家向电商平台支付全额佣金，电商平台在扣除一定比例的软件服务费后，将余额支付给导流公司。若商家与导流公司之间出现服务质量纠纷，通常由电商平台先行协调和处理。

举例来说，若某商家商品定价200元，选择平台推广，同意返还20%的佣金给导流公司。平台再从这20%中抽取10%作为软件服务费。交易完成后，消费者支付给电商平台200元，电商平台再支付给商家160元（扣除20%佣金），平台收取了4元（10%的软件服务费）作为软件服务费，把剩余的36元（20%佣金减去软件服务费）支付给导流公司。

从商业的角度看，电商平台和商家都是导流公司的用户，导流公司同时为它们提供导流服务，从中获得佣金收入40元。值得注意的是，导流服务是在电商平台的软件系统环境下展开的，所以，软件服务和导流服务无法明确区分。因此，导流公司支付给电商平台4元的软件服务费视为应付客户对价，且由于未取得可明确区分的商品或服务，应当抵减收入。

4-1　锐捷网络 2021-11

申报文件显示：（1）发行人对渠道合作伙伴按季度或年度进行返点奖励，返利金额可作为折扣额度在以后期间提货时抵减订单金额；（2）发行人2020年1月1日后销售商品按照抵减应付客户对价后的金额确认收入，但未明确2020年1月1日前是否抵减应付客户对价。

请发行人：（1）说明具体的返点奖励政策、报告期内是否发生变化、应付客户对价具体含义，是否和销售返利有关；（2）披露返利的会计处理过程，返利政策及会计处理方式是否符合行业惯例；直销客户是否存在返利或奖励政策。

｜回复｜

一、说明具体的返点奖励政策、报告期内是否发生变化；应付客户对价具体含义，是否和销售返利有关

（一）具体的返点奖励政策、报告期内是否发生变化

报告期内，公司为了促进渠道商完成销售目标，实现互利共赢，制定了相关销售返利政策。公司销售返利主要包括达量返利、服务返利和价保返利等，一般用于抵扣其以后发生的采购价款。

公司在每年初根据上年度销售情况、渠道商总体销售规模、当年的经营策略及发展战略制定当年的返利政策。公司返利政策制定后，与渠道商签署年度合作协议，协议中约定季度、年度销售目标，公司严格按照年度合作协议中的约定计

提销售返利。渠道商在后续订单中可以使用返利抵减订单价款。

报告期内，公司各年度的销售返利政策基本保持稳定，具体返利系数根据公司的经营策略及发展战略各年度有所调整。此外，2020年公司增加了专项返利。

报告期内，公司具体销售返利政策列示如下：

返利类型	产品类型	适用期间	主要政策
达量返利	全部产品	报告期内	渠道商完成一定的销售任务，公司按照销售额的一定比例给予返利；季度考核，年度可补；季度任务达标，即可享受当季返点
服务返利	特定产品		公司对特定产品有规定的返点比例，客户订单中购买对应的产品就能获得相应的返利
价保返利	有促销活动的产品		公司对于促销活动的产品设置2个月的价保周期，2个月内价格有变动的，客户可获得相应返利
疫情专项返利	全部产品	2020年	为了降低疫情对渠道商的销售影响，公司设置了疫情专项返利，根据相关客户销售额设置了不同的返点系数，销售额达到相应金额获得相应的返利

（二）应付客户对价的具体含义

《企业会计准则第14号——收入》第三章第十九条中规定：

1.企业应付客户对价是为了向客户取得其他可明确区分商品的，应当采用与本企业其他采购相一致的方式确认所购买的商品。企业应付客户对价超过向客户取得可明确区分商品公允价值的，超过金额应当冲减交易价格。向客户取得的可明确区分商品公允价值不能合理估计的，企业应当将应付客户对价全额冲减交易价格。

2.企业应付客户对价的，应当将该应付对价冲减交易价格，并在确认相关收入与支付（或承诺支付）客户对价二者孰晚的时点冲减当期收入，但应付客户对价是为了向客户取得其他可明确区分商品的除外。

公司报告期内的应付客户对价主要是销售返利。

二、披露返利的会计处理过程，返利政策及会计处理方式是否符合行业惯例；直销客户是否存在返利或奖励政策

公司报告期内销售返利的会计处理保持了一贯性。公司在各会计期末按照渠道商适用的销售返利政策计提当期的销售返利，记入其他应付款并调整主营业务收入，会计分录如下：

借：主营业务收入

　贷：其他应付款—销售返利

渠道商在以后期间采购，使用销售返利抵减订单金额时，作以下会计分录：

分　析

“渠道商在以后期间采购，使用销售返利抵减订单金额”，这是仅适用于未来采购的价格折扣。

借：应收账款

　其他应付款—销售返利

　贷：主营业务收入

　　应交税费—应交增值税（销项税额）

同行业可比公司的销售返利政策及相关会计处理如下：

1. 奇安信

奇安信与全国总经销商约定了销售返利奖励政策，按照总经销商实现的销售任务情况，给予总经销商5%的返利奖励。来自总经销商的货款收入根据公允价值在产品销售收入与返利奖励之间进行分配，与返利奖励相关的部分收入确认为预计负债，于返利奖励实际使用或失效时结转计入当期损益。

分　析

收入根据公允价值（不含税）在产品销售收入与返利奖励之间分配，这实际上是将销售返利当作一项额外购买选择权，请阅读第10章“额外购买选择权”的内容。

2. 迪普科技

迪普科技与代理商约定了销售返点奖励政策，在确认给予代理商返点奖励时，冲减营业收入，并记入其他应付款下的明细“返点”。收入返点是迪普科技给代理商的返点，是迪普科技对代理商的销售政策，根据税法的规定，未实际发生的返点，不得税前列支，迪普科技对其他应付款——返点计提了递延所得税资产。

公司与奇安信、迪普科技相比，返利政策均为对渠道商给予一定的返利奖励，渠道商可在以后期间使用返利抵减结算金额；返利的会计处理均为在给予返利时确认负债，于返利实际使用或失效时结转计入当期损益。公司返利政策及会计处理方式符合行业惯例。

报告期内，公司对直销客户不存在返利或奖励政策。

分 析

1.在处理销售返利、现金折扣的问题时，会考虑使用应付客户对价、额外购买选择权或可变对价（请温习第2章第3节“销售返利”第2章第4节“现金折扣”）。然而，这些方法有时会造成混淆。笔者建议，在处理现金折扣、现金返利时，优先使用可变对价；而在处理实物返利、仅适用于未来采购的价格折扣时，优先考虑使用额外购买选择权。

2.不管用什么方法，大体原则都是先预估返利为负债，冲减交易价格，实际返利时再转为当期收入。

4-2 维嘉科技 2022-01

根据申报资料：公司通过融资租赁模式回款的销售收入金额分别为6,985.29万元、3,831.19万元、8,467.31万元和3,806.45万元，占主营业务收入的比例为30.51%、17.09%、17.87%和28.37%。对于部分通过融资租赁模式结算的客户，公司根据与客户、融资租赁公司的商业谈判情况承担一定的租赁服务费。

请发行人：说明发行人承担一定租赁服务费的具体内容、相关会计处理及合规性。

|回复|

融资租赁结算模式下，终端客户支付10%—30%首付款，在满足融资租赁公司付款条件后，融资租赁公司支付剩余款项。该结算模式下，融资租赁公司通常一次性支付剩余款项，公司通过融资租赁收款避免了终端客户因分期支付造成的款项回收延迟或损失，因租赁公司提供了融资服务，故向公司收取一定的租赁服务费。

该结算模式下，租赁公司为发行人提供了融资性质的服务，对该服务约定了明确的对价，并开具服务费发票，属于获取可明确区分的商品或服务，不属于新收入准则下应付客户对价的范畴（应付客户对价，应当将该应付对价冲减交易价格，但应付客户对价是为了向客户取得其他可明确区分商品的除外），故公司承担的租赁服务费视为融资成本，计入财务费用——融资租赁服务费核算，会计处理合理。

分 析

1.是否属于应付客户对价，应分析自客户取得的商品或服务是否可明确区分。

2.案例中的融资租赁在实务中很成熟了，租赁公司为承租人提供融资，获取的是可明确区分的商品或服务，不属于应付客户对价。

4-3 欧圣电气 2022-01

前次审核问询回复显示：公司根据苏州欧圣电气股份有限公司2021年3月29日召开的第二届董事会第九次会议决议，对销售费用、营业收入等科目的列报进行了会计差错更正，具体如下：公司原财务报表将部分平台交易费用对营业收入进行冲抵，该费用应列报于销售费用，本次差错更正将原与营业收入进行净额法列示的平台交易费用列报计入销售费用；因前述调整导致的营业收入总额发生改变，调整了预计负债的金额以及对应的递延所得税资产、所得税费用、盈余公积、未分配利润等。

请发行人补充披露：上述事项产生原因、相关调整是否符合会计准则规定，对报告期内财务数据的影响金额和影响比例。

｜回复｜

中华人民共和国财政部（以下简称财政部）于2017年7月5日修订发布了《企业会计准则第14号——收入》（财会〔2017〕22号）。准则中第三章第十九条：企业应付客户（或向客户购买本企业商品的第三方，本条下同）对价的，应当将该应付对价冲减交易价格，并在确认相关收入与支付（或承诺支付）客户对价二者孰晚的时点冲减当期收入，但应付客户对价是为了向客户取得其他可明确区分商品的除外。

发行人在线上电商平台销售商品，电商平台对发行人收取对应平台交易费用，该交易费用具有独立商业目的，与前期销售合同不构成一揽子协议，不存在与其他产品构成单项履约义务的情形。发行人原先认为上述协议为一揽子协议，将相应平台交易费与营业收入净额法处理，发行人后根据新收入准则的要求对该支付对价列报于相关费用科目。营业收入的变动对发行人销售产品退货率的计算产生了进一步影响，即又对报告期内与退货有关的预计负债、所得税费用、递延所得税资产、盈余公积等报表科目进行了调整。

分　析

是否属于应付客户对价，其实还得回到是否构成单项履约义务的判断标准——可明确区分。若可明确区分，一般分别作为独立的业务处理，而非应付客户对价。本案例中，发行人在线上电商平台销售商品，电商平台收取平台交易费用，二者独立、可明确区分，不构成“一揽子”协议，不属于应付客户对价的范畴。

4-4　天地环保 2021-07

公司固废业务存在客户与供应商重合的情况，主要是由于公司固废业务的具体处理方式不同所导致，具有商业合理性。

请发行人补充说明：以总额法或净额法确认收入的依据及合理性。

｜回复｜

报告期内，公司固废业务存在客户和供应商重合的具体情况如下：

1. 宁夏枣泉发电有限责任公司

公司向宁夏枣泉发电有限责任公司采购粉煤灰，生产环保建材对外销售，由此使得宁夏枣泉发电有限责任公司成为公司供应商；此外，公司对于宁夏枣泉发电有限责任公司无法形成产品对外销售的固体废弃物提供填埋处理服务，向其收取固废处理费，由此使得宁夏枣泉发电有限责任公司成为公司客户。采购的粉煤灰之于固体废弃物填埋处理服务属可明确区分的商品。

报告期内，双方往来金额具体如下：

……

2. 伊犁新天煤化工有限责任公司（以下简称新天煤化工）

公司向新天煤化工采购粉煤灰，生产环保建材对外销售，由此使得新天煤化工成为公司供应商；此外，公司对于新天煤化工无法形成产品对外销售的固体废弃物提供填埋处理服务，向其收取固废处理费，由此使得新天煤化工成为公司客户。采购的粉煤灰之于固体废弃物填埋处理服务属可明确区分的商品。

报告期内，双方往来金额具体如下：

……

3. 浙江长广水泥有限公司（以下简称长广水泥）

作为公司客户，长广水泥向发行人采购水泥掺合剂及脱硫石膏，进行水泥生产。作为公司供应商，长广水泥为公司提供水泥，以供公司加气混凝土砌块的生产。采购的水泥之于销售的水泥掺合剂及脱硫石膏属可明确区分的商品。

报告期内，双方往来金额具体如下：

……

报告期内，在存在客户与供应商重合的情况下，发行人依据《企业会计准则第14号——收入》第三章第十九条进行判断：企业应付客户（或向客户购买本企业商品的第三方，本条下同）对价的，应当将该应付对价冲减交易价格，并在确认相关收入与支付（或承诺支付）客户对价二者孰晚的时点冲减当期收入，但应付客户对价是为了向客户取得其他可明确区分商品的除外。企业应付客户对价是为了向客户取得其他可明确区分商品的，应当采用与本企业其他采购相一致的方式确认所购买的商品。企业应付客户对价超过向客户取得可明确区分商品公允价值的，超过金额应当冲减交易价格。向客户取得的可明确区分商品公允价值不能合理估计的，企业应当将应付客户对价全额冲减交易价格。

作为发行人的客户及供应商，宁夏枣泉发电有限责任公司与新天煤化工与发行人之间的相关销售与采购交易分属于不同的业务。发行人向宁夏枣泉发电有限责任公司与新天煤化工均提供固体废弃物填埋处理服务，客户在发行人提供固废处理服务的同时，即取得并消耗发行人提供服务所带来的经济利益，控制权根据完工进度（或履约进度）转移。同时，发行人向宁夏枣泉发电有限责任公司及新天煤化工采购粉煤灰，用于生产环保建材对外销售。采购的粉煤灰在领用时计入环保建材的生产成本中。综上，发行人总额法确认收入是合理的，符合企业会计准则的规定。

作为发行人的客户及供应商，长广水泥与发行人之间的相关销售与采购交易分属于不同的产品线，分别独立签订销售及采购协议，相关价格均分别参照销售及采购各自业务独立定价，无联动关系。发行人向长广水泥销售脱硫石膏及水泥掺合剂，在产品交付前拥有对该商品的控制权，交付后客户能够自主决定该商品

续表

的使用（使用、出售、处置等）直接或间接地获得商品的经济利益。同时，发行人向长广水泥采购水泥，用于加气混凝土砌块的生产。采购的水泥在领用时计入加气混凝土砌块的生产成本。在执行过程中，发行人向长广水泥销售水泥也不以向其采购水泥掺合剂及脱硫石膏为前提，销售及采购分别交付并分别结算。综上，发行人采用总额法确认收入是合理的，符合企业会计准则的规定。

分 析

1. 判断是否属于应付客户对价与判断是否构成一揽子协议，是用总额法还是净额法是一样的，都是看业务之间是否可明确区分。

2. 若企业自客户取得了可明确区分的商品或服务，并且能够从主导商品或服务的使用中获益，通常应作为向客户购买商品或服务处理，而非应付客户对价。案例中一直强调“可明确区分”，销售和采购互不干扰，不抵销，所以，用总额法确认收入。

第5章 重大融资成分

当合同各方以在合同中（或者以隐含的方式）约定的付款时间为客户或企业就交易提供重大融资利益时，合同中即包含重大融资成分。它与可变对价、应付客户对价一样都是“五步法”模型中第三步“确定交易价格”的内容，规定主要来自《企业会计准则第14号——收入》第十七条、《监管规则适用指引——会计类第1号》。

一、评估重大的两个标准

当合同中存在重大融资利益，且实际付款时间与控制权转移时间存在差异时，或者客户可以在不同的付款时点以不同的价格购买同种商品或服务，合同中就可能包含重大融资成分。当存在重大融资成分时，企业实际上相当于在向客户转让商品、服务的同时提供或获得了融资服务。

《企业会计准则第14号——收入》第十七条第一款规定：

> 合同中存在重大融资成分的，企业应当按照假定客户在取得商品控制权时即以现金支付的应付金额确定交易价格。该交易价格与合同对价之间的差额，应当在合同期间内采用实际利率法摊销。

在确定交易价格时，企业需要将提供重大融资服务的对价金额从合同对价中剔除以确保收入确认的公允性，即将合同对价按照相应的折现率折现为交易价格。而且，在确定折现率时需要考虑客户的信用风险。

当然，也不是所有的融资成分都得考虑，重大的才需要。在评估合同中是否存在融资成分以及融资成分对于合同而言是否重大时，一看商品或服务是否存在重大价格差，二看时间间隔。前者是主要的判断标准，后者只是辅助。

（一）价格差

合同中是否存在融资成分以及融资成分对于合同而言是否重大，首先应当评估已承诺的对价金额与已承诺商品的现销价格之间的差额。

差额过大就意味着可能存在重大融资成分。如果现销价格远大于合同对价，就表明企业付出了融资费用；反之，则表明企业获得了融资收益。请阅读案例“5-2 日发纺机 2020-12”。

（二）时间差与折现率

合同中是否存在融资成分以及融资成分对于合同而言是否重大，还应当评估下列两项的共同影响：一是企业将承诺的商品转让给客户与客户支付相关款项之间预计的时间间隔；二是相关市场的现行利率。

1. 时间间隔

《企业会计准则第14号——收入》第十七条规定：

> 合同开始日，企业预计客户取得商品控制权与客户支付价款间隔不超过一年的，可以不考虑合同中存在的重大融资成分。

预计客户取得商品控制权与客户支付价款间隔不超过1年的，可以简化处理，不用考虑用折现率计算合同中存在的重大融资成分，请阅读案例“5-3 湖南裕能 2022-01”；控制权转移时点与客户付款时点之间的时间间隔超过1年，融资成分属于重大的，应当考虑，参见案例“5-3 湖南裕能 2022-01”。但如果情形表明合同中约定的付款时间并未向客户在转让商品或服务的交易中提供重大融资利益，则可以认为合同中没有包含重大融资成分，参见案例“5-1 德盛利 2021-01”。

根据“实质重于形式”的原则，判断交易是否具有重大融资成分，并不严重依赖于付款时间与转让商品、提供服务时间存在显著差异（如下文“四、特殊情形”提到的可再生能源电价补贴款和新能源汽车补贴款），而应看约定的付款时间是否为销售方、客户提供了重大融资利益，即已承诺对价与现售价之间是否有重大差额。

2. 折现率

合同中包含重大融资成分的，企业在确定交易价格时，应当剔除合同约定价款中包含的重大融资成分的影响，按照现销价格确认收入、交易价格。

企业在确定应当被剔除的重大融资成分的金额时，应使用将合同对价的名义金额折现为商品的现销价格的折现率，即所谓的“合同内含利率”。折现率一经确定，不得因后续市场利率或客户信用风险等情况的变化而变更。企业确定的交易价格与合同承诺的对价金额之间的差额，应当在合同期间内采用实际利率法摊销。

然而，折现率的获取可能会涉及复杂的估计和调整，用“合同内含利率法”将合同中的重大融资成分分离出来的操作并非完全可行，而且对损益的计量有相当大的可操控空间。

折现率这块，会计准则并没有很明确的规定。在实务中，若企业同期有抵押借款，用平均有抵押的借款成本作为折现率比较合适，因为借款利率体现了外部金融机构对企业多方面的评估。

二、会计处理

重大融资成分既有销售方为客户提供的，也有客户为销售方提供的。

1. 销售方为客户提供融资

销售方在销售商品和提供服务时，客户延期付款。销售方存在1年以上的长期应收款，一般需要考虑资金的占用成本。会计分录如下：

借：长期应收款（合同上约定的含税价）

　　贷：主营业务收入（按照折现率计算的现销价格）

　　　　未确认融资收益（差额）

　　　　应交税费—应交增值税

在收款期内，销售方须按照实际利率法摊销融资收益，并冲减财务费用：

借：未确认融资收益

　　贷：财务费用

销售商品时，对于长期应收合同，计量收入时若考虑合同中存在的重大融资成分，在控制权转移当期，由于总收入被剔除了重大融资成分，这会导致主营业务收入比未剔除前的少；在控制权转移至客户付款期间，融资收益逐步冲销财务费用，会增加期间利润。

2. 客户为销售方提供融资

在销售商品和提供服务时，客户提前付款，销售方延期交货。销售方存在1年以上的预收款，一般也要考虑资金的融资成本。会计分录如下：

借：银行存款

　　未确认融资费用（差额）

　贷：合同负债（按照现销价格）

销售方需要根据延期交货的期限，每年按照实际利率法摊销融资费用，并结转财务费用：

借：财务费用

　贷：未确认融资费用

在商品控制权转移时，销售方确认收入：

借：合同负债

　贷：主营业务收入

销售方延期交货，对于长期预收合同，计量收入时若考虑合同中存在的重大融资成分，合同负债里将包含融资费用。在客户付款至控制权转移期间，逐步摊销融资费用会减少期间利润；在控制权转移当期，合同负债转为收入，期间利润会比未剔除重大融资成分前的大。

3. 税不考虑时间价值

确认企业所得税收入时一般不考虑重大融资成分，也不考虑折现等融资问题。

与企业所得税相同，增值税也不考虑重大融资成分。

三、未包含重大融资成分的情形

下列情形表明企业与客户之间的合同未包含重大融资成分：

1. 客户就商品支付了预付款，且可以自行决定这些商品的转让时间

例如，企业向客户出售发行的储值卡，客户可以随时持卡到该企业购物；企业向客户授予奖励积分，客户可以随时到企业兑换这些积分等。

2. 客户承诺支付的对价中有相当大的部分是可变的，该对价金额或付款时间取决于某一未来事项是否发生，且该事项实质上不受客户或企业控制

例如，按照实际销量收取的特许权使用费。

3. 合同承诺的对价金额与现销价格之间的差额是由向客户或企业提供融资利益以外的其他原因所导致的，且这一差额与产生该差额的原因是相称的

例如，合同约定的支付条款目的是向企业或客户提供保护，以防止另一方未能依照合同充分履行部分或全部义务。

四、特殊情形

在交易中，款项支付与商品转让之间存在时间间隔并不足以表明合同包含重大融资成分。如果合同承诺的对价金额与现销价格之间的差额是由向客户或企业提供融资利益以外的其他原因所导致的，且原因是合理的，则我们可以判定该合同并没有包含重大融资成分。

例如，在某些交易中，如果导致时间间隔的主要原因是国家相关部门需要履行的审批、登记程序，且该时间间隔是完成程序所必需的，则这种情形并不是在提供融资利益。如下述企业取得的可再生能源电价补贴款和新能源汽车补贴款，即使时间间隔超过1年，仍然可以认定为不存在重大融资成分。

1. 可再生能源电价补贴

企业从事光伏发电业务，作为发电收入对价组成部分的可再生能源上网电价补贴款收取时间与公司并网发电并确认发电收入的时间间隔可能超过1年。

2. 新能源汽车补贴

企业从事新能源汽车的生产与销售，作为新能源汽车销售对价组成部分的新能源汽车补贴款的收取时间与公司销售新能源汽车并确认收入的时间间隔可能超过1年。

五、区分按履约进度收款

分期收款是商品控制权转移后，客户本应该付款，但被宽限，允许分期付款，而按履约进度收款是对于在某一时段内履行的履约义务，控制权持续转移给客户，企业按照履约进度确认收入、收款。履约进度的内容请阅读第6章第2节“履约进度”。

二者有天然的差别，分期收款可能存在重大融资成分，而按履约进度收款则不存在，参见案例“5-4 能辉科技 2021-05”。

5-1　德盛利 2021-01

2019年9月和11月，发行人子公司橡胶机械与江苏润昌、山东众诚分别签订了20台和14台硫化机的销售合同，截至目前，均只完成了其中10台硫化机的交付。江苏润昌以其生产的轮胎抵付公司硫化机的销售款，根据公司提供的信息交付给指定客户。山东众诚扣除定金后的剩余合同款项于验收后分八个季度付清。合同执行过程中，江苏润昌、山东众诚存在实际履行与合同约定不符的情况，包括未按合同约定支付定金或货款。

请发行人：对照《企业会计准则》相关规定补充披露发行人与山东众诚的销售合同是否存在重大融资成分，收入确认的准确性。

｜回复｜

1. 关于合同中存在重大融资成分的相关规定

《企业会计准则第14号——收入〉》（财会〔2017〕22号）第十七条：合同中存在重大融资成分的，企业应当按照假定客户在取得商品控制权时即以现金支付的应付金额确定交易价格。该交易价格与合同对价之间的差额，应当在合同期间内采用实际利率法摊销。

《监管规则适用指引——会计类第1号》1-16重大融资成分的确定的相关规定：根据收入准则的相关规定，合同中包含重大融资成分的，企业在确定交易价格时，应当剔除合同约定价款中包含的重大融资成分的影响，按照现销价格确认收入。企业向客户转让商品或服务的时间与客户付款的时间间隔不超过一年的，可以不考虑合同中存在的融资成分的影响；超过一年的，如果相关事实和情况表明合同中约定的付款时间并未向客户或企业就转让商品或服务的交易提供重大融资利益，则认为合同中没有包含重大融资成分。

2. 公司与山东众诚销售合同不存在重大融资成分的分析

2019年公司销售给山东众诚机械硫化机10台，合同约定每台的销售价为95万元。受轮胎行业低迷的影响，山东众诚自身销售回款压力较大，公司与山东众诚签订买卖合同时，考虑上述影响并经友好协商，为实现消化公司积压库存的目的，同时保证公司利润的前提下，给予山东众诚一定的信用期，约定扣除定金后的剩余合同款项于验收后分八个季度付清。

通过阿里巴巴查询，相关产品的市场售价在110.00万元左右。公司因业务转型，销售价格低于市场上同类型产品的平均价格。虽然与山东众诚约定的回款时间间隔超过一年，但销售价格低于市场上同类型产品的平均价格，公司未向山东众诚就硫化机的交易提供重大融资利益，故与山东众诚的销售合同无重大融资成分，按照合同金额确认收入符合企业会计准则的规定。

分 析

1.合同中是否存在重大融资成分，一看价格差，二看时间差。

2.价格差是指已承诺的对价金额与已承诺商品的现销价格之间有差额。销售方为客户提供融资的，销售价格应当高于正常价格，这样销售方才能获得融资收益。本案例中，公司为了消化积压库存，以低于市场上同类型产品的平均价格销售，未获益。虽然约定的回款时间间隔超过了1年，有时间差，但没有价格差，故判定合同中无重大融资成分。

5-2 日发纺机 2020-12

请发行人：说明发行人分期收款业务是否存在明示或隐含的重大融资成分。

| 回复 |

已承诺的对价金额与已承诺商品的现销价格之间无明显差额，因为：

1.纺织装备行业市场竞争充分，设备价格公开透明，且赊销模式为行业惯例，公司无法通过赊销向客户获得溢价

赊销销售为纺织装备行业的惯用结算模式，由于纺织装备行业市场竞争较为充分，主要纺织装备企业的市场销售价格相对透明，客户可以通过厂家价格比对、市场询价等方式获得设备的基准价格，包括分期付款、买方信贷、融资租赁等多样化的融资方式可供客户选择。报告期内，公司对于赊销销售商品的全部对价与现销商品的价格无明显差异，公司无法通过赊销的结算模式向客户获得溢价。

2.将赊销商品的对价金额与同型号商品的现销价格进行比较

报告期内，商品赊销情形下客户所支付的全部对价金额与商品现销情形下同型号产品的价格无明显差异，公司并未因赊销对客户收取额外的溢价。现将报告期内赊销期在1—2年和2年以上前5大分期收款销售客户的单价、毛利率与同期同型号产品对比情况列示如下：

……

由上表可知，公司未通过赊销的结算模式向客户收取溢价。

分 析

合同中是否存在重大融资成分，一看价格差，二看时间差。销售方为客户提供融资的，销售价格应当高于正常价格，销售方才能获得融资收益。本案例中，虽然是赊销，但赊销的商品与现销的价格无差异，未从客户处得到溢价，不满足“价格差”这一条件。

5-3 湖南裕能 2022-01

申请文件显示：发行人因通过湘潭电化向比亚迪代销、向比亚迪与宁德时代直销形成预收货款；报告期各期末，因预收货款形成合同负债/预收款项分别为1,692.10万元、1.48万元、4,332.60万元和233.79万元，形成其他非流动负债分别为0元、0元、0元和34,819.76万元，2021年一季度末其他非流动负债为预收宁德时代、比亚迪抵扣其超过一年的货款。

请发行人：说明2021年一季度末存在对宁德时代、比亚迪预收货款抵扣期超过一年的原因，结合具体约定说明认定为预收货款的原因，是否为客户对发行人融资，是否包含重大融资成分。

｜回复｜

1.部分预收货款抵扣期超过一年的原因

随着新能源汽车市场快速发展，渗透率加速提升，以及磷酸铁锂电池在动力电池的占比提高，磷酸铁锂电池正极材料市场需求快速增长，公司现有产能无法满足未来市场快速增量需求。

由于磷酸铁锂正极材料新增产能建设需要一定周期，宁德时代、比亚迪为进一步稳固和扩大供需合作关系，实现更大程度的合作共赢，结合湖南裕能产能和扩产能力以及宁德时代、比亚迪的后续需求，向湖南裕能支付预付款用于支持公司产能建设。

分 析

客户先付款，销售方延期交货，意味着客户可能在为销售方提供融资。何况，本案例中，宁德时代、比亚迪预付款是在帮销售方建设工厂。

对于宁德时代、比亚迪而言，正极材料是锂电池的核心关键材料，其性能对电池的能量密度、寿命、安全性等性能指标及应用领域有重要影响，与公司签订合作协议有助于保障其核心材料的稳定供应；对湖南裕能而言，客户向公司支付预付款用于支持产能建设，有助于公司抓住行业快速发展的机遇，扩大公司市场份额，同时，锁定部分新增产能有利于降低公司固定资产投资风险。上述合作有利于实现双方互惠共赢。

宁德时代、比亚迪向公司支付的期限较长的预收货款将主要用于支持公司进行产能扩建，并随着新增产能建成用于抵扣产品货款，因此部分预收货款抵扣期限超过一年。

2. 认定为预收货款的原因

根据公司与宁德时代签署的《合作协议》及《补充协议》，1亿元预付款的款项返还方式为货款抵扣；根据公司与宁德时代签署的《磷酸铁锂保供协议》，5亿元预付款的款项返还方式为货款抵扣；根据公司与宁德时代签署的《锂盐采购合作协议》，4,000.00万元预付款的款项返还方式为货款抵扣；根据公司与比亚迪签署的《产能合作协议》，2.5亿元预定金款项返还方式可采用货款抵扣，因此为预收货款。

3. 公司已按照企业会计准则对预收货款包含的重大融资成分进行账务处理

《企业会计准则14号——收入》规定：合同中存在重大融资成分的，企业应当按照假定客户在取得商品控制权时即以现金支付的应付金额确定交易价格。该交易价格与合同对价之间的差额，应当在合同期间内采用实际利率法摊销。合同开始日，企业预计客户取得商品控制权与客户支付价款间隔不超过1年的，可以不考虑合同中存在的重大融资成分。

根据公司与宁德时代签署的《合作协议》及《补充协议》，1亿元预收款合同执行期限超过1年，合同中约定了销售优惠金额，鉴于该销售优惠金额包含融资成分及价格优惠，公司将预收金额参照银行借款利率确认财务费用，公司账务处理符合企业会计准则的规定。

根据公司与宁德时代签署的《磷酸铁锂保供协议》，5亿元预收款合同执行期限超过1年，根据公司与比亚迪签署的《产能合作协议》，2.5亿元预收款合同执行期限超过1年，上述合同中均约定了合同执行期间销售返利，属于合同中存在重大融资成分，公司将预计总返利金额在预收款实际收到至预计冲抵货款时间内，采用实际利率法进行摊销，公司账务处理符合企业会计准则的规定。

分　析

1. 合同中是否存在重大融资成分，一看价格差，二看时间差。案例中，公司分别向客户宁德时代、比亚迪预收了5亿元、2.5亿元，期限皆超过1年。价格差、时间差两个条件都满足，意味着合同中极可能存在重大融资成分。

2. 重大融资成分应当在合同期间内采用实际利率法摊销。在实务中，可用企业同期平均有抵押的借款成本作为折现率，因为该利率体现了外部金融机构对企业多方面的评估。

根据公司与宁德时代签署的《锂盐采购合作协议》，4,000.00万元预收款合同执行期限不超过1年，未考虑合同中存在的重大融资成分，公司账务处理符合企业会计准则的规定。

分　析

预计客户取得商品控制权与客户支付价款间隔不超过1年的，可以简化处理，不考虑融资成分的影响。因为期限太短，摊销起来没什么意义。

5-4　能辉科技 2021-05

申报材料显示，《威宁县斗古瓦厂120MWp农业光伏电站EPC总承包合同》系发行人2019年一项重大合同，当年确认合同毛利金额为2,627.88万元，占光伏电站系统集成毛利的31.82%；2019年末发行人（供货人）、工银金融租赁公司（出租人、买方）、国家电投集团贵州金源威宁能源股份有限公司（承租人、原买方）共同签署了融资租赁的《三方协议》。

请发行人补充披露：上述项目的回款情况，是否存在分期收款的情形，是否应按照包含重大融资成分进行会计处理。

| 回复 |

一、项目回款情况

截至本审核问询函回复出具日，累计收到回款16,167.13万元，回款金额占工程结算总额（含税）的比例为96.51%，该项目已完工，尚未竣工决算，收款进度与合同约定的收款条款基本一致。

二、该项目不存在分期收款情形，不包含重大融资成分

（一）合同支付条款

1.《供货合同》支付条款

《威宁县斗古瓦厂120MWp农业光伏电站EPC总承包合同》总金额为16,402.8598万元（不含暂列款项180万元），合同约定在人员进场后，支付20%预付款（施工+设备），根据设备到货、安装和施工进度支付进度款到85%、剩余部分于竣工后支付11.15%、质保后支付3.85%，质保期为竣工验收起一年。

2.《三方协议》支付条款

《三方协议》约定的出租人付款总额为15,944.4125万元，关于支付条款内容如下：

"……如果出租人实际付款总额低于《供货合同》项下约定的标的物购买价款总额，差额部分由承租人自行筹措并向供货人支付。当本协议第四条约定的条件满足后，由承租人制作《付款通知书》（格式见本协议附件三）并加盖承租人公章，经供货人加盖公章以示确认无误后向出租人发送。

出租人核对无误后，按照《付款通知书》中的约定及《融资租赁合同》与本协议的相应约定向供货人支付租赁物购买价款及相应增值税。……如果出租人无法按时支付，出租人应于付款日15个日历日前通知承租人，由承租人承担相应租赁物购买价款及相应增值税的支付义务。"

（二）该项目支付条款符合行业惯例

晶科科技（601778）在其招股说明书（2020年4月）中披露其光伏电站EPC业务收款总体包括：①预付款，通常占合同总金额5%至20%；②按完工进度支付的进度款，通常占合同总金额50%至75%；③通过并网验收或完成竣工结算后支付的结算款，通常占合同总金额的10%至20%；④质保金，通常占合同总金额的3%至10%，质保期通常为1—3年。

该项目支付条款与上述内容基本一致，符合行业惯例。

（三）该项目不属于分期收款销售产品

根据《企业会计准则讲解》（2010版）中关于分期收款销售产品的描述，分期收款销售商品是指商品已经交付，但货款分期收回的销售方式。该项目合同属于在某一时段内履行的履约义务，根据《供货协议》和《三方协议》约定，公司拥有根据履约进度在履约过程中持续收款的权利，不符合分期收款销售商品的相关定义。

分 析

1. 笔者选取本案例的目的是向读者区分分期收款和按履约进度收款。

2. 分期收款是商品控制权转移后，客户本应该付款，但被宽容，允许分期付款，而本案例属于在某一时段内履行的履约义务，根据履约进度收款。二者有天然的差别，分期收款可能存在重大融资成分，而后者不存在。

（四）该项目不包含重大融资成分

根据《〈企业会计准则第14号——收入〉应用指南（2018）》中关于重大融资成分的描述，当企业将商品的控制权转移给客户的时间与客户实际付款的时间不一致时，如企业以赊销的方式销售商品，或者要求客户支付预付款等，如果各方以在合同明确（或者以隐含的方式）约定的付款时间为客户或企业就转让商品的交易提供了重大融资利益，则合同中即包含重大融资成分；在评估合同中是否存在融资成分以及该融资成分对于该合同而言是否重大时，企业应当考虑：①已承诺的对价金额与已承诺商品的现销价格之间的差额；②企业将承诺的商品转让给客户与客户支付相关款项之间的预计时间间隔和相应的市场现行利率的共同影响。

分 析

市场现行利率可参考中国人民银行公布的1年期贷款基准利率上下浮动。若企业同期有抵押借款，用平均有抵押的借款成本作为折现率比较合适、方便。

根据《供货协议》和《三方协议》约定，该项目质保期为竣工验收起1年，质保金于质保期结束后支付。上述关于质保期和质保金支付的约定符合行业惯例，因此公司参与投标报价时未单独考虑质保期和质保金时间价值因素，不存在已承诺的对价金额与已承诺商品的现销价格之间存在差额的情形，且质保期为12个月，期限较短，不存在预计时间间隔和相应的市场现行利率对质保金价值存在重大影响的情形。综上，该项目不包含重大融资成分。

分　析

在评估合同中是否存在融资成分，以及融资成分对于合同而言是否重大时，一看商品或服务是否存在重大价格差，二看时间间隔。如本案例中的质保金，是行业惯例，无须考虑时间价值因素，通常不包含重大融资成分。

第6章　收入确认

确认收入是收入“五步法”的最后一步，也是企业上市过程中必须用尽全力去核查的绝对重要事项。规定主要出自《企业会计准则第14号——收入》第四条、第五条、第十一条、第十二条以及《监管规则适用指引——会计类第2号》等。

一、取得控制权时确认收入

《企业会计准则第14号——收入》第五条规定：

当企业与客户之间的合同同时满足下列条件时，企业应当在客户取得相关商品控制权时确认收入：

（一）合同各方已批准该合同并承诺将履行各自义务；

（二）该合同明确了合同各方与所转让商品或提供劳务（以下简称“转让商品”）相关的权利和义务；

（三）该合同有明确的与所转让商品相关的支付条款；

（四）该合同具有商业实质，即履行该合同将改变企业未来现金流量的风险、时间分布或金额；

（五）企业因向客户转让商品而有权取得的对价很可能收回。

在合同开始日即满足前款条件的合同，企业在后续期间无需对其进行重新评估，除非有迹象表明相关事实和情况发生重大变化。合同开始日通常是指合同生效日。

《企业会计准则第14号——收入》在2017年修订前，以“风险报酬转移”作为收入确认的判定标准，而2017年修订后以控制权转移作为标准的判断原则，它要求企业在履行了合同中的履约义务，即在客户取得商品控制权时确认收入。而取得商品控制权，是指能够主导商品的使用并从中获得几乎全部的经济利益，这是核心。

二、区分时点与时段履约义务

《企业会计准则第 14 号——收入》将企业的履约义务划分为在一段时间履行的履约义务和在某一时点履行的履约义务。

企业应当在合同生效之日合理地判断履约义务的类型，然后分别确认销售收入。首先，判断履约义务是否满足在某一时段内履行的条件，如不符合，则属于在某一时点履行的履约义务。

如何判断，《企业会计准则第 14 号——收入》第十一条规定：

> 满足下列条件之一的，属于在某一时段内履行约义务；否则，属于在某一时点履行约义务：
>
> （一）客户在企业履约的同时即取得并消耗企业履约所带来的经济利益。
>
> （二）客户能够控制企业履约过程中在建的商品。
>
> （三）企业履约过程中所产出的商品具有不可替代用途，且该企业在整个合同期间内有权就累计至今已完成的履约部分收取款项。
>
> ……

（一）客户在企业履约的同时即取得并消耗企业履约所带来的经济利益

判断时，可以假定在企业履约的过程中更换为其他企业继续履行剩余履约义务，如果继续履行合同的企业实质上无须重新执行企业累计至今已经完成的工作，则表明客户在企业履约的同时即取得并消耗了企业履约所带来的经济利益，请阅读案例“6-11 联智科技 2022-02”“6-12 收入准则应用案例——药品实验服务的收入确认”。

（二）客户能够控制企业履约过程中在建的商品或服务

客户能够控制企业履约过程中在建的商品或服务，是指在企业生产商品或者提供服务过程中，客户拥有现时权利，能够主导在建商品或服务的使用，并且获得几乎全部经济利益。其中，商品或服务的经济利益既包括未来现金流入的增加，也包括未来现金流出的减少。

第一个、第二个条件经常合起来一起判断。例如，根据合同约定，客户拥有企业履约过程中在建商品的法定所有权，假定客户在企业终止履约后更换为其他企业继续履行合同，其他企业实质上无须重新执行前期企业累计至今已经完成的工作，这通常表明客户可以：（1）从在建商品中直接获益；（2）通过主导在建商品的使用，节约前期企业已履约部分的现金流出，获得经济利益，企业在履约的过程中逐步转移了商品的控制权。无须重新执行前期企业累计至今已经完成的工作的，常见于工程施工类的业务，请阅读案例“6-3 创业板注册制发行上市审核动态——时点法或时段法3 2022-06”“6-11 联智科技 2022-02”“6-12 收入准则应用案例——药品实验服务的收入确认”；须重新执行前期企业累计至今已经完成的工作的，常见于系统集成、软件开发、定制类的业务，这类业务一般有较高门槛或信息保密，请阅读案例“1-22 科创板发行上市审核动态——生物医药研发服务 2023-02”之E公司、“6-1 创业板注册制发行上市审核动态——时点法或时段法1 2022-06”“6-2 创业板注册制发行上市审核动态——时点法或时段法2 2022-06”“6-4 创业板注册制发行上市审核动态——时点法或时段法4 2022-06”“11-1 收入准则应用案例——定制软件开发服务的收入确认”。

（三）企业履约过程中所产出的商品具有不可替代用途，且该企业在整个合同期间内有权就累计至今已完成的履约部分收取款项

1. 具有不可替代用途

具有不可替代用途，是指因合同限制或实际可行性限制，企业不能轻易地将商品用于其他用途。

通常，定制化产品不具有可替代用途，参见案例“6-4 创业板注册制发行上市审核动态——时点法或时段法4 2022-06”。

2. 有权收取部分款项

有权就累计至今已完成的履约部分收取款项，是指在由于客户或其他方原因终止合同的情况下，企业有权就累计至今已完成的履约部分收取能够补偿已经发生成本和合理利润的款项，并且该权利具有法律约束力，请阅读案例“6-3 创业板注册制发行上市审核动态——时点法或时段法3 2022-06”。

请注意，第一，前文的“累计至今”是指整个合同期内任一时点。实务中，

有些软件开发、医药委托研发（CRO）类的业务是约定按“里程碑”结算，里程碑节点往往跟履约进度不同步，因此，得进一步考虑是否满足“合同期内任一时点”这一要求；第二，前文的“该权利具有法律约束力”一般得在合同中明确约定，而不能取决于未来的司法判决等。以上这两要点请用心琢磨。

如果合同条款中有权收取款项仅为补偿已发生的部分成本或者全部成本，但没有合理的利润，这并不能充分满足“合格收款权”这一条件，请阅读案例“6-1 创业板注册制发行上市审核动态——时点法或时段法1 2022-06”“6-2 创业板注册制发行上市审核动态——时点法或时段法2 2022-06”。

总之，时段法确认的三个条件都直接与客户价值的实现相关，体现了为客户创造价值的理念。

6-1 创业板注册制发行上市审核动态——时点法或时段法1 2022-06

发行人A主营业务为提供信息化系统集成及技术服务，包括为智慧政务、智慧民生、智慧建筑等智慧城市细分领域客户提供项目设计、信息系统开发、软硬件采购、系统集成及运维服务的一站式综合解决方案。发行人系统集成业务主要系根据客户要求，进行设备采购和相应软件研发后，完成软硬件设备集成安装及系统测试后交付客户验收，客户验收后方可使用，发行人A认定其业务均不属于某一时段内履行的履约义务，因此采用时点法进行收入确认。

｜分析｜

《企业会计准则第14号——收入》（2017修订）第四条规定：“企业应当在履行了合同中的履约义务，即在客户取得相关商品控制权时确认收入。取得相关商品控制权，是指能够主导该商品的使用并从中获得几乎全部的经济利益。”

《企业会计准则第14号——收入》（2017修订）第十一条规定，满足下列条件之一的，属于在某一时段内履行履约义务；否则，属于在某一时点履行履约义务：

（一）客户在企业履约的同时即取得并消耗企业履约所带来的经济利益。（情形一）

（二）客户能够控制企业履约过程中在建的商品。（情形二）

（三）企业履约过程中所产出的商品具有不可替代用途，且该企业在整个合同期间内有权就累计至今已完成的履约部分收取款项（合格收款权）。（情形三）

分 析

《企业会计准则第14号——收入》第十一条中三个条件是判断是否属于在某一时段内履行的履约义务的白金标准，只要满足其中一条，即应采用时段法确认收入。

发行人A认为其系统集成业务在验收交付给客户之后才开始使用，客户无法在发行人履约的同时即取得并消耗发行人履约所带来的经济利益，不符合某一时段内履行履约义务的第一种情形；发行人项目存货主要为监控设备、电线电缆等材料，项目实施过程中均由发行人统一管理，在验收交付前，客户对发行人履约过程中形成的存货并无控制权，因此客户不能控制发行人履约过程中在建的商品或服务，不符合某一时段内履行履约义务的第二种情形；此外，发行人根据施工进度收款，竣工验收前工程收款总额通常为合同价的50%—70%，无法覆盖项目发生的存货成本，不足以补偿其已发生的成本和合理利润，不符合某一时段内履行履约义务的第三种情形。因此，发行人A对其系统集成业务采用时点法确认收入。目前，发行人已发行上市。

分 析

1.是否满足条件一，要看在商品生产、建造过程中，客户能否主导该商品的使用。本案例中，系统集成业务在验收交付之后客户才能使用，不满足条件一。

2.是否满足条件二，关键在于判断客户是否控制在建商品。特别是，在履约过程中如更换为其他企业履约，后续履约企业可否在前期企业已完成的工作基础上继续履行剩余合同事项，需不需要重复执行前期已完成履约的部分。请跟着笔者往深处思考，如果后续履约企业无须重复之前的工作，意味着之前的工作成果其实已经掌握在客户手上，后续履约企业可在之前的基础上继续开展活动，客户可以减少后续现金流出，从而实现了经济利益。本案例中，在验收交付前，客户并不能控制发行人履约过程中形成的存货，不满足条件二。

3.是否满足条件三，原则上需要在合同中明确约定企业在合同履约过程中的任何时点，由于非企业自身原因导致合同终止的，企业有权就累计至今完成的履约部分收取款项，包括已履约部分发生的成本和合理利润。如果发行人业务合同中没有类似条款，原则上，业务收入确认不符合条件三。本案例中，竣工验收之前，发行人有权收取的款项无法覆盖已经投入的成本+合理的利润，不满足条件三。

6-2 创业板注册制发行上市审核动态——时点法或时段法2 2022-06

发行人B主营业务为在智慧城市、智慧安全领域为客户提供业务咨询、方案设计、设备采购、产品研发、系统集成及运营维护的综合解决方案。发行人系统集成业务项目需严格按照经客户或监理确认的设计方案实施，终止履行后其他供应商可按已确定的设计方案继续履行剩余工作，发行人B认为该业务属于在某一时段内履行的履约义务，因此对合同金额较高的系统集成项目按照履约进度确认收入。

根据申报文件披露，发行人拥有自行研发的相关专利，项目实施过程中主要运用自身开发的软件，具有综合解决方案的能力，其业务有一定的技术先进性和竞争壁垒，发行人报告期内系统集成业务毛利率高于同行业公司平均毛利率；发行人报告期内未出现其他供应商接替履行合同的案例。

｜分析｜

发行人B原认为其系统集成业务符合某一时段内履行履约义务的第二种情形，对系统集成业务按照时段法确认收入。审核中，发行人结合审核关注进行了再次论证认为：发行人系统集成业务一般涉及方案设计、软硬件采购、平台开发等环节，上述业务实施过程中形成的阶段性及最终成果均需在交付客户后客户才可使用，因此不属于新收入准则在某一时段内履行履约义务的第一种情形；发行人拥有自行研发的相关专利，项目实施过程中主要运用自身开发的软件，具有提供综合解决方案的能力，其业务有一定的技术先进性和竞争壁垒，合同实施对前期完成部分依赖程度较高，不属于新收入准则在某一时段内履行履约义务的第二种情形；若合同终止，相关合同条款不能保证发行人收取的款项足以补偿其已发生的成本和合理利润，因此不属于新收入准则在某一时段内履行履约义务的第三种情形。

分　析

1.是否满足条件一或条件二，通常看换成其他服务商，是否需要重新执行前期企业累计至今已经完成的工作。

2.本案例中，发行人提供的商品或服务技术壁垒较低、技术和实施程序标准化程度较高，后期工作对前期完成部分的依赖程度较高。若发行人在执行合同过程中终止履约，客户不能替换其他企业继续履约，且得重复执行发行人已履约的部分，这表明：（1）客户不能从在建商品中直接获益，不满足条件一；（2）客户不能主导在建商品的使用，不能减少对项目的现金流出，不满足条件二。

此后，发行人B对其系统集成业务收入确认方法由时段法改为时点法，并对前期财务报表进行了会计差错更正。目前，发行人已发行上市。

6-3　创业板注册制发行上市审核动态——时点法或时段法3 2022-06

发行人C主要从事农村环境治理工程服务、项目运营与设计咨询业务。申报文件披露，发行人的环境治理工程业务均采用自有工艺、技术或产品，若项目合同终止，新承包方可能存在因不掌握工艺、产品和技术，而需要对工程已完成部分重新执行相关工作的情况。在项目施工过程中，发行人对项目进行全面管理和控制，客户仅委托监理单位对施工过程进行监督。此外，若客户终止合同，发行人虽有权要求客户支付价款及其损失，但均无法覆盖发行人已发生的成本和合理利润。因此，发行人C认定其环境治理工程业务不属于在某一时段内履行的履约义务，对该业务采用时点法核算、在项目完工验收时一次性确认收入，而同行业上市公司及拟上市公司主要采用时段法确认收入。

｜分析｜

该案例中，判断难点为发行人C的环境治理工程业务是否符合某一时段履行履约义务的第二种情形，核心在于“客户是否能够控制履约过程中在建的商品”。项目审核阶段，审核重点关注发行人C的客户能否控制发行人履约过程中的在建商品，尤其是项目实施过程中随时终止后，新承包方是否实质无需重新执行前期发行人累计至今已完成的工作。对于新承包方是否需重新执行发行人已完成工作，重点关注发行人技术、工艺的独特性、复杂性和先进性对新承包方接续履约的影响程度。

发行人C原认为其环境治理工程业务不符合第二种情形，后结合审核关注进行了再次论证。根据发行人回复，发行人在客户管理或所属的场地上进行工作，施工过程中形成的资料客户可以随时查阅，客户可以分片区对治理项目的实施效果进行验收；若项目合同终止改由其他方承包，对于发行人已完成的工作内容，新承包方实质上无需重新执行前期发行人累计至今已经完成的工作，节约了前期企业已履约部分的现金流出，表明客户已获得几乎全部的经济利益、可主导在建商品的使用，因此其环境治理工程属于某一时段内履行履约义务的第二种情形。此后，发行人C将收入确认方法由时点法改为时段法。目前，发行人已发行上市。

分　析

本案例与案例“6-12 收入准则应用案例——药品实验服务的收入确认”相似，若换成新的服务商，无须重新执行前期已经完成的工作，这意味着之前的工作成果由客户主导、享受，条件一和条件二满足，应用时段法确认收入。

6-4　创业板注册制发行上市审核动态——时点法或时段法4 2022-06

发行人D主营业务为测绘地理信息技术服务、地下管网安全运维保障技术服务和智慧城市建设运营服务。其中，测绘地理信息业务是通过现代测绘技术手段，对地理信息数据进行采集、处理、集成、应用的技术服务，主要交付成果为定制化的数据库、图件和软件。地下管网业务包含两类细分业务，一是使用管线探测仪等设备为地下管网管理、运行维护提供管线基础信息等，交付成果主要为定制化的数据库、图件和定制化软件；二是在管网监测基础上发现管道病害及缺陷，并提供病害处置与功能恢复的技术服务，交付成果为管网修复后的工程。智慧城市建设运营服务包括智慧城市解决方案、系统集成、工程施工、项目运维服务及定制软件五类细分业务，主要是将空间地理信息数据与物联网传感器采集的实时信息数据（如压力、浓度等）相融合，将数据通过网络传输至监控平台，实现市政设施、公共安全设施的数字化和智能化。新收入准则下，发行人D对上述业务均采用时段法确认收入。

｜分析｜

对于发行人D的测绘地理信息技术服务、地下管网安全运维保障技术服务和智慧城市建设运营服务业务（不含定制软件），结合其业务特点、实施流程及交付成果来看，作业过程中客户能够控制在建商品，履约过程形成的阶段性成果及最终交付成果均形成客户的一项资产（有形或无形），且项目在任意工序执行过程中如更换实施方，后续实施方可在前期已完成的工作基础上继续执行剩余工作、无需重复执行，属于某一时段履行履约义务的第二种情形。

分　析

如果项目执行过程中，客户更换实施方，后续实施方可在公司已完成工作基础上继续履行剩余工作内容，无须重复实施，这通常表明：（1）客户可以主导使用项目作业过程中形成的阶段性成果，并获得几乎全部的经济利益；（2）客户可以主导在建商品的使用，并能够减少对项目的现金流出。

对于地下管网业务中的清淤业务，是通过对管线进行疏通，清理管道内的淤泥等废弃物以保持管线畅通，客户在发行人履约的同时即取得并消耗其履约所带来的经济利益，属于某一时段履行履约义务的第一种情形。

对于智慧城市建设运营业务中的定制软件业务，客户并不能取得开发过程中形成的程序、文档，无法在发行人履约的同时获得并消耗软件开发过程中所带来的经济利益，因此不符合某一时段履行履约义务的第一种情形；如软件开发中途更换实施方，后续实施方需要重新执行软件定制工作，所以该业务也不符合某一时段履行履约义务第二种情形；发行人合同中未约定终止补偿条款或仅约定了固定比例与金额的补偿条款，无法保证发行人获得的补偿能覆盖已经发生的成本和合理利润，因此不满足某一时段履行履约义务的第三种情形。基于以上分析，发行人D对其定制软件业务收入确认由时段法改为时点法。目前，发行人已发行上市。

分　析

对于定制软件业务，如果软件开发中途更换实施方，新的实施方需要重新执行前任实施方已完成的工作，无法减少对项目的现金流出，则不满足条件二。

第1节　时点履约义务

对于在某一时点履行的履约义务，企业应当综合分析控制权转移的迹象，判断转移时点，并在客户取得商品控制权的时点一次性确认收入。

取得控制权的迹象主要包括客户已经接受商品、主要风险和报酬已经转移、实物转移、法定所有权转移以及负有现时付款义务等，核心是客户能够主导商品的使用，并从中获得几乎全部的经济利益。

《企业会计准则第14号——收入》第十三条对此有详细的规定：

……在判断客户是否已取得商品控制权时，企业应当考虑下列迹象：

（一）企业就该商品享有现时收款权利，即客户就该商品负有现时付款义务。

（二）企业已将该商品的法定所有权转移给客户，即客户已拥有该商品的法定所有权。

（三）企业已将该商品实物转移给客户，即客户已实物占有该商品。

（四）企业已将该商品所有权上的主要风险和报酬转移给客户，即客户已取得该商品所有权上的主要风险和报酬。

（五）客户已接受该商品。

（六）其他表明客户已取得商品控制权的迹象。

除了第六项兜底项，上述5个迹象中，没有哪一个或哪几个迹象是决定性的。企业应当根据合同条款和交易实质进行分析，综合判断是否将商品的控制权转移给客户以及是何时转移的，从而确定收入确认的时点。

此外，关于收入能否确认、何时确认，客户有最大的话语权。企业应当站在客户的角度上评估，而不能仅考虑卖方自身的看法。因为只有采购的商品或服务达到预定可使用或可销售状态才能表明客户获取了经济利益。

6-5　中卫信 2022-03

申报材料显示：针对软件、智能化设备销售以及技术服务业务，发行人在客户验收合格后确认收入；针对系统运维业务，发行人在合同约定的服务期限内采用直线法分期确认收入；针对硬件产品销售业务，发行人在将硬件产品交付并取

得客户签收单时确认收入。

请发行人：补充说明对各类业务进行收入确认的具体流程、所需取得的凭证、收入确认的时点，结合主要销售合同条款说明在相关时点上客户是否已取得相关商品控制权，是否符合企业会计准则相关规定。

｜回复｜

公司各类业务进行收入确认的具体流程、所需取得的凭证、收入确认的时点如下：

业务类别	收入确认的具体流程	所需取得的凭证	收入确认的时点
软件	A.定制化软件：与客户签订合同，根据客户提出的需求开发软件，开发完成后由实施人员在现场安装、调试、培训，实施完成后向客户提出验收申请，取得客户出具的验收单后确认收入。	验收单	验收单签署时间
	B.标准化软件：与客户签订合同，客户具备实施条件后由实施人员在现场安装、调试、培训，实施完成后向客户提出验收申请，取得客户出具的验收单后确认收入。		
智能化设备	与客户签订合同后，根据合同约定发出设备，客户出具签收单；在满足实施条件后，实施人员再进行设备及系统的安装调试、培训，实施完成后向客户提出系统验收申请，取得客户出具的验收单后确认收入。	签收单及验收单	验收单签署时间
运维及相关服务	A.系统运维：根据合同约定，提供运维服务，根据合同约定的服务期间采用直线法分摊确认收入。	运维合同	根据运维合同约定的期间分摊
	B.技术服务：与客户签订合同后，根据客户的要求提供软件升级、功能模块的开发等相关技术服务，完成后向客户提出验收申请，取得客户出具的验收单后确认收入。	验收单	验收单签署时间
	C.短信及流量费收入：公司在短信平台为客户充值，与客户结算并开具发票后确认收入。	结算记录	结算记录时间
其他	与客户签订合同后，根据客户要求发出硬件设备，根据客户出具的硬件签收单确认收入。	硬件签收单	签收单签署时间

分 析

笔者选取此案例是因为它综合了收入确认的多种类型。收入确认的时点多数在验收、结算后，至于特殊销售模式该如何确认收入，请阅读第7章“特殊销售模式”。

公司各类别业务销售条款及取得相关商品控制权的时点判断如下：

1. 软件、智能化设备

公司提供的软件系统和智能化设备属于在某一时点履行的履约义务，公司在客户取得相关商品控制权时点确认收入。结合主要销售合同条款，在判断客户是否已取得商品或服务控制权时，公司主要考虑下列迹象：

控制权转移的迹象	收入确认时点分析
企业就该商品享有现时收款权利，即客户就该商品负有付款义务。	根据合同约定，公司按照项目进度收取款项，截至验收时点，公司可以现时收取验收进度款，后续款项在达到收款时点后即可收取，公司就软件产品、智能化设备享有现时收款权利，即客户负有现时付款义务。
企业已将该商品的法定所有权转移给客户，即客户已拥有该商品的法定所有权。	验收通过时，软件系统、智能化设备处于可使用状态且已被客户实际使用并认可，表明法定所有权已转移给客户，即客户已拥有该商品的法定所有权。
企业已将该商品实物转移给客户，即客户已占有该商品实物。	验收通过后，软件产品、智能化设备已被客户实际使用并开始运行，客户完全实物占有该产品或设备，公司仅负责系统和设备的运行保障。
企业已将该商品所有权上的主要风险和报酬转移给客户，即客户已取得该商品所有权上的主要风险和报酬。	验收通过时，软件产品、智能化设备处于可使用状态且已被客户实际使用，客户的业务数据已在系统中运行，软件产品、智能化设备所有权相关的主要风险和报酬已转移。
客户已接受该商品。	验收通过后，设备、系统已开始有效运行，客户可独立控制设备、系统，达到客户可使用状态，客户已在实质上接受该商品。
其他表明客户已取得商品控制权的迹象。	验收通过后，设备、系统处于可使用状态且被客户实际使用，客户的业务数据已在系统中运行，客户完全取得该系统的控制权。

分　析

1.对于某一时点履行的履约义务，根据《企业会计准则第14号——收入》第十三条的5个迹象判断。

2.5个迹象的关键词有"付款义务""所有权""占有""风险""报酬""接受"。

3.收入能否确认、何时确认，客户有最大的话语权。

综上，软件、智能化设备验收后，客户的业务数据已在系统中正式运行，设备及系统处于可使用状态且已被客户实际使用，相关的控制权已发生了转移，客户能够主导系统的使用并从中获取几乎全部经济利益，因此，公司在取得验收报告的时点确认收入符合《企业会计准则》规定。

2.运维及相关服务

运维：公司提供的运维服务属于在某一时间段内履行的履约义务，按照履约进度确认收入。公司与客户通常会在软件产品销售合同中就免费质保期以过保后运维服务价格标准进行约定，在免费质保期内提供维护服务；待免费维保期结束后，公司通常考虑软件产品、智能化设备合同金额大小、客户合作历史等因素收取运维服务费。对于运维收入，公司在服务期内按照直线法分期确认收入，符合《企业会计准则》规定。

相关服务：公司提供的相关服务属于在某一时点履行的履约义务，公司在履约义务完成，取得客户验收单时确认收入。

控制权转移的迹象	收入确认时点分析
企业就该商品（服务）享有现时收款权利，即客户就该商品（服务）负有现时付款义务。	根据合同约定，公司按照项目进度收取款项，截至验收时点，公司可以现时收取验收进度款，后续款项在达到收款时点后即可收取。公司就服务享有现时收款权利，即客户负有现时付款义务。
企业已将该商品（服务）所有权上的主要风险和报酬转移给客户，即客户已取得该商品所有权上的主要风险和报酬。	服务验收后，客户能够获取该服务所带来的经济利益，服务相关的主要风险和报酬已转移。
客户已接受该商品（服务）。	验收通过后，客户已在实质上接受该服务。

综上，服务验收后，客户已实质接受该服务，并且能够从中获取几乎全部经济利益，因此，公司在取得验收单的时点确认收入符合《企业会计准则》规定。

3. 其他

公司提供的其他设备属于在某一时点履行的履约义务，公司在客户取得相关商品控制权时点确认收入。结合主要销售合同条款，在判断客户是否已取得商品或服务控制权时，公司主要考虑下列迹象：

控制权转移的迹象	收入确认时点分析
企业就该商品享有现时收款权利，即客户就该商品负有现时付款义务。	公司按照合同约定收取款项，截至签收时点，公司可以现时收取部分货款，后续款项在达到收款时点后即可收取。公司就硬件设备享有现时收款权利，即客户负有现时付款义务。
企业已将该商品的法定所有权转移给客户，即客户已拥有该商品的法定所有权。	硬件签收后，已处于可使用状态且已被客户实际使用并认可，表明法定所有权已转移给客户，即客户已拥有该商品的法定所有权。
企业已将该商品实物转移给客户，即客户已占有该商品实物。	硬件签收后，已被客户实际使用并开始运行，客户完全实物占有该设备，公司仅负责设备的运行保障。
企业已将该商品所有权上的主要风险和报酬转移给客户，即客户已取得该商品所有权上的主要风险和报酬。	硬件签收后，处于可使用状态且已被客户实际使用，其所有权相关的主要风险和报酬已转移。
客户已接受该商品。	硬件签收后，设备已开始有效运行，客户可独立控制设备，达到客户可使用状态，客户已在实质上接受该商品。
其他表明客户已取得商品控制权的迹象。	硬件签收后，客户完全取得该系统的控制权，可以取得该设备带来的经济利益。

综上，硬件签收后，设备处于可使用状态且已被客户实际使用，相关的控制权已发生了转移，客户能够主导设备的使用并从中获取几乎全部经济利益，因此，公司在取得签收单的时点确认收入符合《企业会计准则》规定。若一个合同中包含多种类型的收入，公司在整体项目验收合格后确认该合同收入。

发行人各类收入确认时点已达到控制权转移的条件，符合《企业会计准则》规定，符合发行人实际经营情况，与主要销售合同条款及实际执行情况一致，收入确认流程合理，所需取得的凭证完整。

6-6 思维造物 2022-03

根据申报资料及审核问询回复，跨年演讲、知识春晚、启发俱乐部中赞助费收入占比较高。

请发行人补充说明：跨年演讲中，发行人与深圳广播电视、爱奇艺等合作方的合作方式、招商方式，相关合同中关键条款的具体内容，结合相关约定，说明赞助费收入的确认方式及合规性。

｜回复｜

1.跨年演讲赞助费收入的计算方式

发行人与深圳广播电视在跨年演讲举办前共同进行招商，招商前明确双方具体的权益内容、权益实现时间及权益对应的刊例标准（单价）。具体计算公式如下：

发行人招商收益=（发行人及深圳卫视的招商总收入－发行人及深圳卫视的总成本）×分成比例。

同时，由于招商收益根据利润计算，发行人加上自行承担的跨年演讲成本后，构成了本次跨年演讲的总赞助收入，具体计算公式如下：

发行人本次跨年的总赞助收入=招商收益+发行人跨年演讲举办成本。

2.跨年演讲赞助收入确认时点

发行人与客户（发行人自行招商客户、深圳卫视招商客户）事先已对各项权益的实现内容、价格、提供时间及结算条款等协商约定，其中，权益提供时间主要分为三类：1）跨年演讲前宣传期的权益提供；2）跨年演讲当天的权益提供；3）跨年演讲后的权益提供。

发行人将跨年演讲对应宣传期权益实现的赞助收入确认在当年，将跨年演讲当天（交付的服务为跨年服务，演讲一直持续到次年1月1日凌晨）及后续权益实现的赞助收入确认在次年；相关广告服务的完成时点根据合同约定的权益露出时点、权益实际露出的时点记录确定。

分 析

对于某一时点履行的履约义务，得其彻底结束后才能确认收入。本案例中，跨年服务1月1日凌晨才结束，所以，在新的一年才能确认收入。

发行人跨年演讲赞助收入的收入确认方式在报告期内一贯执行。

3.爱奇艺版权收入确认时点

发行人授予北京爱奇艺科技有限公司关于2020—2021罗振宇“时间的朋友”跨年演讲放映权，根据合同约定，公司有关授权作品以及相关文件提供交付后，表明北京爱奇艺科技有限公司能够使用该项知识产权许可并开始从中获利，即企业在履行完毕该履约义务时立即确认收入。

综上，发行人的跨年演讲收入确认符合《企业会计准则第14号——收入》相关规定。

分 析

对于某一时点履行的履约义务，在商品控制权转移的瞬间，其实就可以立即确认收入了。

第2节 履约进度

对于在某一时段内履行的履约义务，控制权持续转移给客户，企业应当在该段时间内按照履约进度确认收入，但是，履约进度不能合理确定的除外。

企业应当考虑商品的性质、特殊因素等，以进一步确定是采用产出法还是投入法确定恰当的履约进度。并且，在确定履约进度时，应当扣除那些控制权尚未转移给客户的商品或服务。

产出法是站在客户的角度上考虑已向客户转移商品控制权的多少，而投入法是站在企业的角度上考虑已经投入了多少人、财、物，以完成客户所购的商品。总之，在使用产出法或投入法时，核心在于考虑企业在履约过程中到底为客户做了什么，以及所选择的指标是否能够如实地反映向客户转移商品的进度。

另外，对于类似情况下的履约义务，企业应当采用相同的方法确定履约进度。

一、履约进度可以合理确定

1. 产出法

产出法是根据已转移给客户的商品对于客户的价值确定履约进度，主要包括按照实际测量的完工进度、评估已实现的结果、已达到的里程碑、时间进度、已完工或交付的产品等确定履约进度的方法。

产出法按照已完成的产出直接计算履约进度，通常能够客观地反映履约进度。当产出法所需要的信息可能无法直接通过观察获得，企业为获得这些信息需要花费很高的成本时，就可能需要采用投入法。

当企业在不同期间提供的服务内容有所变化，导致难以通过产出法获得恰当的产出指标时，可以考虑改用投入法。例如，某房地产开发公司委托企业A负责业主的房地产项目开发管理工作。企业A以产出法确定履约进度，即以受托项目累计签约金额占该项目商业计划书预测的整体销售额的比例确定履约进度。我们来分析一下，单纯以受托项目累计签约金额占该项目商业计划书预测的整体销售额的比例确定履约进度，很可能不能如实地反映出企业A为客户提供服务的实际进度。比如，项目管理周期从前期开始准备到最终竣工验收共需要5年，而在项目的第2年开始预售，并在当年就完成了90%的签约预售。如果按照企业A目前这种履约进度方法，那么大部分的收入确认会集中在第2年，这不合理。

2. 投入法

投入法是根据企业为履行履约义务的投入确定履约进度，通常可采用投入的材料数量、花费的人工工时、耗费的机器运转时数、发生的成本和时间进度等投入的物、财、人指标来确定履约进度。

当企业从事的工作或发生的投入是在整个履约期间内平均发生时，按照直线法确认收入是合适的。

由于投入的各项成本费用不一定能真实反映企业的履约进度，因此，企业在采用投入法时，履约进度应当以有效净投入占预计总有效净投入的比例计量。这不仅需要扣除那些虽然已经发生但是未导致向客户转移商品的投入，还得剔除掉那些与履约义务不直接相关的成本费用，如未使用的物资与无效浪费、窝工、低效劳动等非正常消耗。

二、履约进度不能合理确定

企业在履行合同的过程中，应当采用合理、恰当的方法来确定合同的履约进度，并根据履约进度来确认收入。

当履约进度不能合理确定时，如果企业已经发生的成本预计能够得到补偿的，应当按照已经发生的成本金额确认收入，直到履约进度能够合理确定为止。若预计不能得到补偿，则应将已发生劳务成本计入当期损益，先不确认收入。这个问题在资产负债表日非常重要。当然，现实中，企业是偏向于“已经发生的成本预计能够得到补偿”，从而确认收入。

需要强调的是，上面这个问题常见于里程碑付款。企业不应仅仅依据合同约定的付款里程碑来确定履约进度。原因在于，如果仅仅在达到合同约定的里程碑时才确认收入，而忽视在各个里程碑之间可能产生的重大的未向客户转移的合同履约成本，这与企业将自己在履约过程中形成的控制权持续转移给客户，即在某一时段内确认收入的事实有矛盾，参见案例“6-14 宣泰医药 2021-12”。

关于里程碑的更多问题，请往下阅读第6章第3节“里程碑”。

三、实时更新履约进度

由于计量履约进度是一个会计估计的过程，因此，如果计量会随着时间的推移而发生变化，企业应当实时更新履约进度，特别是合同有变更时。关于合同变更，请回头去温习第3章“合同变更”。

6-7　昆船智能 2022-04

审核问询回复显示：公司为客户提供的运营维护服务包括按期间提供服务、按次提供服务两类，其中，提供期间服务类业务属于某一时段内履行履约义务。

请发行人：提供期间服务类业务履约进度的具体确定方式，收入确认的内外部证据是否充分，能否有效体现发行人的工作进度，是否符合《企业会计准则》相关规定。

| 回复 |

报告期内发行人提供期间服务类业务履约进度的具体确定方式、收入确认的内外部证据、有效体现发行人工作进度的内容，及其与《企业会计准则》相关规定的对应情况如下表所示：

服务提供类型	收入确认具体方法	履约进度具体确认方式	收入确认的内外部证据	是否符合《企业会计准则》相关规定
提供期间服务	在合同约定的服务期限内，按提供服务的进度分期确认收入	在合同期内，公司随时准备向客户提供维保服务，该履约义务在合同约定的服务期间内随时间的流逝而被履行，因此，公司按照直线法确认收入，即：在期末根据截至当时已完成的服务期间占合同约定服务总期限的比例确认收入能够有效体现工作进度。	外部证据：合同、书面确认报告； 内部证据：派遣单、维保项目实施台账	1.服务部门根据合同编制服务计划，根据计划发起《人员派遣单》派遣人员进场实施维保工作，结束后与客户签署《维保服务报告》，同时在系统中更新项目状态。 2.对于合同中明确约定在服务期限内服务次数的情形，在期末根据截至当时已提供服务次数占合同约定总次数的比例确认收入； 对于合同中未明确约定服务期限内服务次数的情形，在已实际提供服务的前提下，在期末根据截至当时已完成的服务期间占合同约定服务总期限的比例确认收入。 综上，相关处理符合《企业会计准则》的规定。
	在合同约定的服务期限内，按提供服务的频次分期确认收入	由于合同约定了总的服务次数，同时服务内容相同，截至当时已提供服务次数占总次数的比例能够有效体现工作进度。		

分　析

1. 当企业从事的工作或发生的投入是在整个履约期间内平均发生的，按照直线法确认收入是合适的，如本案例中的维保服务，可以用时间来衡量。

2. 确定履约进度时，有指标的，用指标衡量。本案例中，用服务次数比例体现工作进度，服务次数是产出法的指标，服务几次，客户心里明镜似的。

综上，报告期内提供期间服务类业务履约进度的具体确定方式合理，收入确认的内外部证据充分，能够有效体现发行人的工作进度，符合《企业会计准则》的相关规定。

6-8　萤石网络 2022-03

根据申报材料，发行人运维支持服务、云增值服务、广告推广服务及开放平台服务属于在一段时间内履行的履约义务，发行人采用产出法确定履约进度，即根据已转移给客户的商品或服务对于客户的价值确定履约进度，在提供服务的期限内按照履约进度确认收入。

请发行人说明：运维支持服务、云增值服务、广告推广服务及开放平台服务履约进度的确认方式及外部证据，是否符合合同约定，收入确认时点。

｜回复｜

报告期内，公司产生收入的云平台服务和广告服务（包括云增值服务、广告推广服务、运维支持服务及软件开放平台服务）的履约进度的确认方式及收入确认时点、确认依据及合同约定具体如下：

客户群体	项目	履约进度的确认方式及收入确认时点	确认依据	合同约定
面向消费者	云增值服务	公司在提供服务的期限内按照直线法确定收入。	设备激活期间的系统记录、云增值服务合同	根据萤石云平台向用户提供相关服务，云增值服务以预付费的固定期限套餐形式提供。服务一旦购买或激活成功后不支持退换货、退款或更换使用本服务的萤石账户。
面向广告主	广告推广服务	公司根据已转移给客户的商品对于客户的价值确定履约进度，即在提供服务的期限内按照广告的展现量、点击量、点击率等条件与客户结算确认，并在提供服务的期限内按照约定的收益分配原则确认收入。	广告投放数据、结算单	根据公司与广告主签订的《广告平台合作协议》，对通过乙方（萤石）用户展示或者点击合作内容所推广的内容而产生的实际收入根据在乙方的广告填充次数来确定结算并分配收益。

续表

客户群体	项目	履约进度的确认方式及收入确认时点	确认依据	合同约定
面向行业客户	IoT开放平台——运维支持服务	公司在服务的期限内按照直线法，根据已发生的所有运维支持相关成本和费用确认履约进度，并按一定的加成率定期结算确认运维支持服务收入。	运维服务结算单	根据公司与行业客户签订的《技术服务协议》，运维服务收入计算标准为提供运维支出发生的所有相关成本和费用，并就有增值的部分给予一定的加成。
	软件开放平台服务	公司在提供服务的期限内按照直线法确认收入或按照订单约定的套餐及服务的使用情况确认收入。	消费记录、开放平台服务合同	根据公司与行业客户签订的《企业版套餐采购合同》约定，每种档次的套餐提供基础的服务用量上限并收取固定的月费，在超过套餐内规定的用量后额外按照使用情况收费。

［注］：IoT开放平台服务包括设备接入服务和运维支持服务，其中接入服务收入在完成相关设备接入时确认收入，不属于在一段时间内确认收入的情况，因此未包含在上表中进行论述。

分　析

1.在网络平台投放广告，一般需要让商家先预缴金额，平台以展现量、点击量、点击率作为履约进度来确认收入。展现量、点击量、点击率这三个指标是站在客户的角度上考虑的，是产出法指标。

2.运维服务，除了用常规的直线法平摊，还可以用成本和费用发生的比例去确认履约进度。

报告期内，公司对运维支持服务、云增值服务、广告推广服务及开放平台服务履约进度的确认方式符合合同约定。

6-9　金埔园林 2021-04

首轮问询回复显示：（1）发行人2020年起实施新收入准则，对履约进度采用产出法进行确认，收入与成本均按当期实际发生的金额确认；（2）发行人预计总

产值的调整主要包括两种情况，一种是由于施工图纸逐步完善项目造成初始预计总成本发生变化而引起差异的情况；另一种是施工过程中因客户提出不同要求以及施工条件限制等原因须对原合同建设内容进行变更，会导致工程量或产值单价变更。发行人针对预计总产值调整的问询回复中将第一种情况剔除后列明了调整超过10%的项目情况。

请发行人：

一、补充说明新收入准则下选择的产出指标能否如实反映企业园林绿化工程施工业务的履约进度，相关产出指标的确定依据及能否可靠计量，结合前述情况说明发行人在新收入准则下选择产出法的合理性

｜回复｜

（一）新收入准则的相关规定

《企业会计准则第14号——收入》（财会〔2017〕22号）第十二条第一款规定：“对于在某一时段内履行的履约义务，企业应当在该段时间内按照履约进度确认收入，但是，履约进度不能合理确定的除外。企业应当考虑商品的性质，采用产出法或投入法确定恰当的履约进度。其中，产出法是根据已转移给客户的商品对于客户的价值确定履约进度；投入法是根据企业为履行履约义务的投入确定履约进度。”

（二）新收入准则下选择的产出指标能否如实反映企业园林绿化工程施工业务的履约进度，相关产出指标的确定依据及能否可靠计量，结合前述情况说明发行人在新收入准则下选择产出法的合理性

1.新收入准则下选择的产出指标能否如实反映企业园林绿化工程施工业务的履约进度，相关产出指标的确定依据及能否可靠计量

在一般工程项目条件下，合同为总价合同，项目开始时甲方即会提供有关项目具体建设内容的施工图纸和相应的“工程量清单”（比如“道路1,000米，树300棵”）。

在新收入准则条件下，公司工程施工业务履约进度的确定方法为产出法，即根据“累计已履约的工程量/预计总工程量”的比例确定，其相关产出指标的确定依据为“工程量”（比如“道路500米，树150棵”）。该“工程量”指标能够直接可靠计量；同时，可直接与合同和客户确认的“工程量清单”对应，套用合同约定的造价，可以直接反映已转移给客户的商品对于客户的价值（即“产值”）。公司采用“工程量”这一产出指标能够准确反映公司工程施工业务的履约进度。

分 析

产出法站在客户的角度上看履约进度，道路修了多少米、树种了几棵，客户都可以直观看得到。本案例用“工程量”指标，公司自己知道进度，还可以跟客户手上的“工程量清单”比对，统一进度，避免分歧。

2. 结合前述情况说明发行人在新收入准则下选择产出法的合理性

对“图纸逐步完善类项目”和“工程变更类项目”，其工程项目合同均为固定造价合同，相关合同同样也满足《企业会计准则第14号——收入》(财会〔2017〕22号)第十一条“满足下列条件之一的，属于在某一时段内履行履约义务”的规定条件：①客户在企业履约的同时即取得并消耗企业履约所带来的经济利益：公司根据已有图纸和工程量清单进行施工，相关施工成果经客户确认即取得并消耗企业履约所带来的经济利益。②客户能够控制企业履约过程中在建的商品；③企业履约过程中所产出的商品具有不可替代用途，且该企业在整个合同期间内有权就累计至今已完成的履约部分收取款项：公司根据已有图纸和工程量清单进行施工，公司有权就累计至今已完成的履约部分收取款项。

分 析

判断履约义务属于在某一时段内履行还是在某一时点履行，《企业会计准则第14号——收入》第十一条是金标准。

在只有部分施工图纸和相应工程量清单的阶段，合同的内容相当于已变更为只有已取得图纸和工作量清单部分的合同，公司的合同履约义务只对应为已取得施工图纸和相应工程量清单的部分。此时，公司根据已取得图纸部分的“工程量清单”确定预计总工程量(比如“道路1,000米，树300棵”，相当于此时全部的履约义务)；再根据实际施工完成的“工程量”(比如“道路500米，树100棵”)占预计总工程量的比例确定履约进度，此时的合同总工程量均能够可靠地计量，合同履约进度也能够可靠计量，不会构成“履约进度不能合理确定的情况”，符合《企业会计准则第14号——收入》(财会〔2017〕22号)第十二条“对于在某一时段内履行的履约义务，企业应当在该段时间内按照履约进度确认收入”的条件。

在上述过程中，其中的“工程量”指标可直接与客户确认的“工程量清单”

对应，套用合同约定的造价，可以直接反映已转移给客户的商品对于客户的价值（即“产值”）。因此，在“图纸逐步完善类项目”和“工程变更类项目”条件下，公司采用“工程量”这一产出指标同样能够准确反映公司工程施工业务的履约进度。

同时，在项目新增施工图纸和工程量清单的阶段，其过程属于《企业会计准则第14号——收入》（财会〔2017〕22号）第九条规定的“合同变更”情形，由于新增图纸和工程量清单的内容与整个项目不可分割，根据相关规定，在取得新增图纸时，将取得新增图纸的施工内容与之前已取得图纸的施工内容进行合并核算。

分 析

由于新增图纸和工程量清单的内容与整个项目不可分割、不可明确区分，这属于合同变更中的情形3。应将合同变更的部分作为原合同的组成部分处理，“新从旧”，在合同变更日重新计算履约进度，详情请温习第3章“合同变更”。

综上，在新收入准则条件下，公司选择的产出指标能够如实反映公司园林绿化工程施工业务的履约进度，相关产出指标的确定依据为“工程量”，能够可靠计量。公司在新收入准则下选择产出法作为确定合同履约进度的依据是合理的。

二、是否与同行业可比公司一致

｜回复｜

经查阅相关同行业可比公司2020年1—6月的半年报，有5家公司披露与公司一致的“产出法”作为确定合同履约进度的依据。具体情况如下：

公司名称	新收入准则	披露内容摘要
花王股份	工作量法	合同完工进度按照已经完成的合同工作量（即已完成合同产值）占合同预计总工作量（即合同总产值）的比例确认。但在施工实务中，由于甲方未能及时提供全部的施工图纸，在这种情况下，项目完工进度按照已完成的产值占已出施工图纸对应的预计总产值的比例确认。公司根据施工期间陆续取得的新增施工图纸，相应调整工程项目的预计总产值。

续表

公司名称	新收入准则	披露内容摘要
元成股份	工作量法	公司于资产负债表日，对于尚处于建设期的建造合同，合同约定按月结算的，以客户支付证书上确认的已累计完成工程量，作为已经完成的合同工作量；以形象进度、节点等其他非按月结算的工程施工项目以及工程施工变更部分，以公司据实统计并经客户确认的已累计完成工程量，作为已经完成的合同工作量。
诚邦股份	工作量法	履约进度：根据已经完成的合同工作量占预计总工作量的比例确认完工进度，已经完成的合同工作量以监理或客户确认的工作量确认单上的工作量为准；预计总工作量以合同签订时约定的总工作量为准，并在工程量发生变更时，根据客户的确认相应调整。

另外，结合同行业公司的相关披露内容看，“花王股份”有“图纸逐步完善类项目”的相关表述：“但在施工实务中，由于甲方未能及时提供全部的施工图纸，在这种情况下，项目完工进度按照已完成的产值占已出施工图纸对应的预计总产值的比例确认。公司根据施工期间陆续取得的新增施工图纸，相应调整工程项目的预计总产值。”

“诚邦股份”有“工程变更类项目”的相关表述：“预计总工作量以合同签订时约定的总工作量为准，并在工程量发生变更时，根据客户的确认相应调整。”

三、模拟测算新收入准则下采用投入法确定履约进度对发行人财务报表的影响，影响较大的，说明原因及合理性

｜回复｜

总体而言，假设采用投入法确定履约进度进行模拟测算，相关模拟测算数据对发行人报告期主要财务数据的影响相对较小。

假设采用投入法确定履约进度进行模拟测算，报告期内，相对于报表指标：营业收入的差异金额分别为882.16万元、967.62万元和–1,048.10万元，差异比例分别为1.26%、1.16%和–1.12%。净利润的差异金额分别为130.92万元、288.99万元和–1,009.11万元（在没有新收入准则期初影响数情况下2020年净利润差异为–99.05万元），差异比例分别为1.66%、3.31%和–13.30%（在没有新收入准则期初影响数情况下2020年差异比例为–1.48%）。

分 析

理论上，投入法和产出法确认的履约进度应该是一致的，但在实务中很难做到一致，差别不大即可。

四、并结合前述情况说明新收入准则下，发行人是否具备产出法的实施基础

｜回复｜

对“图纸逐步完善类项目”和“工程变更类项目”，其工程项目合同均为固定造价合同，相关合同同样也满足《企业会计准则第14号——收入》（财会〔2017〕22号）第十一条“满足下列条件之一的，属于在某一时段内履行履约义务”的规定条件。

在只有部分施工图纸和相应工程量清单的阶段，合同的内容相当于已变更为只有已取得图纸和工作量清单部分的合同，公司的合同履约义务只对应为已取得施工图纸和相应工程量清单的部分。此时的合同总工程量均能够可靠地计量，合同履约进度也能够可靠计量，不会构成“履约进度不能合理确定的情况”，符合《企业会计准则第14号——收入》（财会〔2017〕22号）第十二条“对于在某一时段内履行的履约义务，企业应当在该段时间内按照履约进度确认收入”的条件。其中的“工程量”指标可直接与客户确认的“工程量清单”对应，套用合同约定的造价，可以直接反映已转移给客户的商品对于客户的价值（即“产值”）。因此，在“图纸逐步完善类项目”和“工程变更类项目”条件下，公司采用“工程量”这一产出指标同样能够准确反映公司工程施工业务的履约进度。

同时，在项目新增施工图纸和工程量清单的阶段，其过程属于《企业会计准则第14号——收入》（财会〔2017〕22号）第九条规定的“合同变更”情形，由于新增图纸和工程量清单的内容与整个项目不可分割，根据相关规定，在取得新增图纸时，将取得新增图纸的施工内容与之前已取得图纸的施工内容进行合并核算。

在新收入准则条件下，公司选择的产出指标能够如实反映公司园林绿化工程施工业务的履约进度，相关产出指标的确定依据为“工程量”，能够可靠计量。公司在新收入准则下选择产出法作为确定合同履约进度的依据是合理的。在新收入准则条件下，发行人具备产出法的实施基础。

分　析

《企业收入准则第14号——收入》强调的是商品能为客户带来经济利益，特别是现实利益。所以，笔者认为，尽量优先采用产出法去衡量履约进度。

6-10　建科股份 2022-02

申报材料及审核问询回复显示：（1）检验检测服务在同时满足下列条件时，按从客户已收或应收的合同或协议价款的金额确认收入：检验检测服务已提供，已提供检测报告，经客户确认后作为服务完成的标志；（2）检验检测业务属于在某一时段内履行的履约义务，适用“产出法”确定履约进度。

请发行人：说明适用“产出法”确定履约进度的具体计量方法和依据。

｜回复｜

一、说明适用“产出法”确定履约进度的具体计量方法和依据

“产出法”是根据已转移给客户的商品对于客户的价值确定履约进度，发行人的检验检测服务依据检验检测工作量及结算标准确认收入，具体为：检验检测服务收入=检验检测工作量×结算标准。

（一）检验检测工作量

1. 工作量界定

检验检测是对产品或服务的一种或多种特性进行测量、检查、试验，并将这些特性与规定的要求进行比较以确定其符合性的活动。这些产品或服务的特性在生产或设计时作出了规定，即产品或服务的技术参数。

检验检测服务的工作量产出系基于每个检测完成可以准确计量的参数数量的汇总计算，是一种可以持续、客观计量的工作量形态。如材料检测的钢筋原材、水泥、墙体材料、保温材料、防火材料、混凝土试块组数；桩基检测中静载检测的吨位、高/低应变检测的根数、磁测的米数；沉降观测和基坑检测的点·次数；能效测评的房屋栋数或面积平方米数；结构鉴定的房屋面积平方米数；消防及人防检测的面积平方米数等。发行人的检验检测服务的计费基础是上述检测工作量，发行人以检测报告为载体计量已完成的工作量。

2. 工作量确认方式

第一类合同：根据相关合同条款，检验检测报告经客户签收后，以工作量确认单形式汇总已签收的报告，工作量确认单经客户确认，即表明客户认可发行人已经完成的具体检测工作量。第二类合同：根据相关合同条款，检验检测报告经客户签收，即表明客户认可发行人已经完成的具体检测工作量。

发行人的检验检测服务根据上述工作量确认单、检测报告签收单，可准确计量已完成的检测工作量。

分 析

产出法是站在客户的角度衡量已向客户转移商品控制权的进度。本案例中，工作量、检测报告等产出得到客户的认可，确认履约进度才相对比较可靠。

（二）结算标准

检验检测服务由地方政府物价及建设主管部门根据建设部相关法律、法规和各地检测市场发展状况，不定期颁布各类检测项目收费的上限标准……

根据发行人的检验检测服务合同约定，发行人的检验检测服务最终与客户确定的价格形式主要为固定单价或单价折扣，较少为项目包干价。

1.固定单价合同

固定单价合同中，发行人与客户在合同中约定检测服务单价，并以实际完成工作量进行结算确认。

固定单价合同的结算标准系合同约定的固定单价，发行人与客户签订的合同会约定检测服务的固定单价，通常以适用的收费标准予以一定的折扣进行确定，具体如下：

结算标准=合同所参考的各检测项目收费指导价格×固定单价折扣。

2.包干价合同

包干价合同中，发行人与客户在合同中约定包干价格。

包干价合同的结算标准系包干合同单价，发行人根据合同所参考的各检测项目收费指导价格和测算的包干价合同折扣，进行服务单价测算，具体如下：

结算标准=合同所参考的各检测项目收费指导价格×测算的包干价合同折扣。

其中，发行人测算出各检验检测项目工作量，并结合适用收费指导价格计算无折扣合同金额，再将包干价除以无折扣合同金额计算包干价合同折扣。

二、说明就检验检测业务履约进度履行的核查程序、核查范围、取得的证据及核查结论

1.获取发行人的收入确认清单，抽取项目检查收入确认的依据即报告签收单和工作量确认单；

2.获取发行人的检验检测合同台账，抽取合同检查关于价格的约定条款，并对比账面实际确认情况，分析是否异常；

3.根据第一份委托单日期重新计算第一类合同的检测业务对应项目结算周期的起止日期，检查是否存在提前、延后或集中出具工作量确认单的情形。

经核查，发行人的检验检测服务适用产出法确定履约进度，履约进度的具体计量方法和依据具有合理性，符合企业会计准则的相关规定。

分　析

1.抽查报告签收单、工作量确认单、检验检测合同台账以核查收入确认的金额是否准确、可靠。

2.检查合同的起止日期以核查收入确认的时间是否准确。

6-11　联智科技 2022-02

审核问询回复显示：

（1）对于工期一年以上的，发行人按工作量确认收入，对于工期在一年以内的，主要以“终验法”确认收入；

（2）在发行人工程质量试验检测业务中，施工方或业主方需要根据检测报告的结论决定开展下一步的工作或在整改后进行下一步的工作，因此该特点符合“客户在企业履约的同时即取得并消耗企业履约所带来的经济利益”，即：假定在企业履约的过程中更换其他企业继续履行剩余履约义务，无需重新执行企业至今已累计完成的工作；发行人建立了严格的产值报送和审核制度，各项目按月报送产值和确认收入；

（3）在“终验法”下，部分一年以内的项目存在跨期的情形；

（4）对于履约进度不能合理确定时，公司已经发生的成本预计能够得到补偿的，按照已经发生的成本金额确认收入，直到履约进度能够合理确定为止。

请发行人：

一、补充说明发行人确认收入依据的“工作量”是按“产出法”还是“投入法”，该“工作量”是否经业主（客户）确认无误；发行人确认收入的“工作量”是否与提交给业主（客户）的“检测报告”中“工作量”一致，若不一致发行人是否仍满足“客户在企业履约的同时即取得并消耗企业履约所带来的经济利益”的条件，发行人在工作量法下收入确认的准确性

｜回复｜

（一）补充说明发行人确认收入依据的“工作量”是按“产出法”还是“投入法”，该“工作量”是否经业主（客户）确认无误

发行人确认收入依据的是经业主（客户）确认无误的已完成工作量，已完成的工作量是一种产出，即“产出法”。该“工作量”均已取得业主（客户）确认无误。

具体分析如下：

发行人内部建立了严格的产值报送和审批流程，由项目负责人按月根据项目的实际作业完成情况结合合同约定的工作量清单等，计算报送产值并经过所在部门负责人及公司分管领导审批。

对于按照“履约进度”确认收入的项目，发行人于期末每个资产负债表日根据内部已报送的产值编制项目进度单及附件工作量清单一并提交给业主（客户）进行审核，审核无误后双方确认盖章，财务部门根据双方盖章确认无误的项目进度单及工作量清单确认或调整收入。对于按照“终验法”确认收入的项目于项目完工后提交最后一次报告给业主（客户）进行审核，审核无误后财务部门根据报告确认回执单确认或调整收入。

因此，发行人确认收入依据的“工作量”是一种产出法，该“工作量”均已经业主（客户）确认无误。

（二）发行人确认收入的“工作量”是否与提交给业主（客户）的“检测报告”中“工作量”一致，若不一致发行人是否仍满足“客户在企业履约的同时即取得并消耗企业履约所带来的经济利益”的条件，发行人在工作量法下收入确认的准确性

发行人采用“终验法”确认收入的项目的“工作量”与提交给业主（客户）的“检测报告”中“工作量”一致，采用“履约进度法”确认收入的项目的“工作量”与提交给业主（客户）的“检测报告”中“工作量”不一致，该不一致属于时间上的暂时性差异，该差异并未导致发行人不满足“客户在企业履约的同时

即取得并消耗企业履约所带来的经济利益”的条件，发行人在工作量法下的收入确认具有准确性。

具体分析如下：

1. “终验法”确认收入的项目

对于采用“终验法”确认收入的项目，一般在项目完成后最后提交一次检测报告给业主（客户）并经其确认无误后确认收入，故发行人确认收入的“工作量”与提交给业主（客户）的“检测报告”中“工作量”不存在差异。

2. “履约进度法”确认收入的项目

对于采用“履约进度法”确认收入的项目，发行人所出具的“检测报告”中所代表的“工作量”并非刚好截至资产负债表日，为了能够准确确认截至资产负债表日已完成工作量，发行人采取编制项目进度单并经业主（客户）审核后双方盖章确认的形式确认截至每个资产负债表日该项目已完成工作量，故发行人确认收入的“工作量”与提交给业主（客户）的检测报告中“工作量”存在一定的时间差异。

分 析

1. “终验法”是在项目完成后一次性确认收入，而“履约进度法”是在每个资产负债表日确认完成的工作量，之所以在资产负债表日确认履约进度是担心跨期问题。

2. “终验法”和“履约进度法”都是经双方确认的履行进度，均可靠，只是时间有差异而已。

该差异并不影响发行人该类业务满足“客户在企业履约的同时即取得并消耗企业履约所带来的经济利益”的条件，主要是因为：检测作业中，工程施工过程一般是上道工序施工完成并经检测合格即进入下一道工序的施工，施工过程具有不可逆性，由此对应的检测工作也具有不可逆性；当发行人的检测结果经业主方确认后工程即可开展下一道工序，而发行人正式的检测报告通常需要覆盖一定检测项目/作业期间才会正式出具。站在客户的角度，即便此时更换其他检测方提供服务，其无需也无法重复提供发行人暂未出具检测报告但已经业主（客户）确认的已完成的工作量。

因此，上述差异并未导致发行人该类业务不满足“客户在企业履约的同时即取得并消耗企业履约所带来的经济利益”的条件，发行人通过业主（客户）确认项目进度单计量已完成工作量的方式更能够准确地确认报告期的收入金额。

分 析

1.“客户在企业履约的同时即取得并消耗企业履约所带来的经济利益”是《企业会计准则第14号——收入》第十一条中判断属于在某一时段内履行履约义务的条件之一。判断时，可以假定在企业履约的过程中更换为其他企业继续履行剩余的履约义务，如果继续履行合同的企业实质上无须重新执行企业累计至今已经完成的工作，则表明此条件满足。

2.本案例中，工序一环衔接一环，即便换成其他检测方，无须也无法重复提供发行人已完成的工作量，故属于在某一时段内履行的履约义务。

二、结合发行人合同履约成本等相关科目金额，补充说明对应项目数量及项目平均成本规模情况

｜回复｜

“终验法”下项目在完工时一次性确认收入，并将归集到该项目的合同履约成本全部结转至营业成本中，因此结转后该项目的合同履约成本为0万元。报告期各期，“终验法”下存在跨期项目的收入对应跨期项目成本金额、项目数量、项目平均成本规模如下：

……

分 析

“合同履约成本”科目属于“存货”的子科目，是一个暂时性的归集科目，确认收入的同时结转至营业成本。

三、结合企业会计准则及相关规定或指南，补充说明对于年末跨期的“终验法”项目，未按照“已经发生的成本预计能够得到补偿的，按照已经发生的成本金额确认收入”进行会计处理的合规性，是否与工程试验检测服务符合“客户在企业履约的同时即取得并消耗企业履约所带来的经济利益”的判断存在矛盾

｜回复｜

对于年末跨期的“终验法”项目，报告期期末发行人能够合理确定其履约进度从而无需按照“已经发生的成本预计能够得到补偿的，按照已经发生的成本金额确认收入”进行会计处理，期末未确认收入主要是为了确保“终验法”下跨期项目与未跨期项目的收入确认政策能够保持一致且得到一贯执行，故该处理与工程试验检测业务整体符合“客户在企业履约的同时即取得并消耗企业履约所带来的经济利益”的判断不存在矛盾。

具体分析如下：

工程质量试验检测服务的收入确认政策为：“按照履约进度在合同期内确认收入，履约进度以经业主确认的已完成工作量占预计总工作量的比例计算确定。对于履约进度不能合理确定时，公司已经发生的成本预计能够得到补偿的，按照已经发生的成本金额确认收入，直到履约进度能够合理确定为止。单次结算或服务周期短于1年的工程试验检测服务在提供劳务服务完毕且经业主验收后确认收入。”公司的工程质量试验检测服务业务特点符合新收入准则关于“客户在企业履约的同时即取得并消耗企业履约所带来的经济利益”的规定，属于在某一段时间内履行义务。

其中，单次结算或服务周期短于1年的工程试验检测服务同样满足“客户在企业履约的同时即取得并消耗企业履约所带来的经济利益”的特点，其在劳务服务提供完毕且经业主验收后确认收入而未采用履约进度法，主要是日常财务核算时考虑到该类业务具有作业时间短、项目数量多、一次性结算等特点而采取的一种简化处理方式。对于该类业务中涉及年末跨期的情况，发行人未在期末按进度确认而是等到项目结束后一次性确认，主要是使得该类业务中的跨期项目和未跨期项目的收入确认政策能够保持一致且得到一贯执行。该类项目在期末的履约进度仍然能够有效计量和确认，因此未按照“已经发生的成本预计能够得到补偿的，按照已经发生的成本金额确认收入”进行会计处理具有合理性。

分　析

对数量多、循环反复、简单的项目，只要政策能够保持一致且得到一贯执行，可以考虑简化处理，在项目结束后一次性确认收入，无须考虑跨不跨期的问题。这是因为，反复循环的小项目，平滑后，最终对报表的影响其实很小。

6-12 收入准则应用案例——药品实验服务的收入确认

甲公司与乙公司签订合同，为其进行某新药的药理药效实验。合同约定，甲公司按照乙公司预先确定的实验测试的材料、方式和次数进行实验并记录实验结果，且需向乙公司实时汇报和提交实验过程中所获取的数据资料，实验完成后应向乙公司提交一份药理药效实验报告，用于乙公司后续的临床医药实验。假定该合同仅包含一项履约义务。该项实验工作的流程和所使用的技术相对标准化，如果甲公司中途被更换，乙公司聘请另一家实验类企业（以下简称新聘企业）可以在甲公司已完成的工作基础上继续进行药理药效实验并提交实验报告，新聘企业在继续履行剩余履约义务时将不会享有甲公司目前已控制的、且在将剩余履约义务转移给该企业后仍然控制的任何资产的利益。

｜解析｜

甲公司在判断其他企业是否实质上无需重新执行甲公司累计至今已经完成的工作时，应当基于下列两个前提：一是不考虑可能会使甲公司无法将剩余履约义务转移给其他企业的合同限制或实际可行性限制；二是假设新聘企业将不享有甲公司目前已控制的且在将剩余履约义务转移给该新聘企业后仍然控制的任何资产的利益。由于甲公司实验过程中的资料和数据已实时提交给乙公司，且如果在甲公司履约的过程中更换其他企业继续进行药理药效实验，其他企业可以在甲公司已完成的工作基础上继续进行药理药效实验并提交实验报告，实质上无需重复执行甲公司累计已经完成的工作，因此，乙公司在甲公司履约的同时即取得并消耗了甲公司履约所带来的经济利益，甲公司提供的实验服务属于在某一时段内履行的履约义务。

分 析

1. 是否属于在某一时间段内履行的履约义务，宜根据《企业会计准则第14号——收入》第十一条的规定来判断。其中，第一个条件是“客户在企业履约的同时即取得并消耗企业履约所带来的经济利益”。

2. 与案例“6-3 创业板注册制发行上市审核动态——时点法或时段法3 2022-06”、上个案例“6-11 联智科技 2022-02”相似，若中途换成其他服务商，也可以在原服务商已完成的工作基础上继续药理药效实验，无须重复原服务商之前的工作，满足了条件一“客户在企业履约的同时即取得并消耗企业履约所带来的经济利益”。因此，被认定为在某一时段内履行的履约义务。

3. 我们还可以从另一个视角来分析，甲公司在实验过程中的资料和数据得实时提交给乙公司，这一行为表明乙公司能够控制甲公司在履约过程中创建的中间产物，满足《企业会计准则第14号——收入》第十一条中的条件二“客户能够控制企业履约过程中在建的商品”。

4. 如何识别生物医药研发服务合同中的单项履约义务，请温习第1章第7节“生物医药研发服务”。

第3节　里程碑

里程碑是项目管理中的关键节点，主要用于标记项目的关键阶段和成果，而履约进度是合同履行的实际进度。在会计核算中，由于里程碑的标准通常明确且可观察，经常有软件开发、药学研究等企业直接用里程碑来衡量履约进度（参见案例“6–13 百诚医药 2021–11”），从而减少了收入确认时的主观性。但实际上，里程碑节点具有跳跃性，节点往往跟比较平滑、持续的履约进度不同步。或者准确地说，里程碑节点往往滞后于真实的履约进度，特别是在各个里程碑之间。所以，用里程碑节点来确定履约进度并不太准确，它会导致收入在达到各个里程碑时不均匀地确认，请阅读案例“6–14 宣泰医药 2021–12”。

6–13　百诚医药 2021–11

发行人申报文件披露，临床前药学研究按照履约进度（里程碑法）进行收入确认，各里程碑的履约进度采用固定节点比例。对于履约进度不能合理确定时，即两个里程碑节点时中间公司已经发生的成本，预计能够得到补偿的，按照已经发生的成本金额确认收入。

请发行人补充披露：临床前药学研究的周期情况，进一步分析说明设置五个里程碑节点确认收入的合理性。

｜回复｜

一、补充披露临床前药学研究的周期情况

发行人临床前药学研究业务的主要流程节点及周期情况如下表所示：

序号	主要环节	主要内容	通常所需时间
1	实验室研究（小试阶段）	参比制剂剖析，处方前研究，实验室处方工艺初步确认及其初步稳定性研究，质量标准建立等；完成实验室研究交接，在公司进行1—3批放大研究，考察影响因素	3—7月
2	中试阶段	在实验室研究的基础上，完成技术转移/放大生产方案；与客户确认技术转移/放大生产方案；指导客户在工厂进行1—3批中试放大生产，同步进行工艺预验证，确定关键工艺步骤及关键工艺参数	1—2月
3	三批工艺验证	公司研发人员前往生产现场，指导客户完成项目药品连续三批样品的放大生产，并经检验合格，主要内容包括：分析方法验证、方法学转移，并完成工艺验证，与参比制剂全面质量对比一致	2—3月
4	注册申报阶段	申报资料整理、各方审核和定稿、打印、寄送NMPA	1—3月或7—9月
5	注册审评阶段	审评进度跟踪、技术问题沟通答复、发补研究和答复、接受核查，最终协助客户取得该药品注册批件	12—24月不等

分　析

医药研发、软件开发等，因为项目周期太长，实务中习惯设置里程碑节点，分段收取报酬。

二、进一步分析说明设置五个里程碑节点确认收入的合理性

（一）五个里程碑节点是药品研发过程中的通行阶段，符合研发流程工艺顺序

①小试阶段：公司业务部承接项目后，成立项目组开展调研、立项并确定研究方案，完成小试生产工艺研究，并进行小试生产工艺的交接。

②中试阶段：实验室小试工艺交接确认后，在客户或其指定的生产者具备研发生产条件后，公司研发人员前往生产现场，指导对方完成项目药品最少一批放大生产（即预验证批）。

③三批工艺验证：公司研发人员前往生产现场，指导对方完成项目药品连续三批样品的放大生产，并经检验合格。

④注册受理阶段：在工艺验证完成、生产出合格样品后，公司继续进行质量研究、稳定性研究等工作；需要进行临床试验的药品，待临床试验完成后，公司协助客户完成申报资料，向药品监督管理部门提交注册申请，并取得注册受理号/备案号。

⑤注册审评阶段：在审评过程中，公司根据审评意见进行补充研究，协助客户提交需补充完善的资料，并配合药监局进行现场核查，最终协助客户取得该药品注册批件。

（二）五个里程碑节点符合交易习惯，均能获得客观的外部证明，收入确认更为谨慎

公司从事药品研发业务多年，在与客户合作的过程中，对研发业务流程中的关键里程碑节点及客户对各里程碑节点的价值认可等方面积累了丰富的经验。在业务合同中公司通常与客户约定，按照前述里程碑节点进行工作成果交接、分阶段付款，并出具项目研发进度确认函等，每个里程碑节点均有客观的证据文件佐证。

药品研发业务流程可以在上述5个关键里程碑节点间进一步细化，如小试研究阶段的工作内容在执行过程中可细分为参比制剂解析、处方前研究、处方和工艺筛选、工艺优化、实验室放大和初步稳定性研究等；又如三批工艺验证阶段的工作内容可细分为分析方法开发、分析方法验证、方法学转移、完成工艺验证且与参比制剂全面质量对比一致等。公司也制定了完善的内部控制制度并予以一贯执行，在保证业务顺利开展的同时确保基础信息归集真实完整可靠。但客户通常仅关注5个较大的里程碑节点，双方签订的合同中也不再进一步细分前述关键里程碑节点之间的工作内容，且不对细分的具体工作成果进行验收、出具确认文件，因而公司对于细分节点无法普遍获得客观的外部证据，基于谨慎性考虑采取了以符合交易习惯、能够获得客户认可证据的5个关键里程碑节点进行收入确认。而美迪西设置的15个收入确认节点中，大部分节点仅有内部证明，仅在小试研究、中试交接与文件整理和递交3个节点获得客观的外部证明。美迪西具体情况如下：

序号	里程碑	内部/外部	累计完工进度
1	参与制剂剖析	内部证明	7%
2	处方前研究	内部证明	14%
3	处方和工艺筛选	内部证明	21%
4	工艺优化	内部证明	33%
5	小试研究	外部证明	45%
6	实验室放大批次	内部证明	56%
7	初步稳定性研究	内部证明	62%
8	中试交接	外部证明	73%
9	分析方法开发报告	内部证明	83%
10	分析方法验证	内部证明	91%
11	稳定性研究方案	内部证明	92%
12	影响因素试验	内部证明	93%
13	加速稳定性考察	内部证明	95%
14	长期稳定性考察	内部证明	97%
15	文件整理和递交	内部及外部证明	100%

综上所述，虽然公司从内控上能够对关键里程碑节点进一步细分，但鉴于细分节点无法获得客观的外部证据，因此以5个关键里程碑节点进行收入确认更为客观谨慎。

分　析

1. 虽然里程碑节点与实际的履约进度不太完全一致，但由于里程碑是项目进度中的一个明确、可度量的标志，所以，现实中，企业经常用里程碑节点来度量履约进度。

2. 里程碑节点分得越细，就越接近真实的履约进度。

3. 任何进度都需要双方的确认，甚至是第三方的鉴定。在医药研发中，进度容易扯皮，所以，需要内部、外部等多种证明。

（三）公司设置5个里程碑节点符合同行业已上市公司的普遍做法

大多数同行业可比公司通常选择5—6个里程碑节点，并以固定比例作为完工进度/履约进度。公司根据自身的实际并结合同行业可比公司的情况，临床前药学研究业务设置了行业普遍采用的小试、中试放大、三批工艺验证、注册受理和通过审评5个关键里程碑节点，并在每个里程碑节点均采取固定比例，处理方法与同行业基本一致。

1.公司临床前药学研究业务确定实际履约进度所选取的里程碑

序号	里程碑	累计收入确认比例/履约进度
1	小试（实验室研究）	35%
2	中试放大	55%
3	三批工艺验证	75%
4	注册受理（申报受理）	90%
5	通过审评（获批）	100%

2.阳光诺和（688621）选取里程碑确定实际履约进度与公司基本一致

阳光诺和结合药学研究项目的行业规范、项目特点、历年研究经验及合同约定的成果交付时点，针对仿制药开发服务项目设置了5个里程碑：确定小试制造工艺、完成分析方法及工艺交接转移方案、完成工艺验证、取得注册受理号、获批生产批件；针对仿制药一致性评价服务业务设置了5个里程碑：提交自制品一致性评价报告、完成分析方法并提交工艺转移方案、完成工艺验证、取得注册受理号、通过一致性评价审批。

3.百花村（600721，华威医药）设置6个里程碑节点

百花村（600721，华威医药）按已经完成的合同工作量占合同预计总工作量的比例确定，也称为项目形象进度。该公司按照业务的具体流程将医药研发、一致性评价服务和临床试验划分为几个阶段工序并以此确认各阶段的项目形象进度，其中医药研发、一致性评价服务分为确定合成工艺（取得合格的原料药）并签订合同、小试交接完成、中试交接完成等6个部分。

4.博济医药（300404）药物临床前研究工作分为5个部分

资产负债表日提供劳务交易的结果能够可靠估计的临床研究服务和临床前研究服务项目服务，采用完工百分比法（项目完工进度）确认临床研究服务与临床前研究服务收入。完工百分比的确定方法：按已经完成的合同工作量占合同预计总工作量的比例确定，也称为项目形象进度。公司按照业务的具体流程将药物临

床研究和药物临床前研究划分为几个阶段工序并以此确认各阶段的项目形象进度，其中药物临床前研究工作分为制备工艺研究、质量标准研究、样品稳定性考察、药理毒理学研究、项目质量控制复核5个部分。

综上所述，鉴于公司针对临床前药学研究业务设置的5个里程碑节点为客户通常最为关注的里程碑节点，符合工艺流程和交易习惯，且有较科学的量化标准；可比公司中多数公司均设置5—6个里程碑节点数量，公司的做法符合行业特征，因此公司针对临床前药学研究业务设置的5个里程碑节点进行收入确认具有合理性。

分 析

直接用里程碑节点来衡量履约进度，不太准确，所以最好可以满足以下条件：（1）里程碑节点的设置及付款比例与同行业可比公司不存在重大差异；（2）及时提交研发成果给客户确认。本案例就列举了同行业多个上市公司来辅证，且结果都得到客户的确认。

6-14 宣泰医药 2021-12

请发行人说明：发行人将资产负债表日尚未达到下一里程碑的投入作为合同履约成本列报于存货的会计处理，是否符合《企业会计准则》相关规定。

｜回复｜

一、发行人履约进度的确认方式，以及相关会计处理

1.发行人选择“工时”作为衡量履约进度的指标

发行人CRO服务业务实际开展中，存在以下几个节点：

（1）客户与发行人约定的付款里程碑；（2）发行人按项目进度向客户提交工作成果，得到客户确认的里程碑；（3）发行人按实际情况统计的工时。

分 析

第2项中的里程碑是产出法，第3项中的工时是投入法。

其中，第（1）项属于付款节点，发行人不依据此判断项目的履约进度；第（2）项虽然可以反映项目进度，但由于各工作阶段的进度并不是线性的，且各项目的服务内容均有差异，无法据此准确预估履约进度，发行人将（2）作为验证是否达到确认收入条件的依据，而不作为履约进度的判据；第（3）项中，实际发生的工时可以准确统计，项目的预计总工时一般也可以准确估计，因此发行人选择了“工时”作为判断履约进度的指标。

分 析

1. 同是医药研发，大部分案例用里程碑确定履行进度、收入，如上个案例“6–13 百诚医药 2021–11”，而此案例认为工作进度并不是线性的，用里程碑来预估履约进度并不准确，这种说法非常准确。因为企业与客户设定的付款里程碑，通常是根据项目完成某个阶段或达到某个具体成果后触发的。这些里程碑并不直接反映项目的履约进度，而更多地与付款条件而非服务完成度相关。

2. 设置了里程碑，相当于人为由低至高设置了“水坝”，水未溢出每个水坝时，企业无权收款。如果用里程碑来衡量履约进度的话，用数学的语言来解释，履约进度会变成分段的阶梯函数，会出现跳跃现象，这并不符合实际情况。所以，里程碑节点往往跟履约进度不同步，或者准确地说，里程碑节点往往滞后于真实的履约进度。为此，用里程碑来确定履约进度并不太准确。

3. 相反，工时是“投入法”的一个非线性指标，可以准确统计、预测，能较为客观地反映项目实际的进展。所以，用工时去计算履约进度往往比较恰当。

2. 发行人以工时法确认履约进度的具体会计处理

发行人以“投入法”中的“工时法”确认履约进度，具体如下：

首先，发行人根据预计工作情况，预估CRO项目的预计总工时。

其次，在每个资产负债表日，发行人以CRO项目实际已发生的工时除以预计总工时，计算出项目履约进度。

接着，发行人先以合同金额乘以项目履约进度，并检查是否已提交工作成果并获得客户认可：

（1）若已提交，则按该履约进度确认收入，并结转已发生的实际成本；

（2）若未提交，则自前次提交工作成果至目前的履约进度不确认收入，该段时间内发生的实际成本计入合同履约成本。

在资产负债表日对收入确认的调整，不会影响到履约进度的计算，资产负债表日，发行人也不会对已发生的工时比例和履约进度进行调整。具体举例如下：

项目	上一个提交成果日	资产负债表日		下一个提交成果日
		提交了成果	未提交成果	
工时比例	30%	50%	50%	70%
履约进度	30%	50%	50%	70%
收入确认比例	30%	50%	50%	70%

由上表可知，发行人的工时比例与履约进度保持一致，收入确认比例仅在资产负债表日未提交成果的状态下，可能低于履约进度，在每个提交成果日，也与履约进度保持一致。

分 析

1.履约进度对于收入的确认至关重要，尤其在资产负债表日，企业在每个资产负债表日需要根据实际的履约进度来调整收入和成本。

2.本案例中，在资产负债表日，如果工作成果已经提交并得到客户认可，则可以按照履约进度确认收入；如果工作成果尚未提交，即使履约进度已经达到一定的比例，发行人也不会确认收入，而是将这部分成本计入合同履约成本。所以，在资产负债表日，当工作成果未提交或未得到客户认可时，收入确认和履约进度会不同步；当工作成果提交并获得客户的认可后，即收入确认在每个提交成果日，二者就同步了。企业在无法合理确保收入能够实现时，延迟了收入的确认，这种做法很谨慎。

3.企业这种“预计不能得到客户的认可”的做法过于谨慎，所以，企业后来调整了处理方式，请接着往下看。

二、发行人已根据可比公司情况对相关会计处理进行了调整

（一）发行人与同行业可比公司在确认履约进度方面的会计处理是可比的，区别在于发行人在确认收入时更加谨慎

1.在确认履约进度方面的会计处理可比

参考同行业可比公司美迪西，其相关业务以“已经提供的劳务占应提供劳务总量的比例确认完工进度”作为确定履约进度的依据，即采用“工作量法”确认履约进度，与发行人的“工时法”确认履约进度具有可比性，均属于“投入法”确认履约进度。

在选定确定履约进度的指标后，发行人与美迪西也未对“已完成的工作量”或“已完成的工时”进行过调整。

因此，在确认履约进度方面，发行人与同行业可比公司美迪西的会计处理不存在重大差异。

2. 在尚未提交客户确认的劳动成果是否确认收入方面，双方存在差异

对于尚未提交客户确认的劳动成果对应的成本，发行人在会计处理上与美迪西存在差异。

根据美迪西的披露信息，对于“资产负债表日尚未完工的阶段性研究劳务”，美迪西“预计已经发生的劳务成本很可能得到补偿”，因此“按照已经发生的里程碑节点间的劳务成本金额结转计入当期成本，并按照相同金额确认劳务收入。”

而发行人本着谨慎性的原则，对此部分不确认劳务收入，相应的劳务成本计入合同履约成本。

（二）按照可比公司的会计处理进行调整，对发行人的报表项目影响较小

根据近期发布的《上海证券交易所会计监管动态》（2021年第5期，以下简称《监管动态》）：

“在各个里程碑节点间，履约进度通常无法合理确定，此时公司应当根据合同条款、历史经验、预期履约情况、客户信用情况等因素预计已发生成本能否得到合理补偿。若预计能得到补偿，则按照已发生成本金额确认收入，若预计不能得到补偿，应将已发生劳务成本计入当期损益，不确认相关收入。”

发行人已根据《监管动态》，按照可比公司美迪西的会计处理进行调整，调整后对发行人的报表项目影响较小。

分 析

1. 如果在达到合同约定的里程碑时才确认收入，且在各个里程碑之间产生了重大的未向客户转移的合同履约成本，这与按时段确认收入的结论是矛盾的。所以，不能简单将付款里程碑作为履约进度的确定方式。当履约进度不能合理确定时，如果企业已经发生的成本预计能够得到补偿的，应当按照已经发生的成本金额确认收入，直到履约进度能够合理确定为止，这是美迪西的做法。若预计不能得到补偿，应将已发生劳务成本计入当期损益，不确认收入，这是发行人之前的做法。

2. 能确认收入是以"预计能得到补偿"为前提，而"预计能得到补偿"又须得到客户的确认。美迪西的做法是"预计能得到补偿"，同时结转相同数额的成本和收入，而本案例中的发行人开始的做法是"预计不能得到补偿"，即不能得到客户的确认，推迟确认收入。当然，实务中，企业通常会像美迪西那样处理。

第7章　特殊销售模式

笔者阅读了无数个案例，总结了多种特殊的销售条款、模式的收入确认问题。虽然无法穷尽所有，但覆盖了在实务中碰到的多数业务模式。

第1节　安装

一些企业主要生产和销售大型设备，如生产线、生产装置、大型设备、定制软件等。这类设备一般单价高、定制化、非标准、周期长、采购频次低，购建后将使用多年。为降低投资风险，客户往往会设置较为严格的验收条款，一般要求先提供安装、调试，有的还需要试运行一段时间，不合格再调整、修改，这中间会涉及初验、安装调试、试运行、终验等多个环节。

实务中，部分企业以初验、安装调试作为收入确认时点，部分企业在终验完成时点确认收入。应该在哪个阶段确认收入，关键看终验是一项例行程序，还是实质性程序，参见案例“7–1 北交所发行上市审核动态——大型设备收入确认1 2024–01”。

如果安装调试之前，客户虽然接收了商品，但商品尚无法投入使用，不能为客户带来经济利益，则不满足收入确认的条件。所以，如果安装较为复杂且合同约定由卖方负责，一般在商品安装或客户验收完毕后确认收入，参见案例“7–26 大族数控 2021–09”；如果安装程序比较简单、成熟，可以在产品交付给客户时就确认收入，参见案例“7–4 山外山 2022–03”“7–18 三未信安 2022–03”。

7-1　北交所发行上市审核动态——大型设备收入确认1 2024-01

B公司的主营产品为机器人自动化生产线，主要应用于汽车零部件、工程机械、航空航天、军工、轨道交通、电梯及其他通用机械等装备制造领域。B公司将产品在客户现场完成安装调试作为收入确认时点。产品验收流程根据合同约定一般为：客户在B公司工厂完成预验收，并签署预验收纪要，到货安装调试完成，连续无故障运转一段时间后再进行终验收，验收合格双方签署终验收报告。安装调试完成表示客户对B公司提供的自动化生产线完成验收工作，认可B公司自动化生产线能够可靠运行，符合合同或技术协议约定的相关技术参数；终验收表示客户能够通过数控机床及B公司提供的自动化生产线完成产品的量产，既表示对数控机床运行的认可，又表示B公司自动化生产线能够与客户的数控机床进行无缝对接。

｜分析｜

根据中介机构核查意见，B公司以完成安装调试作为收入确认时点的主要依据如下，第一，B公司在安装调试完成时已经取得客户出具的安装调试完成确认书，客户对B公司交付的自动化生产线相关参数和技术指标是否已满足相关合同或技术协议要求进行了确认，与产品相关的主要风险和报酬已实质转移给客户。第二，终验收的验收内容及范围与安装调试的主要内容重合度较高，均依照技术协议进行，终验收是对安装调试结果的进一步确认，侧重于自动化生产线与数控机床的联机测试，属于B公司自动化生产线验收过程中的例行程序。第三，B公司已交付产品均不存在因终验收未通过而发生退货或无法收取终验款的情形，且安装调试完成至终验收期间发生的成本费用较低。B公司在安装调试时点已经可以收取大部分的合同金额。B公司同行业可比公司均以完成安装调试作为收入确认时点，与B公司收入确认时点一致。

综上，B公司将安装调试完成作为收入确认时点符合实际业务情况，具有合理性。第四，中介机构通过执行收入细节性测试，核查主要项目实施过程中合同约定的项目建设周期节点与客户书面确认的情况、项目安装验收前后的耗时情况、期后回款等支持性证据，进一步验证报告期各期主要项目验收时点是否可靠。此外，中介机构对B公司资产负债表日前1个月、资产负债表日后1个月的销售情况进行截止性测试，通过检查其发票、出库单、运输单、安装调试完成确认书等单据，核查收入确认是否存在跨期现象。

目前，B公司已发行上市。

分 析

1. 一些大型设备，如本案例的生产线，会有初验、安装调试、试运行、终验等阶段。应该在哪个阶段确认收入，需要重点关注：第一，发行人是否承担安装调试义务，销售合同中关于验收条款的具体约定、合同验收条款是否得到实际执行；第二，从初验到终验的时间间隔、发生成本、客户回款情况等，初验时点产品是否已经达到预定使用状态、满足关键技术指标要求，是否存在初验通过但终验不通过、初验后进行重大调整或修改等情形；第三，判断终验是一项例行程序还是实质性程序，这是最重要的一点。

2. 本案例中，虽说有终验收的环节，但终验收是对安装调试结果的进一步确认，只表示自动化生产线可以完成产品的量产，不存在因终验收未通过而发生退货、收不到款项的情形。所以，到头来，终验只是一项例行程序，而非实质性程序，并不影响收入的确认。

7-2 森泰股份 2022-04

申报文件及审核问询回复显示：对于需要安装的产品销售，以产品发运至客户现场、安装完毕，在取得客户确认的验收单后确认销售收入。对于需要施工的工程类业务，以产品发运至客户现场、安装完毕，在取得客户确认的工程竣工验收单或工程完工移交单后确认销售收入。

请发行人：结合新收入准则关于履约义务的相关内容，说明公司对“需要安装”和“需要施工”业务属于某一时点还是某一时段履约义务的判断依据。

| 回复 |

一、“需要安装”与“需要施工”业务实质

报告期内，“需要安装”与“需要施工”业务的具体情况如下：

项目	需要安装业务	需要施工业务
合同类型	产品购销合同	建设工程施工合同
合同约定内容	销售产品同时提供附带安装服务	整个集成房屋的施工安装
提供服务内容	产品安装	地面工程及房屋整体架构安装工程
施工或安装周期	一般在30—40天左右	一般在1—6个月左右

续表

项目	需要安装业务	需要施工业务
主营产品	高性能木塑复合材料、装配式建筑产品等	装配式建筑产品
收入确认时点及依据	收入确认时点：产品发运至客户现场、安装完毕，经客户确认验收； 收入确认依据：客户确认的验收单	收入确认时点：产品发运至客户现场、安装完毕，经客户确认验收或工程完工后移交客户时点； 收入确认依据：客户确认的工程竣工验收单或工程完工移交单

分　析

安装、施工后一般还需要客户验收，甚至试运行一段时间。所以，经客户验收后确认收入。

"需要安装"业务系发行人在销售产品的同时提供附带安装服务，"需要施工"的装配式建筑产品系发行人以高性能木塑复合材料及新型石木塑复合材料等作为主要材料装配成的成套建筑产品。

二、"需要安装"和"需要施工"业务属于某一时点还是某一时段履约义务的判断依据

（一）时段法确认收入的三个条件

根据新收入准则《企业会计准则第14号——收入》第十一条的规定："满足下列条件之一的，属于在某一时段内履行履约义务；否则，属于在某一时点履行履约义务：

（一）客户在企业履约的同时即取得并消耗企业履约所带来的经济利益。

（二）客户能够控制企业履约过程中在建的商品。

（三）企业履约过程中所产出的商品具有不可替代用途，且该企业在整个合同期间内有权就累计至今已完成的履约部分收取款项。

具有不可替代用途，是指因合同限制或实际可行性限制，企业不能轻易地将商品用于其他用途。

有权就累计至今已完成的履约部分收取款项，是指在由于客户或其他方原因终止合同的情况下，企业有权就累计至今已完成的履约部分收取能够补偿其已发生成本和合理利润的款项，并且该权利具有法律约束力。”

（二）公司“需要安装”和“需要施工”业务不满足按时段法确认收入的三个条件，原因如下

1.客户不能在企业履约的同时即取得并消耗企业履约所带来的经济利益

公司“需要安装”的产品销售业务和“需要施工”的工程类业务，只有在公司完成产品安装、施工，并经客户验收合格或者交付给客户后，客户才能取得控制权，并使用获得经济利益。因此，客户不能在企业履约的同时即取得并消耗企业履约所带来的经济利益。

2.客户不能控制企业履约过程中在建的商品

根据中国证监会《监管规则适用指引——会计类第2号》关于“客户能够控制企业履约过程中在建商品或服务的判断”的解释，客户能够控制企业履约过程中在建的商品或服务，是指在企业生产商品或者提供服务过程中，客户拥有现时权利，能够主导在建商品或服务的使用，并且获得几乎全部经济利益。

发行人需要安装的产品销售和需要施工的工程类业务的目标是按照合同约定标准向客户交付特定的完工产品，即安装完成的景区栈道地板铺设、围栏安装及施工完成的集成房屋等，客户不能控制发行人履约过程中在建的商品，亦不能主导在建产品的使用并获得经济利益，相关产品只有经验收合格并移交给客户后才能由客户进行控制，否则在建的商品全程由公司进行控制。

综上，客户不能控制企业履约过程中在建的商品。

3.不符合“企业履约过程中所产出的商品具有不可替代用途，且该企业在整个合同期间内有权就累计至今已完成的履约部分收取款项”条件

（1）公司履约过程中所产出的商品具有可替代用途

报告期内，发行人需要安装的产品销售业务，发往项目现场的产品为高性能木塑复合材料、新型石木塑复合材料及配件等，具有通用性，不属于定制化产品，产品安装完成交付给客户前，均能够拆除并用于其他项目中。

报告期内，发行人需要施工的工程类业务，发往项目现场的产品为装配式建筑主体或结构模块，由高性能木塑复合材料、新型石木塑复合材料、轻钢龙骨等主要材料拼装而成，如客户临时终止合同，发行人可以将集成房屋整体移至到其他客户现场，亦可以将板材拆除重新组装成其他尺寸大小的集成房屋。

综上所述，需要安装的产品销售业务和需要施工的工程类业务发往现场的产

品具有通用性，具备可替代用途。

（2）不符合“企业在整个合同期间内有权就累计至今已完成的履约部分收取款项”条件

1）会计准则相关规定

根据《企业会计准则第14号——收入》，有权就累计至今已完成的履约部分收取款项，是指在由于客户或其他方原因终止合同的情况下，企业有权就累计至今已完成的履约部分收取能够补偿其已发生成本和合理利润的款项，并且该权利具有法律约束力。

根据《企业会计准则第14号——收入》应用指南，企业有权收取的该款项应当大致相当于累计至今已经转移给客户的商品的售价，即该金额应当能够补偿企业已经发生的成本和合理利润。补偿企业的合理利润并不意味着补偿金额一定要等于该合同的整体毛利水平。下列两种情形都属于补偿企业的合理利润：一是根据合同终止前的履约进度对该合同的毛利水平进行调整后确定的金额作为补偿金额。二是如果该合同的毛利水平高于企业同类合同的毛利水平，以企业从同类合同中能够获取的合理资本回报或者经营毛利作为利润补偿。

2）发行人不能就累计至今已完成的履约部分收取能够补偿其已发生成本和合理利润的款项

报告期内，不同合同约定的收款进度差异较大，部分客户需要按照合同约定支付一定比例的预付款、发货前支付全款，部分资信较好的客户发货前不支付预付款、等到产品或工程验收后再支付货款，验收前发行人不具有合格收款权利。报告期内客户货款的支付情况，由发行人根据客户的资信情况，以及与客户的谈判情况约定。发行人需要安装和需要施工业务合同约定的各节点的收款情况不能代表已完成的履约部分对应的成本及合理的利润。

因此，如项目发生终止，发行人不能就累计至今已完成的履约部分收取能够补偿其已发生成本和合理利润的款项。

综上，发行人“需要安装”的产品销售业务和“需要施工”的工程类业务不满足时段法确认的三个条件，发行人按照“时点法”确认收入，即发行人产品安装完成、工程施工完成后经客户验收或移交给客户后确认收入，符合《企业会计准则》的规定。

分 析

1. 是否属于在某一时间段内履行的履约义务，根据《企业会计准则第14号——收入》第十一条第一款中的三种条件来判断。

2. 条件一，看验收交付前，客户能否使用；条件二，关键在于判断客户是否控制在建商品；条件三，看企业有权收取款项得足以补偿已发生的成本和合理利润。本案例中，三种条件都不符合，故按照时点法确认收入。

7-3 华阳新材 2022-04

审核问询回复显示：（1）发行人以“交钥匙工程”的方式为客户提供定制化的生产线成套装备；（2）发行人生产线成套装备现场安装周期为2—3个月，调试及试车周期为1—2个月，从现场调试结束后到验收的时间在几天到数月不等。

请发行人：结合上述情形以及合同条款的约定说明发行人是否应当按照履约进度确认收入，发行人的收入确认政策是否符合《企业会计准则》的规定。

｜回复｜

2020年1月1日之后，实施新收入准则，公司非织造生产线成套装备业务收入确认方法未发生变化，具体为：公司在设备发往客户现场，且生产线成套装备安装调试完毕、试车成功经对方验收后确认收入。

公司收入确认的方式符合《企业会计准则第14号——收入》（2017修订）的规定，具体分析如下：

1. 非织造生产线成套装备业务属于在某一时点履行的单项履约义务

新收入准则第九条第一款规定：“合同开始日，企业应当对合同进行评估，识别该合同所包含的各单项履约义务，并确定各单项履约义务是在某一时段内履行，还是在某一时点履行，然后，在履行了各单项履约义务时分别确认收入。”

根据公司与客户签订的合同，公司提供的是非织造生产线成套装备的工程设计、设备制造、安装调试、售后服务的整套方案，该整套方案构成一项单项履约义务。

分 析

整套方案构成单项履约义务的话，就不用分摊总收入、分别确认收入，这样更方便。

新收入准则的第十一条第一款规定："满足下列条件之一的，属于在某一时段内履行履约义务；否则，属于在某一时点履行履约义务：（一）客户在企业履约的同时即取得并消耗企业履约所带来的经济利益。（二）客户能够控制企业履约过程中在建的商品。（三）企业履约过程中所产出的商品具有不可替代用途，且该企业在整个合同期间内有权就累计至今已完成的履约部分收取款项。"公司非织造生产线成套装备业务不满足上述三个条件，具体分析如下表所示：

条件	公司不满足相关条件
客户在企业履约的同时即取得并消耗企业履约所带来的经济利益。	公司非织造生产线成套装备于安装、调试完成、试运行成功后正式投产才能为客户带来经济效益，客户在整套设备安装调试完成前并不能获得相关的经济利益。
客户能够控制企业履约过程中在建的商品。	非织造生产线成套装备的相关设备由公司自行生产或向其他供应商采购，客户在设备正式验收前均无法控制在建的生产线。
企业履约过程中所产出的商品具有不可替代用途，且该企业在整个合同期间内有权就累计至今已完成的履约部分收取款项。	公司生产线虽然为定制产品，但核心技术及核心部件不存在较大的差异，具有可替代性，可用于其他客户订单的生产，因此公司为单个客户生产的商品不具有不可替代性；合同中约定了详细的付款节点，公司无权就累计至今已完成的履约部分收取款项。

分　析

是否属于在某一时间段内履行的履约义务，宜根据《企业会计准则第14号——收入》第十一条第一款中的三种条件来判断。

因此，公司非织造生产线成套装备业务不满足在某一时段内履行履约义务的相关条件，属于在某一时点履行的单项履约义务。

2. 公司应当在客户取得相关商品控制权时点确认收入

新收入准则的第十三条规定："对于在某一时点履行的履约义务，企业应当在客户取得相关商品控制权时点确认收入……"

公司生产的非织造生产线成套装备经客户验收合格后整体交付给客户，客户才能够主导该商品的使用并从中获得几乎全部的经济利益，同时取得商品的控制权。因此非织造生产线成套装备业务经客户验收后确认收入符合《企业会计准则》

的规定。

分　析

对于大型设备，如本案例的生产线成套装备，一般得安装调试、试运行，并经对方验收后才能确认收入。而对于安装程序比较简单、成熟的产品，可以在客户收到商品时就确认收入。

3. 可比公司的收入确认方式

经公开信息查询，迈赫股份、中科微至及豪森股份与公司业务模式类似，均生产成套设备，其均采用验收确认收入的方式，未采用履约进度确认收入。

综上所述，公司不符合按照履约进度确认收入的条件，公司在取得客户验收单后确认收入符合《企业会计准则》的规定。

7-4　山外山 2022-03

根据首轮问询回复及招股说明书，发行人报告期内除个别应急物资储备客户以外，经销商期末一般不存在留有公司存货的情况。

请发行人说明：应急物资储备以客户签收时间作为收入确认时点是否符合企业会计准则的规定。

｜回复｜

准则	收入确认类型	收入确定时点	具体条件	合同约定及执行情况
新收入准则	销售合同包含的履约义务属于在某一时点履行履约义务	以商品的控制权转移时点	企业就该商品享有现时收款权利，即客户就该商品负有现时付款义务。	根据销售合同约定，公司将货物运送至客户指定地点，货物所有权及损毁灭失风险转移至客户；在公司发货时，客户需要及时将款项付款至公司指定账户，因此满足收入确认条件。
			企业已将该商品的法定所有权转移给客户，即客户已拥有该商品的法定所有权。	根据公司销售合同，公司将货物运送至客户指定地点，货物所有权及毁损灭失风险自客户取货之时转移，客户对运抵的货物进行

续表

准则	收入确认类型	收入确定时点	具体条件	合同约定及执行情况
新收入准则	销售合同包含的履约义务属于在某一时点履行履约义务	以商品的控制权转移时点	企业已将该商品实物转移给客户，即客户已占有该商品实物。	形式上验收并取得签收单表明客户已接受该商品，因此满足收入确定条件。
			企业已将该商品所有权上的主要风险和报酬转移给客户，即客户已取得该商品所有权上的主要风险和报酬。	
			客户已接受该商品。	

分　析

对于某一时点履行的履约义务，根据《企业会计准则第14号——收入》第十三条的5个迹象判断控制权转移。

报告期内，应急物资储备情况下的销售，由公司直接发往客户指定仓库或终端医院，对于存放在经销商仓库的设备，在疫情需要时，经销商自行将设备发往医院，公司提供安装调试服务。公司的履约义务为将设备运抵至客户的指定地点，承担运输过程中的货物毁损、灭失风险，对于需要承担安装调试义务的客户，公司需要检查产品外观是否损坏、配件、各路线路接插是否松动、并对设备功能参数测试，确认完成后重新开机，保证设备能正常通过自检。

对于合同中未约定公司需承担安装调试工作的情形，公司的履约义务属于在某一时点的履约义务，取得签收单表明商品的控制权已经转移，故公司将货物交付给客户并取得签收单作为收入确认的时点。应急物资储备情况下的销售与公司正常销售存在区别，客户购买设备一般将其存放在经销商仓库，不会立即安装，客户签收即表明公司已经能够客观地确定其已经按照合同约定的标准和条件将商品的控制权转移。

对于合同中约定公司需承担安装调试工作的情形，仅华润湖南医药有限公司的合同条款约定：公司需要提供免费的安装调试服务，直至甲方下游客户验收合格为止；应急物资储备情况下的销售，客户购买设备一般将其存放在经销商仓库，不会立即安装，公共卫生事件发生后，各地区统筹规划生产企业、流通企业和医疗机构多方进行公共卫生应急物资储备周转，因此安装时间不确定，根据历史安装经验，连续性血液净化设备安装程序较为简单，验收条件是一个客观标准，客户验收时就能够确定其是否满足约定的标准，即后续安装调试只是一项例行程序，且客户已支付全部款项，公司就该商品享有现时收款权利，客户对运抵的货物进行形式上验收并取得签收单表明客户已接受该商品，因此满足收入确定条件。

分 析

公司无安装的义务，或者安装调试只是一项例行程序，或者安装很简单，客户签收后即可确认收入。本案例中，设备很简单，客户购买设备后不会立即安装，安装的时间不确定，且安装程序简单，最重要的是客户已经支付全部款项，后续无收不到款的担忧。所以，在客户签收时确认收入。

综上，在应急物资储备销售的情况下，公司收入确认时点准确，符合《企业会计准则》的规定。

第2节 验收

验收是除签收之外最重要的收入确认时点。

1. 判断终验为一项例行程序还是实质性程序

很多销售合同约定了需要验收，卖方以客户验收单为收入确认的主要凭证，在取得客户验收单时确认收入。

但是，那只是针对实质性验收而言的，对于“走过场”的验收却不一定。《〈企业会计准则第14号——收入〉应用指南2018》就规定：

当企业能够客观地确定其已经按照合同约定的标准和条件将商品的控制权转移给客户时，客户验收只是一项例行程序，并不影响企业判断客户取得该商品控制权的时点。例如，企业向客户销售一批必须满足规定尺寸和重量的产品，合同约定，客户收到该产品时，将对此进行验收。由于该验收条件是一个客观标准，企业在客户验收前就能够确定其是否满足约定的标准，客户验收可能只是一项例行程序。[①]

正如第7章第1节“安装”所提到的，实务中，部分高端装备、环保等行业的大型机器设备，如污水处理设备、整线装配生产线等。此类设备具有单价高、定制化等特点，在向客户交付设备时，往往需要初验、安装调试、试运行、终验等。有的公司是在现场初验、安装调试后确认收入，有的公司则是在终验后确认收入。

判断销售大型设备的收入确认时点，首先，应先明确安装调试和试运行与设备销售是否构成独立的履约义务，若安装调试和试运行与设备销售等可明确区分，即构成单项履约义务，则应将交易价格合理地分摊到各项履约义务中，详细请温习第1章第4节“安装服务”。然而，实务中，绝大多数公司认为试运行阶段仍需要对设备进行调试，两者不可明确区分，会将安装调试和试运行与设备销售合为一项履约义务。其次，应确定何时履行履约义务，即客户何时取得了产品的控制权，判断的关键在于明确“客户已接受商品”的时点，即客户的验收是一项例行程序，还是实质性程序。通常情况下，如果试运行阶段有大量的成本支出，或者对初验后的设备有重大调整或修改，又或者有初验通过但终验不通过的情况发生，则这些很可能表明客户在初验阶段只是在简单地查验设备，终验才属于实质性程序，因此，在这种情况下，应当在终验即试运行后确认收入，参见案例“7-9 信科移动 2022-03”。

2. 例行程序的情形

以下情形，无论要不要、能不能验收，都不太影响商品控制权转移和收入确认的时点：

- 例行程序的验收，如产品的包装、规格和数量等表象、形式、客观性的检查，参考案例“7-11 汇成股份 2022-03”。
- 安装调试简单，企业仅配合、协助提供安装技术指导，参见案例“7-4 山外山 2022-03”“7-9 信科移动 2022-03”“7-18 三未信安 2022-03”。
- 终验收的验收内容及范围与安装调试的主要内容重合度较高，参见案例

① 财政部会计司编写组编著：《〈企业会计准则第14号——收入〉应用指南2018》，中国财政经济出版社2018年版，第51页。

"7-1 北交所发行上市审核动态——大型设备收入确认1 2024-01"。

- 初验后不会再对设备进行重大修改，安装调试完成至终验收期间发生的成本费用较低，参见案例"7-1 北交所发行上市审核动态——大型设备收入确认1 2024-01""7-4 山外山 2022-03""7-9 信科移动 2022-03"。
- 在安装调试时点已经可以收取大部分的合同金额，参见案例"7-1 北交所发行上市审核动态——大型设备收入确认1 2024-01"。
- 实务中无法执行的验收，如一些特殊的虚拟商品。
- 即买即用的商品，如技术、版权等买断式知识产权转让，客户在收到商品或接收技术文件后即达到可使用或可销售状态，参见案例"7-12 伟测科技 2022-03"。
- 不会执行的验收，如虽然合同有需要安装调试、验收的格式条款，但销售的产品实际上却不用安装，参见案例"7-10 有研硅 2022-03"；或者产品交付后，客户压根不会验收；或者客户已经验收通过后才发货等，参见案例"7-8 振华风光 2022-03"。
- 验收后，客户提出品质和数量异议的可能性很小，如产品在发货之前，卖方就已经实施了必要、严格的检验，出具了合格的检验报告，而且根据过去执行类似合同积累的经验以及客户验收的结果，客户验收后基本上都不会表示异议。

3. 实质性程序的情形

实质性程序，笔者总结如下：

- 安装较为复杂，且合同约定由发行人承担安装调试义务，参见案例"7-5 北交所发行上市审核动态——大型设备收入确认2 2024-01"。
- 验收前发行人不具有合格收款权利，或者约定的收款比例较低，或者客户的回款少，参见案例"7-6 北交所发行上市审核动态——大型设备收入确认3 2024-01"。
- 初验时点产品未达到预定使用状态、满足关键技术指标要求。有初验通过但终验通不过的情形，参见案例"7-5 北交所发行上市审核动态——大型设备收入确认2 2024-01"。
- 出现过初验后进行重大调整或修改的情形，参见案例"7-5 北交所发行上市审核动态——大型设备收入确认2 2024-01"。
- 从初验到终验的时间间隔长、发生成本大。

■ 合同验收条款得到实际执行，并出具验收报告。

如果切实需要实质性的验收，但实际上客户在收货时并不会验收，则物流签收并不代表客户已实际接受商品、取得商品控制权。卖方以物流签收单作为收入确认的依据并不恰当，应当在未来客户验收或结算后才能确认收入，参见案例“7–22 爱联科技 2022–04”。

7–5　北交所发行上市审核动态——大型设备收入确认 2 2024–01

A公司的主营产品为压力容器及智能集成装置，主要应用于核能、新能源、石油化工和环保等下游领域。A公司在产品通过客户最终验收合格，并取得客户验收报告时确认收入。产品验收流程根据合同约定一般为：设备出厂前验收或货到开箱验收、设备安装调试、最终验收并获取验收报告。合同中一般不将安装调试与试运行进行区分，安装调试合格即为完成了试运行。A公司设备销售的验收环节包括设备出厂前验收、货到开箱验收、设备安装调试、最终验收。

｜分析｜

根据中介机构核查意见，A公司以终验作为收入确认时点的主要依据如下，第一，A公司交付的设备均为定制化产品，且核能领域压力容器设备的性能指标、安全可靠性要求较其他领域要更高，往往还需要有专家对此进行相关评定或优化后，才能完成项目验收，因此A公司产品的验收较为复杂，涉及制造、安装、调试等不同方面，也涉及不同设备制造商、不同主体的集成，在这种情况下，很难认为客户的终验是“例行程序”，其有可能因为与客户采购的其他设备或控制系统存在调试融合问题，导致不能通过最终验收。第二，报告期内，个别客户在实际验收过程中，组织验收的客户专家组对设备的性能提出了优化意见，由A公司对产品做进一步改进以适应客户的具体试验要求。第三，同业务类型的可比公司均采用终验法确认收入，与A公司一致。综上，A公司在产品通过客户最终验收，并取得客户验收报告时确认销售收入更为谨慎。第四，针对A公司收入确认时点准确性，中介机构执行收入细节测试，获取A公司与客户签订的合同、发货单、客户的签收单及验收单据等资料，复核合同签署时点、签收时点、验收时点等关键时点，并对验收凭证中客户的盖章、签字事项及其完备性、有效性进行了专项核查。

目前，A公司已发行上市。

分　析

1.关于大型设备收入确认时点问题，我们需要重点关注：第一，合同验收条款是否得到实际执行。第二，是否存在初验通过但终验通不过、初验后进行重大调整或修改等情形。第三，终验是一项例行程序，还是实质性程序。

2.与案例“7-1 北交所发行上市审核动态——大型设备收入确认1 2024-01”不同，本案例中，专家组有时会对设备的性能提出优化意见，发行人得对产品做进一步改进，合同验收条款得到实际执行，终验是一项实质性程序。此外，还有可能因为与客户采购的其他设备或控制系统存在调试融合问题，导致不能通过最终验收，存在终验通不过的情形。所以，最终验收合格后确认销售收入比较合理。

7-6　北交所发行上市审核动态——大型设备收入确认3 2024-01

C公司主营业务为输配电及控制设备业务，通常情况下在取得客户签收单据时点确认收入。客户在C公司将产品送货上门后会进行现场验收，主要验收外观、包装等，现场验收合格后在C公司的发货单或送货单上签字。对于国家电网相关客户，中介机构认为C公司应当在取得客户验收单据时点确认收入，但C公司实际以签收作为收入确认时点。

｜分析｜

根据中介机构核查意见，对于国家电网相关客户，中介机构认为C公司应当在取得客户验收单据时点确认收入，但C公司实际以签收作为收入确认时点，具体情况如下：第一，虽然部分合同约定了到货后客户即付款至95%，但在实践操作中，通常在整个项目安装、调试、验收后国家电网相关客户才会通知C公司开具发票，C公司在验收后享有收款权，满足收入确认的全部条件，即因向客户转让商品而有权取得的对价很可能收回。第二，在大部分国家电网类项目中，客户通知C公司开具发票前会要求C公司出具盖章版物资到货验收单（或其他类似单据），由送货单位、施工单位、监理单位、供电公司等几方盖章确认，即C公司可取得由多方盖章确认的验收单据。第三，国家电网相关客户所对应的验收单据有所缺失，已取得的验收单据未记载验收完成时间。客户验收单据缺失的主要原因系C公司业务人员与财务人员对接不及时，C公司未能及时获取、妥善保管和留存相应验收单据。因此，C公司无法按照已取得的验收单据对收入确认的时点进行准确判断。

目前，C公司已撤回发行上市申请。

分 析

1.是不是以验收作为收入确认的时点，关键看验收是一项例行程序，还是实质性程序。

2.在验收环节约定收款比例的高低是一个重要的衡量标准，本案例中，公司在客户验收后才享有全部的收款权，间接地说明验收是一项实质性程序。发行人丢失部分验收单据，转而想以签收作为收入确认时点，被发觉后撤回上市申请。

7-7 深交所发行上市审核动态——推迟确认收入 2023-04

发行人作为分包商，为B上市公司（2020年第一大客户）某项目提供专业设备及安装调试服务，发行人于2020年8月确认对B公司近4,000万元的项目收入。

现场督导发现，发行人涉嫌将对B公司上述项目应当于2018年确认的收入推迟至2020年确认：一是发行人已于2018年取得B公司出具的项目验收单，显示2018年12月该项目验收通过，且发行人OA系统显示，验收后项目进度变更为“保障运行”。但发行人在2020年12月冲销了该笔收入，改为2020年8月重新确认。二是发行人该项目主要材料出库时间均在2018年。三是B公司2018年年报披露，该项目已于当年整体完成验收，进入试运行阶段。

现场督导后，发行人和保荐人主动申请撤回申报，目前本所正在推进对发行人、中介机构及相关人员的监管处理。

分 析

本案例是一个现场督导的案例。发行人本应在验收后确认收入，但刻意推迟确认收入，只是作假没作成功，项目验收单和OA系统、材料出库记录都露了马脚。

7-8 振华风光 2022-03

根据申报材料：针对客户直验业务，公司以产品经客户检验入库作为收入确

认的具体时点，针对下厂验收业务，公司以客户签收作为收入确认的具体时点。

请发行人说明：

一、客户直验和下厂验收的具体情况，区分两种验收业务的方式，分别对应的产品、客户、金额和比例，运用两种收入确认政策的原因

｜回复｜

1.客户直验和下厂验收的具体情况，区分两种验收业务的方式

公司主要客户为军工单位及科研院所，产品主要应用于航天、航空、船舶、兵器、电子、核工业等高精尖领域，为机载、弹载、舰载、箭载、车载等武器装备提供配套。客户对公司产品的可靠性要求高，公司在向客户发货前，会根据类别不同对产品进行检测，检测内容包括气密性检测、性能数据测试、高低温循环测试、老化测试和震动试验等，发货时与货物一起随附相关测试报告。通常客户在收到货后，会自行或委托第三方进行二次检测，检测合格办理入库并向公司出具入库验收单，公司依据入库验收单确认收入并结转成本，此类验收方式为公司主营业务收入最主要的确认方式，称为“客户直验”。

此外，由于产品发货前的检测环节多、部分环节测试周期长，如高低温循环测试需5—11小时、老化测试需160—168小时，发货前完整检测用时长通常在1个月左右。实际业务执行中，存在客户因生产计划变更等原因，对某批次或某型号的产品交货并验收入库时间周期要求短，为确保向公司采购的产品能够及时投入生产，客户通过委派人员前往公司现场，在发货前监督采购产品出库前的关键检测环节，检测合格后，公司向客户出具交收纪要并经客户下厂验收的人员签字确认。随后公司将检测完成的货物装箱打包，根据客户通知向其发货，客户收到货后通常仅对产品包装和外观进行简单查看后办理入库。公司根据客户对发货签收作为收入确认的时点。此种验收方式称为“下厂验收”，非公司主营业务收入主要确认方式。公司主营业务收入确认方式步骤如下：

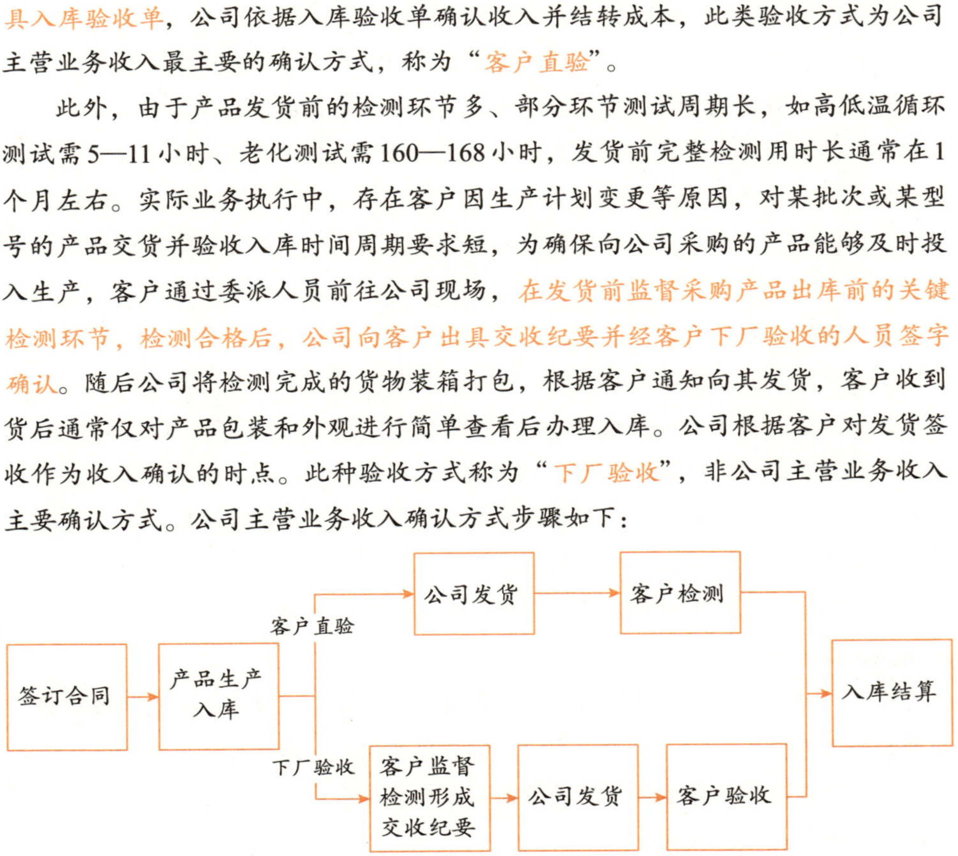

2.运用两种收入确认政策的原因

公司自2020年1月1日起适用的《企业会计准则第14号——收入》(2017修订),第十三条约定:对于在某一时点履行的履约义务,企业应当在客户取得相关商品控制权时点确认收入。在判断客户是否已取得商品控制权时,企业应当考虑下列迹象:

(一)企业就该商品享有现时收款权利,即客户就该商品负有现时付款义务。

(二)企业已将该商品的法定所有权转移给客户,即客户已拥有该商品的法定所有权。

(三)企业已将该商品实物转移给客户,即客户已实物占有该商品。

(四)企业已将该商品所有权上的主要风险和报酬转移给客户,即客户已取得该商品所有权上的主要风险和报酬。

(五)客户已接受该商品。

(六)其他表明客户已取得商品控制权的迹象。

根据上述规定及合同约定,对于客户直验,公司产品移交给客户经客户验收并出具入库验收单,标志公司完成合同约定的履约义务享有现时收款权利,因此针对客户直验,公司以产品经客户检验入库出具入库验收单作为收入确认时点;对于下厂验收,客户通过亲自前往公司现场的方式,对产品出厂前验收环节进行监督,客户收到货物后不需再进行二次验收。产品发出并经客户签收,标志公司完成合同约定的履约义务享有现时收款权利。因此针对下厂验收业务,公司以客户物流签收时点作为收入确认时点。

综上所述,公司产品销售业务收入确认具体政策区分下厂验收和客户直验,系公司销售产品的风险报酬或控制权转移时点存在差异。客户直验方式由于客户收到货物后需进行验收,验收合格后办理入库并向公司出具入库验收单,相关产品风险报酬或控制权由公司转移至客户;下厂验收方式由于客户对于产品的检测在发货前已完成,签收货物快递单时仅做外观检查,客户签收后,产品的风险报酬或控制权即发生转移。

二、针对客户直验和下厂验收的收入确认时点差异,说明收入确认政策的设定是否与合同约定一致;检验入库的具体流程和周期,是否为实质性验收,下厂验收和客户直验的具体依据;下厂验收在客户签收后是否需要进行检验,客户签收时是否达到收入确认条件

|回复|

（一）针对客户直验和下厂验收的收入确认时点差异，说明收入确认政策的设定是否与合同约定一致

如前所述，客户直验与下厂验收导致公司销售货物的控制权转移时点不同，客户直验方式下，公司货物控制权转移时点为客户对货物验收并向公司出具验收入库单之日，下厂验收方式为公司发货后客户签收物流单之日。结合与客户签订的合同条款约定，不同收入确认方式比较情况如下：

验收方式	典型合同条款	典型合同条款	收入确认时点	收入确认依据
客户直验	合同约定验收条款为代验收	公司根据客户要求随产品一起提供客户检测报告，如DPA报告、例试报告、水汽报告等，客户收到产品后，自行或委托第三方对产品进行二次检测，检测合格办理入库并向公司出具入库验收单	移交给客户并经客户检验入库	客户验收单或入库单
下厂验收	合同约定验收条款为下厂验收	客户委派人员对所采购的产品发货前的检测关键环节进行监督，待检测合格后，并形成交收纪要，客户委派代表在交收纪要上签字，公司盖章。下厂验收完成后，产品发运给客户，客户进行外观检验后入库	以客户下厂验收完成、产品已经发出并移交给客户	客户签收记录或物流签收记录

综上，公司销售业务中客户直验和下厂验收不同方式的收入确认依据与合同和实际执行情况均保持一致，不存在差异。

（二）检验入库的具体流程和周期，是否为实质性验收，下厂验收和客户直验的具体依据

1.客户直验

公司根据客户的订单和市场情况组织生产，生产入库后，根据客户要求或订单约定，对产品进行出厂检测后，发往客户经营所在地或其指定地，客户收到货物将货物作为待检产品进行暂存，根据其生产计划安排自行或委托第三方机构对产品进行二次检测。检测内容通常包括老炼试验、高低温循环测试、气密性检测和电性能测试等，全部检测合格后办理入库并向公司出具入库验收单，通常客户向公司出具入库验收单的同时，通知公司开具发票。

一方面，由于客户收到货物后的具体检测项目存在差异，不同客户或不同订单检测整体时长不一；另一方面，客户对不同产品批次的产品生产计划时间安排不同，收到产品后的暂存时间长短存在差异。综上，不同客户或同一客户对不同产品批次的验收时长存在差异，整体来看，公司验收周期集中在6个月内。客户直验的方式，客户在检测并入库后作为其存货进行确认核算，同时确认应向公司支付的货款。客户直验方式货物风险报酬或控制权转移分析及依据如下：

会计准则或应用指南规定	公司实际情况
企业就该商品享有现时收款权利，即客户就该商品负有现时付款义务。	客户验收后，公司完成履约义务，客户已经有能力主导该产品的使用并从中获得几乎全部的经济利益，公司已享有现时收款权利。
企业已将该商品的法定所有权转移给客户，即客户已拥有该商品的法定所有权。	客户验收后，公司完成履约义务，客户已经有能力主导该产品的使用并从中获得几乎全部的经济利益，公司已将产品的法定所有权转移给客户。
企业已将该商品实物转移给客户，即客户已占有该商品实物。	公司已将商品所有权移交给客户。
企业已将该商品所有权上的主要风险和报酬转移给客户，即客户已取得该商品所有权上的主要风险和报酬。	公司根据客户要求随产品一起提供客户检测报告，如DPA报告、例试报告、水汽报告等，客户收到产品后，会自行或委托第三方对产品进行二次检测，检测合格办理入库并向公司出具入库验收单，客户验收完成入库后，企业已将商品所有权上的主要风险和报告转移给客户。
客户已接受该商品。	公司销售给客户的产品通过了客户的验收，表明已接收公司的产品。

分 析

笔者认为，根据《企业会计准则第14号——收入》第五条、第十一条、第十三条对合同条款逐一判断，最科学。

综上，客户在向公司出具验收单即对货物拥有实际控制权，客户验收为实质性验收，客户直验的具体依据为客户向公司出具的入库验收单。

分 析

1. 本案例很好地阐释了实质性验收、形式性验收对收入确认的影响。

2. 对于客户直验而言，产品出厂检测后，公司发给客户，客户收到货物会自行或委托第三方机构对产品进行二次检测，这是实质性验收。实质性验收会影响收入确认的时点，应当在客户验收后才能确认收入。

2. 下厂验收

公司根据客户订单和市场情况组织生产，根据客户要求或订单约定，客户通过委派人员前往公司现场，对产品出厂前验收环节进行监督，待检测合格后，公司向客户出具交收纪要并经客户下厂验收人员签字确认，随后公司对货物装箱打包，收到客户发货通知后向其发货，客户签收货物后仅对产品外观进行简单查看后办理入库，通常办理完产品入库后通知公司开具发票结算。下厂验收方式，公司在接到客户发货通知后，将货物交由第三方物流公司运输，通常选择顺丰，从发货到客户物流签收一般为3天左右。下厂验收的方式，客户在收到货物后对外观进行简单查看后办理入库，并作为存货核算，同时确认应向公司支付的货款。下厂验收方式下货物风险报酬或控制权转移分析及依据如下：

公司自2020年1月1日起适用《企业会计准则第14号——收入》(2017修订)。

会计准则或应用指南规定	公司实际情况
企业就该商品享有现时收款权利，即客户就该商品负有现时付款义务。	下厂验收完成后且产品移交给客户后，公司完成履约义务，客户已经有能力主导该产品的使用并从中获得几乎全部的经济利益，公司已享有现时收款权利。
企业已将该商品的法定所有权转移给客户，即客户已拥有该商品的法定所有权。	下厂验收完成后且产品移交给客户后，公司完成履约义务，客户已经有能力主导该产品的使用并从中获得几乎全部的经济利益，公司已将产品的法定所有权转移给客户。
企业已将该商品实物转移给客户，即客户已占有该商品实物。	公司已将商品所有权移交给客户。

续表

会计准则或应用指南规定	公司实际情况
企业已将该商品所有权上的主要风险和报酬转移给客户，即客户已取得该商品所有权上的主要风险和报酬。	客户委派人员对所采购的产品发货前的检测关键环节进行监督，待检测合格后，并形成交收纪要，双方在交收纪要上签字，下厂验收完成后，产品发运给客户，客户进行外观检验后入库。产品移交给客户后，企业已将商品所有权上的主要风险和报告转移给客户。
客户已接受该商品。	下厂验收完成后且产品移交给客户，客户通过外观检查后入库，表明已接收的公司的产品。

综上，下厂验收的方式下，发货前客户已与公司一同对货物进行了检测，公司发货后不再进行二次检测，公司向客户出具交收纪要并经客户签字表明客户已实质性验收。发货后客户签收即对货物拥有实际控制权，客户物流签收作为产品所有权上的风险、报酬或控制权转移，下厂验收的具体依据为客户签收物流单信息。

（三）下厂验收在客户签收后是否需要进行检验，客户签收时是否达到收入确认条件

下厂验收后客户收到产品仅产看外观后就办理入库。由于下厂验收的产品在发货前均已由客户代表前往公司进行监督检测，并签订交收报告作为检验合格的依据。公司对于下厂验收的业务，以物流信息显示签收时点作为收入确认依据点准确，符合规定，具体判断如下：

①就该商品或服务享有现时收款权利，即客户就该商品负有现时付款义务；

②已将该商品的法定所有权转移给客户，即客户已拥有该商品的法定所有权；

③已将该商品的实物转移给客户，即客户已实物占有该商品；

④已将该商品所有权上的主要风险和报酬转移给客户，即客户已取得该商品所有权上的主要风险和报酬；

⑤客户已接受该商品。

公司将产品交付给客户后，客户即已取得产品的控制权，可以将产品投入生产，能够根据自身的利益安排主导对该产品的使用并从中获得几乎全部经济利益。

故公司按照以物流信息显示被签收时作为收入确认时点，符合企业会计准则的相关规定和公司业务实际。

分　析

1. 如果客户验收只是一项例行程序，则不影响判断客户是否取得商品控制权。

2. 对于下厂验收业务而言，客户验收通过后才发货，客户收到货物后只是检验外观而已。外观是一个客观标准，意味着验收只是一项例行程序。所以，可以在客户签收后确认收入。

7-9　信科移动 2022-03

根据申报材料：对于移动网络设备业务，发行人根据合同约定将销售的商品交付给客户，经客户到货验收后确认收入；根据销售合同，发行人向主要客户销售设备约定了设备安装、测试、初验、试运行和终验条款。

请发行人说明：

一、对于移动网络设备业务，发行人验收确认收入的具体依据，各类验收环节的主要内容以及对应收入确认时点，向主要客户销售设备的具体执行内容和过程，各阶段的时间周期及成本发生情况

｜回复｜

对于移动通信网络设备业务，发行人向主要客户销售设备的具体执行内容和过程一般包括发货、到货验收、设备安装及测试、初验、试运行及终验等环节。发行人在到货验收环节确认收入，收入确认的具体依据包括验货合格证明、到货验收证明等单据，因不同省份、不同运营商及销售设备类别，形式上存在差异。

对于移动通信网络设备业务，发行人的履约义务一般仅为设备交付，设备交付后发行人仅作为设备制造商在后续环节为客户提供配合、协助工作。一般情况下，设备交付后不会再对设备进行重大修改或退回，后续发生成本较少，初验、终验仅为剩余款项支付条件和例行程序。

发行人与运营商客户签署的设备销售合同中一般会约定："货物的所有权及相应风险自货物运至买方指定地点且买方签署验货合格证明后转移给买方。签署上述验货合格证书的日期视为卖方正式交付货物的日期。"发行人根据合同约定将销售的商品交付给客户，客户签署验货合格证明后，即代表客户已接受相关商品，所有权及相应风险转移至客户，客户拥有对货物唯一控制权。到货验收后，客户会安排技术人员对进行设备安装调试、初验、试运行及终验，发行人仅在此过程中提供督导和协助，因此，到货验收后的各个环节仅为例行程序和客户付款的条件。因此，发行人在到货验收环节进行收入确认。

发行人向主要客户销售设备的具体执行内容和过程如下：

1.发货

发行人与客户签订框架合同，约定采购标的、最高采购金额、采购有效期等相关内容。客户根据框架合同向发行人下达采购订单，发行人根据采购订单及客户要求发货。

2.到货验收

在货物运抵客户指定地点后约定时间内，发行人、客户或客户指定收货人共同对货物进行开箱检查货物外观并根据装箱单或合同系统清单检查货物数量。货物开箱检验合格后，双方签署验货合格证书，并视为发行人正式交付货物。签署上述验货合格证书的日期视为发行人正式交付货物的日期，此后有关保管、保险、灭失与毁损的风险由买方承担，货物所有权亦同时转移给客户，发行人以此为收入确认时点。

3.设备安装及测试

客户指定技术人员实施设备及软件安装。设备非由发行人安装的，发行人在安装过程中提供安装督导。测试是由客户的技术人员在发行人相关人员的协助下按照验收手册或合同规定的技术标准进行单机、部分或整个系统的测试和联网测试。

分　析

发行人在安装过程中只是辅助、督导，不承担主要责任。所以，设备的安装、测试不影响商品控制权转移和收入确认的时点。

4.初验

在客户进行联网测试完成后，客户的技术人员在发行人的协助下，按双方确认的验收规范对设备进行各种技术指标测试。如果达到合同及验收规范规定的所有技术指标，双方则签署初验合格证书。一般情况下，到货验收后6—12个月签署初验合格证书。

5.试运行及终验

初验合格证书签署后进入试运行期，试运行期一般为6—12个月。在试运行期结束后，客户进行最终验收测试。在设备达到相关技术要求和指标后，客户签署终验证书。

上述销售合同执行过程中，验收环节包括到货验收、初验和终验三类。各类验收环节的主要内容和时间周期如下：

（1）到货验收的验收内容主要是检查标的设备是否存在短少、缺损、表面瑕疵或型号、规格及其他与合同规定不符的情况，一般在货物运抵客户指定地点后在约定时间内完成；

（2）初验的验收内容主要是在客户联网测试完成后按照客户集采招标中的技术规范书、框架合同或其他双方确认的验收规范，以及工信部等通信主管部门已发布的相关技术规范、验收规范要求，对设备系统进行各种技术指标测试，一般从到货验收到初验验收的时间周期为6—12个月；

（3）终验的验收内容主要是初验合格证书签署的第2日起设备系统在联网环境下连续稳定运行一段时间后前述验收规范规定的所有技术指标运行情况，一般从初验到终验的时间周期为6—12个月。

上述各阶段的成本发生情况具体如下：

发行人设备销售成本主要发生在设备到货交付前。到货后，发行人会根据客户需求，安排1—2位技术人员前往客户现场进行督导、培训、指导客户相关技术人员正确使用和维护设备，并负责解决设备在试运行过程中可能出现的性能问题。该阶段的成本主要为发行人指派的现场技术人员的职工薪酬及差旅费，若试运行过程中出现需要更换原材料的情形，则可能会发生材料成本，但总体金额较小。

分　析

1. 一些机器设备在向客户交付时，往往需要现场安装调试、试运行、生产等，如本案例，发货后需要验收、安装、测试、初验、试运行、终验等环节。

2. 判断几时确认收入的关键在于客户几时接受商品，即客户的验收是一项例行程序，还是实质性程序。本案例中，客户在到货验收后获得了控制权，后续的安装、测试、初验、试运行、终验只是形式性的程序。所以，到货验收后就可以确认收入。

二、说明相关收入确认方式是否符合合同约定和行业惯例

｜回复｜

发行人移动通信网络设备销售业务的收入确认具体方法为：发行人向客户销售移动通信网络设备，在客户取得相关商品控制权时确认收入。发行人根据合同约定将销售的商品交付给客户，经客户到货验收后确认收入，通常综合考虑如下因素：已经取得收款凭证，商品所有权上的主要风险和报酬已转移，客户已实物占有该商品，商品相关法定所有权已经转移给客户。

发行人的收入确认方式符合合同约定。报告期内，公司主要客户销售合同中对合同标的、货物交付、付款方式的具体约定如下：

（1）合同标的：发行人提供的设备需符合按照客户集采招标中的技术规范书、框架合同或其他双方确认的验收规范，以及工信部等通信主管部门已发布的相关技术规范、验收规范要求。因此，发行人根据销售合同所提供的移动通信网络设备为系统化和标准化的产品。

（2）货物交付：货物的所有权及相应风险自货物运至买方指定地点且买方签署验货合格证明后转移到买方。签署验货合格证明的日期视为卖方正式交付货物的日期。

（3）付款方式：一是到货付款，取得双方签署的验货合格证书、提供采购订单总价100%的增值税发票，支付采购订单金额的70%；二是初验付款，取得初验证书，支付采购订单金额的20%；三是终验付款，取得终验证书，支付采购订单金额的10%。各类别移动网络设备产品因客户不同，付款方式有所不同。

分 析

1.本案例中，根据合同的约定，买方签署验货合格证明后，商品控制权就转移了，与付款方式无关。

2.不过，每个环节约定的收款比例的高低是判断环节是例行程序还是实质性程序的重要标准之一，如本案例中，到货后，客户支付采购订单金额的70%，比例还是挺高的，可以初步判断到货之后的环节不太重要。

发行人的履约义务仅为交付货物，发行人根据合同约定销售的移动通信网络设备具有系统化和标准化的特点。发行人在将移动通信网络设备交付给客户，经客户到货验收时，商品的控制权及对应的主要风险和报酬即转移至客户，发行人既没有保留通常与所有权相联系的继续管理权，也没有对已售出的商品实施有效

控制。客户在到货验收合格时将标的商品作为固定资产入账和管理，并在发行人提供采购订单总价100%增值税发票后支付70%货款，相关的经济利益很可能流入企业。一般情况下，设备交付后不会再对设备进行重大修改或退回，后续发生成本较少，初验、终验仅为剩余款项支付条件和例行程序，发行人以到货验收为确认收入时点符合合同约定和企业会计准则的要求。

分　析

所有权保留条款怎么影响收入确认，请往下阅读第7章第10节“所有权保留”。

7-10　有研硅 2022-03

报告期内，发行人存在经销、代销模式及境外销售情况。

请发行人说明：与客户签订的销售合同中是否包含验收条款，如有，请说明相关收入确认时点。

｜回复｜

发行人与客户签订的销售合同中，部分合同中包含验收相关的条款，代表性的条款内容摘录如下：

模式	合同验收条款	收入确认时点
配送至客户	验收：货到验收，买方出具书面验收单，需要安装调试的，正常使用后予以验收［注1］。 复检及索赔：货物到达后，买方可对货物的规格、数量、重量和质量作进一步的检验（复检），如果发现货物损坏或规格、数量、重量和质量不符合技术要求或订单的约定，除非是保险公司或航运公司的责任，买方可选择退货、换货、补足发货，给买方造成损失的，卖方予以赔偿。	购买方接受并签收货物，以签收时点为收入确认时点。
	货到买方后由买方签收，买方签收前风险由卖方承担。买方收货时仅对货物外包装、数量和外观进行确认。买方若对货物内件及双方约定的其他方面有异议，有权要求换货或退货，或者拒收，费用由卖方承担。买方签收后，使用中如发现存在质量问题，不免除卖方应承担的责任［注2］。	

续表

<table>
<tr><th>模式</th><th>合同验收条款</th><th>收入确认时点</th></tr>
<tr><td>工厂自提</td><td>卖方交货时提供《产品合格证》，双方进行产品数量、包装的验收，产品的内在质量验收在收货后由买方进行［注2］。</td><td>以购买方提货时点为收入确认时点。</td></tr>
<tr><td>EXW</td><td rowspan="2">品质与数量、重量的异议与索赔：货到目的口岸后，买方如发现货物品质及／或数量/重量与合同规格不符，属于保险公司及／或运输公司的责任外，买方可以提出异议，买方所有异议均须以书面形式提出，品质异议须于货到目的口岸之日起365天内送达卖方［注2］，数量／重量异议须于货到目的口岸之日起15天内达卖方［注3］，卖方应于收到异议后5个工作日内答复买方，卖方在上述期限内未收到买方的书面异议，则视为买方对货物的品质、数量及重量均无异议，在货物正常使用的情况下，卖方对货物的质量保证期为货到目的港起12个月。</td><td>承运人于工厂提货时。</td></tr>
<tr><td>FOB/CIF</td><td>承运人于离境口岸提货时。</td></tr>
</table>

发行人的产品主要为半导体硅抛光片、刻蚀设备用硅材料等。半导体硅抛光片主要是作为衬底材料，销售给芯片制造商，抛光片衬底进一步加工后，可作为生产集成电路、分立器件、传感器等半导体产品的核心原材料晶圆。刻蚀设备用硅材料是晶圆制造刻蚀环节所需核心耗材的重要材料。

注1：发行人的产品全部为半导体硅材料，不涉及安装调试过程。上述合同中的“需要安装调试的，正常使用后予以验收”为制式条款，不影响收入确认时点。

分　析

虽然合同有需要安装调试、验收的条款，不过，那只是格式条款。其实，只要销售的产品不用安装，调试、验收条款就形同虚设，不影响收入的确认时点。

注2：由于半导体硅抛光片、刻蚀设备用硅材料完成生产后，有些参数可以进行100%检测，有些参数由于属于破坏性检测且测试成本很高，公司会根据客户要求对部分参数进行抽样检测，抽样检测的结果基本可以代表产品质量水平，但抽样检测不能代表全部产品的质量水平，客户不会根据抽样检测的结果免除供应商的质量责任，买方不会在约定的质量检验期内检验产品质量，买方只有产品

完工后才能100%对质量水平有结论。但行业中基本都是长期稳定客户，客户对公司质量稳定性有明确的判断，不会因为没有完成全部流程不做入厂检测，且会按照约定时间付款。根据行业惯例，下游企业在引入新的供应商时，会要求供应商提供样品进行长期认证，通过认证后才会建立正式合作关系，稳定采购已认证产品。合作关系建立后，下游企业通常不会轻易更换供应商。实际执行中，货物交付后，买方不会对货物进行专门的质量验收，若买方生产领用后发现货物存在质量问题，会与卖方协商进行退换货，历史上退换货情况发生较少。合同条款中的"买方签收后，使用中如发现存在质量问题，不免除卖方应承担的责任"、"产品的内在质量验收在收货后由买方进行"及"品质异议须于货到目的口岸之日起365天内送到卖方"为非实质性验收条款，可视为质保服务条款，不影响收入确认时点。

分　析

实际执行中，如果货物交付后，买方不会验收，且历史上的退换货较少，那么不会执行的验收条款当然不影响收入的确认时点。

注3：境外销售中，对于无需安装调试的出口商品，以贸易条款确定的风险转移时点作为控制权转移时点。当供应商委托的承运人在提货时，会对产品的数量、重量进行核对、检验，检验无误后才会签署提货单据。因此，若存在数量或重量异议会在签署提货单据前反馈，合同中的"数量/重量异议须于货到目的的口岸之日起15天内达卖方"为非实质性条款，不影响收入确认时点。

分　析

本案例中，数量或重量有问题，会在签署提货单据前反馈，这表明异议条款是非实质性的条款，不影响收入的确认时点。

7-11　汇成股份 2022-03

根据回复材料，公司存在与客户合同约定验收条款，但收入确认未按照合同约定在验收后确认的情况。

请发行人说明：报告期各期涉及类似合同收入的金额，该种处理方式是否符合行业惯例，若严格按验收后确认收入对报告期各期的影响，是否符合《企业会

计准则》的要求。

｜回复｜

1.相关合同约定的验收条款属于格式条款，客户接收货物后不再进行实质性验收

公司与客户通常会签订框架合作协议，在合同中会对验收进行约定，主要是对产品质量的保证性条款。公司与客户签订的验收条款主要分为两种，一种约定由汇成股份进行验收，另一种则约定由客户进行验收。上述条款所涉的验收内容主要是针对产品的良率约定，需要公司这类专业的封测厂商在产成品发货前进行质量检验，而非货物实际运抵至客户指定接收方后再进行相关检测。

由于显示驱动芯片设计公司大多属于Fabless模式，只负责芯片的电路设计与销售，将晶圆生产、测试、封装等环节外包。公司所处的封测行业是显示驱动芯片生产完工的最后一道环节，其中，测试主要是通过检测将功能、性能不符合要求的产品筛选出来，按照客户要求对其芯片进行质量把关，以保证显示驱动芯片的可用性。大多数情况下，客户会要求将封测完毕的芯片直接发运给下游环节以减少物流运输和仓储成本。在实际操作中，公司封测完毕的产品主要发送至客户代理人、终端客户和终端客户代理人，相关接收人收到货物后仅对产品包装、规模和数量进行验收。基于前述情况，显示驱动芯片设计公司不存在额外单独增设一道质量检验并由其验收的情况。客户与公司签订的合同中约定的验收条款属于格式性条款。

公司报告期各期主要客户中，约定上述验收条款的客户及其交易规模如下：

……

其中，保荐机构、申报会计师对联咏科技、奇景光电和爱协生进行访谈后核实，上述合同约定的条款是格式条款。接收人在实际接收货物后是对产品包装、规格和数量进行验收，不存在具体产品性能或品质的实质性验收程序。

分　析

在芯片产业链中，产成品发货前已经进行了质量检验，而且是直接发运到下游环节，下游客户接收后只是简单地看看外观有没有破损、数一下数、称称重量，这些所谓的“验收”只是例行程序，不是实质性验收，不影响商品控制权转移的时点。

2. 同行业可比公司收入确认具体方法中不存在以实质性验收为前提条件

根据公开披露资料，在集成电路行业内，同行业可比公司对封测完成的产品控制权转移约定情况如下：

公司名称	收入确认具体方法的相关表述	是否需要根据客户实质性验收确认控制权转移
晶方科技	销售商品合同：与客户之间的销售商品合同通常仅包含转让商品的履约义务，属于在某一时点履行履约义务。具体原则为：国内销售，以产品发出并经客户对账确认后确认收入；国外销售，以产品发出后，完成出口报关手续并取得报关单据时确认收入。	不存在实质性验收程序
利扬芯片	将完成测试后的产品交付给客户后确认收入，交付时客户对测试产品的数量进行核对并签收确认，具体为：（1）自行送货：公司根据客户要求自行送货至客户指定地点，以客户签收时点确认收入；（2）第三方物流：公司根据客户要求通过物流公司将产品快递至客户指定地点，根据物流送达的时点确认收入。	不存在实质性验收程序
气派科技	对于境内收入，将货物运至客户指定地点，经客户验收名称、数量和规格，并经双方对账无误后确认收入；对于境外收入，将产品装箱后出口，根据出口报关单金额开具出口发票并确认收入。	不存在实质性验收程序
颀邦科技	提供半导体封装测试之相关服务。劳务收入于服务提供予客户之财务报导期间内认列收入。固定价格合约之收入系以资产负债表日已履行之劳务占应履行全部劳务之比例估计。	不存在实质性验收程序
南茂科技	对封装服务、平面显示器驱动IC及晶圆凸块之完成程度系以实际发生之服务成本占估计总服务成本为基础决定；测试服务之完成程度系已完成测试量为基础决定。按客户需求之规格提供封装及测试服务，故所需投入之服务成本及测试量并非于提供服务期间平均发生。客户依照所协议之付款时程支付封装测试服务价款，当南茂科技已提供之服务超过客户应付款时认列为合约资产。	不存在实质性验收程序
通富微电	根据与客户订立的合同，对于其中向客户提供可明确区分各项封装、测试服务承诺的，将相关每一项服务作为单项履约义务，否则，将相关服务的组合构成单项履约义务。按照上述单项履约义务履行完毕并取得收款权利时点确认收入。	未明确

根据上表分析，基于行业惯例和产品特性，同行业可比公司收入确认具体方法中不存在以实质性验收为前提条件。因此，公司未按照格式条款所约定的验收条款确认收入符合行业惯例。

3. 若严格按验收后确认收入对报告期各期的影响

公司与客户约定的验收条款属于格式条款。在实际操作过程中，不存在实质性验收程序。因此，公司在财务核算中也不存在可获取相应数据的基础。发行人收入确认严格按照《企业会计准则》的要求执行。

7-12　伟测科技 2022-03

根据招股说明书及申报材料：（1）公司主要提供晶圆和成品测试服务，属于在某一时点履行履约义务。根据保荐工作报告，同行业部分其他可比公司将完成测试服务后的产品交付给客户时确认收入。（2）部分销售合同中存在验收条款，一般有测试结果的验收和测试物的验收两大类。在测试过程中，若测试结果达到约定的良率标准即可自动放行和发送测试结果；若测试结果低于约定的良率标准，则公司需要通知客户，并跟客户工程师一起分析测试结果，该测试结果最终获得客户回复认可并获得放行后，公司才能将测试结果发送给客户。

请发行人说明：

一、提供测试服务从收到客户的测试物到交还测试物的具体过程、主要节点、不同节点测试物的保管责任方，合同是否约定相关条款，并请评估发行人的测试物保管风险，并结合保管风险分析目前的收入确认政策是否符合《企业会计准则》

｜回复｜

1. 提供测试服务从收到客户的测试物到交还测试物的具体过程、主要节点、不同节点测试物的保管责任方

具体过程	主要节点	保管责任方
公司收到客户的测试物后，由IQC（来料品质检验）进行质检，经质检合格后进入公司仓库。	来料查验	公司
公司结合客户需求及测试计划，领用晶圆或芯片成品进行测试。	领料测试	公司

续表

具体过程	主要节点	保管责任方
晶圆或芯片成品测试完成后，由OQC（出货品质管控）进行入库前质检，质检合格后入库。	质检入库	公司
根据客户需求安排发货，发货方式有三种：①由公司安排快递物流公司运输；②客户自提；③客户自己安排快递物流公司运输。	发货运输	公司/客户

上述主要测试节点，从公司收到客户晶圆或芯片成品，到质检入库，均由公司保管，承担保管责任。

在发货运输环节，对于由公司安排快递物流公司运输晶圆或芯片成品的，在客户收到测试物之前，均由公司承担保管责任；对于客户自提或客户自己安排快递物流公司运输的，公司在交付晶圆或芯片成品时即转移保管责任。

分　析

在交付货物前，由卖方承担保管责任，理所当然。

2.合同是否约定相关条款，并请评估发行人的测试物保管风险

公司与客户签订的销售合同中存在保管责任相关条款，一般按照前文所述的不同节点及发货运输方式，约定公司对测试物承担的保管责任。

对于从收到测试物至发货前的测试物保管，公司设立了专门的仓库和配置了专业的存储设备，并已建立了完善的仓储管理制度，以保障测试物的安全。同时，公司购买了财产保险，用于覆盖因意外事件所造成的潜在损失。报告期内，不存在因公司保管不当导致晶圆或芯片遗失、毁损的赔偿事故。

对于发货运输环节，如果是由公司安排快递物流公司运输的，在客户收到测试物之前，公司需要承担保管责任。根据历史经验，发货运输环节发生事故的概率较低，报告期内共发生过3起测试物在运输途中的破损事件，分别产生了2.20万元、2.38万元和1.76万元的赔偿金额。由于公司购买了货物运输保险，上述赔偿金额通过保险赔付已经基本获得覆盖，并未给公司造成重大损失。

综上所述，从历史经验看，测试物的保管风险和发生赔偿损失的概率极小，并且公司通过购买财产保险、货物运输保险的方式，基本能够覆盖相关损失。

3. 结合保管风险分析目前的收入确认政策是否符合《企业会计准则》

公司提供测试服务的最终成果体现为测试结果，因此公司以完成测试服务并交付测试结果作为收入确认的时点。从测试结果交付的角度看，由于公司已经按照《测试结果放行标准》向客户交付了测试结果，测试服务和测试结果的控制权已经转移给客户，公司的履约义务已经完成，符合收入确认的条件，因此收入确认政策符合收入准则的规定。

虽然公司的销售合同存在关于测试物的保管条款，但是并不影响公司测试服务收入确认时点的准确性，主要原因如下：①从历史经验看，测试物的保管风险和发生赔偿损失的概率极小，并且公司通过购买财产保险和货物运输保险的方式，基本能够覆盖相关损失。因此在公司完成测试服务和交付测试结果之后，主要的风险报酬已经转移，测试结果的控制权已经转移，满足收入确认的条件。②公司为客户提供的是测试服务，测试物（客户的晶圆或芯片）并不是公司销售的商品，公司也未对测试物进行任何加工与改造，测试物的所有权自始至终均属于客户，且公司不能主导该测试物获得利益，增加未来现金流入或减少未来现金流出。公司收入确认的时点只与测试服务是否已经完成及测试结果是否已经交付有关，与测试物的保管行为无关。

二、客户是否对测试结果交付时间提出要求，发行人完成测试服务后，测试物是直接归还给客户抑或是按照客户需求发往客户的下游客户，是否符合行业惯例

｜回复｜

1. 客户是否对测试结果交付时间提出要求

客户并未在合同或订单中对测试结果交付时间进行明确规定，一般是通过电话或者邮件的形式向公司告知其希望公司完成测试服务并交付测试结果的最晚期限。由于当前半导体行业整体产能紧张，客户一般希望尽早取得测试结果，因此公司在排产时也会综合考虑客户的需求。

2. 发行人完成测试服务后，测试物是直接归还给客户抑或是按照客户需求发往客户的下游客户，是否符合行业惯例

对于晶圆测试，测试物在测试完成后需要进一步封装，因此公司完成测试服务后会按照客户要求发往指定的封装厂进行封装。

对于芯片成品测试，仓储空间充足的客户会要求公司在测试完成后将测试物直接发往客户仓库；对于部分仓储空间不足的客户，会要求公司在测试完成后将

测试物直接发往其下游客户。

无论是将测试物发往封装厂还是直接归还给客户或发往客户的下游客户，公司均是按照客户的指令操作，符合行业惯例。

分　析

1. 二者交易的是没有实物形态的测试报告，用网络传输即可。

2. 测试物一般按照客户的指令直接发往客户的下游客户，这在芯片产业链中很常见，与上个案例“7–11 汇成股份 2022–03”相似。

三、客户默认下的收入确认是否涉及具体单据或证据，默认情况下是否发生过客户未收测试结果或期后不确认的情况，如有请说明具体情况及占比，分析是否符合行业惯例及收入确认政策

｜回复｜

客户默认下的收入确认涉及的证据包括四个方面：

①在提供测试服务前与客户工程师就测试结果的放行标准达成一致意见后形成的书面《测试结果放行标准》文件；

②本次测试的测试结果文件，包括测试报告、Mapping 图等；

③本次测试的完成记录；

④本次测试结果交付给客户的记录。

测试完成后，公司根据测试前与客户约定的测试结果交付方式直接向客户交付测试结果，同时，为确保客户及时收到测试结果，公司会安排与具体客户对接的销售人员对客户收到测试结果的情况进行跟踪，因此不会发生客户未收到测试结果的情形。

《测试结果放行标准》规定，在测试过程中，若测试结果达到约定的良率标准即可自动放行和交付测试结果，客户默认接受测试结果且无需回复确认，因此不会发生客户期后不确认的情况。

从实际情况来看，公司在报告期内未发生客户未收到测试结果或期后不确认的情况。

四、提交测试报告后至交付测试物期间的一般时间间隔、责任的划分，销售合同中存在关于测试物的验收条款是否影响发行人测试服务收入确认时点的准确性，收入确认政策是否符合《企业会计准则》的规定

| 回复 |

1.提交测试报告后至交付测试物期间的一般时间间隔、责任的划分

提交测试报告后至交付测试物期间的一般时间间隔主要取决于客户的下游排产或销售安排情况，不同客户和不同批次的时间均不相同。报告期各期，晶圆测试从提交测试报告后至交付测试物期间的一般时间间隔分别为22天、25天、17天和14天；公司自2019年开始开展芯片成品测试业务，2019年至2021年上半年，芯片成品测试从提交测试报告后至交付测试物期间的一般时间间隔分别为25天、16天和9天。上述时间间隔不断缩短主要是由于报告期内集成电路行业景气度高，产能持续紧张，客户要求的发货周期缩短所致。

根据销售合同的约定，在客户收到公司返还的测试物之前，公司对测试物负有保管责任，如果测试物在公司保管期间发生损毁或者灭失，公司有义务进行赔偿。

2.销售合同中存在关于测试物的验收条款是否影响发行人测试服务收入确认时点的准确性，收入确认政策是否符合《企业会计准则》的规定

关于测试物（客户的晶圆或芯片）的验收，是指客户对公司返还的晶圆或芯片进行验收，主要确认晶圆或芯片是否存在损毁或者灭失的情形。公司提供测试服务的最终成果体现为测试结果，因此公司以完成测试服务并交付测试结果作为收入确认的时点。从测试结果交付的角度看，由于公司已经按照《测试结果放行标准》向客户交付了测试结果，测试服务和测试结果的控制权已经转移给客户，公司的履约义务已经完成，符合收入确认的条件，因此收入确认政策符合收入准则的规定。

虽然公司的销售合同存在关于测试物的验收条款，但是并不影响公司测试服务收入确认时点的准确性，主要原因如下：①公司为客户提供的是测试服务，测试物（客户的晶圆或芯片）并不是公司销售的商品，公司也未对测试物进行任何加工与改造，测试物的所有权自始至终均属于客户，测试物何时返还及何时验收系根据客户的指令执行。公司收入确认的时点只与测试服务是否已经完成及测试结果是否已经交付有关，与测试物何时返还给客户以及测试物是否获得了客户的验收没有关系。②测试物何时返还和验收并不会改变"测试结果的具体内容"，不会改变"测试服务已经全部完成，测试结果已经交付，测试义务已经履行完毕"的事实。③虽然公司确认收入之后至返还测试物之前，对测试物的保管负有责任，但是如前文所述，保管的风险和潜在损失很小或者可以忽略不计，并且公

司通过购买财产保险和货物运输保险能够基本覆盖发生的保管赔偿损失，因此在公司完成测试服务和交付测试结果之后，主要的风险报酬已经转移，测试结果的控制权已经转移，满足收入确认的条件。

分 析

1. 在运输交付前确认收入，的确比较少见。只因为交易的是虚拟物品，即测试结果，没有实物形态，可以瞬间传递。案例中，一直在讨论保管条款会不会影响测试服务的收入确认。其实，商品控制权是否转移与由谁负责保管没有必然的联系，本案交易的对象是测试结果，而非测试物，测试物的所有权一直掌握在客户手上，且万一损坏了，购买的保险能够覆盖住赔偿，这意味着测试物的风险、报酬未在发行人身上。保管条款不影响收入确认，这与第7章第3节“售后代管”的原理相似。

2. 虽然合同存在验收条款，但虚拟物品很难验证、验收，且验收并不会改变测试结果已经交付的事实。

第3节 售后代管

卖方售后代管商品的情形，常见于计划性较强的定制商品等的销售。一般来说，客户不太可能在购买商品后还将商品长期存放于卖方处，因为这不太符合客户的利益。

《〈企业会计准则第14号——收入〉应用指南2018》中针对“售后代管”情形下“控制权”转移，有如下规定：

售后代管商品是指根据企业与客户签订的合同，已经就销售的商品向客户收款或取得了收款权利，但是直到在未来某一时点将该商品交付给客户之前，仍然继续持有该商品实物的安排。实务中，客户可能会因为缺乏足够的仓储空间或生产进度延迟而要求与销售方订立此类合同。在这种情况下，尽管企业仍然持有商品的实物，但是，当客户已经取得了对该商品的控制权时，即使客户决定暂不行使实物占有的权利，其依然有能力主导该商品的使用并从中获得几乎全部的经济利益。因此，企业不再控制该商品，而只是向客户提供了代管服务。

在售后代管商品安排下，除了应当考虑客户是否取得商品控制权的迹象之外，还应当同时满足下列四项条件，才表明客户取得了该商品的控制权：一是该安排必须具有商业实质，例如，该安排是应客户的要求而订立的；二是属于客户的商品必须能够单独识别，例如，将属于客户的商品单独存放在指定地点；三是该商品可以随时交付给客户；四是企业不能自行使用该商品或将该商品提供给其他客户。实务中，越是通用的、可以和其他商品互相替换的商品，越有可能难以满足上述条件。[①]

上述应用指南对卖方售后代管确认收入有较为严格的规定，需要满足上文规定中的四个条件才可以确认收入：具有合理的商业理由；代保管的商品得单独存放，能够单独识别；接到客户发货指令后可以随时交付给客户；代保管的商品得具有不可替换性，不能被随意替换、提供给其他客户。若满足这四个条件，卖方的商品转移至代管专门库位并取得客户出具的验收报告等证明文件后，商品控制权就转移给了客户，可以确认收入。

另外，卖方最好与客户签订正式的保管合同，或让客户出具代管说明。

7-13 上交所发行上市审核动态——售后代管商品安排 1 2023-06

发行人C为芯片封装测试企业，客户主要为采用Fabless模式的芯片设计企业，公司为客户提供芯片的封装测试服务并向客户交付成品芯片。公司针对部分客户和产品采用售后代管模式并与客户签订了相关协议，公司芯片成品均有客户标识，在完成成品芯片的封装测试程序并转移至代管库后，与客户进行售后代管产品入库数据对账确认，公司认定其属于售后代管商品安排并根据经确认的售后代管清单数量及合同约定的单价确认收入。

｜分析｜

关于发行人C，公司售后代管模式属于售后代管商品安排，产成品转移至代管库后可以认定客户已取得商品控制权。一是该安排具有商业实质，公司客户主要为采用Fabless模式的芯片设计企业，公司的售后代管安排应客户的要求而订立并根据客户指令直接发货给下游客户，具有商业合理性且符合行业惯例。二是属

① 财政部会计司编写组编著：《〈企业会计准则第14号——收入〉应用指南2018》，中国财政经济出版社2018年版，第49页。

于客户的产品能够单独识别，每颗芯片成品均有客户标识，分配唯一的成品编码并单独存放于发行人代管库，能够单独识别。三是产品可以随时交付给客户，发行人售后代管产品入库时已经检测合格并包装完成，一旦接到客户发货指令，可以随时交付给客户。四是公司不能自行使用或将产品提供给其他客户，发行人所生产的芯片产品具有不可替换性，发行人不能自行使用或者交付给其他客户。五是客户已接受售后代管产品，公司的测试环节相当于芯片设计企业委外的质量验收环节，在测试过程中良率低于双方约定的标准无法入库，产品进入代管库前均已完成了测试程序，无需公司客户另行验收，公司客户通过在线系统可以实时查看代管库库存情况并安排发货。

目前，发行人C已发行上市。

分　析

1. 判断一项安排是否属于售后代管商品安排，应当按照收入准则的要求去判断客户是否存在取得商品控制权的迹象，在此基础上，考虑是否同时满足《〈企业会计准则第14号——收入〉应用指南2018》中规定的4项条件。

2. 售后代管在芯片产业链比较常见，直接从卖方发货给客户，具有商业合理性。

7-14　上交所发行上市审核动态——售后代管商品安排2 2023-06

发行人D主营业务为机器人等设备的研发、生产和销售。对于直接交付客户的产品，客户代表在产品验收合格后向发行人出具检验合格证明文件，并要求公司将产品专门存放于指定的公司仓库并分配唯一的识别号，公司认定其属于售后代管商品安排并在取得客户代表出具的验收合格证明文件时确认收入。

｜分析｜

关于发行人D，公司直接交付客户的产品销售属于售后代管商品安排，客户代表出具验收合格证明并转移至公司产品仓库后可以认定客户已取得商品控制权。一是该安排具有商业实质，发行人向客户提供产品，检验完成后，客户通知将产品暂存发行人，后续将由使用单位凭调拨单到发行人处提货，该代管事项的约定具有商业合理性且符合行业惯例。二是该产品能够单独识别，售后代管产品入库时便已经完成包装，分配唯一的识别号，同时已按客户要求单独存放于公司仓库，能够单独识别。三是该商品可以随时交付给客户，该产品已经客户代表检验验收并出具检验合格证明文件，达到使用状态，可随时根据客户基层使用单位凭调拨单交付。四是公司不能自行使用该商品或将该商品提供给其他客户，公司所生产的产品具有不可替换性，售后代管产品入代管库后其所有权已转移，公司不能自行使用或者交付给其他客户。五是发行人仓库管理内控措施合理且有效执行，代管库设置专人保管制度、定期检查和检测制度，发行人在仓库外围设置了专用摄像头，最大限度降低灭失、损毁风险，报告期内发行人未发生过代管产品毁损、灭失的情形。

目前，发行人D已发行上市。

分　析

1. 与上个案例“7-13 上交所发行上市审核动态——售后代管商品安排1 2023-06”同理，用《〈企业会计准则第14号——收入〉应用指南2018》中规定的4项条件去判断。

2. 售后代管商品最重要的是不要跟代管方的其他商品混淆。

7-15　上交所发行上市审核动态——售后代管商品安排3 2023-06

发行人E主要从事运输设备的生产和销售业务，部分产品经客户验收确认收入后因客户场地限制等原因长期保管于公司处，公司认定其属于售后代管商品安排。但是公司运输设备产品需要配合客户运输设备进行使用，存在客户运输设备尚未完工的情况，且代管期间客户使用相关产品的情况较少。

｜分析｜

关于发行人E，公司认定属于售后代管商品安排、客户已取得产品控制权的判断依据不充分。一是售后代管安排的商业合理性不足，公司产品未来需要配合客户运输设备进行使用，部分客户在其自身运输设备尚未完工的情况下提前2年向发行人进行了采购且无合理理由，采购发行人的相关运输设备长期存放在发行人处，且未签订保管协议就相关权利义务进行明确约定，代管期间客户使用相关产品的情况较少。二是公司不能自行使用该商品或将该商品提供给其他客户的依据不充分，公司代管期间对于产品的使用管理并未建立行之有效的内部控制措施，部分产品的领用与相关客户任务执行存在不一致的情况。三是客户是否已接受相关产品依据不足，部分客户运输设备尚未完工，公司产品未进行联调联试的情况下即认定客户已接受相关产品的合理性不足。

目前，发行人E已撤回申报。

分 析

与前两个案例同理，依照《〈企业会计准则第14号——收入〉应用指南2018》中规定的4项条件去判断，4项条件得同时满足。本案例中，4个条件皆不满足，特别是“该商品可以随时交付给客户”这一条件不满足。

7-16 景业智能 2021-11

报告期内发行人存在金额合计约8,328万元的货物已确认收入，但货物还存在发行人处的情形。根据首轮问询回复，部分项目的收入确认时点与回款时点差异近两年；部分项目的货物无后续具体安排，在客户需要使用相关设备时提前与景业智能联系并使用。双方签订了代管协议或代管说明。

请发行人说明：部分项目的收入确认时点与回款时点差异较大的原因，双方对于货物权利义务转移的时点是否存在不同认识，请列表比较各货物的验收时点及获取的外部证据、收入确认时点、代管协议/说明的签订时点，并说明是否存在差异及原因，收入确认的时点是否准确。

｜回复｜

一、部分项目的收入确认时点与回款时点差异较大的原因，双方对于货物权利义务转移的时点是否存在不同认识

1. 售后代管项目的收入确认时点与回款时点差异情况

……

综上所述，公司上述代管项目在收入确认后的次月累计回款比例均已超过70%，部分项目收入确认时点与合同全额回款时点差异较大，主要系质保金延期收回的影响，差异原因合理。

2. 双方对于货物权利义务转移的时点不存在分歧

上述代管项目执行过程中，客户在验收之前均通过函件或会议纪要形式对验收地点进行了约定，明确表达了货物代管的需求；公司完成设备研制并进行了相关测试后，客户组织验收并出具了验收报告；中介机构对上述项目验收情况通过访谈客户进行了确认，客户认可自验收时点起，设备的所有权、控制权归客户所有；最终双方签订代管协议或客户出具代管说明对售后代管事项进行了再次明确约定；除一笔质保金之外，客户已就上述项目支付了合同价款。因此，双方对于货物权利义务转移的时点不存在分歧，自验收时点起，设备的权利义务已由公司转移给客户。

二、代管项目货物的收入确认时点及相应依据

公司上述代管项目货物的验收时点以及获取的外部证据、收入确认时点、代管协议/说明的签订时点及主要内容，如下所示。

……

如上表所示，在上述项目进展过程中，客户通过函件或会议纪要形式向公司说明客户自身场地受限，并提出在景业智能进行安装、调试和验收的需求，客户明确表达了货物代管的需求。公司完成设备研制并进行了相关试验后，客户组织进行验收，验收过程中，客户查验了相关项目资料并现场测试设备的运行情况后验收通过，出具了验收报告。公司根据客户的验收报告确认了销售收入，项目实际验收时点与公司收入确认时点无差异。为了进一步明确上述项目的完成及代管情况，公司与客户于2021年初补充签订了正式的代管协议或代管说明。

分　析

售后代管一般是因为买方场地受限或者是从卖方直接发货给客户比较方便。卖方售后代管商品，只要双方对于商品权利、义务转移的时点不存在分歧，满足《〈企业会计准则第14号——收入〉应用指南2018》中的4个条件，一般不影响收入确认。不过，最好签署正式的代管合同，以明晰权责。

综上所述，公司上述代管项目执行过程中，客户明确表达了代管需求，货物在景业智能场地安装调试后，客户完成了相关技术指标测试、进行了验收并出具验收报告，客户亦在合理时间内支付了合同价款，且客户亦在2021年初正式补充明确了代管事项。因此，公司在货物验收时点确认收入，收入确认时点准确。

第4节　先发货后签合同

银行、电信、石油、大型国有企业等客户，有时会出现“先干活，后签合同”的情形，即商品已经交付使用，但客户尚未验收，甚至连合同都还没签订。

《企业会计准则第14号——收入》第三条规定：

……合同有书面形式、口头形式以及其他形式。

《企业会计准则第14号——收入》第五条规定了客户取得商品控制权五个需要同时满足的条件，其中有两条是：

（一）合同各方已批准该合同并承诺将履行各自义务；

（二）该合同明确了合同各方与所转让商品或提供劳务……相关的权利和义务；

……

可见，《企业会计准则第14号——收入》并不拘泥于合同的具体形式，并未明确签订合同是取得商品控制权的前提。

先发货后再签合同，不一定会对商品控制权的认定造成严重的影响，但毕竟不太规范，不仅企业会被怀疑突击冲高收入，而且内部控制也会遭到质疑。

能规范合同签订、发货、验收等程序更佳。不能的话，偶尔可以，如面对强势的大客户，但不能是常态，并且应该以正常销售和合同签署孰晚的时点作为收入确认的时点。

7-17　辛帕智能 2022-04

申报材料与审核问询回复显示：首次申报材料显示，发行人将未签订合同即发货的产品在取得对方验收单时确认收入；在第二轮审核问询回复阶段，针对先验收后签合同的情形，发行人对收入确认原则进行修订，按照取得验收证明与书面合同孰晚的原则确认收入，并调整季度收入分布情况。

请发行人说明：在申报后对收入确认原则进行修订的原因、性质、重要性与累积影响程度。

｜回复｜

一、在申报后对收入确认原则进行修订的原因、性质

报告期内，公司设备销售过程中存在两种情形：①通常情形下，公司根据与客户签订的正式合同进行生产、发货，并安排安装调试，最终完成验收，公司确认产品销售收入；②特殊情形下，公司根据收到的客户口头订单、短消息通知、中标通知书等订单进行生产、发货，并安排安装调试，最终完成验收，正式购销合同在客户完成内部审批流程后再行签订，由于部分客户内部审批流程较长，正式书面合同的签署具有一定的滞后性，导致公司存在少量先验收后签合同的情形。

报告期内，公司先验收后签合同相关收入额分别为1,745.13万元、171.68万元和0万元，占主营业务收入的比例分别为11.88%、0.69%和0.00%，公司先验收后签合同的情形主要发生在2019年抢装潮时期，其他各期占比较低，具有一定的特殊性。

1.首次申报时公司的收入确认原则实质上总体符合相关法律法规的规定和精神，但谨慎性存在不足

《企业会计准则第14号——收入》（财会〔2017〕22号）第三条规定，合同有书面形式、口头形式以及其他形式；第四条规定，企业应当在履行了合同中的履约义务，即在客户取得相关商品控制权时确认收入。取得相关商品控制权，是指能够主导该商品的使用并从中获得几乎全部的经济利益。

公司注意到北京证监局发布的《会计及评估监管工作通讯》有2021年第3期（总第41期）关于新收入准则系列的相关案例，该案例主要摘要如下：

“甲公司长期为大型国有生产企业提供技术服务，但存在合同签署时间滞后的情况，即尚未签订或续签技术服务合同已提供技术服务。新收入准则下合同的含义强调的是合同约定的权利和义务是否具有法律约束力、合同是否具有商业实质及客户的信用风险，而不仅仅是拘泥于合同的具体形式。甲公司为其客户提供的服务是长期且不间断的，通过口头形式或以往的商业惯例实质上已批准了该合同并承诺将履行各自的义务，如同时满足其他合同条件，则认可合同的成立，并按照新收入准则进一步核算。尽管新收入准则不拘泥于合同的具体形式，甲公司还是应当重视相应的内部控制管理，加强与客户的协调与沟通，完善合同签订时间及方式的规范性问题，避免出现双方在非书面的情况下因对合同权利及义务约定误解导致的纠纷。”

公司“②特殊情形下”销售的客户为公司长期合作的客户，公司虽未与客户签署正式合同，但根据客户口头订单、短消息通知、中标通知书等订单进行生产、发货，并安排安装调试，最终完成验收，相关商业条件实质上根据以往合作惯例进行。公司在未签订正式合同下先行交付，完成客户的验收，属于履行了与客户的非正式约定义务，将商品的控制权完全移交给了客户，实质上总体符合《企业会计准则第14号——收入》和指导案例的相关规定和精神。

分　析

虽说《企业会计准则第14号——收入》关键看商品控制权，并不拘泥于合同的具体形式，但毕竟不签书面合同的话，口说无凭。理论上，有无签合同并不能严重到影响收入确认，但企业的内部控制会被质疑。

考虑到“②特殊情形下”完成验收时公司尚未与客户签署正式书面合同，就所有的商业条款完成明确的约定，在完成验收时即确认收入在谨慎性方面存在不足。

2. 为进一步加强公司的财务体系建设水平，公司调整、细化了收入确认原则，不属于会计基础工作薄弱和内控缺失的情形，对公司不构成重大影响

公司原有收入确认政策虽实质上符合相关法律法规的规定和精神，但形式上仍存在瑕疵，谨慎性存在不足。为进一步加强公司的财务体系建设水平，公司对原有收入确认原则进行了调整和细化，公司将智能装备收入确认原则修订为：“公司已根据合同约定交付客户指定地点，完成设备的安装、调试后，取得书面合同及客户签字确认的验收证明时，确认产品销售收入”，明确在实质条件和形式条件均满足的情况下才确认收入，较原有收入确认原则更为谨慎。相关收入确认原则调整不涉及申报财务报表的调整，仅涉及季度收入调整，且调整金额较小。

公司针对先发货后签合同的情形制定了有效的内部控制程序，报告期各期资产负债表日，公司对已完成验收的项目，核对查阅其是否已获取中标文件、销售合同等书面合同，最终确定相关收入的归属期间，报告期各期资产负债表日，先验收后签合同的相关收入均有书面合同支撑。

综上，公司基于专业审慎性原则对收入确认原则进行修订，非因故意遗漏或虚构交易、事项或者其他重要信息，滥用会计政策或者会计估计，操纵、伪造或篡改编制财务报表所依据的会计记录等人为因素造成，公司不存在会计基础工作薄弱和内控缺失的情况，不会对本次发行构成实质性障碍。

二、对收入确认原则进行修订的重要性与累积影响程度

1. 对财务报表的影响

公司对收入确认原则的修订主要系将收入确认时点由验收时点变更为验收时点和合同签订时点孰晚，主要对先验收后签合同情形下的相关收入产生影响。先

验收后签合同的情形对应收入金额及占比较小，且报告期各期，公司先验收后签合同的相关设备收入对应的验收证明日期和书面合同日期均处于同一个会计年度，因此收入确认原则的调整，不涉及申报财务报表的调整。

分 析

1.企业若想上市，先发货后签合同这种事还是少碰为妙。

2本案例中，先验收后签合同的收入占主营业务收入的比例不算特别大，为了更加谨慎起见，最终还是得签正式合同，而且以验收和合同签订孰晚作为收入确认的时点，同时显示自己加强内部控制的决心。

2.对季度收入的影响

收入确认原则修订后，公司根据验收日期和书面合同日期孰晚的原则确认收入归属期间，对季度收入存在一定的影响。

综上，报告期各期，收入确认原则的修订对季度收入的影响金额较小，对年度收入无累积影响。公司对收入确认原则的修订不涉及申报财务报表的调整，对季度收入的影响金额较小，对公司财务状况、经营情况不产生重大影响。

7-18　三未信安 2022-03

根据申报材料：对于销售密码板卡、密码整机和密码系统业务，若安装调试服务过程较为简单或无需发行人提供安装调试服务，则在相关产品到达客户指定地点、得到客户签收并取得签收单后确认收入；若合同中约定验收条款，则需在相关产品到达客户指定地点、安装调试完成并取得客户验收后确认收入。

请发行人说明：

一、公司提前发货情形下收入确认依据符合企业会计准则相关规定，符合行业惯例

｜回复｜

1.公司提前发货情况

报告期内，公司产品销售存在正常发货和提前发货两种情形。正常发货是指公司与客户先签署销售合同，再安排向客户发货。提前发货是指客户已有明确采购意向，但由于客户项目审批、合同审批流程缓慢，为了不影响项目进程，公司于签署合同前向客户供货，待客户完成审批流程后再签署销售合同。提前发货模式下，客户一般在公司供货后即进行测试、部署、验收等项目执行工作，但合同签署受客户审批流程的影响可能到客户验收时甚至完成验收后才能签署。

报告期内，公司正常发货与提前发货的占比分别为34.32%、43.91%、42.32%、48.24%。

分 析

签署合同前，提前发货的比例为34.32%、43.91%、42.32%、48.24%，还真不低。

2.公司提前发货情形收入确认依据

公司提前发货收入确认时点为根据客户完成产品签收/验收和合同签署时点孰晚，收入确认依据为公司与客户签订的销售合同和签收单/验收单，主要是因为在提前发货情形下，公司与客户签署销售合同的时点可能在客户完成产品签收/验收之后。公司提前发货模式的收入确认与公司销售产品的收入确认原则一致，符合企业会计准则关于收入确认的相关规定。

3.公司提前发货情形下收入确认依据符合行业惯例

公司提前发货的主要客户为产品与解决方案厂商，其最终用户主要为政府及大型企事业单位，在产业链中处于主导地位。由于此类最终客户规模体量较大，内部审批决策流程复杂，因此在项目实施过程中为保障项目执行进度，往往在尚未签订合同时要求上游供应商先行供货。公司在提前发货时，客户已经有明确的项目需求，且此类客户实力强、信用好，因此提前发货后无法签署合同的风险较低。对于提前发货的情形，公司以客户完成签收/验收和与客户签署合同时点孰晚为收入确认时点。

公司选取的同行业可比公司中，信安世纪披露有未签订合同提前发货情形，其他同行业可比公司未披露是否存在提前发货的情形。信安世纪将提前发货产品定义为“项目测试产品”，在发出商品列示。由于公司提前发货情形的主要客户为产品与解决方案厂商，且主要受合作厂商下游最终客户政府、国有企事业单位等的特殊采购模式影响。为进一步说明公司提前发货模式收入确认的合理性，公司选取了信息技术行业中最终客户主要为政府、国有企事业单位的上市公司，对提前发货的收入确认依据进行比较分析。

公司简称	下游最终客户	提前发货收入确认依据
信安世纪（688201.SH）	金融、交通、人社、烟草、民航、税务、电信运营商等行业和领域的金融机构、政府部门及大型企业	对于提前交付的进行测试的产品，在与客户签署合同并完成验收后确认
兴图新科（688081.SH）	国防、监狱、油田等领域的政府部门与军方用户	根据客户签收/验收与合同签署时点孰晚确定收入确认时点
华脉科技（603042.SH）	中国电信、中国联通、中国移动及各地广电公司、电信主设备商和网络集成商等	对于先发货后获取订单等结算依据的情形，在客户到货签收/验收后，待公司取得订单等结算依据后确认收入
高凌信息（688175.SH）	各地通信管理部门及公安政法部门、军队及军工企业、科研院所及各地政府环保部门	对于提前发货的情形，公司在合同签订后以终验验收时点作为收入确认时点

由上表可知，对于信息技术行业中最终客户主要为政府、国有企事业单位的上市公司，存在提前发货情形的，其提前发货的收入确认依据与公司一致。

分 析

1.先发货后签合同，一般面对的是政府、事业单位、银行、电信、石油、大国企等客户。

2.若想上市，先发货后签合同这种事还是少干为妙。即使是不得已为之，占收入的比例也不能太大，而且得与上个案例“7–17 辛帕智能 2022–04”一样谨慎，以签收/验收时点和合同签订时点孰晚确认收入。确认收入前，商品在发出商品中列示。

综上，公司的提前发货模式下收入确认原则与同行业可比公司销售产品的收入确认原则一致。同行业可比公司信安世纪存在较大规模提前发货的情形，提前发货的收入确认原则与公司一致。信息技术行业中其他与公司业务模式相似的上市公司提前发货的收入确认原则与公司一致。因此，公司提前发货模式的收入确认原则符合行业惯例。

二、“安装调试服务过程较为简单”的判断依据和具体标准，报告期内相关标准是否一贯执行；销售对象为合作厂商时是否需要发行人提供安装调试服务，

以及对收入确认时点的影响

｜回复｜

1.“安装调试服务过程较为简单”的判断依据和具体标准，报告期内相关标准是否一贯执行

公司客户一般通过合同签署前的技术论证、方案谈判等环节合理判断公司产品交付时是否需要提供安装调试服务。对于需要公司提供安装调试服务的，双方会在合同中明确约定安装调试及验收条款；对于安装调试服务过程较为简单或无需公司提供安装调试服务的，双方不在合同中约定验收条款，仅约定签收交付条款。

合同中只约定签收条款的情形为安装调试服务过程较为简单或无需公司提供安装调试服务。“安装调试服务过程较为简单”指相关产品到达客户指定地点后一般仅需公司技术人员远程指导即可正常使用，此类简单安装调试并非合同约定义务。

“安装调试服务过程较为简单或无需公司提供安装调试服务”的情形中密码板卡居多，公司密码板卡的主要客户为国内大型安全产品厂商，如启明星辰和深信服。该类客户一般将公司密码板卡作为其产品部件使用，购买前已通过各项产品功能检测，后续只需批量发货即可。密码整机中的“安装调试服务过程较为简单或无需公司提供安装调试服务”的情形一般是指客户为技术实力雄厚的大型产品与解决方案厂商，具备自主安装调试的能力。

报告期内公司对于“安装调试服务过程较为简单或无需公司提供安装调试服务”的相关标准一贯执行。

2.销售对象为合作厂商时是否需要发行人提供安装调试服务，以及对收入确认时点的影响

实际业务中，销售对象为产品与解决方案厂商时是否需要公司提供安装调试服务，依产品类别和客户技术实力差异而不同。从产品类别来看，一般密码板卡需要提供安装调试服务的比例较低，而密码整机和密码系统需要提供安装调试服务的比例较高。关于客户差异，通常技术实力较强、规模较大的产品与解决方案厂商不需要公司提供安装调试服务；而技术实力一般、规模较小的产品与解决方案厂商可能需要公司提供上架和加电测试、接口调试等调试服务。

基于产品类别和客户差异情况，公司与客户会在销售合同中明确约定，需要公司提供安装调试服务作为履约义务的，双方在合同中约定安装调试及验收条款；不需要公司提供安装调试服务作为履约义务的，双方在合同中仅约定签收交付条款。

因此，销售对象为合作厂商时是否需要公司提供安装调试服务以及对收入确认时点的影响，其判断依据为合同条款约定，如合同约定需要安装调试及验收，则公司在客户完成验收时确认收入，否则以客户签收时点为收入确认时点。

分 析

安装、调试比较简单的，并不会影响确认收入的时点，客户签收时就可以确认收入；而安装、调试比较复杂、作为履约义务的，安装、调试后，客户验收通过后才能确认收入，详细请温习第7章第1节“安装”。

第5节 暂估确认收入

外部证据与收入确认的时点若存在较大的时间差，会导致企业要跨期暂估收入，常见于线上销售、寄售、中间仓等。会计上，先暂估确认收入，然后在实际结算时再调整。

先暂估确认收入后调整属于资产负债表日后事项中的调整事项，须注意收入跨期的问题，请阅读案例“7-19 无线传媒 2022-03”。

此节与第2章第2节“暂定价格”有千丝万缕的联系，请比照阅读。

7-19 无线传媒 2022-03

根据申报材料，报告期内发行人IPTV基础业务、IPTV增值业务每月根据客户提供并经双方确认的结算数据确认收入，若当月未取得客户提供的结算数据，在能够可靠计量的情况下，根据客户计费系统和公司大数据管理系统的数据信息暂估确认收入，在实际结算时予以调整；购物频道传输服务按合同约定的服务期分期确认收入。

请发行人：

一、补充说明IPTV基础业务、IPTV增值业务的收入确认时点是否谨慎，是否与同行业公司一致

｜回复｜

1.补充说明IPTV基础业务、IPTV增值业务的收入确认时点是否谨慎

发行人IPTV基础业务主要向终端用户提供直播和基础点播视听节目服务，增

值业务主要向终端用户提供个性化的点播视听节目服务。发行人收入确认方法为：根据合同约定，本公司每月根据客户提供并经双方确认的结算数据确认收入，若当月未取得客户提供的结算数据，在能够可靠计量的情况下，根据客户计费系统和本公司大数据管理系统的数据信息暂估确认收入，在实际结算时予以调整。发行人在提供服务当月按照收入确认方法确认收入。发行人收入确认时点分析如下：

《企业会计准则第14号——收入》（财会〔2017〕22号）第四条规定“企业应当在履行了合同中的履约义务，即在客户取得相关商品控制权时确认收入。取得相关商品控制权，是指能够主导该商品的使用并从中获得几乎全部的经济利益”。发行人应在提供服务完毕后确认收入。

《企业会计准则第14号——收入》（财会〔2017〕22号）第十一条第一款规定“满足下列条件之一的，属于在某一时段内履行履约义务；否则，属于在某一时点履行履约义务：

（一）客户在企业履约的同时即取得并消耗企业履约所带来的经济利益。

（二）客户能够控制企业履约过程中在建的商品。

（三）企业履约过程中所产出的商品具有不可替代用途，且该企业在整个合同期间内有权就累计至今已完成的履约部分收取款项”。

发行人是河北IPTV集成播控分平台运营方，主要负责与中央IPTV集成播控总平台运营方对接，并将全国性内容服务平台的节目信号与河北省内节目信号进行集成并审查后，规范对接到电信运营商IPTV信号专用传输网络。发行人基础业务主要向终端用户提供直播和基础点播视听节目服务，增值业务主要向终端用户提供个性化的点播视听节目服务。发行人按照合同约定提供直播和点播视听节目播控服务时，客户即获得了节目信号及内容的效益，符合“客户在企业履约的同时即取得并消耗企业履约所带来的经济利益”条件，发行人相关义务属于在某一时段内履行履约义务。

分 析

根据《企业会计准则第14号——收入》第十一条的规定，先判断是不是在某一时段内履行的履约义务。

《企业会计准则第14号——收入》（财会〔2017〕22号）第十二条第一款规定“对于在某一时段内履行的履约义务，企业应当在该段时间内按照履约进度确认收入，但是，履约进度不能合理确定的除外。企业应当考虑商品的性质，采用产出法或投入法确定恰当的履约进度。其中，产出法是根据已转移给客户的商品对于客户的价值确定履约进度；投入法是根据企业为履行履约义务的投入确定履约进度。对于类似情况下的类似履约义务，企业应当采用相同的方法确定履约进度”。

根据发行人与运营商签订的合作协议，发行人按照约定结算政策每月与运营商结算，发行人履约进度可以合理确认，对于在某一时段内履行的履约义务，发行人应当在该段时间内按照履约进度确认收入。发行人在每月提供完播控服务后确认收入。由于发行人在每月提供服务后与电信运营商存在1—3月的对账周期，每月需要暂估确认收入，在实际结算时予以调整。发行人收入确认时点谨慎，符合《企业会计准则》的规定。

分　析

凭证滞后于真正的收入确认时点，发行人得暂估收入，实际结算时再调整，暂估不准的话会引起收入跨期的问题。

2. 同行业可比公司收入确认政策

报告期内，发行人与同行业可比公司的收入确认政策及收入确认时点对比情况如下：

公司名称	业务类别	收入确认政策	收入确认时点
新媒股份	全国专网业务	每月根据客户提供并经双方确认的结算数据确认收入，若当月未取得客户提供的结算数据，在能够可靠计量的情况下，根据计费平台统计的数据信息等确认收入，在实际结算时予以调整	每月确认
芒果超媒	运营商业务	运营商业务收入以业务结算单或合作协议约定的第三方、技术后台业务数据确认收入。资产负债表日前取得运营商提供的结算数据，以双方确认的结算数据确认收入。资产负债表日前未取得运营商提供的结算数据，在能够可靠计量的情况下，根据计费平台统计的数据信息等确认收入，在实际结算时予以调整	每月确认

续表

公司名称	业务类别	收入确认政策	收入确认时点
海看股份	IPTV业务	公司每月根据客户提供并经双方确认的结算数据确认收入，若当月未取得客户提供的结算数据，在能够可靠计量的情况下，根据业务运营平台统计的数据等信息确认收入，在实际结算时予以调整	每月确认
重数传媒	IPTV业务	公司根据客户提供并经双方确认的结算数据确认收入。每月末，公司结合业务系统的统计数据、合同约定分成单价等信息确认收入，待客户结算数据确定时予以调整	每月确认
无线传媒	IPTV基础业务、IPTV增值业务	根据合同约定，本公司每月根据客户提供并经双方确认的结算数据确认收入，若当月未取得客户提供的结算数据，在能够可靠计量的情况下，根据客户计费系统和本公司大数据管理系统的数据信息暂估确认收入，在实际结算时予以调整	每月确认

通过分析发现，发行人IPTV基础、增值业务收入确认政策、确认时点与同行业不存在明显差异。发行人收入确认时点谨慎，符合《企业会计准则第14号——收入》（2017修订）的相关规定。

二、是否持续存在暂估确认收入的情形及相关金额，具体会计处理；发行人先按暂估数确认收入而后再进行调整的历史准确率，前后调整是否存在重大差异，报告期各期末是否存在大量跨期确认收入的情形

｜回复｜

1.暂估确认收入的会计处理方式

根据《企业会计准则第14号——收入》（财会〔2017〕22号）第十五条规定“企业应当根据合同条款，并结合其以往的习惯做法确定交易价格。在确定交易价格时，企业应当考虑可变对价、合同中存在的重大融资成分、非现金对价、应付客户对价等因素的影响”。

根据《企业会计准则第14号——收入》（财会〔2017〕22号）第十六条规定“合同中存在可变对价的，企业应当按照期望值或最可能发生金额确定可变对价的最佳估计数，但包含可变对价的交易价格，应当不超过在相关不确定性消除时累计已确认收入极可能不会发生重大转回的金额。企业在评估累计已确认收入是否极可能不会发生重大转回时，应当同时考虑收入转回的可能性及其比重。每一资产负债表日，企业应当重新估计应计入交易价格的可变对价金额。可变对价金额发生变动的，按照本准则第二十四条和第二十五条规定进行会计处理”。

根据《企业会计准则第14号——收入》（2017修订）第二十四条规定“对于可变对价及可变对价的后续变动额，企业应当按照本准则第二十条至第二十三条规定，将其分摊至与之相关的一项或多项履约义务，或者分摊至构成单项履约义务的一系列可明确区分商品中的一项或多项商品。对于已履行的履约义务，其分摊的可变对价后续变动额应当调整变动当期的收入”。

IPTV业务中由于终端客户存在要求退赔、欠费无法扣费等情况，发行人与运营商结算的数据无法在提供服务的当月完全确定，故发行人在确定交易的价格时应考虑可变对价。在考虑可变对价的基础上，发行人每月根据客户计费系统和公司大数据管理系统的数据信息暂估确认收入。当发行人在收到电信运营商确认的结算单时，相关履约义务已经完成，发行人应在收到结算单当月，对收入调整暂估数与经确认结算数据的差异。

2.报告期各期末是否存在大量跨期确认收入的情形

《企业会计准则第29号——资产负债表日后事项》第四条规定“企业发生的资产负债表日后调整事项，应当调整资产负债表日的财务报表”。

《会计准则实务问与答》第14问“企业应当如何区分资产负债表日后调整事项和非调整事项？

答：资产负债表日后调整事项，是指对资产负债表日已经存在的情况提供了新的或进一步证据的事项。如果资产负债表日及所属会计期间已经存在某种情况，但当时并不知道其存在或者不能知道确切结果，资产负债表日后发生的事项能够证实该情况的存在或者确切结果，则该事项属于资产负债表日后事项中的调整事项……”①

发行人制定的收入确认政策为：根据合同约定，发行人每月根据客户提供并经双方确认的结算数据确认收入，若当月未取得客户提供的结算数据，在能够可靠计量的情况下，根据客户计费系统和本公司大数据管理系统的数据信息暂估确认收入，在实际结算时予以调整。

根据上述会计准则，对于在资产负债表日之前取得结算单的月份的数据差

① 《问：企业应当如何区分资产负债表日后调整事项和非调整事项？》，载财政部会计准则委员会网站，https://www.casc.org.cn/2019/1231/203036.shtml，2024年9月21日访问。

异，发行人按照收入确认政策对暂估收入数据已做调整；针对资产负债表日后取得结算单的月份的数据差异，发行人在资产负债表日后取得了结算单，报告期收入确认金额已经确切，属于资产负债表日后事项中的调整事项，发行人已经按照资产负债表日后事项对差异数据进行了调整。对于在审计报告经董事会批准报出日仍未取得结算单的月份按照暂估的数据确认收入，并在取得结算单的月份调整暂估和实际结算差异，将结算差异在下一个报告周期内予以确认。结合发行人历史上的暂估准确率情况，预计在后期按照实际结算对暂估进行调整的影响金额较小。综上，暂估确认收入不会导致收入跨期的情形，发行人报告期内不存在大量跨期确认收入的情形。

分　析

1.其实，可变对价的本质就是暂估收入。所以，很多表述，像“先预估，后调整”，看起来似曾相识，请温习第2章“可变对价”。

2.在资产负债表日之后才取得的结算单，属于资产负债表日后事项中的调整事项，这是因为结算单在资产负债表日之前就已经存在迹象。资产负债表日后事项调整了，收入的跨期问题就减弱了。

3.对于所有的可变对价，都应当在每一个资产负债表日看是否需要调整。

3.发行人先按暂估数确认收入而后再进行调整的历史准确率，前后调整是否存在重大差异

发行人2020年6—12月、2021年度暂估收入与实际结算金额差异分别为5.08万元、-809.06万元，差异金额占结算金额的比例分别为0.01%、-1.28%，差异率较小。发行人先按暂估数确认收入而后再进行调整的历史准确率较高，前后调整不存在重大差异。

第6节　价格保护

价格保护的实质是企业根据未来销售价格下降幅度给予客户一定的价格折让。价格保护的主动权在卖方，承担主要风险的仍然是买方，交易仍然属于买断式销售，一般不会影响商品控制权的转移和收入确认。

价格保护类似于有条件的商业折扣，卖方可参考可变对价或应付客户对价进行会计核算，先是按扣减预估返利后的净额确认收入，后续再根据实际情况调整收入。

7-20 希荻微 2021-09

根据申报材料：（1）发行人与台湾安富利于2020年8月开始合作，2020年发行人对台湾安富利的销售金额为6,740.22万元；（2）经销商协议中约定价格保护条款："如果供应商降低任何产品的价格，则经销商有权在供应商书面批准后，获得与以下差额相等的信用，即经销商支付的净价（减去供应商先前授予的任何信用）和该产品的新降低价分别乘以降价生效日该产品的经销商库存货在途数量之间的差额"；（3）经销协议约定报废产品回收、新产品退货、初始备货订单的退货条款；产品质保服务由供应商提供。

请发行人说明：结合经销商协议中对于价格保护条款约定及货物流、现金流等情况进一步说明安富利是否承担存货价格波动风险，是否为买断式经销。

｜回复｜

根据《主经销商协议》，如果供应商降低任何产品的价格，则经销商有权在供应商书面批准后获得以下优惠：即经销商支付的净价（减去供应商先前授予的任何优惠）和该产品的新降价的差额，乘以降价生效日该产品的经销商库存及在途产品数量。

该合同条款的具体含义为：如果发行人产品存在降价情形，台湾安富利可以向发行人申请实施价格保护，发行人书面同意后向台湾安富利给予相关的价格补偿，补偿金额为降价额度乘以台湾安富利已采购但尚未对外销售的产品数量（包括库存及在途产品）。

公司与台湾安富利签署上述价格保护条款的商业背景，主要是由于经销商在产品流通环节的利润率通常较低，如发行人面向市场大幅降低产品销售价格，经销商的利益将受到冲击，因此公司给经销商提供价格保护机制以使经销商获取合理利润，促进双方合作的持续性。

1. 关于存货价格波动风险

发行人承担了一定的存货价格波动风险，同时台湾安富利仍承担主要的存货价格波动风险，原因如下：

①该等条款适用于发行人主动降低产品价格的情形，不同于市场价格波动引

发的风险，发行人对存货价格波动风险的承担主要是基于自身的商业决策；

②该等价格保护条款的执行需要得到发行人的书面批准，台湾安富利无法单方面行使该条款，台湾安富利仍承担了存货价格波动风险；

③假设发行人提高产品价格，台湾安富利库存及在途的商品可以按照提高后的价格出售并获得价格上涨的收益，台湾安富利能够享有存货价格波动的收益。

分　析

存在价格保护条款的，主动权在卖方，承担、享受主要存货价格风险、收益的仍旧是买方。

对于台湾安富利已采购尚未最终销售的期末存货，其控制权和所有权归属于台湾安富利，不属于发行人的存货，发行人无需对其计提存货跌价准备。

2.价格保护条款不影响控制权转移的判断

根据新收入准则《企业会计准则第14号——收入》第四条第一款，企业应当在履行了合同中的履约义务，即在客户取得相关商品控制权时确认收入。上述价格保护条款的约定不会影响控制权转移时点及收入确认时点的认定。台湾安富利在取得商品控制权后主导商品的使用，并从中获得几乎全部的经济利益，其取得商品控制权的具体表现为：

①能力：发行人与安富利采用EXW（工厂交货）贸易条款，发行人根据合同条款将商品交给安富利指定的承运商，承运商提货后完成控制权转移。发行人既没有保留通常与所有权相联系的继续管理权，也没有对已售出的货物实施有效控制，此时台湾安富利已经拥有商品的法定所有权并能够主导商品的使用并获取几乎全部经济利益；

②主导该商品的使用：台湾安富利取得商品后，自行对货物实物进行管理，在其经营活动中有权决定如何使用该商品，发行人无权力干涉商品的使用；

③能够获得几乎全部的经济利益：台湾安富利在承运商提货后拥有获得商品几乎全部经济利益的能力。台湾安富利可以主导商品自行销售，自负盈亏，也可以通过使用、消耗、处置、交换、抵押或持有等多种方式直接或间接地获得商品的经济利益。

分 析

价格保护条款一般不能阻止客户主导商品的使用，不影响商品控制权的转移。设想一下，都不知道客户会在未来什么时候使用价格保护功能，如果会影响的话，那么卖方就不知道几时能确认收入了。

综上所述，台湾安富利在转让给终端客户之前已经取得了商品的控制权，上述价格保护条款的约定不会影响收入确认时点的认定，公司与台湾安富利的销售仍属于买断式销售。

3. 发行人收入确认符合《企业会计准则》

该等价格保护条款类似于商业折扣，为目前商业合作中较为普遍的现象，属保护性条款。其实质是经销商希望获得与市场同等优惠的价格，否则，经销商在向其终端客户销售时，将与其他经销商竞争处于不利的地位。在综合考虑经销商申请的额度、所在市场环境的变化等因素，经发行人批准同意后，会给予经销商一定的价格折让。即，并不是无条件接受对方的价格保护要求或承担减值风险。针对价格折让，一般按照扣除折让后的金额来确认销售商品收入。

同时根据《企业会计准则第14号——收入》应用指南规定，企业在向客户转让商品的同时，需要向客户或第三方支付对价的，应当将该应付对价冲减交易价格，但应付客户对价是为了自客户取得其他可明确区分商品的除外。合同中存在可变对价的，企业应当对计入交易价格的可变对价进行估计。

发行人遵循相应会计准则，在对经销商的销售实现时，根据合同条款以及历史数据评估是否需计提价格保护，从而对当期收入金额进行调整，即按照扣除价格保护后的金额来确认销售商品收入金额。2020年度、2021年1—6月，发行人考虑历史售价及在手订单价格，并结合台湾安富利历史上和期后都未曾申请价格保护的情况，且销售给台湾安富利的产品市场销售情况良好，发行人并无降价计划，经评估，台湾安富利对2020年度、2021年1—6月的销售申请价格保护的可能性非常低，因此未计提对台湾安富利的价格保护金额。

分 析

1. 价格保护条款与商业折扣相似，本质上都是可变对价。

> 2. 价格保护条款可参考可变对价或应付客户对价的处理方法，详细请阅读第2章“可变对价”、第4章“应付客户对价”。先是按历史数据预估、扣减价格保护金额后的净额确认收入，后续根据实际情况调整收入。一般都会预估为0元，省去做账的麻烦。

截至本问询回复日，台湾安富利未曾申请过价格保护，发行人对收入的会计处理以及对价格保护的会计估计准确、合理，符合企业会计准则的规定。

4. 同行业公司存在类似的价格保护条款，不影响买断式经销的认定

同行业可比公司中圣邦股份对于买断式经销商也存在类似的价格保护条款，根据圣邦股份年报及招股说明书披露，圣邦股份对合作较久、规模较大、实力较强的经销商给予价格调整政策，公司与该类经销商在经销商授权协议中约定了价格调整条款，公司给经销商提供适当的价格调整以使经销商获取合理利润，圣邦股份在对经销商的销售实现时计提价格调整，对当期收入金额进行调整。圣邦股份管理层在确定价格调整金额时需要考虑历史售价及未来市场趋势。但圣邦股份未披露针对价格调整计提的具体金额或比例情况。

圣邦股份给予经销商的价格调整政策类似于发行人给予台湾安富利的价格保护条款，圣邦股份的价格调整政策不会改变其买断式经销的合作模式，只是在收入确认的过程中需要考虑该条款对收入金额的影响。发行人结合与台湾安富利的具体合作情况，认为于2020年度、2021年1—6月未计提价格保护金额具有合理性，具体参见上述第3点论述。

综上所述：①价格保护条款下，台湾安富利仍承担存货价格波动的主要风险；②上述价格保护条款的约定不会影响控制权转移时点、收入确认时点及买断式经销模式的认定；③发行人结合对台湾安富利的历史及期后销售情况，针对收入确认金额综合评估了计提价格保护的可能性，收入确认符合会计准则的规定；④结合可比公司案例，价格保护条款不影响买断式经销的认定。因此针对台湾安富利的销售仍属于买断式经销。

第7节　寄售

寄售，是企业提前将一定数量的商品运输到客户指定的位置，并根据客户领用的产品明细来确认收入，常见的有VMI存货管理模式（供方仓销售模式）。寄售模式面对的多数是大规模、强势的大客户。

在寄售模式中，企业一般会与客户约定，不论商品存放于客户自有仓库还是客户指定的第三方物流仓库，产品在客户使用前，所有权归属于企业。客户领用时，商品的所有权才转移给客户，参见案例“7-21 金源装备 2022-03”。一些企业在客户领用时确认收入，理论上虽然准确，但结算时点会晚于领用时点，二者的时间差会迫使企业暂估确认收入，实践中较为麻烦。所以，为了避免暂估收入，多数企业在取得经客户确认的结算单并核对无误后才确认收入，参见案例“7-22 爱联科技 2022-04”“7-23 恒勃股份 2022-03”。当然，也有企业是在客户签收后确认收入，具体情况视合同约定而定。

至于寄售模式该用净额法还是总额法确认收入，请阅读第9章第6节“寄售”。

7-21　金源装备 2022-03

申请文件显示：寄售模式下，公司对采埃孚集团的销售采用寄售模式，公司将产品发出至指定仓库，待客户提货后确认销售收入。

请发行人：

一、说明寄售模式下结算周期和取得外部证据的时间，客户领用和开票通知单下达时间与领用时点之间存在的时间差异情况，是否存在客户领用后货物仍存放于异地仓库及领用后未及时登记出库的情形

｜回复｜

报告期内发行人与采埃孚采用寄售业务模式，结算周期为每周结算，采埃孚通常于每周一、周二会对上周自寄售库领用的产品向发行人以邮件形式出具产品领用单及开票通知单，因此客户领用和开票通知单下达时间与领用时点之间时间差异一般在2—9天。

报告期内，公司对存货管理、异地仓库管理制定了相应的规定，通过定期对账、定期及不定期盘点等控制活动对异地仓库进行管理；且采埃孚作为国际知名厂商，与供应商之间合作的寄售业务模式成熟，对于寄售库的库存管理相对较为规范，与公司对账结算及时。

因此报告期内，发行人不存在客户领用后货物仍存放于异地仓库及领用后未及时登记出库的重大差异情形。

二、是否存在次月取得外部证据导致收入跨期确认的情形，是否存在暂估确认收入的情形，如有，请列示报告期各期暂估以及实际入账金额及差异

｜回复｜

发行人与采埃孚之间为每周一、二对上一周领用产品进行对账结算，因此会出现在次月取得外部证据的情形，但因时间差异较小，发行人会及时根据取得的对账单及领用明细开具发票，并对上月的收入进行暂估确认。因发行人以次月实际开票金额对当月收入暂估确认，暂估与实际入账金额不存在差异。

因此，报告期内发行人不存在次月取得证据导致收入跨期确认的情形，存在因次月开具发票而当期暂估确认收入的情形，各期暂估金额与实际入账金额一致，不存在差异。

三、上述结算方式的收入确认政策是否符合《企业会计准则》规定

｜回复｜

根据发行人与采埃孚的合同约定，发行人产品由客户自提或委派货运单位运输至寄售仓库，此时产品的所有权仍归发行人所有；自采埃孚根据其生产计划将产品从寄售库领用后，相关风险报酬才转移至采埃孚。

因此发行人根据客户每周出具的领用清单对账，以客户领用时点确认销售收入符合《企业会计准则》的规定。

分　析

以客户领用时确认收入，理论上虽然准确，但拿到对账单的时间滞后。收入确认时点与凭据若存在时间差，就需要暂估收入，较为麻烦。不如，学习案例“7-23 恒勃股份 2022-03”的处理，对账无误后才确认收入。

7-22　爱联科技 2022-04

申请文件及首轮问询回复显示：发行人在客户出具结算单时确认收入，与多数同行业可比公司在签收时点确认收入不一致。

请发行人：说明客户物流签收、验货、结算等时间节点的周期情况，一般销售业务和寄售业务收入确认时点是否存在差异，按照《企业会计准则第14号——收入》逐项说明收入确认时点是否符合相关规定，模拟测算按照签收时点确认收入对发行人营业收入、毛利率、净利润等财务指标的影响。

| 回复 |

一、说明客户物流签收、验货、结算等时间节点的周期情况，一般销售业务和寄售业务收入确认时点是否存在差异

1.主要客户物流签收、验货、结算等时间点周期

报告期内，发行人主要客户一般在发货后1—3天内确认收货，在发货后23天内完成结算并向发行人提供结算单据。其中由于寄售商品存在备货周期，结算天数高于一般客户。总体而言，由于客户从收货到结算的周期普遍较短。

2.以客户结算单作为收入确认依据的原因

公司的大多数客户在合同中均约定了验收条款，要求公司将货物运送至客户指定地点并经客户验收合格后，货物控制权及风险报酬转移至客户。由于模组数量较多且体积较小，公司客户在收货时并不会实际执行验收程序，物流签收不代表客户已实际接受商品并取得商品控制权，以物流签收单作为收入确认依据不准确，因此，公司认为客户结算可以视为其已经接受并控制了相关商品，以结算单替代购销合同中验收条款涉及的验收单作为收入确认的依据。

二、一般销售业务和寄售业务收入确认时点是否存在差异

对于一般销售业务和寄售销售业务，公司根据与客户的合同约定，均在客户提供商品结算清单时确认收入，两种业务模式在收入确认时点上不存在差异。

三、按照《企业会计准则第14号——收入》逐项说明收入确认时点是否符合相关规定

1.一般销售业务

发行人的一般销售业务，按照客户需求设计产品，生产产品，按照技术合同交货至客户指定交货点，客户按照交货清单结算货物。销售合同约定发行人提供给客户的为明确的产品交付，根据《企业会计准则第14号——收入》（2017修订）（财会〔2017〕22号），该销售业务为在某一时点确认收入的单项履约义务，合同价格既定且明确，不存在或有对价的情况。

《企业会计准则第14号——收入》第四条规定："企业应当在履行了合同中的履约义务，即在客户取得相关商品控制权时确认收入。取得相关商品控制权，是指能够主导该商品的使用并从中获得几乎全部的经济利益。"

公司一般销售业务的大多数客户在合同中均约定了验收条款，要求公司将货物运送至客户指定地点并经客户验收合格后，货物控制权及风险报酬转移至客户。由于模组数量较多且体积较小，公司客户在收货时并不会实际执行验收程序，

物流签收不代表客户已实际接受商品并取得商品控制权，以物流签收单作为收入确认依据不准确，因此，公司认为客户结算可以视为其已经接受并控制了相关商品的时点，以客户出具结算单时点作为收入确认时点，以结算单替代购销合同中验收条款涉及的验收单作为收入确认的依据。

发行人一般销售业务收入确认时点符合《企业会计准则第14号——收入》相关规定。

分 析

如果切实需要实质性的验收，但客户在实际收货时并不会验收，则物流签收并不代表客户已实际接受商品、取得商品控制权，卖方以物流签收单作为收入确认的依据并不恰当，详细请温习第7章第2节“验收”。本案例就是这样，客户在收货时并不会验收，最后以结算单替代验收单来确认收入。

2. 寄售业务

发行人的寄售业务，客户下达寄售订单后，公司应根据客户需求进行生产，并发货至寄售仓库，客户直接从寄售仓库领用产品，公司在月底与客户核对使用情况，并由客户出具结算单。根据《企业会计准则第14号——收入》（2017修订）（财会〔2017〕22号），该销售业务为在某一时点确认收入的单项履约义务，合同价格既定且明确，不存在或有对价的情况。

《企业会计准则第14号——收入》第四条规定：“企业应当在履行了合同中的履约义务，即在客户取得相关商品控制权时确认收入。取得相关商品控制权，是指能够主导该商品的使用并从中获得几乎全部的经济利益。”

公司寄售业务的大多数客户采用VMI存货管理模式，公司客户在收货时并不会实际执行验收程序，物流签收不代表客户已实际接受商品并取得商品控制权，以物流签收单作为收入确认依据不准确，每月公司与客户就已领用的存货进行对账并结算，因此，公司认为客户结算可以视为其已经接受并控制了相关商品的时点，以客户出具结算单时点作为收入确认时点，以结算单替代购销合同中验收条款涉及的验收单作为收入确认的依据。

分 析

1.VMI（Vendor Managed Inventory）模式是一种以获得最低成本为目的，在一个共同的协议或合同下由供应商垫资解决库存资金问题，多方不断监督协议或合同执行情况和修正协议或合同内容，使库存管理得到持续的改进的合作性策略。

2.寄售模式中，以客户出具结算单时点作为收入确认的时点，可以省去暂估收入的麻烦。

发行人寄售业务收入确认时点符合《企业会计准则第14号——收入》相关规定。

四、模拟测算按照签收时点确认收入对发行人营业收入、毛利率、净利润等财务指标的影响

1.模拟测算计算逻辑

按签收时点确认收入与公司目前的收入政策主要差异为报告期内各期期末公司非寄售的库存商品中，已送达客户但尚未结算的部分。

其中，寄售于客户仓库的发出商品，不适用按签收时点模拟确认收入。主要原因为寄售于客户仓库的发出商品若确认收入，需满足包括但不限于以下条件：（1）客户已经领用产品；（2）客户验收合格；（3）产品销售收入金额确定且取得相应的结算单，相关的经济利益很可能流入。客户仓库在签收产品后，其中由于寄售商品存在备货周期，自发货、签收、领用至结算的天数高于一般客户，且发行人客户一般在合同中约定，经客户领用且验收合格后，货物的风险和所有权才能完成转移，故不适用于按签收时点确认收入。

按照以上原则，考虑主要客户从签收至结算的平均时间段不超过25天，各月末客户已签收未结算的部分，主要在次月完成结算，各月滚动计算影响额。全年来看若按照签收时点模拟收入影响额，对全年收入金额影响的情况仅为年初和年末客户已签收未结算的部分因签收时点和结算时点差的影响。因此，在模拟各报告期期末按照签收原则确认收入时，仅考虑了各期末已发货但尚不满足收入确认条件的发出商品的影响，未按月而是按年对收入影响进行滚动模拟测算，也未考虑寄售于客户仓库的发出商品的影响。

2.模拟测算情况

模拟按照签收确认收入时按照年度进行滚动计算，即，上期末客户已签收的发出商品在上期确认收入，实际结算在本期，从本期销售中扣除；本期末发出商品中客户已签收部分纳入本期销售确认，实际在下期结算从下期的销售中扣除。

报告期内，发行人模拟按照签收时点确认收入，2021年、2020年、2019年对营业收入的滚动影响净额分别为978.01万元、2,248.63万元、886.04万元，其中2020年模拟测算营业收入影响的净额较大，主要受期前签收的发出商品规模及其对应销售额较前期变动较大的影响，但模拟测算结果对财务报表整体的影响并不重大。

报告期内，发行人模拟按照签收时点确认收入，2021年、2020年、2019年对营业收入的影响比率分别为0.85%、2.59%、1.08%，对毛利率的影响分别为0.01%、0.12%、0.05%，整体影响较小。

分　析

在寄售模式中，一般不会在领用后确认收入，而是在结算后。其实，因为寄售货物一般为滚动发货，客户领用以及卖方确认收入也是滚动进行，整体来看，一段时期内，时点差不会对收入确认的金额产生重大影响。

综上所述，若发行人在签收时点确认收入，对当期营业收入、毛利率、净利润的影响不存在显著差异。

7-23　恒勃股份 2022-03

申请文件显示：发行人内销收入存在寄售模式和非寄售模式。对于寄售模式的，发行人将产品交付至客户仓库或其指定仓库，客户根据自身生产需要从仓库中领用产品，发行人取得经客户确认的耗用清单并经核对无误后确认收入。对于非寄售模式的，医疗器材业务在客户签收确认时确认收入，其余业务在发行人将产品交付至客户仓库或其指定仓库后，获取经客户确认的产品验收入库清单，并经核对无误后确认收入。

请发行人说明：

一、寄售模式下，结算周期和取得外部证据的时间，上线和开票通知单下达时间与领用时点之间存在的时间差异情况，是否存在客户领用后货物仍存放于异地仓库及领用后未及时登记出库的情形

｜回复｜

寄售模式下，发行人根据客户提供的耗用清单并经核对无误后确认收入，收入确认时点为取得客户提供的耗用清单并核对无误的时点。寄售模式的结算周期一般为按月结算，不同客户结算时点略有不同。报告期内，发行人采用寄售模式的主要客户及结算周期，取得耗用数量确认清单的时间情况具体如下：

客户名称	客户上线领用结算期间	开票通知单（数量耗用清单）下达时间	结算期末至取得开票通知单的时间差
吉利集团	每月1日至31日	次月5—15日	5—15天内
新大洲本田	每月21日至次月20日	次月22日前	2天内
奇瑞集团	每月1日至31日	次月5—15日	5—15天内
大长江集团	每月1日至31日	次月5日前	5天内
比亚迪	每月1日至31日	次月10日前	10天内

如上表所示，不同客户因生产组织方式和结算习惯不同，结算时间略有不同，但结算周期均在30天左右（按月结算），从结算期末至开票通知单（数量耗用清单）下达时间之间的间隔一般在15天以内。通常情况下，发行人均于当月取得客户上月耗用产品的结算数据。因此，客户出具的耗用数量清单下达时间与发行人获取时间及确认收入时间均在同一月份。发行人已对存货、异地仓库管理制定了相应的规定，通过定期与客户、第三方物流仓库对账以及定期盘点等控制活动对异地仓库进行管理。报告期内，不存在客户领用后货物仍存放于异地仓库及领用后未及时登记出库的情形。

二、是否存在次月取得外部证据导致收入跨期确认的情形，是否存在暂估确认收入的情形，如有，请列示报告期各期暂估以及实际入账金额及差异

｜回复｜

如前文所述，寄售模式下，根据发行人与客户约定的风险报酬转移相关条款，不论产品存放于客户自有仓库或其指定的第三方物流仓库，产品在客户使用前，其所有权归属于发行人；在客户上线领用后，其所有权转移至客户。发行人每月根据客户的供应商管理系统或者电子邮件等形式出具的上个月耗用数量清单并经核对无误后，按照双方约定的价格确认收入并开具发票，结算时点与上线领用时点虽然存在差异，但不存在跨期确认收入的情形。在客户上线领用时点公司并不能准确计量客户实际上线领用数量，在客户实际上线领用并取得客户的耗用数量清单后确认销售收入的实现符合会计准则的规定和部分整车制造企业的交易惯例。

分 析

若卖方在客户领用后确认收入，得暂估收入。以结算点作为收入确认的时点，可以不用暂估收入。

报告期内，公司寄售模式下与客户在结算时点已确认上线领用产品的单价和数量，并以此确认收入，不存在暂估确认收入的情形。

三、结合前述情况，说明上述结算方式的收入确认政策是否符合《企业会计准则》规定

｜回复｜

（一）发行人收入确认政策符合《企业会计准则》的规定

1.《企业会计准则第14号——收入》对收入确认的相关规定

发行人自2020年1月1日起执行财政部于2017年7月5日发布《企业会计准则第14号——收入》（2017修订）（财会〔2017〕22号）（以下简称新收入准则）。新旧收入准则对于收入确认的相关规定如下所示：

（1）原收入准则规定（适用2019年12月31日之前）

……

（2）新收入准则规定（自2020年1月1日起适用）

根据《企业会计准则第14号——收入》的规定，企业应当在履行了合同中的履约义务，即在客户取得相关商品控制权时确认收入。取得相关商品控制权，是指能够主导该商品的使用并从中获得几乎全部的经济利益。当企业与客户之间的合同同时满足下列条件时，企业应当在客户取得商品控制权时确认收入：①合同各方已批准该合同并承诺将履行各自义务；②该合同明确了合同各方与所转让商品或提供劳务相关的权利和义务；③该合同有明确的与所转让商品相关的支付条款；④该合同具有商业实质，即履行该合同将改变企业未来现金流量的风险、时间分布或金额；⑤企业因向客户转让商品而有权取得的对价很可能收回。对于在某一时点履行的履约义务，企业应当在客户取得相关商品控制权时点确认收入。

在判断客户是否已取得商品控制权时，企业应当考虑下列迹象：①企业就该商品享有现时收款权利，即客户就该商品负有现时付款义务；②企业已将该商品的法定所有权转移给客户，即客户已拥有该商品的法定所有权；③企业已将该商品实物转移给客户，即客户已实物占有该商品；④企业已将该商品所有权上的主要风险和报酬转移给客户，即客户已取得该商品所有权上的主要风险和报酬；⑤客户已接受该商品；⑥其他表明客户已取得商品控制权的迹象。

由上可见，无论新旧准则，就商品购销行为而言，收入确认的前提都强调合同约定义务的履行、风险报酬的转移以及收款权利。

2. 发行人收入确认政策符合《企业会计准则》的规定

发行人基于新旧收入准则的收入确认方法未发生实质性变化。寄售模式下，发行人将产品交付至客户或其指定仓库，客户根据自身生产需要从仓库中领用产品。产品在客户使用前，其所有权归属于发行人；在客户上线使用后，其所有权及相关风险报酬转移至客户。因此，寄售模式下，发行人在取得经客户确认的耗用清单并经核对无误后确认收入，符合《企业会计准则》的规定。

（二）发行人收入确认政策符合同行业惯例

报告期内，发行人与存在寄售模式的同行业可比公司华原股份、天普股份和浙江仙通的收入确认政策一致，具体情况如下：

可比公司名称	收入确认政策
华原股份（838837）	对于发动机厂、主机厂等配套设备厂，先发货至客户生产区域附近之本公司租赁仓库或客户指定仓库，然后由客户根据生产需要领用，客户领用后确认收入。
天普股份（605255）	客户使用产品后所有权转移：客户通过邮件或者供应商订单系统向公司下达订单，公司完成订单后将货物发往本公司第三方物流仓库或者客户寄售仓库，待客户从第三方物流仓库或者寄售仓领用后，公司通过邮件或供应商平台获取客户使用产品明细，相关风险报酬在此时转移，公司取得收款的相关权利，公司在此基础上根据客户使用产品数量和确定的价格，确认销售收入。
浙江仙通（603239）	客户使用产品后确认收入：客户使用产品后以开票通知单的形式通知公司，公司根据该开票通知单开票并确认收入。

分　析

发行人是耗用清单核对后确认收入，而根据上表的描述，华原股份（838837）是客户领用后确认收入，与发行人不一样。

第8节　经销

经销可以分为两种：一种是买断式销售，即经销商没有无条件退货的权利，与供应商是购销关系。经销商从供应商处购买商品，再将商品销售给消费者。另一种是委托代销，即委托方（供应商）和受托方（代理商）签订代销合同，委托代理商向终端客户销售商品。此时供应商与代理商是居间的法律关系，不是产品购销的法律关系。代理商撮合消费者向供应商下单，促进交易，在商品销售后，按合同约定的方法计算手续费并确认收入，生活中比较常见的是房地产中介。判断委托代销的迹象包括：一是在特定事件发生之前（如向最终客户出售商品或指定期间到期之前），供应商拥有商品的控制权；二是供应商能够要求将委托代销的商品退回或者销售给其他方（如其他代理商）；三是尽管受托方可能被要求向供应商支付一定金额的押金，但是，并没有承担对商品无条件付款的义务。

买断式销售模式下，供应商的客户为经销商。当经销商取得商品的控制权时，供应商按总额法确认收入，跟直接销售没多大差别；委托代销模式下，供应商的客户为最终消费者，一般在收到代销清单时用净额法确认收入。

7-24　联特科技 2022-03

申请文件及问询回复显示，报告期各期代理销售收入占比分别为27.70%、17.65%、15.08%、8.67%，具体包括佣金代理模式及转售代理模式。

请发行人披露佣金代理及转售代理具体业务模式、收入确认时点及依据。

｜回复｜

1. 佣金代理及转售代理具体业务模式

代理销售模式是指发行人借助代理商的资源、能力及本地便捷性等优势开发终端客户，代理商协助公司进行客户沟通、商务谈判，公司根据行业标准及客户的订单需求进行自主设计、生产，向终端客户或转售代理商交付产品、进行结算，并提供售后服务。公司通过境外代理商销售的原因主要为：代理商熟悉当地光模块行业，具备一定的客户资源与渠道，且具备本地化服务优势，同时熟悉当地交易政策、商业规则及人文环境，便于沟通客户需求、商务条款等方面的事务，可以减少公司运营和沟通成本。

代理销售模式下，公司产品销售分为两种情形：①佣金模式：代理商引入的终端客户向公司下达订单，公司向代理商按交易金额的一定比例支付相应的佣金；②转售模式：代理商向公司下达订单，公司对其发货后由代理商向最终客户进行销售。代理销售模式下，公司向终端客户或转售代理商的销售均为买断式销售。

分　析

其实，代销、经销等名词的定义没有统一，得看具体描述来判断有没有买断。如本案例中的佣金模式其实就是委托代销，没有买断，而转售模式是买断的。佣金模式下，供应商的客户是消费者，而所谓的转售模式下，供应商的客户是经销商。

2.佣金代理及转售代理收入确认时点及依据

公司佣金代理及转售代理收入均为FOB模式的出口销售，佣金代理模式下，发行人与最终客户直接订立销售合同以及进行货款结算；转售代理模式下，发行人与转售客户（即转售代理商）为买断式销售，转售客户（即转售代理商）与公司签署销售订单或合同，承担销售合同约定的相关权利义务，其转售最终销售不影响与公司销售商品相关的控制权或主要风险报酬的转移。根据公司的收入确认政策，收入确认时点为公司商品交承运人并办理完出口报关手续后，收入确认依据为出库单、报关单、形式发票。在代理销售模式下，公司的主要业务流程、收入确认时点以及收入确认依据如下表所示：

分类	主要业务流程	收入准则的相关规定	发行人收入确认时点	收入确认依据
佣金代理模式	发行人接到终端客户下达的销售订单后制定生产计划组织生产，并按照销售订单的要求将产品交付至终端客户；报告期内，发行人佣金代理模式均为外销业务，贸易模式为FOB，具体为：卖方必须在合同规定的装运期内在指定的装运港将货物交至买方指定承运人，卖方负责	企业应当在履行了合同中的履约义务，即在客户取得相关商品控制权时确认收入，取得控	双方贸易模式为FOB，发行人的履约义务为将货物交付至指定承运人并完成出关手续，由于上述履约义务完成后，客户即取得了商	出库单、报关单、形式发票

续表

分类	主要业务流程	收入准则的相关规定	发行人收入确认时点	收入确认依据
佣金代理模式	办理货物出口结关手续，即完成交货；交货完成后，终端客户在约定的账期内进行货款结算	制权指能主导该商品的使用并从中获得经济利益	品的控制权，因此收入确认时点为公司商品交承运人并办理完出口报关手续	出库单、报关单、形式发票
转售代理模式	发行人接到代理商下达的销售订单后制定生产计划组织生产，并按照销售订单的要求将产品交付至代理商指定地点；报告期内，发行人转售代理模式均为外销业务，贸易模式为FOB，具体为：卖方必须在合同规定的装运期内在指定的装运港将货物交至买方指定承运人，卖方负责办理货物出口结关手续，即完成交货；交货完成后，由代理商在约定的账期内进行货款结算			

分 析

FOB是装运港船上交货，出口方把货物交付到装运港指定的船上时，货物风险转移给买方。所以，出口方把商品交付给承运人并办理完出口报关手续后确认收入，请往下阅读第7章第13节“外销”之“1.FCA、FOB、CFR、CIF”。

上表以发行人收入确认时点、依据以及业务流程结合2017年7月财政部发布的《企业会计准则第14号——收入》准则进行对比分析；对于2020年1月1日以前适用的收入准则，满足收入确认的条件为与商品所有权上的主要风险和报酬转移给购买方，由于发行人与客户交易主要为FOB模式，发行人将商品交付至指定承运人并完成出关手续后与商品所有权上的主要风险和报酬已转移至客户，因此发行人的收入确认时点均符合新旧收入准则下关于收入确认时点的规定，不存在提前确认收入情形。

7-25　赛特斯 2021-12

根据保荐工作报告，软件销售、技术开发、硬件集成服务的收入确认原则为完成最终验收并取得买方的终验报告后确认收入，硬件代理销售客户验收后确认收入，维保业务在合同约定的维保期内直线法分摊确认收入。

请发行人说明：硬件代理收入确认的确认依据，以验收确认收入的合理性。

｜回复｜

发行人的硬件代理业务收入主要系子公司浩方科技的硬件销售，占比最大的硬件产品为Juniper通信设备。

浩方科技系Juniper公司的精英合作伙伴（Juniper Elite Partner），浩方科技分销Juniper通信设备，具有Juniper等通信设备维保服务经验。浩方科技参与发行人中国电信、上海有孚等客户的维保服务及设备供应商采购招标。浩方科技入围中国电信、上海有孚等客户的供应商后，客户与浩方科技签订采购合同，采购合同约定设备硬件制造商、型号及价格，浩方科技根据客户的硬件需求，再向Juniper等供应商采购网络硬件设备，签订设备采购合同。在业务形式和法律关系上，浩方科技与客户，浩方科技与供应商，是两项独立硬件销售、硬件采购业务。基于中国电信、上海有孚等客户与浩方科技签订的采购合同中，客户对于所采购的产品规格和厂商进行了明确的限定；浩方科技向客户所售设备的售后及质保，均通过浩方科技与Juniper等供应商签订的采购合同，约定由Juniper等供应商提供。因此浩方科技并不实际承担上述设备的相关责任；而且浩方科技采购的硬件设备在转让给客户，客户验收之前并不控制该硬件设备。从业务实质上，浩方科技在该项硬件销售与采购业务交易中的身份实质为代理人。

综上，浩方科技按照合同约定将硬件交付客户，经客户验收后，浩方科技取得硬件销售的收款权利。验收时点表明，硬件由客户控制，与硬件相关的风险和报酬已转移至客户。因此，浩方科技以验收时点确认收入，符合企业会计准则的规定。

由于浩方科技在该项交易中的身份实质为代理人，因此，浩方科技在财务上与客户验收时点、采用净额法确认收入，作为硬件代理业务收入列报。

分　析

浩方科技向客户所售的设备，均是让供应商直接向客户提供，浩方科技收取手续费，不承担设备的相关责任，其是代理人，应当按照净额法在客户验收后确认手续费收入。

第9节　融资租赁

融资租赁是出租人根据承租人的请求，与供货商（卖方）订立供货合同，出租人（融资租赁公司）出资向供货商购买承租人选定的设备。同时，出租人与承租人（资产使用方、真正的购买方）订立一项租赁合同，将设备出租给承租人，并向承租人收取租金。

在融资租赁中，多了融资租赁公司。融资租赁公司兼任购买方、出租人两个角色，为承租人（资产使用方）提供融资服务，供货商（卖方）在控制权转移后正常确认收入即可，参见案例“7–26 大族数控 2021–09”。

有时候，供货商会为承租人（资产使用方）向融资租赁公司承诺回购义务。供货商得首先判断回购义务被触发的概率，当然，供货商会认为承担回购担保责任的风险很低，因此确认收入的方法与普通销售并没有多大差别，一般是承租人验收完毕后就可以确认收入。

7–26　大族数控 2021–09

招股说明书披露：报告期内，发行人客户主要通过平安国际融资租赁有限公司、海尔融资租赁股份有限公司、君创国际融资租赁有限公司等融资租赁公司向公司采购设备，不存在公司为客户提供融资担保的安排。

请发行人：

一、补充说明融资租赁销售模式与普通销售模式在产品定价、付款时间及方式、验收、售后服务等方面的差异，是否符合行业惯例；结合融资租赁交易的责任及义务、商品风险和报酬的转移，说明融资租赁销售收入确认原则的合理性

｜回复｜

（一）补充说明融资租赁销售模式与普通销售模式在产品定价、付款时间及

方式、验收、售后服务等方面的差异，是否符合行业惯例

1.融资租赁销售模式相关合同的主要约定

报告期内，融资租赁销售模式相关合同的主要约定如下：

通常情况下，公司先与客户签订销售合同，客户确定合作的融资租赁公司后，公司与客户、融资租赁公司三方签署销售合同，融资租赁公司和客户签署融资租赁合同，上述合同的主要约定内容如下：

（1）公司与客户签订销售合同，销售合同中对产品交付、运输、安装调试、货款支付情况进行了约定。

在此合同中，公司作为设备卖方，在收取合同约定的客户首付款后，有义务在合同约定时间内将产品设备运送到客户指定场所，公司根据合同约定安排人员对设备进行安装调试。融资租赁模式和普通模式下，公司与客户签订的销售合同主要条款的差异体现在结算方式，其他销售相关的主要条款不存在重大差异。

（2）三方签署销售合同，对设备剩余款项的支付情况进行约定。

公司作为设备卖方，在设备安装调试完成，达到可使用状态后，取得了向融资租赁公司申请支付剩余款项的权利，融资租赁公司作为客户的融资方，在满足三方合同约定的付款条件后，有义务向公司支付剩余设备货款。

（3）融资租赁公司和客户签署融资租赁合同，客户向融资租赁公司分期支付融资租赁款项。

2.公司融资租赁销售模式在产品定价、付款时间及方式、安装调试、售后服务等方面不存在重大差异

公司融资租赁销售模式和普通销售模式在产品定价、付款时间及方式、安装调试、售后服务等方面不存在重大差异，符合行业惯例，对比情况如下：

项目	融资租赁模式	普通销售模式
产品定价	市场定价方式，由公司和客户协商确定	市场定价方式，由公司和客户协商确定
付款时间	通常情况下，客户按照货款的10%—30%支付首期货款，在设备交付并完成安装调试后，融资租赁公司支付剩余款项	通常情况下，客户根据销售合同约定的节点付款
付款方式	银行转账、票据	银行转账、票据
安装调试	由公司向客户提供安装调试	由公司向客户提供安装调试
售后服务	公司向客户提供售后服务	公司向客户提供售后服务

（二）结合融资租赁交易的责任及义务、商品风险和报酬的转移，说明融资租赁销售收入确认原则的合理性

融资租赁模式和普通模式下，公司与客户签订的销售合同主要条款的差异主要体现在结算方式，其他销售的主要条款不存在重大差异。公司与客户签订销售合同，约定具体交货时间和地点，公司在收取合同约定的预付款项后，在规定的时间内将设备运送到客户指定地点，客户在公司送货单上进行确认，设备在安装调试完成后，经客户相关人员在安装调试报告上确认。设备安装调试完成达到可交付生产后，设备相关的商品风险和报酬已转移，公司融资租赁销售收入以取得安装调试报告作为收入确认时点具有合理性。

分 析

1.融资租赁和普通销售模式下，销售方在收入确认上并没多大区别，唯一有区别的是融资租赁模式多了融资租赁公司金主这一个角色，结算会不同。

2.普通销售模式下，由客户付款，而融资租赁模式中，通常是客户付首期款，融资租赁公司支付尾款。

二、补充说明融资租赁担保服务本身是否构成单项履约义务，执行新收入准则与发行人现行收入确认是否存在重大差异，测算实施新收入准则对发行人收入确认的结果及财务报表数据产生的影响

｜回复｜

1.公司未向客户提供融资租赁担保服务

融资租赁结算模式下，公司未向客户提供担保服务。对于融资租赁结算的业务，公司的收入确认方法是：公司将产品交付给融资租赁客户（设备使用方），完成安装调试并经客户确认后，获得融资租赁客户签署的安装调试报告。公司以安装调试报告上的确认日期作为收入确认时点，将安装调试后的设备产品对应的销售金额确认为收入。公司对于融资租赁结算模式的收入确认方法符合《企业会计准则》的规定。

分 析

在部分案例中，卖方会替承租人（资产使用方）向融资租赁公司（出租人）担保，而本案例中，卖方未向买方提供担保服务，请区分清楚。

2. 执行新收入准则与发行人现行收入确认是否存在重大差异，测算实施新收入准则对发行人收入确认的结果及财务报表数据产生的影响

新收入准则将收入确认的时点由风险报酬转移的时点变更为控制权转移的时点，根据公司与融资租赁公司、客户合作的业务模式，通过融资租赁公司结算并不影响公司的收入确认时点，执行新收入准则与公司现行收入确认的时点不存在差异。新收入准则的执行，对公司收入确认的结果和财务报表数据没有影响。

第10节　所有权保留

《企业会计准则第14号——收入》以控制权转移作为判断标准。在判断商品控制权是否转移时，商品的所有权有无变动虽然是最为直观的判断标准，但不是唯一标准。商品的所有权不等于控制权，应当根据《企业会计准则第14号——收入》第五条详细分析商品控制权的归属。

《〈企业会计准则第14号——收入〉应用指南2018》规定：

当客户取得了商品的法定所有权时，可能表明其已经有能力主导该商品的使用并从中获得几乎全部的经济利益，或者能够阻止其他企业获得这些经济利益，即客户已取得对该商品的控制权。如果企业仅仅是为了确保到期收回货款而保留商品的法定所有权，那么该权利通常不会对客户取得对该商品的控制权构成障碍。[①]

也就是说，即使企业与客户签订的买卖合同里有所有权保留条款，也应当充分地分析商品控制权的转移时点来确定收入的确认时点，不能被所有权保留条款迷惑。例如，客户取得了商品的使用权，能够主导商品的使用，企业并不能阻拦。这些从经济实质来看，商品的控制权已经转移给了客户，企业可以确认收入了。

① 财政部会计司编写组编著：《〈企业会计准则第14号——收入〉应用指南2018》，中国财政经济出版社2018年版，第46页。

7-27 川宁生物 2022-03

结合合同条款约定、《企业会计准则》，说明发行人收入确认政策与合同条款约定不一致的原因、存在相关情况的客户数量、收入金额及占比，该部分收入确认政策和具体方法是否符合《企业会计准则》的规定。

｜回复｜

1. 发行人收入确认政策

发行人在履行了合同中的履约义务，即在客户取得相关商品的控制权时，确认收入。发行人销售抗生素中间体等产品，属于在某一时点履行履约义务。境内销售在产品运送至客户指定的地点并经签收后，控制权被视为已转移给客户；境外销售在发行人履行出口报关相关手续后，控制权被视为已转移给客户。

2. 收入确认政策与合同条款约定不一致的原因、存在相关情况的客户数量、收入金额及占比

报告期内，发行人存在部分境内业务合同约定“所有权保留：在需方未付清货款前，供方仍然享有对货物所有权”或“开具发票后货物所有权转移给需方”（以下简称相关条款）的情形。报告期内，除少数业务合同应客户要求采用客户模板外，发行人与绝大多数客户采用发行人制定的合同模板签订业务合同，相关条款广泛存在于发行人境内销售业务合同中；发行人就业务合同中存在的类似条款进行整改，自2022年1月起，发行人全部业务合同中不再包含相关条款。

报告期内，发行人境内销售收入合计944,864.36万元，报告期内销前十大客户收入合计501,509.72元，占报告期内销收入的比例为53.08%。报告期前十大内销客户含相关条款的销售收入合计374,123.89万元，占前十大内销客户收入的比例为74.60%。

相关条款仅系发行人作为出卖人的一项保护性权利，法律上的所有权转移区别于会计上对于货物风险报酬转移或商品控制权转移判断。发行人境内销售在产品运送至客户指定的地点并经签收后，与商品所有权上的主要风险和报酬即已转移给客户，与是否开具发票无关或客户是否清付货款无关，发行人既没有保留通常与所有权相联系的继续管理权，也没有对已售出的商品实施有效控制。因此相关条款并不会对相关商品的主要风险和报酬转移构成障碍。

同时，根据《企业会计准则应用指南——收入》（2018）相关说明：“如果企业仅仅是为了确保到期收回货款而保留商品的法定所有权，那么该权利通常不会对客户取得对该商品的控制权构成障碍”，因此相关条款亦不会对商品相关的控制权转移构成障碍。

分 析

1. 所有权保留条款约定在买方未完全付清货款之前，卖方仍然享有货物的所有权。这在笔者看来，本质上是一种抵押。抵押权不等于所有权，更不同于控制权。

2.《企业会计准则第14号——收入》以控制权转移作为标准。如果商品所有权上的主要风险和报酬已经转移给客户，那么所有权保留条款一般不会阻碍商品控制权的转移，也不会影响收入确认。

3. 所有权保留条款在收入确认时容易产生分歧，尽量不要约定这种条款。

综上，发行人于报告期初在部分境内销售合同中的相关条款不影响发行人收入确认，发行人按客户签收日期作为收入确认时点符合发行人制定的收入确认政策及企业会计准则的相关规定。

第11节　委外加工

企业将产品委托给加工商加工，如果加工商加工后将产品直接交付给客户，经客户验收、对账无误后确认收入，对于受托的加工商而言，加工后的产品在交付给客户或者客户指定的其他方，并且验收合格后就确认加工费等收入。

至于委外加工应用总额法还是净额法确认收入，请阅读第9章第1节“委托加工业务”并进行对比。

7-28　恒勃股份 2022-03

首轮问询回复显示，报告期各期，发行人存在委托加工业务。由于进气系统管路产品的形状规格各异，体积较大，发行人在距离客户较近的范围内寻找具有相应资质和生产、品控能力的厂商，向其提供发行人自主开发的模具及工艺参数后，委托其完成简单注塑、成品组装等非核心工序外协后，直接交付给客户。

请发行人说明：相关外协生产工序是否为产品生产的最终环节，相关收入确认时点及依据，物流、资金流、实物流如何验证。

｜回复｜

一、相关外协生产工序涉及产品生产的最终环节

报告期内，公司将部分工序委托地处客户周边的外协厂商进行加工并由外协厂商交付给客户，该种情形下，该委外的工序包括成品装配与包装，而成品装配与包装系公司产品生产的最后一个步骤，因此相关外协生产工序会涉及产品生产的最终环节。

二、相关收入确认时点及依据

报告期内，前述模式涉及的客户每月会定期通过供应商管理系统或电子邮件向公司提供对账单，公司核对无误后根据对账单进行收入确认并向客户开具发票，客户接收发票后按照约定的信用期向本公司支付货款。

三、物流、资金流、实物流验证情况

公司将部分产品委托加工厂商加工后直接交付客户的整体流程情况如下：

1.公司将产品交货计划通知外协厂商，并向其提供相关的物料，外协厂商根据交货计划排产，产品装配完毕后按照计划分批交货。

2.该类外协厂商均位于客户周边，且客户均有指定的第三方物流公司为其进行产品的配送服务，外协厂商根据公司指令向客户指定的第三方物流公司交货后，第三方物流公司每天将相关的货物入库及调拨出库情况反馈给公司，并于月末提供收发存对账单，公司根据第三方物流公司反馈的数据进行委外加工入库及销售调拨处理。

3.客户接收货物后，定期通过供应商管理系统或电子邮件向公司对账，公司据此开票并向客户收取货款。

因此，该模式下，公司可通过第三方物流反馈的信息及月度对账单，验证外协厂商的实物交付情况；通过第三方物流反馈的信息、月度对账单及客户通过供应商管理系统或电子邮件向公司提供的对账单，验证第三方物流的实物交付情况；产品的销售收入系由客户直接向公司支付，因此资金流亦可得到验证。

分　析

1.发行人是委托方，外协生产工序是产品生产的最终环节，外协厂商加工后根据发行人的指令直接将货物交付给客户，发行人与客户对账无误后确认收入。

2. 客户向发行人支付的银行流水可以证明资金流，而第三方物流反馈的信息和月度对账单可以验证物流、实物流。

综上所述，该业务模式下相关外协生产工序涉及产品生产的最终环节；公司依据客户定期提供的对账单确认收入。该业务模式下，公司可以通过第三方物流反馈的信息及月度对账单、客户通过供应商管理系统或电子邮件向公司提供的对账单验证相关产品的物流及实物流；由于产品的销售收入系由客户直接向公司支付，因此资金流亦可得到验证。

7-29　联合化学 2022-04

申报文件显示：报告期内，发行人的销售模式主要分为自产模式和来料加工模式……偶氮颜料以自产为主，挤水基墨产品来料加工占比分别为61.12%、60.09%、55.36%。

请发行人说明：来料加工物资在代加工期间的风险报酬转移情况，如何核算价值，系统如何入账，相关会计处理是否符合《企业会计准则》规定。

｜回复｜

来料加工模式下，公司收到客户订单及原材料后，对原材料不进行账务处理，主要检查是否随附合格证，复核材料质量和重量是否与单证相符，并将实物单独保管、存放，在代加工期间，公司只对其负有保管义务，不承担客户来料的一般存货风险；投入加工生产时，根据各具体代加工业务的生产任务单，对来料加工产品耗用的辅料成本、直接人工和制造费用进行归集分配，核算实际投入的加工成本。月末，将当月归集各项费用和各类受托加工产品产量录入ERP系统中，ERP系统按当月生产的产品实际产量乘以分配系数分配至具体产品成本。

根据来料加工销售合同约定，来料加工物资交付给客户且客户验收合格，产品的法定所有权或控制权已转移，公司根据客户验收合格的产品数量和约定的价格确认销售收入，通过ERP系统执行产品销售流程确认营业收入并结转对应产品营业成本。

综上所述，报告期内，公司来料加工成本核算流程、风险报酬转移收入确认相关会计处理符合《企业会计准则》规定。

分 析

来料加工模式下，企业是受托方，即加工商，不承担客户来料的存货等风险。将加工后的产成品交付给客户，客户验收合格后就可以确认收入。

7-30 钜泉光电 2022-03

根据申报文件：（1）2020年10月起，发行人直接与前景无忧进行交易但同时存在直销和经销两种模式；（2）发行人与前景无忧先后签署了多份协议书，存在一些特殊交易条款。

请发行人说明：发行人对前景无忧的销售是否属于代销行为，收入确认时点的恰当性和金额的准确性，收入确认的依据以及是否符合企业会计准则的规定。

｜回复｜

报告期内，发行人与前景无忧先后签署了《授权委托协议》、《合作协议》及补充协议、《经销合约书》等多份协议，其中发行人为甲方，前景无忧为乙方。

前述协议中约定"关于验收方式以其用户验收合格为准"的特殊交易条款及其适用情况具体分析如下：

发行人在2016年12月31日与前景无忧签署的《授权委托协议》中的第8.1条，以及2019年8月16日与前景无忧签署的《合作协议》中的第8.1条约定："验收方式以乙方用户验收合格为准，乙方客户应在收到货后三个工作日内验收完毕，逾期视为验收到货。验收标准按国家电网用电信息采集各项技术指标。"

双方在2016年的《授权委托协议》中初步约定"以乙方用户验收合格为准"，主要源于合作初期前景无忧对于发行人的产品质量不了解，对产品相关的技术支持工作也不熟悉，出于保护自身利益的考量与发行人作出前述约定。

在后续交易过程中，由于：1）发行人供货的芯片系经芯片测试产商检验合格的产品，几乎不存在质量问题，也未出现过因质量问题导致的退换货；2）2017年国网HPLC互联互通标准宣贯后，相关芯片顺利通过检测机构的验证，不存在因芯片自身设计原因导致下游客户无法验收的情形；3）开启合作后前景无忧很快熟悉并具备了独立面向终端市场所需的技术服务能力；4）发行人无法要求前景无忧的下游客户出具验收报告，前景无忧实际也未要求客户在限定期限内出具正式验收报告，因此，"以乙方用户验收合格为准"的验收条件并不符合双方的实际交易情况，交易实际执行过程中以前景无忧验收为准。

2019年重新确定合作关系时，双方在《合作协议》中直接沿用了该条款，未考虑到结合实际执行情况对该条款额外做出修订。为遵照实际执行过程，进一步明确产品验收标准，发行人与前景无忧于2022年1月10日补充签订了"《合作协议》之补充协议（二）"，双方明确："实际业务执行过程中的验收方式以乙方签收为准，若应乙方要求运送至乙方指定地点，相关收货人员签收视同乙方签收。同时，双方确认自2016年12月双方签署的《授权委托协议》开始合作之日起一贯采用此种验收方式，双方货款亦按此种验收方式为基础按期对账并结算。"

分　析

本案例中，开始，发行人根据前景无忧的订单将芯片产品委托给第三方检验合格后，将产品送到前景无忧指定的用户，由前景无忧的用户验收。后发现交易实际执行过程中"以前景无忧的用户验收合格为准"并不符合实际，其实是以前景无忧的验收为准。所以，才改为以前景无忧或收货人员签收为准。

实际执行过程中：

1.在间接交易模式下——发行人的产品是发往亿莱科技的指定地点，产品交付给亿莱科技并经其签收后，控制权已经转移给了亿莱科技。亿莱科技定期根据签收情况与发行人对账，并按约定结算货款，并未出现过因前景无忧下游客户验收问题而存在争议的情形，发行人根据亿莱科技的签收回执确认收入。

2.在直接交易模式下——对于适用《合作协议》及其补充协议的直销产品，前景无忧对下游销售方式主要为三类：1）自主中标后交付载波通信模块；2）以模块形式销售给其他中标厂商；3）以芯片形式销售给其他中标厂商。

（1）从交付形式上看：在以模块形式销售时，终端用户不会单独针对发行人的芯片产品进行验收，而是对加工后的整体模块产品验收；以芯片形式销售时发行人提供量产服务的HPLC芯片是通过国网计量中心检验通过并获取芯片级互联互通检测报告的产品，同时销售的产品均为经过芯片测试厂测试合格的标准品，出现质量问题的可能性极低，因此所销售的产品能够符合协议约定的验收标准。从实际情况看，前景无忧也未出现过因其下游客户验收问题而向发行人要求退货的情形。

（2）从货物流来看，发行人的产品是直接发往前景无忧的指定地点，因此产品交付至前景无忧指定地点并经相关收货人员签收后，控制权已经实质上转移给了前景无忧，发行人根据前景无忧的签收回执确认收入。

（3）从对账与结算方式上看，前景无忧定期根据签收情况与发行人对账，并按约定结算货款。在对账过程中，前景无忧也从未向发行人提供过其下游用户的验收情况报告，其货款结算也并非以下游客户验收为依据，因此，应视同前景无忧已验收。

因此，结合发行人与前景无忧《合作协议》之补充协议（二）中对于前景无忧验收方式的追溯确认以及交易的实际执行情况，发行人根据获取的客户签收回执确认收入符合《企业会计准则》的规定。

分 析

以上为收入确认的内容。根据合同的约定，货物经过客户或者客户指定的其他方签收时，商品的控制权转移，可以确认收入。

此外，关于是否属于代销行为，需结合前景无忧是否拥有对产品的控制权来分析。根据《企业会计准则第14号——收入》第三十四条的相关规定：

“企业应当根据其在向客户转让商品前是否拥有对该商品的控制权，来判断其从事交易时的身份是主要责任人还是代理人。企业在向客户转让商品前能够控制该商品的，该企业为主要责任人，应当按照已收或应收对价总额确认收入；否则，该企业为代理人，应当按照预期有权收取的佣金或手续费的金额确认收入，该金额应当按照已收或应收对价总额扣除应支付给其他相关方的价款后的净额，或者按照既定的佣金金额或比例等确定。

企业向客户转让商品前能够控制该商品的情形包括：

（一）企业自第三方取得商品或其他资产控制权后，再转让给客户。

（二）企业能够主导第三方代表本企业向客户提供服务。

（三）企业自第三方取得商品控制权后，通过提供重大的服务将该商品与其他商品整合成某组合产出转让给客户。

在具体判断向客户转让商品前是否拥有对该商品的控制权时，企业不应仅局限于合同的法律形式，而应当综合考虑所有相关事实和情况，这些事实和情况包括：

（一）企业承担向客户转让商品的主要责任。

（二）企业在转让商品之前或之后承担了该商品的存货风险。

（三）企业有权自主决定所交易商品的价格。

（四）其他相关事实和情况。”

结合前景无忧与其终端客户交易过程中所扮演的角色来分析：

1.根据《合作协议》之补充协议（二），实际业务执行过程中的验收方式以前景无忧签收为准，若应其要求运送至前景无忧指定地点，相关收货人员签收视同前景无忧签收。从实际单据流、货物流来看，发行人根据前景无忧的订单将芯片产品委外加工测试完成后，将产品发送到前景无忧的指定地点，再获取前景无忧的签收回执。交易中发行人都是按照前景无忧的指令执行，符合“企业自第三方取得商品或其他资产控制权后，再转让给客户”的情形。

2.根据《授权委托协议》和《合作协议》第九条关于芯片售后服务与芯片质量的约定，“9.1甲方提供给乙方的芯片质保期为18个月，自甲方实际发货之日起算”以及“9.2质保期限内，若乙方需要甲方提供第三地的现场技术服务，甲方根据乙方的需求派驻相关技术人员到达现场提供技术支持”。可见，质保期是从发行人发货之日起算，与前景无忧终端客户验收与否并无关联。并且，如确需发行人提供现场技术支持（报告期内实际并未发生），也是根据前景无忧的需求派驻，因此前景无忧符合“企业能够主导第三方代表本企业向客户提供服务”的情形。

3.对于以模块形式销售的芯片，前景无忧将发行人芯片集成、加工成模块的过程，也符合“通过提供重大的服务将该商品与其他商品整合成某组合产出转让给客户”的情形。

4.此外，前景无忧向其终端客户销售发行人产品的价格是其自主决定，无需征得发行人的同意。

综上，前景无忧承担向其终端客户转让商品的主要责任，符合准则里规定的企业向客户转让商品前能够控制该商品的情形，因此在前景无忧与其终端客户的交易中，前景无忧是主要责任人，并非代销发行人产品。

分 析

委托、受托业务经常会涉及总额法、净额法的问题，根据《企业会计准则第14号——收入》第三十四条一一分析是主要责任人还是代理人，详细请移步阅读第9章第1节“委托加工业务”。

因此，发行人对前景无忧的销售并不属于代销行为，芯片产品交付给前景无忧后进行收入确认的时点是恰当的，以前景无忧的签收回执作为收入确认的依据符合《企业会计准则》的规定。

第12节　线上销售

随着互联网与移动支付的普及，企业纷纷开展线上销售，渗透我们生活的方方面面。

《企业会计准则第14号——收入》规定，在取得商品控制权时确认收入。线上销售有直接销售、电子商务平台自营、经销等模式，几乎所有的线上销售模式都不能在发出商品后就确认收入。这是因为线上交易无法一手交钱，一手交货，企业将消费者购买的商品交给物流之后，运输中可能会发生延迟、意外等，商品不能及时送到消费者的手中，因此，控制权就没有转移给消费者。

一、直接销售（B2C）

直接销售模式是指企业在电子商务平台直接向终端消费者销售产品，对产品定价、产品销售及存货风险承担主要责任。

1. 国内的电商平台

在国内的电子商务平台，一般是企业自主开店，自行发货。在商品运送至消费者指定的地点并经消费者签收后，商品的控制权转移给消费者。所以，终端消费者主动确认收货或者确认收货期届满系统自动确认收货后，企业确认收入。

不过，为了更加谨慎，有些企业会在过了无理由退货期后确认收入。如果企业难以合理估计退货的可能性，也需要在退货期届满之后才确认收入，详细请往下阅读第8章“附有销售退回条款的销售”及案例“8-3 华宝新能 2022-04”。

2. 亚马逊

亚马逊（Amazon）B2C电商运营方式分为FBM（Fulfillment by Merchant）模式和FBA（Fulfillment by Amazon）模式。亚马逊没有无理由退货时间的条款，在收入确认时无须考虑无理由退货。

FBM模式下，消费者在亚马逊平台下单后，卖家自己安排物流公司发货，可以知晓消费者收货的确认时间。所以，在消费者签收后确认销售收入。

FBA 模式下，电商运营者事先将货物存放在亚马逊的仓库，消费者在亚马逊平台下单后，货物由亚马逊物流公司发货，卖家无法获取客户收货的确认时间，只能知晓是否已经发货。因此，有的企业在亚马逊平台出现了“已发货”状态后确认收入，这属于一发货就确认收入的特殊情形，参见案例“7–31 萤石网络 2022–03”；有的企业谨慎些，在亚马逊平台出现了“已发货”状态之后过了一段合理的妥投天数，认为绝大部分消费者大概率签收了才确认销售收入，参见案例“7–32 欧圣电气 2022–01”“8–2 致欧科技 2022–03”。

二、电子商务平台自营（B2B）

电商平台自营模式中，企业的客户是电商自营平台，平台有京东、唯品会、亚马逊等。

（一）京东

国内的自营平台以京东为例。京东有两种模式：

1. 电商入仓模式

企业将商品发往京东指定的仓库，由京东负责商品仓储、订单管理及后续的物流配送等工作。虽然明面上，商品经京东验收后，所有权就转移给了京东，但二者签订的合同里一般包含无条件退货条款，并没有真正买断，商品的控制权并未真正转移给京东。

2. 厂商直送模式

商品直接由企业发出，京东可以实现零库存。消费者向京东下单并付款，企业根据订单信息分拣、包装并安排发货给消费者，京东定期与供应商结算。

无论是电商入仓模式还是厂商直送模式，企业在收到京东的结算清单后确认收入。

（二）亚马逊

国外的自营平台以亚马逊为例。

亚马逊没有无条件退货条款，供应商将产品运输到亚马逊，商品的控制权在亚马逊确认收货后就转移给了亚马逊。因此，亚马逊签收后，产品被彻底买断，供应商就可以确认销售收入。

三、经销

经销可以分为委托代销、买断式销售，其他详细可温习第7章第8节“经销”。

1. 委托代销

委托代销是指受托方与委托方（企业、卖方）签订合同，双方根据实际销售的商品和约定方式结算。

委托代销模式下，（企业、卖方）的客户是最终消费者，代销期间未售出商品的所有权仍归属委托方（企业、卖方），而非受托方。为此，委托方待退货期届满或收到代销清单时确认收入。

委托方是交易的主要责任人，应在受托方（如电商平台）将商品销售至消费者，即终端客户时，按应收消费者的价款总额来确认收入。委托方支付给受托方的款项（如佣金）并不会增加企业未来用于履行履约义务（即销售的商品）的资源，不属于企业为履行与客户之间的合同发生的成本，因此不应归类为合同履约成本，而应被视作一项销售费用。

2. 买断式销售

买断式销售模式下，企业的客户为经销商。经销商签收后就取得了商品控制权后，企业就可以确认收入。

若经销商保留将商品退回的权利，会计上，企业应按照附有销售退回条款的销售处理。

7-31 萤石网络 2022-03

报告期内，公司线上销售的智能家居产品收入分别为42,357.60万元、56,197.22万元、47,564.10万元和30,498.88万元。B2C产生的智能家居产品收入分别为27,567.16万元、35,701.82万元、29,606.71万元和17,716.53万元，占比分别为21.41%、17.97%、11.18%和10.10%。电商平台自营模式下智能家居产品收入金额分别为14,790.44万元、20,495.40万元、17,957.38万元和12,782.34万元，占比分别为11.49%、10.31%、6.78%和7.29%。

请发行人说明：与各平台的合作模式异同以及各平台的平台收费情况、结算方式及周期、收入确认时点及方法、是否符合行业惯例，结合合同条款、结算方式等分析说明发行人收入确认的会计处理是否符合企业会计准则规定。

｜回复｜

一、与各平台的合作模式异同以及各平台的平台收费情况、结算方式及周期、收入确认时点及方法

报告期内，公司线上销售渠道包括B2C模式和电商平台自营模式，其中B2C模式下，公司的客户为商品的终端消费者，销售的平台主要为自有商城、第三方合作平台天猫和亚马逊；电商平台自营模式下，公司的客户为电商平台，销售的平台主要为第三方合作平台京东和亚马逊。公司各模式下与各主要平台的合作模式、平台收费情况、结算方式及周期、收入确认时点及方法情况具体如下：

分 析

B2C模式中，企业的客户是消费者；而电商平台自营模式中，企业的客户是电商平台。

（一）线上B2C模式

1. 天猫

项目	具体情况
合作模式	1. 店铺入驻：公司与线上B2C平台签订合作协议，合作协议约定公司可通过线上销售平台向终端销售者销售产品，公司对产品定价、产品销售及存货风险承担主要责任。 2. 订单处理：终端消费者登录线上电商平台选购商品并下单，公司根据线上订单信息安排发货。 3. 发货：公司物流部门根据线上订单信息委托第三方物流公司向终端消费者发货。 4. 开具发票：终端消费者签收后可在电商交易平台申请开具增值税发票。
平台收费情况	按产品所属类别针对每笔订单的金额按照固定费率收取佣金： 1. 天猫平台费率：2%—5%。 2. 天猫宣传推广费率：10%—12%。
结算方式及周期	电商平台收到终端消费者线上付款后发货，终端消费者确认收货后，电商平台与公司进行实时结算货款及佣金。终端消费者确认收货的依据为线上点击确认收货或根据第三方平台规则在发货后一定天数后系统自动默认确认收货。
收入确认时点及方法	公司收到平台订单后向终端消费者发货，在商品运送至对方的指定地点并经对方签收时确认收入。

分 析

线上B2C模式下，在国内的电商平台上，绝大部分情况下，消费者主动确认收货或者系统自动默认时确认收入。

2. 亚马逊

项目	具体情况
合作模式	1. 签订合作协议：公司与线上B2C平台签订合作协议，约定公司定期将产品发送给平台并存放于平台仓库，委托平台管理，并在终端客户下单后安排相关物流配送等工作。其间未售货物的所有权仍归属于公司，公司享有相关商品的定价权。
合作模式	2. 订单处理：终端消费者登录线上电商平台选购商品并下单后由电商平台进行分拣包装并发货。 3. 发货：由电商平台进行分拣包装并安排物流配送至最终消费者。 4. 开具发票：终端消费者签收后可在其交易平台申请开具发票。
平台收费情况	按产品所属类别针对每笔订单的金额按照固定费率收取佣金： 1. 美国亚马逊平台费率：8%—15%。 2. 欧洲亚马逊平台费率：7%—15%。 3. 其他地区亚马逊平台费率：8%—15%。 4. 宣传推广费率：10%。
结算方式及周期	公司每14天根据电商平台线上销售型号、数量及单价信息与电商平台进行结算，同时根据销售金额的一定比例计算佣金及手续费，双方确认结算信息后，电商平台安排货款支付。
收入确认时点及方法	公司统一管理平台系统实时抓取平台的销售订单情况，消费者在平台下单、平台发货完成后，公司根据平台的“已发货”状态记录，认为与商品相关的风险及报酬/控制权即发生转移，公司确认销售收入。

分 析

线上交易，一般情况下，企业不能在发出商品后就确认收入，但亚马逊比较特殊。在亚马逊的FBA模式中，电商运营者事先将货物存放在亚马逊的仓库，货物由亚马逊物流公司发货，卖家无法获取客户收货的确认时间，只能知晓是否已经发货。所以，有的商家在亚马逊平台出现了“已发货”状态后确认收入。有的商家谨慎点的话，应当如下个案例“7-32 欧圣电气 2022-01”，在出现了“已发货”几天后才确认销售收入。

公司与天猫合作的模式相较于亚马逊差异主要在于，公司与天猫合作主要采取自主开店和自主发货的模式，即消费者在线上店铺下单后，由公司发货并通过第三方物流公司完成产品配送，天猫仅承担销售平台的功能，订单处理、投诉咨询等职能均由公司向消费者提供；而亚马逊平台下，公司主要采取自主开店和平台发货的模式，即以自身名义在平台开立店铺并上架产品，在产品正式销售前，公司先将产品批量发货至亚马逊仓库，再由亚马逊根据终端消费者下单情况完成产品发货及配送，亚马逊除承担销售平台功能，还承担订单处理、仓储、物流配送等职能，故亚马逊的平台费用率相较天猫更高。

（二）电商平台自营模式

1. 京东

项目	具体情况
合作模式	1. 签订合作协议： （1）电商入仓模式下：公司委托第三方物流公司将商品发往电商的指定仓库，由电商平台负责订单管理、商品仓储及后续的物流配送等工作。终端消费者直接向电商平台下单并付款，电商平台根据订单信息通过其自有物流或第三方物流向终端消费者直接发货，并定期与公司进行结算。 （2）厂商直送模式下：终端消费者直接向电商平台下单并付款，公司根据订单信息分拣、包装并安排配送给消费者，电商平台定期与公司结算。 2. 订单处理：电商平台授权公司对其供应商平台的访问权限，公司可通过电商的供应商平台实时检查电商平台的销售订单、实时库存以及订单交易情况。 3. 发货：电商入仓模式下由电商平台安排向终端消费者的商品配送，厂商直送模式下由公司直接向消费者送货。 4. 开具发票：公司依据与电商平台的结算单金额向各电商平台开具发票。
平台收费情况	不涉及平台服务费。

续表

项目	具体情况
结算方式及周期	采取定期结算机制，结算方式及周期具体如下： 公司交付产品，京东验收入库45天后与公司进行结算，公司在结算前须按京东要求提供与入库单产品数量、型号一致，可以认证抵扣的增值税专用发票。京东在收到发票后，于结算单核定付款日起7个工作日付款。 可计算金额以京东已到结算期的应付款扣除公司逾期未付的降价款、退款、商业折扣款、退残款以及其他公司应支付的款项后的余额为准。
收入确认时点及方法	京东平台下，京东向公司采购商品，通过其自有平台向终端消费者进行销售，并按照结算周期定期与公司进行结算。由于合同同时约定公司需要接受平台任何原因的退货且仅就平台扣除降价款、退货款等之后的部分才有权利与京东进行结算。根据上述合同条款，虽然商品所有权自京东验收后发生转移，但相关商品所有权上的主要风险并未完全转移至京东。对于已入库但尚未结算的商品所有权上的主要报酬亦未发生转移。因此公司在收到平台结算清单时确认收入。

分 析

京东自营模式中，存在无条件退货条款，商品所有权上的主要风险并未转移给京东，店家只能在收到京东结算清单时确认收入。

2. 亚马逊

项目	具体情况
合作模式	1. 签订合作协议：公司委托第三方物流公司将商品发往电商的指定仓库，由电商平台负责订单管理、商品仓储及后续的物流配送等。终端消费者直接向电商下单并付款，电商通过其自有物流或第三方物流向终端消费者直接发货，并定期与公司进行结算。 2. 订单处理：电商平台的销售订单分别通过各自的供应商平台进行处理，电商平台授权公司相关平台的访问权限，公司可实时检查并获取销售订单、实时库存以及订单交易情况。 3. 发货：电商平台直接安排向终端消费者的发货。 4. 开具发票：公司依据每笔销售签收记录向各电商平台开具发票。

续表

项目	具体情况
平台收费情况	不涉及平台服务费。
结算方式及周期	采取签收确认机制，结算方式及周期具体如下：公司与亚马逊按照每笔销售订单进行结算，发行人将商品送达至亚马逊指定仓库并经对方签收后即确认销售，并开具发票，亚马逊于收到发票日起20个工作日付款。
收入确认时点及方法	亚马逊平台下，亚马逊向公司采购商品，通过其自有平台向终端消费者进行销售，协议约定产品的所有权在平台确认收货后转移给平台，且合同中没有无条件退货的条款，因此公司以商品送达至对方的指定地点并经对方签收时作为风险和报酬/控制权转移时点，即以此时点作为收入确认时点。

分　析

亚马逊自营模式中，不存在无条件退货条款，商品送达亚马逊，亚马逊签收后即可确认销售收入。

公司与京东合作的模式相较于亚马逊差异主要在于，京东有电商入仓和厂商直送两种模式，前者由平台根据订单信息通过其自有物流或第三方物流向平台客户发货，后者由公司根据平台的订单信息分拣包装并安排配送给平台客户，而亚马逊全部为电商入仓模式。另外，京东与公司约定公司需要接受平台任何原因的退货且仅就京东扣除降价款、退货款等之后的部分才有权利与京东进行结算；而亚马逊平台下，公司与亚马逊按照每笔销售订单进行结算，且没有无条件退货的条款，故京东平台和亚马逊平台下的收入确认时点存在差异。

二、是否符合行业惯例

公司同行业可比公司各类线上销售模式下的合作模式、平台收费情况、结算方式及周期、收入确认时点及方法具体如下：

项目	销售模式	销售渠道	合作模式、收入确认时点及方法
石头科技	线上B2C直销模式	天猫、淘宝	在线上B2C直销模式下，本集团的客户为商品的最终消费者。本集团通过线上电子商务平台对外销售，本集团收到客户订单后发货，在消费者确认签收的时点确认销售收入。

续表

项目	销售模式	销售渠道	合作模式、收入确认时点及方法
石头科技	电商入仓模式	京东、苏宁、唯品会及亚马逊	在电商入仓模式下，本集团的客户是京东等自营平台。本集团委托第三方物流公司将商品发往电商的指定仓库，由电商平台负责订单管理及后续的物流配送等。消费者直接向电商下单并付款，电商收到消费者款项后通过其自有物流或第三方物流向消费者直接发货。本集团依据与电商结算确认销售收入。
	线上B2C代销模式	有品	在线上B2C代销模式下，本集团的客户是商品的最终消费者。本集团提供商品供代销平台销售，代销期间未售出商品的所有权仍归属于本集团。消费者直接向代销平台下单并付款，代销平台收到订单后通过第三方物流向消费者发货。本集团在收到代销清单时确认销售收入。
极米科技	线上B2C模式	天猫、淘宝、京东及官网	在线上B2C模式下，本集团的直接客户是商品的最终消费者。本集团通过线上电子商务平台实现对外销售，本集团收到客户订单后发货，消费者确认收货后确认销售收入。
	电商入仓模式	京东	在电商入仓模式下，本集团委托第三方物流公司将商品发往电商指定仓库，由电商负责产品推广、订单管理及后续的物流配送。消费者直接向电商平台下单并付款，电商平台在收到销售款项后直接发货给消费者。本集团依据与电商结算确认销售收入。
极米科技	线上分销模式	线上分销商	1.本集团将商品销售给线上分销商，在货物已经发出并经线上分销商签收确认或者交付给其指定的物流公司后确认收入； 2.线上分销商接受消费者订单后，由本集团直接发货给消费者，根据消费者确认收货时且收到货款时确认收入。

分析

1.上表中“石头科技”的B2C代销，不是买断式经销，在收到受托方的代销清单时，供应商确认收入。

2.上表中“极米科技”的分销是买断式经销，供应商的客户是分销商，分销商或直接发货的消费者签收后，供应商就可以确认收入。

与同行业公司相比，公司不存在线上分销的模式。

公司线上B2C模式与石头科技线上B2C直销模式及极米科技线上B2C模式相比，合作模式、平台收费情况、结算周期、收入确认时点及方法均不存在重大差异；与科沃斯线上B2C模式相比，合作模式、收入确认时点及方法不存在重大差异，但是由于科沃斯未披露线上B2C模式下的平台收费情况及结算周期，因此未作比较。公司电商平台自营模式与石头科技电商入仓模式相比，合作模式、平台收费情况、收入确认时点及方法不存在重大差异，与科沃斯及极米科技的电商入仓模式相比，合作模式、收入确认时点及方法不存在重大差异，但是由于科沃斯及极米科技未披露平台费率，因此未作比较。

三、结合合同条款、结算方式等分析说明发行人收入确认的会计处理是否符合企业会计准则规定

公司结合合同条款及结算方式分别对各销售模式下收入确认会计处理是否符合收入准则的规定分析如下：

（一）线上B2C模式

公司线上B2C模式中按照交易安排不同分为以天猫及官网为代表的线上B2C模式以及亚马逊线上B2C模式。

以天猫及官网为代表的线上B2C模式下，公司通过自有的官网或天猫等第三方电商平台以线上零售方式将产品销售给终端消费者。消费者登录电商平台选购商品并下单、付款，公司根据自有官网收到的订单信息或第三方电商平台系统通知的订单信息安排物流公司向消费者发货，在商品运送至对方的指定地点并经对方签收后，与商品相关的主要风险和报酬/控制权转移至终端消费者。

亚马逊B2C模式下，公司通过亚马逊第三方电商平台以线上零售方式将产品销售给终端消费者。公司将产品批量发货至亚马逊平台仓库，消费者登录亚马逊电商平台选购商品并下单、付款，平台根据收到的消费者订单信息安排商品的分拣、包装及物流配送，平台发货完成之后，公司统一管理平台系统自动抓取平台订单记录推送至SAP系统，SAP系统形成销售订单，与商品相关的主要风险和报酬/控制权转移，相应确认收入。

根据主要电子商务平台政策，消费者在平台下单购买商品后，在7—30天内拥有无理由退货的权利。公司在确认收入时，按照产品交付给客户的时点确认收入，并充分考虑上述无理由退货政策对收入确认的影响。具体而言，公司于报告期各期末，根据历史退货率数据预计仍在退货期的以销售商品在以后期间可能发生的退货金额，在旧收入准则下，冲减收入及相应成本，冲减的收入和成本之间的差额确认预计负债；在新收入准则下，公司在客户取得相关商品控制权时，按照因向客户转让商品而预期有权收取的对价金额（即，不包含预期因销售退回将退还的金额）确认收入，按照预期将退回商品转让时的账面价值，扣除收回该商品预计发生的成本（包括退回商品的价值减损）后的余额，确认为一项资产，按照所转让商品转让时的账面价值，扣除上述资产成本的净额结转成本。

分 析

线上B2C模式下，过了无理由退货时间再确认收入会比较谨慎些，还可以不用估算退货率、预提负债，详细请阅读下个案例“7–32 欧圣电气2022–01”。

公司在线上B2C模式下的收入确认政策以及相关会计处理符合企业会计准则的相关规定。

（二）电商平台自营模式

1. 京东

根据公司与京东签订的《产品购销协议》约定：“乙方（公司）负责将订单列明的产品按照约定的时间送达或足量保质送到甲方（电商）指定地点，产品所有权自甲方（京东）验收入库后转移甲方。”同时，公司与京东在2018年度到2020年度合同中存在无条件退货条款：“乙方（发行人）接受甲方任何原因的退货”；在2021年签订的合同中亦约定：“乙方（公司）接受甲方库存过剩、滞销品、残次品、质量问题产品及冷静期退货产品的退货。”此外报告期各期与京东平台的合同中的结算条款还约定，公司仅就京东扣除降价款、退货款等之后的部分才有权利与京东进行结算。公司接受京东任何原因的退货且仅就京东扣除降价款、退货款等之后的部分才有权利与京东平台进行结算。

根据上述合同条款，虽然商品所有权自京东验收后发生转移，但相关商品所有权上的主要风险并未完全转移至京东。对于已入库但尚未结算的商品所有权上的主要报酬亦未发生转移。因此公司在收到平台结算清单时确认收入。

2. 亚马逊

公司在与亚马逊的协议中约定：“双方同意由发行人负责将产品运输到亚马逊。产品的所有权将在亚马逊确认收货后由供应商转移给亚马逊。”合同中不存在无条件退货的条款，因此商品送达至对方的指定地点并经对方签收时，与商品相关的主要风险与报酬/对商品的相关控制权已经完成转移，因此公司以亚马逊签收的时点作为收入确认时点。

综上，公司在电商平台自营模式下的收入确认政策以及相关会计处理符合企业会计准则的相关规定。

7-32 欧圣电气 2022-01

前次审核问询回复显示：发行人线上销售业务是以产品交付客户或运送至客户指定地点并得到买方确认后确认销售收入，主要为亚马逊B2B模式和B2C模式。

请发行人补充披露：不同线上平台的销售业务的会计收入确认节点，亚马逊等海外电商模式是否能获取客户的收货确认时间，不同平台的对账时间和对账周期。

|回复|

产品交付客户或运送至客户指定地点并得到买方确认后确认销售收入。

线上平台	网络销售模式	物流模式	是否能获取客户的收货确认时间	收入确认政策	账面收入确认时点	备注	对账周期
亚马逊	B2B	亚马逊或亚马逊指定的物流公司提货	货物交付给亚马逊或亚马逊指定的物流公司时间，可以获取亚马逊收货时间	产品交付客户或运送至客户指定地点并得到买方确认后确认销售收入	货物交付给亚马逊或亚马逊指定的物流公司时间	—	每月月底和亚马逊进行对公对账，对账周期为一个月
	B2C	FBA	亚马逊物流公司代为发货，无法获取客户的收货时间		发货3天后	预计物流运输时间为3天	每月月底根据亚马逊平台导出来的月度交易报告进行对账，对账周期为一个月
	B2C	FBM	公司委托物流公司发货，可以获取客户的收货时间				
天猫	B2C	卖家自发货	公司委托物流公司发货，可以获取客户的收货时间		发货10天后	预计物流运输时间为3天，另附加7天无理由退货时间	每月月底根据天猫平台导出来的月度交易报告进行对账，对账周期为一个月

分 析

与上个案例“7–31 萤石网络 2022–03”相比，笔者认为，线上B2C模式下，此案例在亚马逊发货3天后、天猫过了无理由退货时间才确认销售收入，相对来说谨慎些，值得推广。

如上表所示，亚马逊B2C业务中FBA模式无法获取下游客户的签收时间，FBM可以获取客户的收货时间。发行人亚马逊B2C以发货3天后作为账面收入确认时点主要系发行人预计电商销售货物物流运输时间为3天，发货3天后为物流预估数，由于天猫平台有7天无理由退货条款，发行人在收入确认时考虑退货时间，天猫平台以发货3天物流和7天无理由退货总时间作为收入确认时点，亚马逊没有无理由退货具体时间条款，发行人在收入确认时没有考虑退货时间，以发货3天物流时间作为收入确认时点。

亚马逊B2C电商运营方式分为FBM（Fulfillment by Merchant）模式和FBA（Fulfillment by Amazon）模式，FBM模式由卖家自己负责货物物流，电商运营者事先将货物放在自有仓库或租赁的其他仓库，客户在亚马逊平台下单后，平台系统自动通知卖家发货，在发货完成之后，卖家根据订单收货地址安排物流公司进行发货，发货完成后在亚马逊系统上传物流单号，系统显示已发货，由于FBM模式发货主体为卖家，该模式下卖家可以获取客户的收货确认时间。FBA模式由亚马逊物流公司为卖家进行相关的服务，电商运营者事先将货物存放在亚马逊物流仓库，客户在亚马逊平台下单后，平台系统自动通知亚马逊仓库进行拣货发货，在发货完成之后，亚马逊后台订单状态实时更新，系统显示已发货，由于货物由亚马逊物流公司发货，且亚马逊从保护隐私角度不会向卖家透露终端收货人的信息，该模式下卖家无法获取客户的收货确认时间。发行人在美国建有海外仓，同时租赁了第三方物流仓库，公司在美国亚马逊的主要运营模式为FBM模式，仅有少量产品订单以FBA模式进行运营。

分 析

与上个案例“7–31 萤石网络 2022–03”相比，亚马逊还有卖家自己发货的FBM模式，可以知道消费者的签收时间。所以，在消费者确认收货后确认收入。

7-33 敷尔佳 2022-01

招股说明书披露，发行人在线上渠道中分为直销、经销和代销三种模式。直销为公司线上直营店销售，经销为线上经销商分销，代销为线上B2C平台销售。报告期内，线上直销收入占比分别为3.79%、17.35%、24.97%和23.95%，线上经销收入占比分别为8.06%、5.71%、4.07%和1.27%，线上代销收入不超过1%。

请发行人：说明三种线上销售模式关于产品类别，结算、收入确认原则，会计核算过程，相关内部控制环节情况。

｜回复｜

发行人利用电子商务平台快捷、高效、流量集中等特点，有效促进了商品销售，并形成良好的宣传作用，提高了品牌知名度。报告期内，发行人线上销售在产品类别，结算、收入确认原则，会计核算过程，相关内部控制环节情况的差异如下：

线上销售模式	产品类别	结算、收入确认原则	会计核算过程
线上直销	全系列产品	客户通过线上下单付款，公司收到订单后安排向客户发货，在客户主动确认收货或确认收货期结束后，确认收入	①客户线上下单付款，相关款项实时到账或由支付宝等第三方金融公司冻结 借：银行存款/应收账款 贷：合同负债 ②根据平台提供的当月确认收货对账单的数量和金额确认收入，结转成本： 借：合同负债 贷：营业收入 应交税费—销项税 同时，结转成本 借：营业成本 贷：库存商品
线上代销	主要销售医用透明质酸钠修复贴（白膜）等医疗器械类产品	公司于受托方实现对外销售并向公司开出代销清单时，确认收入	①公司与代销平台按月核对账单，由平台开出代销清单，公司据此确认收入 借：应收账款 贷：营业收入 应交税费—销项税 同时，结转成本 借：营业成本 贷：库存商品

续表

线上销售模式	产品类别	结算、收入确认原则	会计核算过程
线上经销	主要销售透明质酸钠修护贴、B5急护喷雾、水杨酸果酸焕肤面膜等化妆品类产品	客户预先向公司支付货款并发出要货申请，公司根据合同/订单向客户安排发货，并于客户收到商品，取得商品控制权时，确认收入	①公司收到客户支付的款项 借：银行存款 　贷：合同负债 ②客户签收后，确认收入 借：合同负债 　贷：营业收入 　　　应交税费—销项税 同时，结转成本 借：营业成本 　贷：库存商品

分　析

此案例的经销，是指买断式经销。供应商的客户是经销商，经销商收到商品后，供应商确认收入。后期经销商能不能将商品卖出，与供应商无关。当然，若经销商保留将商品退回的权利，则供应商应按照附有销售退回条款的销售进行会计处理。

第13节　外销

企业境外销售，会因采用不同的国际贸易术语，收入确认时点会有很大差别。以2020版的《国际贸易术语解释通则》为例：

1. FCA、FOB、CFR、CIF

FCA（交货承运人）是指卖方在卖方所在地或其他指定地点将货物交付给买方指定的承运人或其他人。买卖双方可以约定买方指示承运人在货物装运后向卖方签发已装船提单，卖方随后方才有义务向买方提交提单。

对于FOB（船上交货）、CFR（成本加运费）、CIF（成本、保险费加运费），卖方承担货物自装运港装运上船之前的一切风险，买方承担货物自装运港装运上船之后的一切风险。它们与FCA的区别是：FCA是卖方的货物交给承运人后风险就转移了。

提单是一种货权，须经承运人或船方签字后始能生效，是海运货物向海关报关的有效单证之一。采用FCA、FOB、CFR、CIF这四个贸易术语，卖方一般在出口报关并取得已装船提单后确认销售收入。

2. EXW

EXW（工厂交货），卖方在其所在处（工厂、工场、仓库等）将货物提供给买方处置时，即完成交货，商品后续的运输及报关均由买方承担。EXW在所有的贸易术语中，卖方的义务最小。

因此，卖方于承运人提货或将货物交给购货方指定的承运人处置后确认收入。

3. DAP、DPU、DDP

DAP（目的地交货）指的是卖方负责将货物运至目的地的任何指定地点，将到达的运输工具上待卸下的货物交由买方处置时，卖方完成交货。

DAP（目的地交货）、DPU（目的地交货并卸货）、DDP（完税后交货），卖方的责任层层递进。这三个术语之后的地点是货物交付和风险转移的地点，客户在约定的地点交接后，卖方就可以依收货单位的签收单确认收入。

7-34　达科为 2022-04

申报材料显示，发行人销售商品收入确认的具体原则如下：外销业务是根据销售合同或订单要求发运货物，产品报关出口并取得提单时确认商品收入。

请发行人：补充说明不同类别客户收入确认依据的时点及取得的单据，对比同行业可比公司情况说明收入确认的合规性、合理性。

｜回复｜

1. 补充说明对于外销业务以提单确认收入是否符合行业惯例

公司与境外客户签订的合同或订单中约定交易方式主要为FOB和CIF。根据国际商会颁布的《国际贸易术语解释通则2010》的规定，采用FOB、CIF和C&F贸易术语成交时，当货物在装运港已装船后，其毁损、灭失风险已经转移给买方、运输公司、保险公司等，同时卖方也不再承担标的货物的公允价值变动风险，因此卖方实际上已经把标的货物所有权上的主要风险和报酬转移给了买方等相关方，外销合同/订单中约定应由卖方履行的实质性义务已经全部履行完毕。

公司根据与客户的约定将货物报关、装运上船（飞机）后，由承运人向公司签发货运提单，按照《国际贸易术语解释通则2010》的规定，公司取得提单时，标的货物所有权上的主要风险和报酬已经转移或客户已经取得控制权，故公司以出口报关并取得提单为时点确认收入符合行业惯例。

2. 不以结关作为收入确认时点的原因，是否存在提前确认收入的情况

公司收入确认所依据的提单系运输部门承运货物时签发给发货人的一种凭证，用以证明海上货物运输合同和货物已经由承运人装船，提单日期为提单中列明的装船日（On Board Date）即货物越过指定船只的船舷。结关日期系海关结束所有海关货物监管的工作日期，一般为运输工具离境后的3—5个工作日的某天。提单日期早于结关日期，但差异时间较短。

分　析

1.《国际贸易术语解释通则》有很多版本，可以约定使用哪个版本，本案例使用的是2010年的版本。

2. 提单是一种货权、物权，对于FOB、CIF，卖方可以在出口报关完毕并取得已装船提单后确认销售收入。

此外，根据《国际贸易术语解释通则2010》的规定公司取得提单时，货物毁损、灭失风险已经转移，且根据《企业会计准则第14号——收入》第十三条规定："在判断客户是否已取得商品控制权时，企业应当考虑下列迹象：（一）……；（二）……；（三）……；（四）企业已将该商品所有权上的主要风险和报酬转移给客户，即客户已取得该商品所有权上的主要风险和报酬；（五）……；（六）……。"故公司收入取得提单时风险报酬已经转移或者客户已经取得货物的控制权，以取得提单时点确认收入符合企业会计准则的规定。

综上所述，公司以取得提单为时点确认收入，早于结关日期，时间差异较短，但是按照行业惯例来看，公司取得提单时点货物毁损、灭失风险已经转移或客户已经取得货物的控制权，与同行业可比公司泰坦科技、亚辉龙外销收入确认政策一致，公司收入确认政策符合《企业会计准则》相关规定，不存在提前确认收入的情况。

7-35　美利信 2022-03

申请文件显示：（1）报告期内发行人境外销售的比例分别为47.82%、35.58%、30.87%，主要销往欧洲、北美洲、亚洲等地；（2）发行人内销、外销均有多种收

入确认方式。

请发行人：说明报告期各期发行人内销、外销按不同收入确认方式确认的当期销售情况，并结合报告期各期海关出口数据、出口退税金额、境外客户应收账款函证情况，说明发行人境外销售收入真实性。

｜回复｜

一、报告期各期公司内销、外销按不同收入确认方式确认的当期销售情况

报告期内，公司内销、外销具体收入确认原则如下：

区域	贸易方式	概念简述	收入确认原则
境内	国内直发	卖方已经用运输工具把货物运送到达买方指定的目的地后，将货物交由买方处置即完成交货	产品完成签收或使用产品并通知公司后确认收入
	中间仓	为便于买方提货设置在买方主要生产基地附近的仓库，买方从该仓库提货之后货物完成转移	在将商品运至指定的中间仓库、客户领用货物并出具领用清单后确认收入
	模具	制作成型物品的工具	根据与客户签订的销售合同或订单，在取得客户PPAP（生产件批准程序）等文件后确认收入
境外	DAP	卖方已经用运输工具把货物运送到达买方指定的目的地后，将货物交由买方处置即完成交货	以产品运送到客户指定港口作为销售收入确认时点
	FCA	卖方将货物在指定的地点交给买方指定的承运人，并办理了出口清关手续即完成交货	产品交付予客户指定承运人、办理清关手续并取得提货单为销售收入确认时点
	中间仓	为便于买方提货设置在买方主要生产基地附近的仓库，买方从该仓库提货之后货物完成转移	在将商品运至指定的中间仓库、客户领用货物并出具领用清单后确认收入
	FOB	卖方以在指定装运港将货物装上买方指定的船舶时，卖方即完成交货	在办理完毕出口报关手续并取得提货单时确认收入
	EXW	当卖方在其所在地或其他指定地点将货物交由买方处置时，即完成交货	在公司所在地（如工厂或仓库）将货物交给客户并取得签收凭证时确认收入

续表

区域	贸易方式	概念简述	收入确认原则
境外	CIF	在装运港当货物越过船舷时，卖方即完成交货	在办理完毕出口报关手续并取得提货单时确认收入
	DDU	卖方在指定的目的地将货物交给买方处置，不办理进口手续，也不从交货的运输工具上将货物卸下，即完成交货	在办理完毕出口报关手续并取得提货单时确认收入

分 析

对于中间仓库模式，客户出具领用清单后确认收入。

二、结合报告期各期海关出口数据、出口退税金额、境外客户应收账款函证情况，说明公司境外销售收入真实性

1.报告期内，公司海关电子口岸系统出口数据与公司境外销售收入的核对情况

单位：万元

项目	2021年度
境外收入（a）	77,669.66
减：上期报关，本期确认收入（b）	2,399.85
加：本期报关，下期确认收入（c）	2,638.59
减：本期中间仓确认收入（d）	4,788.21
加：本期报关出口发送至中间仓货物金额（e）	5,634.06
调整后境外销售收入金额（f=a–b+c–d+e）	78,754.25
海关电子口岸数据（g）	78,833.87
差异金额（h=f–g）	–79.62
差异率（i=h/g）	–0.10%

如上表所示，报告期内，公司外销收入与海关电子口岸数据的差异原因主要为时间性差异，海关统计出口数据的口径为结关日期，公司根据销售合同约定的贸易方式不同，分别采用各种收入确认原则，因此账面收入确认和海关系统录入存在时间差。经调整后的境外销售收入金额与海关电子口岸数据差异分别为46.56

万元、174.93万元、–79.62万元，差异率分别为0.10%、0.32%和–0.10%，差异金额及差异率均较小。差异金额主要为公司销售收入与海关出口数据折算汇率时点存在差异、部分小批量产品通过快递直接寄发由快递公司报关等原因导致。

分 析

1. 从境外收入出发，把数据调整成海关口径，公司外销收入与海关电子口岸数据不同是因为账面收入确认和海关系统录入有时间差。

2. 除了折算汇率时点有差异以及部分产品由快递公司报关等原因，出口转内销收入也会导致海关统计与企业确认的境外收入存在差异。

综上，报告期内，公司的海关出口数据与外销收入相匹配。

2. 公司出口退税申报收入与公司海关电子口岸数据的核对情况

单位：万元

项目	2021年度
出口退税申报收入（a）	75,597.15
减：上期出口本期申报退税收入金额（b）	14,636.90
加：本期出口下期申报退税收入金额（c）	13,314.58
报关运保费（d）	4,489.78
调整后出口退税申报收入金额（e=a–b+c+d）	78,764.60
海关电子口岸数据（f）	78,833.87
差异金额（g=e–f）	–69.27
差异率（h=g/f）	–0.09%

如上表所示，公司外销收入与出口退税申报收入的差异主要包括时间性差异、运保费造成的差异。时间性差异即上一年度出口当年退税申报收入和当年出口下一年度退税申报收入造成的差异，按照税务局要求，企业应在货物报关出口之日（以出口货物报关单<出口退税专用>上的出口日期为准）次月起至次年4月30日前的各增值税纳税申报期内收齐有关凭证，向主管税务机关申报办理出口货物增值税免抵退税即可，因此，公司申报出口退税晚于报关出口时间，导致报告期内产生时间性差异；根据国税发〔2002〕11号文的规定，生产企业出口货物“免、抵、退税额”应根据出口货物离岸价、出口货物退税率计算。出口货物离

岸价（FOB）以出口发票上的离岸价，若以其他价格条件成交的，应扣除按会计制度规定允许冲减出口销售收入的运费、保险费、佣金等。公司运保费差异主要为DAP、CIF贸易方式下，公司销售收入中包括从装运港至约定目的地港的通常运费和约定的保险费，该部分收入在申报出口退税时不得作为退税基数计算退税金额。经调整后的出口退税申报收入金额与海关电子口岸数据差异分别为−44.85万元、−10.11万元和−69.27万元，差异率分别为−0.10%、−0.02%和−0.09%，金额及差异率较小。

分　析

1. 从出口退税申报收入出发，调整成海关口径，比较差异。

2. 外销收入与出口退税申报收入的差异主要是由于时间差、运保费差导致的。对于时间差，报关单、发票等单据齐全后才能申报出口退税，所以，申报出口退税的时间会滞后于收入确认的时间；对于运保费差，主要是因为公司采用DAP、CIF贸易方式，与出口货物离岸价（FOB）的退税基数有差异。

综上，报告期内，公司的出口退税金额与海关出口数据相匹配。

3. 出口退税金额测算

单位：万元

项目	2021年度
免抵税额（a）	3,131.71
应退税额（b）	6,614.33
免抵退税总额（c=a+b）	9,746.04
出口退税申报收入（d）	75,597.15
免抵退税额占出口退税申报收入比例（e=c/d）	12.89%
公司根据税法可享受的退税率	13%

如上表所示，报告期内，公司出口免抵退税金额占免抵退税申报收入的比例分别为15.25%、12.98%和12.89%，与公司根据税法可享受的退税率一致。

7-36　光大同创2022-04

申请文件及首轮问询回复显示：发行人关联方海港城物流为联想集团提供

VMI仓库，发行人通过海港城物流实现的收入金额分别为6,025.29万元、8,179.56万元、6,186.17万元、2,847.85万元。

请发行人：说明通过海港城物流销售的收入确认依据。

｜回复｜

公司为联想集团的供应商，根据客户要求将货物运输至客户生产基地所在保税区内的相应位置，由专业第三方VMI物流服务商进行入库操作、存储放位、收货信息及异常反馈、分拣、配送、出货反馈以及进入保税区涉及的报关、运输等服务。

海港城在福田保税区内作为VMI物流服务商，向公司在内的联想集团供应商提供仓储、运输及报关等综合物流服务。在VMI模式下，公司根据与客户签订的合同或订单要求，将产品送达客户指定的VMI物流仓库，由客户领用后确认收入，同时以保税区出口报关单作为收入确认的支撑性文件。客户一般通过如下方式对领用情况进行确认：

类型	确认情况
VMI仓的系统	通过VMI仓开放的仓库货物流转系统查询货物领用情况
客户的供应商系统	通过客户开放的供应商系统查询货物领用情况
往来电子邮件	通过与客户往来电子邮件获取货物领用情况

报告期内，公司以海港城开放的VMI仓库货物流转系统中显示的货物领用记录，作为通过海港城物流销售的领用及收入确认依据。

分　析

1. 保税区的VMI模式，客户领用后或者结算后确认收入。

2. 在VMI模式下，直接运输到境内保税区就没有货运提单。所以，以保税区的出口报关单作为收入确认的凭证。

专题二　特定交易

第8章　附有销售退回条款的销售

附有销售退回条款的销售业务是指企业通过合同条款明确约定或依惯例推定客户对所收到商品享有销售退回权的一种特殊销售交易，在企业的日常交易中非常常见。规定主要来自《企业会计准则第14号——收入》第三十二条。

一、会计处理

客户在合同中享有的退货权属于可变对价，不构成单项履约义务。与其他可变对价一样，销售方在合同开始时一般不能将预计的退货金额计入交易价格。

附有销售退回条款的销售的会计处理得区分两种情况：一是能够合理估计退货率，二是不能合理估计退货率。

1. 退货率可以估计

理论上，根据《企业会计准则第14号——收入》第三十二条第一款的规定：

> 对于附有销售退回条款的销售，企业应当在客户取得相关商品控制权时，按照因向客户转让商品而预期有权收取的对价金额（即，不包含预期因销售退回将退还的金额）确认收入，按照预期因销售退回将退还的金额确认负债；同时，按照预期将退回商品转让时的账面价值，扣除收回该商品预计发生的成本（包括退回商品的价值减损）后的余额，确认为一项资产，按照所转让商品转让时的账面价值，扣除上述资产成本的净额结转成本。

如果产品的退货率可以估计，销售退回条款并不会影响对商品控制权转移时点的判断。实务中，公司一般根据历史的退货数据，如前N个月度、年度的退货率，去估计负债，请阅读案例“8-2 致欧科技 2022-03”

但如果退货的金额小或者金额占主营业务收入的比例较小，根据重要性原则，可以“偷懒”，不用计提预计负债，省时省力。笔者翻阅众多案例后发现，不计提负债已经成为一种趋势，参见案例“8-1 涛涛车业 2022-03”“12-5 光隆科技 2022-03”。

2. 退货率不能估计

理论上，如果企业无法估计产品的退货率、金额，即使产品已经转移给了客户，控制权的归属还是存在很大的不确定性，不满足收入确认的条件。所以，在合同约定的退货期届满前，企业不能确认收入，而应当在退货期过后，才能按照实际退货情况合理地确认销售收入。

实务中，对于退货可能性难以估计的情形，应着重看退货期的长短、退货金额占收入比例的大小。若退货期很短，应当在退货期过后才确认销售收入。如在某电商平台上销售，谨慎的话，应当在过了“N天无理由退货期”之后才确认收入。一般无理由退货期也就是几天、半个月（海外市场的退货期会长许多），而且还是循环滚动的，晚几天、十几天确认收入又何妨，参见案例“8-1 涛涛车业 2022-03”；如果退货期较长，或退货率较小或金额较小，可以先全部确认收入，退货时再冲减当期收入、成本，发出新产品时再重新确认新收入、新成本，这么处理会省事许多，参见案例“8-4 沃文特 2022-04”。

3. 动态核算

每一资产负债表日，企业应当重新估计未来销售退回的情况，如有变化，应当作为会计估计变更进行会计处理，调整当期的资产、负债、收入科目，不得追溯调整。

实务中，可根据资产负债表日前N个月的退货率重新估计。

二、如何做账

对附有销售退回条款的销售，如果退货率能够合理估计，在商品控制权转移的时候，按照估计的退货率确认预计负债，抵减主营业务收入；结转成本时，按照估计的退货率预计退货产品的销售成本，计入“应收退货成本”科目，同时抵减主营业务成本：

借：应收账款

　　贷：主营业务收入

　　　　预计负债—应付退货款

应交税费—应交增值税（销项税额）

借：主营业务成本

应收退货成本

贷：库存商品

资产负债表日前收到货款时：

借：银行存款

贷：应收账款

在资产负债表日，对退货进行动态核算。如有变化，不调整以前会计期间的数据，而应作为会计估计变更，按未来适用法处理：

借：预计负债—应付退货款

贷：主营业务收入

借：主营业务成本

贷：应收退货成本

发生销售退回时，先冲销之前估计的预计负债、应收退货成本。若有多余，再调整主营业务收入与增值税销项税额、退货入库与主营业务成本。

借：库存商品

应交税费—应交增值税（销项税额）

预计负债—应付退货款

贷：应收退货成本

主营业务收入

银行存款

借：主营业务成本

贷：应收退货成本

实际发生的退货金额与已确认的预计转回收入、成本之间的差异不属于资产负债表日后事项，只须调整下一年度的收入与成本，不必追溯调整。

三、税务处理

无论退货率是否能够可靠估计，税法都要求企业在销售商品后全部确认应纳税所得额，实际退货时再冲减当期的收入和成本。而会计上确认的收入实际上不包含预计将退还的金额，确认的产品成本也不含预计将退还的成本。

因此，若企业计提了预计负债、应收退货成本，“预计负债”“应收退货成本”两个科目的账面价值和计税基础均不同，会形成暂时性差异。其中，“预计负债”是可抵扣暂时性差异，会形成递延所得税资产，而“应收退货成本”是应纳税暂时性差异，会形成递延所得税负债。

8-1 涛涛车业 2022-03

根据申报材料和审核问询回复：

（1）针对境外子（孙）公司汽动车销售，由于历史退换货率低于0.5%，根据重要性原则在相关收入确认时未予考虑退换货的影响。发行人未说明对于电动车和汽动车之外的其他产品在收入确认时是否考虑退换货影响。

（2）公司计提预计负债一般参考最近12个月的退货率确定，如沃尔玛买断式销售和自有网站的销售，但亚马逊销售采用历史退货率。

请发行人：说明发行人与客户是否约定“无理由退换货”条款、收入确认是否考虑该因素影响，收入确认政策的合理性及合规性。

｜回复｜

一、“发行人与客户是否约定‘无理由退换货’条款”的情况说明

公司的产品实现销售主要有两大途径：1.由境内公司直接出口实现销售，客户主要为ODM客户，鉴于运输成本较高等，无退换货政策；2.由境内公司出口至境外公司，然后由境外公司实现的销售，各产品和渠道的退货政策。

通过查询合同和了解公司与客户的合作模式：1.通过亚马逊、沃尔玛、天猫等平台的销售，公司遵循平台的退换货规定；2.公司对亚马逊、沃尔玛的“买断式”销售，退换货条款涵盖面广，但没有“无理由退换货”的条款。

二、公司不同渠道的退货政策及“收入确认是否考虑该因素影响”情况

1.不同的退货政策及“收入确认是否考虑该因素影响”情况说明

报告期内，公司各销售渠道不同类型产品与客户约定的退换货政策以及收入确认政策情况如下：

销售渠道	退换货政策	收入确认时是否考虑的情况说明
境内直接出口销售	无退换货	由于无退换货条款约定，在相关收入确认时不需考虑退换货的影响

续表

<table>
<tr><th>销售渠道</th><th colspan="2">退换货政策</th><th>收入确认时是否考虑的情况说明</th></tr>
<tr><td rowspan="5">境外子（孙）公司销售</td><td>线上：通过汽动车自有网站销售给终端消费者</td><td>签收后，质保期内（一般3个月）仅接受因产品质量缺陷导致的退换货</td><td rowspan="2">针对境外子（孙）公司汽动车销售渠道的汽动车产品、配件及其他产品，由于历史退换货率低于0.5%，根据重要性原则在相关收入确认时未予考虑退换货的影响</td></tr>
<tr><td>线下：通过线下销售给批发商及零售商</td><td>规定了产品的质量保证条款，发动机质保3个月（公路车6个月），配件质保30天，仅接受因产品质量缺陷导致的退换货</td></tr>
<tr><td rowspan="2">线上：通过电动车自有网站及第三方网站销售给终端消费者</td><td>自有网站销售：收货30日内质量问题可退换货</td><td rowspan="2">自有网站和第三方网站退货较宽松，故公司确认收入时已考虑退换货影响；
公司销售电动车产品在客户收货后确认收入，同时在每个报告期末（通常为季度末），会根据处于退货周期内的销售额及预计退货率计提预计负债并冲减当期销售收入</td></tr>
<tr><td>第三方网站销售主要指通过亚马逊平台等第三方平台的销售，其中通过“亚马逊平台”的销售为“收货30日内无理由退换货”；2020年末、2021年末，亚马逊平台延长退货期限，当年10—12月的销售在下年1月底前均可退货。其他第三方电商平台如NEWEGG、EBAY：收货30日内无理由退换货</td></tr>
<tr><td>线下：通过线下销售给亚马逊、沃尔玛及其他批发商、零售商</td><td>亚马逊、沃尔玛买断式销售，依据合同条款可退换货；
其他批发商、零售商：接受因产品质量缺陷导致的退换货</td><td>沃尔玛、亚马逊及COSTCO等销售退货条款较宽松，故公司确认收入时已考虑退换货影响；
其他线下批发商、零售商收入确认不考虑退换货影响</td></tr>
</table>

［注］1：公司考虑境外退换货运费成本较高等因素，与客户签订合同时未约定退换货条款，在双方商务谈判定价中已考虑相关因素，一般由批发商、零售商自行承担并提供对终端客户的退换货服务。

［注］2：沃尔玛退货条款规定：产品有缺陷或不合格、沃尔玛消费者退货、沃尔玛库存积压、产品召回或产品撤回等情况下可退货；亚马逊退货条款规定：产品有缺陷、产品损坏、产品不符合商定规格或与样品不一致、产品受政府或制造商分销商的召回或安全警告、产品与订单不一致、质量问题、亚马逊消费者退货等情况下可退货。

2.公司退货政策与可查询的公开数据比较

查询同样约定“无理由退货”条款的案例公司，比较该条款对收入确认的影响：

公司名称	“无理由退换货”条款	对收入确认的影响
嘉曼服饰	“七天无理由退货政策”（唯品会）	跨期退货订单中，仅临近期末确认收货而由于七天无理由退货政策在期后退货的订单对当期线上收入具有影响，该类订单金额及对线上收入影响较小，嘉曼服饰未对电商销售跨期退货进行预计扣除
张小泉	“七天无理由退货政策”（天猫旗舰店）	退换货金额小，未计提预计负债
嘉益股份（301004）	“七天无理由退货政策”	终端消费者在确认收货之后才发起7天无理由退货的情况极少，电商销售模式下嘉益股份在收到货款时确认收入
极米科技（688696）	“七天无理由退货政策”（天猫及淘宝等）、“30天无理由退货”（针对亚马逊）	线上B2C平台资产负债表日后退货金额整体较小，占当年线上B2C平台收入的比例均在0.25%以内，对财务报表不构成重大影响，故极米科技未针对期后退货计提相应的预计负债
安克创新（300866）	“30天无理由退货”（亚马逊）	线上B2C亚马逊销售，根据报告期最后1个月的销售额乘以过去12个月平均退货率并扣除相应成本后计提预计负债
久祺股份	“30天无理由退货”（亚马逊）	按报告期各期退货周期内销售额乘以当年度退货率计提预计负债
鼎阳科技	承诺一定期限无理由退货的销售业务	退货具有不确定性，难以估计退货可能性，在退货期满时确认相关销售收入

综上，在存在“无理由退货”政策情况下，上述案例公司根据自身实际业务情况结合重要性原则考虑对收入确认的影响，一般会作出以下几种应对措施：

（1）虽然存在“无理由退货”条款，但公司的退货率很低，退货金额小，根据重要性原则不针对退货计提预计负债，如嘉曼服饰、张小泉、嘉益股份、极米科技；

分　析

"重要性原则"可以用来"偷懒"。退货率低、退货金额小且可忽略，是存在"无理由退货"条款不计提负债的万能理由。

（2）"无理由退货"条款造成的退货根据重要性原则不可忽略，但公司可以根据以往经验合理估计退货的，根据退货率计提预计负债，如安克创新、久祺股份；

（3）"无理由退货"条款导致退货具有不确定性，且公司难以估计退货可能性，退货期满确认收入，如鼎阳科技。

分　析

如果企业难以估计退货的可能性，且退货期短的话，可以先不预提负债，待退货期过后再确认销售收入，这样更为谨慎。

公司针对"无理由退货"条款与安克创新、久祺股份处理相同，考虑"无理由退货"条款导致的退货影响，对通过自有网站、亚马逊网站的线上销售和通过买断式销售给沃尔玛、亚马逊的销售，收入确认时，考虑了退换货的影响。一般根据历史退货数据，线上销售以报告期各期最后1个月销售额（亚马逊2020年末、2021年末规定当年10—12月销售均可在下年1月退货的，则以最后3个月销售额）作为基数乘以最近12个月退货率计提预计负债并冲减收入；线下对沃尔玛、亚马逊的销售，鉴于其退货条款涵盖面广，以报告期各期最后3个月的销售额作为基数乘以最近12个月退货率或历史退货率计提预计负债并冲减收入。公司关于涉及退换货影响下的收入确认政策符合《企业会计准则》的规定。

分　析

如果产品的退货率可以估计，则可以以某个销售额作为基数乘以前N个月度、年度的退货率去预估负债。其实，用哪个销售额、退货率去估计，实务中并没有统一的做法。

8-2 致欧科技 2022-03

申报材料及审核问询回复显示：报告期，发行人B2C模式下，主要在亚马逊等电商平台上开立店铺进行销售，平台通常有一定期限内无条件退换货的约定。

请发行人：补充说明发行人各类业务模式尤其是B2C模式下收入确认的具体政策、收入确认时点及金额是否考虑无条件退货等条款，相关收入确认政策是否符合准则规定，与行业惯例是否一致。

｜回复｜

一、补充说明发行人各类业务模式尤其是B2C模式下收入确认的具体政策、收入确认时点及金额是否考虑无条件退货等条款

1.公司各销售模式下的收入确认具体政策、收入确认时点及无条件退货政策

报告期内，公司的业务模式包括线上B2C模式、线上B2B模式及线下B2B模式。其中，线上B2B模式和线下B2B模式不涉及无条件退货的情况，线上B2C模式的收入确认需考虑相关平台“无条件退货”政策的影响。公司各业务模式下的收入确认政策、收入确认时点及无条件退货政策情况如下：

销售模式	收入确认政策	收入确认时点	无条件退货政策
线上B2C	客户通过电商平台下单，电商平台负责将货物配送给客户或者公司委托物流公司将商品交付给终端消费者时，商品主要风险和报酬或商品控制权转移给客户。	公司以历史期间的实际订单妥投信息统计确定发货后商品交付给终端消费者的物流妥投天数，并以该妥投天数确定收入确认时点。2018年及2019年，公司估计的物流妥投天数为7天，按发货7天后确认收入；2020年及2021年1—6月，受不可抗力影响欧洲地区物流配送效率有所降低，公司按照发货8天后确认收入，其他国家或地区仍按发货7天后确认收入。	（1）亚马逊：通常情况下，消费者可以在收到商品后30天内无理由退货。 …… （4）eBay：消费者可在付款后1—60天内发起退换货要求；平台允许卖家根据自身情况设置无理由退货期限及运费承担情况，公司履行14天法定撤回期限内接受买家的无理由退货的义务，买家原因导致的退货由买家承担相应运费，其他由卖家承担。

续表

销售模式	收入确认政策	收入确认时点	无条件退货政策
线上B2B	公司委托物流公司配送交货给客户或将货物报关并装运离港，按照合同或订单约定的交货方式交付后，商品主要风险和报酬或商品控制权转移给客户。	（1）FOB、mDDP模式：货物完成报关并装船离港； （2）Dropship模式：仓库发出商品并由客户指定物流公司接收时确认收入； （3）DDP：平台客户的仓库签收时确认收入。	未约定无条件退货条款。
线下B2B		（1）FOB模式：货物完成报关并装船离港； （2）海外仓发货：客户指定物流公司接收或公司负责运送至指定地点后。	未约定无条件退货条款。

分 析

在亚马逊等一些平台上，卖家无法获取客户收货的确切时间。所以，妥投天数过后才确认收入，这样比较谨慎，如本案例中，发货七八天后才确认收入，详细请温习第7章第12节“线上销售”。

2. 无条件退货政策对B2C业务模式下收入确认的具体政策、收入确认时点及金额的影响

无条件退货条款是指消费者在购买产品后，因产品的款式、性能不符合其个性化需求，消费者有权自收到商品之日起一定期限内无需任何理由即可向公司申请退货。公司主要依托各电商平台开展业务，因此公司的退货政策并非由其自身制定，主要是遵守各大电商平台出于对消费者保护而制定的退货政策。该等消费者的退货具有个体性、零散性、无规律性等特点，在同一时点上不会存在大规模的集中退货。

根据不同渠道退换货政策及实际退换货情况的历史经验，公司实际发生的主要为无条件退换货，公司能够合理估计退货可能性，无条件退货政策不会对B2C业务模式下商品控制权转移时点或商品主要风险和报酬转移时点的判断产生影响，因此不会对收入确认具体政策、收入确认时点产生影响，而是作为可变对价进行会计处

理。B2C模式下，附有无条件退货条款的销售收入以公司将商品交付给最终消费者时作为收入确认时点。在确认收入的同时，公司综合历史期间各个地区的实际销售退回金额与销售发生额的比率，即退货率，计算B2C销售模式下历史平均退货率作为未来产品退货率的估计基础。报告期内，对于销售当期退货的产品，公司直接冲减当期主营业务收入和主营业务成本；对于销售当期未退回但仍处于退货期的产品，于资产负债表日，公司根据退货率估计当年销售的产品在以后期间可能发生的退货金额，将其相关的收入、成本冲减当期的主营业务收入和主营业务成本。公司退货的会计处理请参见下文“三、收入确认的具体政策符合同行业惯例”。

分 析

附有无条件退货条款的销售本质上是可变对价，先预估后调整，调整的都是当期的收入、成本、负债等。如果产品的退货率可以估计，销售退回条款并不会影响商品控制权的转移。

报告期内，公司B2C模式下的预计退货率和实际退货率情况保持基本一致。报告期各期，公司退货比例总体较低，相关会计处理对公司经营业绩无重大影响。报告期内，各资产负债表日已销售商品尚在退换货期间的预计未来期间退换货金额及占当期主营业务收入的比例如下：

项目	2021年1—6月	2020年度	2019年度
期末已销售商品尚在退换货期间的预计未来期间退换货金额（万元）	805.29	714.42	654.16
期末估计的退换货相关金额占当期主营业务收入的比例（%）	0.25	0.18	0.28

公司分析历史期间实际发生的退货情况，报告期内实际销售退货收入占当期主营业务收入的比例如下：

项目	2021年1—6月	2020年度	2019年度
退货金额（万元）	9,784.66	11,188.01	7,182.91
主营业务收入（万元）	319,868.69	396,786.79	232,223.33
退货率（%）	3.06	2.82	3.09

报告期内，公司退货率与同行业可比公司及其他跨境电商企业退货率的比较情况如下：

项目	2021年1—6月	2020年度	2019年度
安克创新	/	/	4.52%
易佰网络	/	8.38%	5.06%
赛维时代	6.36%	5.83%	6.22%
三态股份	4.18%	4.76%	4.76%
华宝新能	2.82%	2.52%	5.14%
致欧科技	3.06%	2.82%	3.09%

报告期内，公司退货率相对于同行业公司退货率总体较低，主要是产品品类存在差异所致。其中：（1）安克创新主要经营移动设备周边产品、智能硬件产品等消费电子产品；（2）易佰网络主要经营汽车摩托车配件、工业及商业用品、家居园艺、健康美容、户外运动等产品等；（3）赛维时代的百货家居类产品主要包括高压清洗机、电动足浴盆、爆米花机、干果机、冰箱等产品；（4）三态股份的家居生活类产品主要包括宠物服饰、厨卫家电、婚庆典礼、家居装饰、家庭园艺等产品；（5）华宝新能主要经营便携储能产品、充电宝以及可与便携储能产品配套使用的太阳能板及相关配件等电子产品。而电商行业消费电子、家用电器、服饰配饰等品类退货率通常高于家具家居类产品。但总体而言，公司退货率水平未显著偏离同行业公司退货率区间。

综上，公司退货率总体低于同行业公司退货率，符合公司的实际经营情况，且与同行业公司相比具有合理性。

二、相关收入确认政策符合准则规定

《企业会计准则第14号——收入》（2017修订）（财会〔2017〕22号）（以下简称新收入准则）第十三条规定，对于在某一时点履行的履约义务，企业应当在客户取得相关商品控制权时点确认收入。在判断客户是否已取得商品控制权时，企业应当考虑下列迹象：①企业就该商品享有现时收款权利，即客户就该商品负有现时付款义务。②企业已将该商品的法定所有权转移给客户，即客户已拥有该商品的法定所有权。③企业已将该商品实物转移给客户，即客户已实物占有该商品。④企业已将该商品所有权上的主要风险和报酬转移给客户，即客户已取得该商品所有权上的主要风险和报酬。⑤客户已接受该商品。⑥其他表明客户已取得商品控制权的迹象。

根据新收入准则及相关规定，对于附有销售退回条款的销售，应当在客户取得相关商品控制权时，按照因向客户转让商品而预期有权收取的对价金额确认收入，企业应当遵循可变对价（包括将可变对价计入交易价格的限制要求）的处理原则来确定其预期有权收取的对价金额，即交易价格不应包含预期将会被退回的商品的对价金额。每一资产负债表日，企业应当重新估计未来销售退回情况，按照预期因销售退回将退还的金额确认负债，同时，按照预期将退回商品转让时的账面价值，扣除收回该商品预计发生的成本（包括退回商品的价值减损）后的余额，确认一项资产，按照所转让商品转让时的账面价值，扣除上述资产成本的净额结转成本。每一资产负债表日，企业应当重新估计未来销售退回情况，如有变化，应当作为会计估计变更进行会计处理。

……

根据《企业会计准则讲解2010》中的相关规定，附有销售退回条件的商品销售是指购买方依照有关协议有权退货的销售方式。在这种销售方式下，企业根据以往经验能够合理估计退货可能性且确认与退货相关负债的通常应在发出商品时确认收入；企业不能合理计退货可能性的，通常应在售出商品退货期满时确认收入。

分 析

如果企业无法估计产品的退货率，控制权的归属会存在很大的不确定性。如果退货期很短，可以考虑在退货期过后再确认销售收入。

公司充分分析日常销售退货的原因，结合相关事实和情况，严格按照前述附销售退回条款的商品销售相关原则进行会计处理。并在每个期末根据历史实际退货情况对预计退货率进行重新估计，预计退货率的变化，按照会计估计变更进行会计处理。对于销售当期退货的产品，直接冲减当期主营业务收入；对于资产负债表日尚处于退货期的产品，公司根据资产负债表日预计退货率估计已销售产品在以后期间可能发生的退货金额，冲减当期销售收入，具体会计处理情况请参见下文“三、收入确认的具体政策符合同行业惯例”。

因此，公司的收入确认符合《企业会计准则》的规定。

三、收入确认的具体政策符合同行业惯例

公司与同行业公司的收入确认具体政策、退货政策的对比情况如下：

公司名称	退货政策的会计处理
遨森电商	对于当月退货的订单，直接冲减当期营业收入。对于资产负债表日尚处于退货期的产品，根据该资产负债表日预计退货率计算退货情况后进行会计处理。
安克创新	对于当月退货的订单，直接冲减当期营业收入；对于资产负债表日尚处于退货期的产品，根据该资产负债表日当月的销售额乘以过去12个月的月平均退货率并扣除相应成本后计提预计负债，实际发生退货时，再冲减计提的预计负债。
易佰网络	对于当期退回的销售订单直接冲减当期销售收入；对于当期未退回但仍然处于退货期的销售业务，易佰网络管理层合理估计其退回概率，冲减当期收入并计提相应的预计负债，期后实际发生上期销售订单的退货时，冲减计提的预计负债。
致欧科技	对于销售当期退货的产品，公司直接冲减当期主营业务收入；对于资产负债表日尚处于退货期的产品： 2018—2019年度，公司根据历史经验和数据，预计当年销售的产品在以后期间可能发生的退货金额，将其相关的收入、成本冲减当期的主营业务收入和主营业务成本，差额确认为预计负债，列示为其他流动负债。 2020年开始，公司适用新收入准则，公司根据销售商品的历史经验和数据，按照期望值法确定预计销售退回的金额，并抵减销售收入。将预期因销售退回而将退还的金额确认为应付退货款，列示为其他流动负债；按照预期将退回产品于销售时的账面价值，扣除收回该产品预计发生的成本后的余额，确认为应收退货成本，列示为其他流动资产。

分 析

如果退货率能够合理估计，先按照估计的退货率确认预计负债，抵减收入；结转成本时，按照估计的退货率预计退货产品的销售成本，计入“应收退货成本”科目，同时抵减主营业务成本。“应付退货款”是预计负债的二级科目。

根据对同行业公司的收入确认政策和退货政策进行比较，公司的收入确认具体政策、退货相关的会计处理与行业惯例不存在重大差异。

综上所述，公司B2B业务模式的收入确认具体政策、收入确认时点及金额无需考虑无条件退货等条款，B2C模式下的收入确认具体政策、收入确认时点及金额已考虑无条件退货等条款，相关收入确认政策符合《企业会计准则》规定，与行业惯例不存在重大差异。

8-3 华宝新能 2022-04

申报材料与前次审核问询显示：

（1）报告期内，发行人因产品质量瑕疵相关问题的退货金额为101.40万元、191.52万元、585.43万元、454.15万元；

（2）发行人根据不同线上销售平台政策向线上消费者提供了不同期限的无理由退货渠道，报告期内无理由退货金额为289.49万元、946.42万元、1,715.41万元、2,258.16万元。

请发行人说明：

（1）无理由退货产品是否可进行二次销售，是否对退回产品作报废处理，会计处理及是否符合企业会计准则的规定；

（2）结合与相关平台对无理由退货周期的具体约定情况，说明发行人收入确认时点判断是否准确。

｜回复｜

一、无理由退货产品是否可进行二次销售，是否对退回产品作报废处理，会计处理及是否符合企业会计准则的规定

（一）退货的会计处理

1. 2019年度

根据《企业会计准则第14号——收入》（财会〔2006〕3号）（以下简称旧收入准则）相关规定，企业已经确认销售商品收入的售出商品发生销售退回的，应当在发生时冲减当期销售商品收入和转回成本。销售退回属于资产负债表日后事项的，适用《企业会计准则第29号——资产负债表日后事项》，应调整当期相关的收入、成本等。

2. 2020年度和2021年度

根据《企业会计准则第14号——收入》（财会〔2017〕22号）（以下简称新

收入准则）相关规定，对于附有销售退回条款的销售，企业应当在客户取得相关商品控制权时，按照因向客户转让商品而预期有权收取的对价金额（即，不包含预期因销售退回将退还的金额）确认收入，按照预期因销售退回将退还的金额确认负债；同时，按照预期将退回商品转让时的账面价值，扣除收回该商品预计发生的成本（包括退回商品的价值减损）后的余额，确认为一项资产，按照所转让商品转让时的账面价值，扣除上述资产成本的净额结转成本。每一资产负债表日，企业应当重新估计未来销售退回情况，如有变化，应当作为会计估计变更进行会计处理。

具体会计处理如下：

项目情况	新收入准则
实现销售计提预计负债	①实现销售 借：应收账款 　贷：主营业务收入 　　　应交税费—应交增值税（销项税额） 借：主营业务成本 　贷：库存商品 ②计提预计负债 借：主营业务收入 　贷：预计负债—退货收入 借：其他流动资产—应收退货成本 　贷：主营业务成本
实际发生退货	①冲回退货收入及成本 借：主营业务收入 　　应交税费—应交增值税（销项税额） 　贷：应收账款 借：库存商品 　贷：主营业务成本 ②调整预计负债 借：主营业务成本 　　预计负债—退货收入 　贷：主营业务收入 　　　其他流动资产—应收退货成本

分 析

上表是附有销售退回条款比较标准的会计做账。

（二）退货产品后期进行二次销售

公司对于退货产品在经过返包及维修后达到可出售条件时发生的维修成本相应增加产品的存货成本，当退货产品在进行二次销售满足收入确认条件时相应确认收入和结转产品成本。

（三）退货产品后期进行报废处理

根据《企业会计准则第1号——存货》第二十一条第一款中规定企业发生的存货毁损，应当将处置收入扣除账面价值和相关税费后的金额计入当期损益。报告期内，公司对销售退货产品存在质量瑕疵且无法维修达到可出售状态的产品进行报废处理，公司将对应的存货报废金额计入相关成本，公司的会计处理符合企业会计准则的规定。

（四）退货产品减值会计处理

报告期各期末，公司对于退货产品按存货成本与可变现净值孰低计提存货跌价准备。

分 析

在《企业会计准则第14号——收入》中，“应收退货成本”这一科目是专门为“附有销售退回条款的销售”这一特定交易形式设置的资产类科目，每个期末应对“应收退货成本”做减值测试。

综上，退货产品及后续处理涉及的相关会计处理符合企业会计准则的规定。

二、结合与相关平台对无理由退货周期的具体约定情况，说明发行人收入确认时点判断是否准确

1.主要电商平台的退货政策

报告期内，公司通过主要电商平台销售的退货政策如下：

电商平台	退货政策
亚马逊	30天无理由退换货
日本乐天	因客户原因为7天无理由退换货；因产品原因为30天无理由退换货
日本雅虎	客户收到商品后14天无理由退货
天猫	7天无理由退换货
京东POP	7天无理由退换货
京东自营	7天无理由退换货
京东FCS	7天无理由退换货
品牌官网	日本品牌官网为7天无理由退换货；美国品牌官网为30天无理由退换货

公司主要依托各电商平台开展业务，因此公司的退货政策并非自身制定，主要服从各大电商平台出于对消费者保护而制定的退货政策。

2.基于无理由退货政策，公司收入确认时点的合理性及准确性

公司通过主要线上销售平台销售的收入确认原则如下：

分类	销售模式	电商平台	收入确认原则
境内线上销售平台	线上B2B	京东自营	终端消费者在电商平台下单后，电商平台客户根据终端消费者订单信息向公司发出订单需求，公司将商品直接发送至终端消费者指定的收货地址。在终端客户签收确认收货后，根据合同约定的对账时间，收到京东平台的确认清单核对无误后确认收入
		京东FCS	终端消费者在电商平台下单后，电商平台客户根据终端消费者订单信息向公司发出订单需求，公司将商品直接发送至终端消费者指定的收货地址，公司根据电商平台客户供应链管理系统中客户已于平台系统内签收完成的订单确认收入
	线上B2C	天猫、京东POP	公司境内线上B2C模式主要涉及电商平台为天猫、京东POP。公司在电商平台上开设自营店铺直接面向终端消费者销售，终端消费者在第三方电商平台购买公司商品，公司将商品发货到终端消费者指定的收货地址。公司在产品已发出、消费者于平台系统内签收，且电商平台代收款项后确认相关收入

续表

分类	销售模式	电商平台	收入确认原则
境外线上销售平台	线上B2C	亚马逊、日本乐天、日本雅虎	公司在电商平台上开设自营店铺直接面向终端消费者销售，终端消费者通过在第三方电商平台下订单，线上销售平台负责将货物配送给客户或者公司委托物流公司配送交货给终端销售者，公司取得平台结算证明文件时确认收入
		品牌官网	公司在电商平台上开设自营店铺直接面向终端消费者销售，终端消费者通过在自营网站下订单，公司将产品运输至指定地点并由其签收确认后确认收入

公司在天猫、京东等境内电商平台的退货政策为“7天无理由退货”。京东自营销售模式下，公司系对发货日距结算日已超约60日的产品与京东平台进行结算，且公司发货后客户申请退货主要集中在7天无理由退货期内，超过60日再发生退货的可能性极低，因此，公司根据京东结算单确认收入的时点已经考虑了无理由退货期限。天猫、京东POP、京东FCS销售模式下，客户在购买公司产品并确认收货后，平台账户收到货款并生成收款记录，而线上客户一般较少主动在平台点击确认收货，如果线上客户收到货但没有主动在平台点击确认收货，平台会在无理由退货期限届满后自动确认收货，公司大多数订单系由平台自动确认收货，而针对平台自动确认收货的订单，公司的收入确认时点系在平台无理由退货期限届满后，即已考虑了无理由退货期限。综上，公司在境内第三方电商平台的收入确认时点已考虑了无理由退货期限，收入确认时点具有合理性及准确性。

分　析

如果企业难以合理估计退货的可能性，或者不想预估，那么不管在哪个平台，过了无理由退货期再确认收入，是最谨慎的。

此外，公司在境外主要电商平台的无理由退货期均不超过30天，公司针对通过境外主要电商平台销售且在资产负债表日尚处于无理由退货期的产品，已根据资产负债表日当月的销售金额乘以当年的平台平均退货率，冲减当期收入并计提相应的预计负债，期后实际发生上期销售订单的退货时，冲减计提的预计负债。

分　析

实务中，选择哪个历史的退货率、销售额去估计负债并没有硬性要求，择优而行。

综上，报告期内，公司在确认境外主要电商平台的销售收入时，已结合历史退货情况预估退货金额，并相应冲减当期收入及计提预计负债。

综上所述，公司各电商平台下收入确认时点与公司退货政策及退货期限不存在明显差异，公司整体退货率处于较低水平，收入确认时点具有合理性和准确性。

8-4　沃文特2022-04

申请文件及首轮问询回复显示：发行人对部分直销客户提供了产品临近有效期可换货的条款，部分经销商存在采购需求调整的退换货。

请发行人：

一、说明发行人包含有效期可换货条款的销售情况，包括但不限于各期销售收入及占比、主要销售客户、各期实际换货情况、换货金额占销售收入的比重等；各期经销商因采购需求调整退换货的具体情况及会计处理

｜回复｜

（一）公司包含有效期换货条款的销售情况

报告期内，公司包含有效期可换货的总体销售情况如下：

单位：万元

项目	2021年度	2020年度	2019年度
主营业务收入	47,674.74	37,646.24	38,466.20
包含可换货条款的客户销售情况			
对应主营业务收入	11,593.33	8,291.41	11,345.46
销售占比（%）	24.32	22.02	29.49
实际换货金额	8.85	44.87	51.15
换货金额占比（%）	0.08	0.54	0.45

注1：销售占比=销售收入/主营业务收入

注2：换货金额占比=实际换货金额/对应主营业务收入

报告期内，公司因产品近效期发生的换货金额较小，占比较低。

报告期内，与公司签订包含有效期可换货条款的主要销售客户及其实际换货情况如下：

……

报告期内，存在因近效期发生的实际换货情形的客户均为直销客户，主要客户发生的实际换货金额较小。

（二）因采购需求调整退换货的具体情况及会计处理

公司出于长期合作的考虑，接受客户因采购需求调整的退换货需求。报告期内，公司客户因采购需求调整发生的退换货金额较小，区分直销、经销因采购需求调整发生的退换货金额如下：

单位：万元

项目	2021年度
经销退换货金额	21.30
占收入比例（%）	0.04
直销退换货金额	14.95
占收入比例（%）	0.03
退换货金额合计	36.25
占收入比例（%）	0.08

公司就退换货的相关会计处理如下：

1. 产品交付且满足收入确认条件时

借：应收账款

　　贷：应交税费—增值税销项税

　　　　主营业务收入

借：主营业务成本

　　贷：存货

2. 客户因采购需求调整提出退换货要求时

不进行会计处理，由销售部门于ERP系统中提交退换货申请并注明系客户采购需求调整退换货，审批通过后准许客户进行退换货，同时生成退货单。

3. 客户退货至公司，仓库核对至退货单并经检验合格入库时

冲销原确认的收入成本，开具红字发票并红字做以下会计分录：

借：应收账款

　贷：应交税费—增值税销项税

　　　主营业务收入

借：主营业务成本

　贷：存货

4.公司发出换货重新交付客户并满足收入确认条件时

借：应收账款

　贷：应交税费—增值税销项税

　　　主营业务收入

借：主营业务成本

　贷：存货

（三）未就特殊退换货确认预计负债的合理性说明

报告期内，根据特殊退换货条款的约定，客户要求公司就近效期产品提供退换货服务的金额分别为51.15万元、44.87万元及8.85万元，其占主营业务收入的比例分别为0.45%、0.54%和0.08%，退换货金额及占主营业务收入的比例较小，且退换货比例较难预计，公司未根据特殊退换货条款确认预计负债。

公司与同行业可比公司的情况对比如下：

可比公司	是否存在含退换货条款的合同	是否存在退换货	是否就退换货计提预计负债
爱威科技	是	是	否
亚辉龙	是	是	否
九强生物	未披露	未披露	否
沃文特	是	是	否

如上表所示，可比公司均未就退换货事项确认预计负债，公司的处理符合行业惯例。

综上，公司未根据特殊退换货条款确认预计负债，具有合理性。

二、结合合同约定条款，说明含前述特殊退换货条款的收入确认时点及准确性

｜回复｜

报告期内，公司与客户间签订的含特殊退换货条款的合同仅有一类，即在合同中承诺对于客户的近效期产品提供退换服务，相应客户均为直销客户，关于特殊退换货的合同条款举例如下：

客户	相关条款
成都市中西医结合医院	产品临近失效期，甲方提前三个月向乙方提出更换，乙方须在产品失效前一个月更换完毕。
成都市金牛区人民医院	甲方所购产品在有效期内没能使用完，乙方包换有效期内同型号产品。
成都和隽科技有限公司	甲方向乙方所供产品有效期在1年以上，距失效期不得低于1年，如甲方所供近效期产品乙方在三个月内未用完，乙方应退回甲方以免造成损失。
成都市第七人民医院	乙方所提供的产品有效期限不得少于整个产品有效期的四分之三。试剂临近失效期，甲方及时向乙方提出更换，乙方须在试剂失效前一个月更换完毕。
成都市西区医院	乙方所提供的医用耗材，出现质量问题由乙方承担一切责任，产品包装完整、清洁、无破损、无霉斑。包装破损能及时退换，在三个月内的近效期耗材予以退换。

报告期内，部分直销客户因自身经营管理导致少量产品入库后存储时间较长临近失效期，从而提出更换要求，公司按照合同约定为其提供换货服务。报告期内，相应换货金额列示如下：

单位：万元

项目	2021年度	2020年度	2019年度
直销客户换货	8.85	44.87	51.15

因报告期内实际发生的换货难以估计且金额较小，公司未对换货情况进行预计，换货在存货退回时冲减当期营业收入，重新发出时确认营业收入，相应收入确认时点及金额准确。

分 析

退货可能性难以估计时，如果退货期较长、退货率较小或退货金额较小，可以先完全确认收入，不预提负债。退货时，直接冲减当期的收入、成本；新货发出后，对新发的货重新确认新收入、新成本。这么操作，收支两条线，清晰明了，简单省力。

第9章 净额法

确认收入的判断标准，原收入准则以“风险和报酬的转移”为标准；执行《企业会计准则第14号——收入》之后，标准转变为“客户是否取得相关商品的控制权”。企业是用“总额法”还是“净额法”来核算收入取决于在向客户转让商品前是否拥有对商品的控制权。

规定多来自《企业会计准则第14号——收入》第三十四条、《首发业务若干问题解答》(2020年6月修订)[①]问题32[②]、《监管规则适用指引——会计类第1号》、《关于严格执行企业会计准则 切实加强企业2020年年报工作的通知》。

一、通过控制权判断

企业应当根据其在向客户转让商品前是否拥有对该商品的控制权，来判断其从事交易时的身份是主要责任人还是代理人，进而来确定是采用总额法还是净额法来确认收入。

企业在将特定商品或服务转让给客户之前控制该商品或服务的，即企业能够主

① 2023年2月全面实行注册制之后，《首发业务若干问题解答》(2020年6月修订)被废止，当中的多数内容被拆分进入《监管规则适用指引——发行类第4号》《监管规则适用指引——发行类第5号》，变成新“39条”，剩余的大部分条款或挪至《证券期货法律适用意见第17号》等文件中，或在实践中仍然适用，故本系列仍然会引用讲解。引用的案例中涉及《首发业务若干问题解答》(2020年6月修订)，笔者不特别说明，请读者将内容与新“39条”、《证券期货法律适用意见第17号》等文件对照即可。其实，内容并无重大新增、修改。

② 问题32未被纳入新“39条”、《证券期货法律适用意见第17号》等文件，但实践中将仍然适用。

导该商品或服务的使用并从中获得几乎全部的经济利益，为主要责任人，应当按照已收或应收对价总额确认收入；否则，企业为代理人，应当按照预期有权收取的佣金或手续费的金额（即净额）确认收入，金额应当按照已收或应收对价总额扣除应支付给其他相关方的价款后的净额，或者按照既定的佣金金额或比例等确定。

（一）主要责任人

在判断是否为主要责任人时，企业应当综合考虑是否对客户承担主要责任、是否承担存货风险、是否拥有定价权以及其他相关事实和情况进行判断。

《企业会计准则第14号——收入》第三十四条第二款规定，企业向客户转让商品前能够控制该商品，即作为主要责任人的情形包括以下三种：

（一）企业自第三方取得商品或其他资产控制权后，再转让给客户。

（二）企业能够主导第三方代表本企业向客户提供服务。

（三）企业自第三方取得商品控制权后，通过提供重大的服务将该商品与其他商品整合成某组合产出转让给客户。

1. 企业自第三方取得商品或其他资产控制权后，再转让给客户

企业应当考虑权利是仅在转让给客户时才产生，还是在转让给客户之前就已经存在，且企业一直能够主导其使用。如果权利在转让给客户之前并不存在，表明企业实质上并不能在权利转让给客户之前控制权利。

如果企业只是暂时性地获得商品的法定所有权，但获得的商品法定所有权具有瞬时性、过渡性特征，这表明企业很可能并未真正取得商品控制权，未真正承担存货风险，其很可能属于代理人，参见案例“9-14 北交所发行上市审核动态——将贸易业务收入调整为净额法 2024-01”“9-15 欧冶云商 2022-03”。

2. 企业能够主导第三方代表本企业向客户提供服务

当企业承诺向客户提供服务，并委托第三方（如分包商、其他服务提供商等）代表企业向客户提供服务时，如果企业能够主导第三方代表本企业向客户提供服务，则表明企业在服务提供给客户之前能够控制该服务。

3. 企业自第三方取得商品控制权后，通过提供重大的服务将该商品与其他商品整合成某组合产出转让给客户

这一条跟第1章“单项履约义务”提到的“不可单独区分”的第一种情形，即《企业会计准则第14号——收入》第十条第二款第一项“企业需提供重大的服务以

将该商品与合同中承诺的其他商品整合成合同约定的组合产出转让给客户”很像。

企业承诺提供的特定商品就是合同约定的组合产出，企业应首先获得为生产该组合产出所需要的投入的控制权，然后才能够将这些投入加工整合为合同约定的组合产出。请阅读案例“9-1 深交所发行上市审核动态——总额法或净额法1 2023-08”。

（二）三个迹象

收入的总额法、净额法对公司，特别是上市公司的收入规模影响重大。然而，单纯依赖合同条款往往无法得出准确的结论。实务操作中，更多的是需要基于公司合同的法律形式、实际交易模式、商业目的、交易定价机制、每笔具体购销交易的流程，以及双方的权利与义务等，根据实质重于形式的原则，综合考虑所有事实和情况进行判断。

《企业会计准则第14号——收入》第三十四条第三款中规定，企业在判断时通常可以参考以下三个迹象：

（一）企业承担向客户转让商品的主要责任。

（二）企业在转让商品之前或之后承担了该商品的存货风险。

（三）企业有权自主决定所交易商品的价格。

……

1. 企业承担向客户转让商品的主要责任

企业在判断是否承担向客户转让商品的主要责任时，应当从客户的角度进行评估，即客户认为哪一方承担了主要责任。例如，客户认为谁对商品的质量或性能负责、谁负责提供售后服务、谁负责解决客户投诉等。

2. 企业在转让商品之前或之后承担了该商品的存货风险

其中，存货风险主要是指存货可能发生减值、毁损或灭失等形成的损失。例如，在附有销售退回条款的销售中，企业将商品销售给客户之后，客户有权要求向企业退货，这可能表明企业在转让商品之后仍然承担了商品的存货风险。

3. 企业有权自主决定所交易商品的价格

企业有权决定客户为取得特定商品所需要支付的价格，可能表明企业有能力主导商品的使用并从中获得几乎全部的经济利益。然而，在某些情况下，代理人可能在一定程度内也拥有定价权（例如，在主要责任人规定的某一价格范围内决定价格），以便其在代表主要责任人向客户提供商品时，能够吸引更多的客户，从而赚取更多的收入。此时，即使代理人有一定的定价能力，也并不表明在与最终客户的交易中身份是主要责任人，代理人只是放弃了一部分自己应当赚取的佣金或手续费而已。

一些民生基本物资的价格均由物价局定价，如水电，出租人向租客收取水电费时，多数按实际用量、成本收取，即使加价，也无法大幅度加价。这意味着出租人对水电费没有自主定价权，其只是个代收代付的代理人而已。更重要的是，出租人未买断水电能源，不承担水电的存货风险，应按净额确认收入。

总而言之，企业在判断是主要责任人还是代理人时，应当以企业在特定商品转移给客户之前是否能够控制该商品为原则，并根据相关商品的性质、合同条款的约定以及其他具体情况，综合判断。

二、采用净额法的影响

通常情况下，收入按照总额法还是净额法确认虽然不会影响公司的净利润和净资产，但会影响收入总额、毛利率、市销率等财务指标。采用净额法对企业有以下影响：

1. 收入减少

企业采用净额法核算后，在经营过程中按照佣金、手续费等净额法来确认收入。因此，企业的收入会大幅度减少。

营业收入被纳入退市指标后，一些面临退市风险的公司开始寻求各种策略以避免被摘牌。除期末突击债务重组、利用非经常性损益来保壳之外，增大收入规模也成为不少退市风险公司规避被摘牌的选择。在会计处理上，“错误”地用总额法代替净额法确认收入是退市风险公司做大收入规模的惯用伎俩，这在广告营销业务和贸易业务领域更为普遍。

如某从事广告营销业务的公司，在向客户提供数字媒体投放充值服务时，并未实质性承诺投放效果，不承担广告投放的主要责任，无定价自主权，亦无须买断广告位，这意味着，在广告投放之前，该公司并未取得投放服务的控制权，公司的角色更类似于一个代理人。按照会计准则，这种情况应按照净额法来确认收入。

如果企业是资产重组的标的，采用净额法会导致其收入大幅度下降，相对来说，更难以触碰到重大资产重组其中的收入条件，有利于企业间并购。

2. 毛利率提高

采用总额法还是净额法都不会影响到净利润，但收入减少会导致毛利率提高，能有效地将经营成果反映在财务指标上。

3. 不利于筹资决策

如果会计上确定采用净额法确认收入，代客户收取或支付的现金在现金流量表中应按净额列报。分析现金流量表能使企业自身及时了解和掌握经营现金流的情况，但现金收支按净额列示并不能真实地反映企业现金流入和流出的真实情况，不利于企业的筹资决策。

4. 享受政策优惠

根据我国的经济政策，中小微企业在发展过程中能够享受政府的补贴、税收优惠等。企业如果采用净额法来确认收入，就能够更容易被划分为中小微企业，从而在税务、政策等方面享受政府的优惠、补贴，进一步减轻企业的负担，使企业可以有更多的资金用于发展。

如果企业属于国家需要重点扶持的高新技术企业，须符合高新技术产品（服务）收入占企业当年总收入的60%以上的要求。按净额法确认收入会使企业收入总额减少，但可以提高高新技术产品（服务）收入占企业当年总收入的比例，更容易达到60%的标准。

9-1　深交所发行上市审核动态——总额法或净额法1 2023-08

发行人B根据客户需要向客户IT数据中心销售国内外原厂商的各种软硬件产品并收取费用。具体业务模式为，根据客户需求及其IT运行环境提出解决方案，与客户签订销售合同后向原厂商或原厂分销商采购软硬件产品，并在提供服务后将产品交付客户，服务内容一般包括方案设计实施、设备或系统安装调试、应用或数据迁移、系统优化、试运行调试等。发行人向客户的销售价格不受原厂商或原厂分销商限制，并承担软硬件质量及未通过终验的退货及赔偿义务。发行人B对上述业务采用总额法确认收入。

｜分析｜

发行人B软硬件产品销售收入按照总额法还是净额法确认的关键在于判断其在向客户交付产品前是否取得对产品的控制权。发行人B采购软硬件产品后需提供方案设计实施、设备或系统安装调试、应用或数据迁移、系统优化、试运行调试等服务，确保商品满足客户要求，且发行人B向客户交付产品后需要承担软硬件质量及未通过终验的退货及赔偿义务，即发行人B承担了向客户转让商品的主要责任和该商品的存货风险；发行人B向客户销售时价格不受原厂商或原厂分销商的限制，即有权自主决定所交易商品的价格。

综合分析，发行人B符合“自第三方取得商品控制权后，通过提供重大的服务将该商品与其他商品整合成某组合产出转让给客户”的情形，即在向客户转让商品前拥有对商品的控制权，在该项业务中采用总额法确认收入合理，现已上市。

分　析

1. 判断收入是采取总额法还是净额法核算，关键在于判断从事交易时的身份是主要责任人还是代理人，在向客户转让商品前是否拥有对该商品的控制权。《企业会计准则第14号——收入》列举了企业转让商品前拥有控制权的3种主要情形：是否承担主要责任、是否承担存货风险、能否自主决定商品价格。

2. 发行人采购软硬件产品后，还需要提供重大的服务，将采购的软硬件整合成某组合，采购的软硬件已经不是原始状态。而且，发行人还需承担义务、存货风险，并非甩手掌柜，加之，有权自主决定价格，由此判断是主要责任人，应采用总额法确认收入。

9-2　传神语联 2021-10

请发行人说明：翻译业务中发行人与译员、劳务外包公司、翻译服务机构之间的职责划分等方面的情况，发行人对翻译服务成果承担的具体责任，发行人对相关业务采用的收入确认方法（总额法/净额法）及其合理性，是否符合企业会计准则的规定。

｜回复｜

一、翻译业务中发行人与译员、劳务外包公司、翻译服务机构之间的职责划分等方面的情况

报告期公司翻译业务采购人工翻译产能较多，人工翻译产能主要涉及三类主体，分别为人工译员（包括专职译员与兼职译员）、劳务外包公司和翻译服务机构（主要为各翻译公司），在翻译业务中公司与各主体之间的职责划分情况如下：

……

二、发行人对翻译服务成果承担的具体责任，发行人对相关业务采用的收入确认方法（总额法/净额法）及其合理性，是否符合企业会计准则的规定

根据业务实际，公司对翻译服务成果承担的具体责任如下：

一是笔译、影视文化译制根据客户对交稿时间、稿件质量的要求向客户交付翻译成果，就翻译成果质量向客户负责；口译根据客户指定的工作地点、时间提供语言服务，主要就服务时间和质量向客户负责。

二是根据客户委托，自主组织调度翻译服务产能，完成翻译服务，承担翻译成果无法交付的风险。

报告期公司翻译服务（包括笔译、口译、影视文化译制）业务收入均采用总额法进行核算，主要依据如下：

根据《企业会计准则第14号——收入》（2017修订）第三十四条第一款规定，企业应当根据其在向客户转让商品前是否拥有对该商品的控制权，来判断其从事交易时的身份是主要责任人还是代理人。企业在向客户转让商品前能够控制该商品的，该企业为主要责任人，应当按照已收或应收对价总额确认收入；否则，该企业为代理人，应当按照预期有权收取的佣金或手续费的金额确认收入，该金额应当按照已收或应收对价总额扣除应支付给其他相关方的价款后的净额，或者按照既定的佣金金额或比例等确定。

根据上述规定，公司在向客户转让商品前是否能够控制该商品是总额法确认的关键点，对公司翻译服务收入确认方法的具体判断过程如下：

1.是否是合同首要义务人

客户与公司签订翻译合同或订单并明确约定合同价款或计价方式，公司拥有收取全额销售款的权利。译员、劳务公司、翻译服务机构等产能供应方与客户无直接合同关系，公司与其另行结算译费。因此，公司是合同首要义务人。

分　析

本案例中，发行人直接与客户签订合同，是合同的首要义务人，需要承担与客户交易行为的主要责任，是主要责任人。

2.是否承担翻译稿件、口译等语言服务的风险

公司与客户签订合同或订单时，已对交稿时间、稿件质量、口译服务等责任承担做出约定，公司语言服务订单的全部风险报酬转移以及新收入准则下控制权转移的主体是公司，公司因此而承担交付风险。

分 析

如果公司在转让商品之前可能存在生产后无销售的风险，或者转让商品之后还承担着商品的退货风险，则是主要责任人。

3.能否自主决定商品和服务的价格

稿件翻译和口译服务的收费由公司报价后，与客户协商确定，公司拥有自主定价权；公司独立于客户自主选择产能供应方，公司单独与产能供应方协商确定服务内容、价格、结算条款等内容并签订服务协议，因此公司可以自主决定商品和服务的价格。

4.是否承担了源自客户或供应商的信用风险

公司与客户单独结算服务费用，承担了客户未能按合同约定支付服务价款的风险；同时，公司自主与产能供应方就服务采购事宜签订协议，公司承担了产能供应方未能按照双方约定提供服务的风险。因此，公司承担了源自客户和供应商的信用风险。

基于以上判断，公司翻译服务业务采用总额法确认收入是合理的，既符合业务实质，也符合企业会计准则的规定。

分 析

1.企业用总额法还是净额法来核算收入取决于在向客户转让商品前是否拥有对商品的控制权，从而去判断交易时的身份是主要责任人还是代理人，进而再确定是采用总额法还是净额法来确认收入。

2.依据《企业会计准则第14号——收入》第三十四条的规定判断，重点看“控制”“责任”“风险”“义务”“定价权”等关键事项。

9-3 锡南科技 2022-02

申请文件显示：发行人境内外销售均存在中间仓模式，境外销售分为FOB、CIF、EXW、DAP等贸易模式。

请发行人：发行人将CIF等模式下单独收取的运保费是否作为单项履约义务确认收入。

｜回复｜

CIF（Cost、Insurance and Freight）包括成本、保险费加运费（指定目的港），是指卖方将货物交至运往指定目的港的船上，办理货运保险，支付保险费，负责租船订舱，并支付从装运港到目的港的正常运费。

根据财政部会计司2018年12月发布的《收入准则应用案例——运输服务》，新收入准则下，在企业向客户销售商品的同时，约定企业需要将商品运送至客户指定的地点的情况下，企业需要根据相关商品的控制权转移时点判断该运输活动是否构成单项履约义务。通常情况下，控制权转移给客户之前发生的运输活动不构成单项履约义务，而只是企业为了履行合同而从事的活动，相关成本应当作为合同履约成本；相反，控制权转移给客户之后发生的运输活动则可能表明企业向客户提供了一项运输服务，企业应当考虑该项服务是否构成单项履约义务。

分 析

《收入准则应用案例——运输服务》见第1章第5节“运输服务”之案例“1-17 收入准则应用案例——运输服务1”“1-18 收入准则应用案例——运输服务2”。

CIF价格条件下，货物控制权转移判断主要考虑风险报酬转移时点这一要素，即在“货物在装运港越过船舷”时点转移了控制权。运输活动和保险活动为控制权转移给客户之后发生的，属于为客户提供了除商品外的单独履约义务。同时，这项单独履约义务中企业为代理人身份，因此应从客户收取的运保费金额中减除支付运输公司和保险公司金额后的净额，来确认运保费代理收入。

分 析

1. 运输活动是在产品的控制权转移给客户之后发生的，构成单独履约义务。2010版的CIF在“装运港越过‘船舷’”时，控制权转移给买方，2020版的CIF是装运港装运上船时风险转移，故装运港装运上船之后卖方提供的运输服务是单独履约义务。

2. 企业用总额法还是净额法去核算收入取决于交易时是主要责任人还是代理人。案例中，企业是代理人，所以，用净额法确认收入。

第1节　委托加工业务

委托加工是指由委托方提供原材料和主要材料，加工方（受托方、加工商）按照委托方的要求制造货物并收取加工费和代垫部分辅助材料加工的业务。

从形式上看，双方一般签订委托加工合同，合同价款表现为加工费，且加工费与受托方持有的主要材料价格变动无关。

一、区分独立购销业务

实务中，企业（加工方、受托方、加工商）由客户（委托方）提供或指定原材料供应，生产加工后向客户（委托方）销售，或者企业（委托方）向加工商提供原材料，加工后购回，应根据交易业务实质区别于受托/委托加工业务进行会计处理。

注意，分析时，无论是站在受托方，还是委托方的角度都行。不过，站在加工方（受托方、加工商）的角度居多。

（一）五个区分点

《首发业务若干问题解答》（2020年6月修订）问题32列举了判断加工类业务收入采用总额法还是净额法核算可参考的五项因素。其认为，委托加工业务与独立购销业务的区别主要体现在以下5个方面（参考案例“9–4 科创板发行上市审核动态——总额法和净额法的适用 2021–06”）：

（1）双方签订合同的属性类别，合同中主要条款，如价款确定基础和定价方式、物料转移风险归属的具体规定；

（2）生产加工方是否完全或主要承担了原材料生产加工中的保管和灭失、价格波动等风险；

（3）生产加工方是否具备对最终产品的完整销售定价权；

（4）生产加工方是否承担了最终产品销售对应账款的信用风险；

（5）生产加工方对原材料加工的复杂程度，加工物料在形态、功能等方面变化程度等。

1. 双方签订合同的属性类别，合同中主要条款，如价款确定基础和定价方式、物料转移风险归属的具体规定

应当着重看企业与客户、供应商分别签订的合同是产品购销合同还是委托加工合同，企业能否自主决定具体的采购金额、数量，企业与客户、供应商之间的责任义务是否明确，销售和采购业务能否单独、可明确区分。

2. 生产加工方是否完全或主要承担了原材料生产加工中的保管和灭失、价格波动等风险

应当着重核查哪一方承担存货持有期间所有权的风险，包括价格变动、减值和存货等风险。

这一条有一点值得商榷，那就是保管责任通常是由加工方承担。如果加工方仅需要承担加工物在加工过程中发生的损坏或丢失的风险，但这仅仅是保管风险，并不表明加工方实质上承担了加工物的存货风险，请阅读案例“9-5 深交所发行上市审核动态——总额法或净额法2 2023-08”“9-8 爱联科技 2021-12”。

3. 生产加工方是否具备对最终产品的完整销售定价权

若双方的销售都具有自主定价权，销售方拥有对产品的完整定价权，销售价格与采购价格没有任何关系，则属于独立购销业务。

4. 生产加工方是否承担了最终产品销售对应账款的信用风险

如果加工方只承担从委托人收取货款的风险，不承担最终品销售对应收账款的信用风险，而委托方必须承担货物销售收不到货款的风险，则属于独立购销业务。

5. 生产加工方对原材料加工的复杂程度，加工物料在形态、功能等方面变化程度等

由委托方将原材料提供给加工商之后，加工商仅进行简单的加工工序，物料

的形态和功用方面并没有发生本质性的变化，并且委托方向加工商提供的原材料的销售价格由委托方确定，加工商不承担原材料价格波动的风险。这种情形通常按照委托加工业务处理，委托方按照原材料销售和回购的差额确认加工费，对于提供给加工商的原材料不应确认销售收入。

反之，若加工商对原材料有复杂的改变，加工物料在形态、功能发生了质的变化，则应按独立购销业务处理。

这条一般只是辅助判断而已。

（二）控制权转移

加工类业务中，加工方通常系销售商品的唯一参与方，采用总额法还是净额法确认收入，取决于履约义务是独立购销还是受托加工。这首先可以通过上文“（一）五个区分点”初步判断，但最终还是得回归到“加工方是否已经取得待加工原材料的控制权”这一白金法则去判断。

《监管规则适用指引——会计类第1号》第十五条列举了评估待加工原材料控制权可参考的5项条件：

> 公司（委托方）与无关联第三方公司（加工方）通过签订销售合同的形式将原材料“销售”给加工方并委托其进行加工，同时，与加工方签订商品采购合同将加工后的商品购回。在这种情况下，公司应根据合同条款和业务实质判断加工方是否已经取得待加工原材料的控制权，即加工方是否有权主导该原材料的使用并获得几乎全部经济利益，例如原材料的性质是否为委托方的产品所特有、加工方是否有权按照自身意愿使用或处置该原材料、是否承担除因其保管不善之外的原因导致的该原材料毁损灭失的风险、是否承担该原材料价格变动的风险、是否能够取得与该原材料所有权有关的报酬等。

《首发业务若干问题解答》（2020年6月修订）问题32强调：

> 由客户提供或指定供应商的原材料采购价格由双方协商确定且与市场价格基本一致，购买和销售业务相对独立，双方约定所有权转移条款，公司对存货进行后续管理和核算，该客户没有保留原材料的继续管理权，产品销售时，公司与客户签订销售合同，销售价格包括主要材料、辅料、加工费、利润在内的全额销售价格，对于此类交易，通常应当按照实质重于形式原则，以控制权转移认定是否

为购销业务处理，从而确定是以总额法确认加工后成品的销售收入，还是仅将加工费确认为销售收入。

如果加工方取得了待加工原材料的控制权，则加工方购买原材料、销售商品属于独立购销业务；如果加工方未取得待加工原材料的控制权，那么加工方实质是为委托方提供受托加工服务，应当按照净额确认受托加工服务费收入。

二、采用净额法的情形

通常，只将加工费（净额）确认为销售收入的情形，笔者总结如下：

- 加工方所采购的指定原材料的性质为委托方的产品所特有，只能用于委托方产品的生产，不能与为其他客户生产的原材料随意混用，参见案例“9–4 科创板发行上市审核动态——总额法和净额法的适用 2021–06”“9–5 深交所发行上市审核动态——总额法或净额法 2 2023–08”“9–8 爱联科技 2021–12”。
- 委托方对加工方所生产的产成品规格、型号、品质有具体明确要求，加工方以委托方指定的具体品牌、规格型号、技术参数等进行生产和出货，加工方对于原料没有自主选择权，请阅读案例“9–4 科创板发行上市审核动态——总额法和净额法的适用 2021–06”“9–5 深交所发行上市审核动态——总额法或净额法 2 2023–08”。
- 受托方在原材料入库后与从其他供应商采购的同类原材料分开管理和生产。
- 委托方提供的材料成本在产品成本中的占比比较大，导致受托方基本没有最终产品完整的销售定价权。
- 委托方提供的材料在加工之后，形态未发生本质性的变化，请阅读案例“9–4 科创板发行上市审核动态——总额法和净额法的适用 2021–06”“9–8 爱联科技 2021–12”。
- 委托方有权按照自身意愿使用或处置原材料。
- 加工方对原材料仅承担保管风险，委托方承担除因其保管不善之外的原因导致的毁损灭失的风险，参见案例“9–5 深交所发行上市审核动态——总额法或净额法 2 2023–08”。
- 委托方承担原材料价格变动的风险，加工方不承担价格变动风险，请阅读案例“9-6 超卓航科 2021-09”。

- 委托方向受托方提供材料时未开销售发票，参见案例“9-9 甬矽电子 2021-11”。但反过来，委托方开了销售发票却不一定能用总额法。
- 加工方不能够取得与原材料所有权有关的报酬。
- 原材料的采购价格显著低于正常购销业务下的价格，请阅读案例“9-5 深交所发行上市审核动态——总额法或净额法 2 2023-08”“9-9 甬矽电子 2021-11”。

总而言之，不管是什么情形，确定用哪个方法确认销售收入最终还是应根据合同条款和业务实质判断加工商是否已经取得待加工原材料的控制权，即加工商是否有权主导原材料的使用并获得几乎全部经济利益。

如果加工商并未取得待加工原材料的控制权，原材料仍然属于委托方的存货，委托方不应确认销售原材料的收入，而应将整个业务作为委托加工进行处理。反之，加工商实质是在为委托方提供加工服务，应当按照净额确认受托加工服务费收入。

三、总额法还原成净额法

有时候，企业原本用总额法记账，后需要调整或更正成净额法。

（一）加工费

1. 成本

用工时结合人工费用率、其他制造费用率等，机时结合折旧费用率、能源费用率等核算加工费的成本，加工费的成本=工时×人工费用率+工时×其他制造费用率+机时×折旧费用率+机时×能源费用率。

请阅读案例“9-8 爱联科技 2021-12”。

2. 收入

在“进料加工”模式下，加工商向客户采购原材料，可以按照产品销售价格与产品包含来自向客户采购的原材料成本之间的差额确认加工费；在“来料加工”模式下，由客户直接提供主要原材料，加工商按照与客户协商确定的产品销售价格确认加工费。

请阅读案例“9-8 爱联科技 2021-12”。

（二）还原方法

与正常的购销业务相比，向同一客户采购、销售，要将总额法调整成净额法，需要在总额法下的销售额、营业成本、采购金额、存货、应收账款、应付账款等科目中将采购原材料的成本剔除、抵销，还原成加工费，参见案例“9-8 爱联科技 2021-12”“9-9 甬矽电子 2021-11”。

1. 客供主要材料

对于客供主要材料，最佳的方法是，以原材料的物料代码进行供应链管理，贯穿于采购、仓储、生产领用流程中，在实物和核算上均能够将不同产品的不同原材料区分管理，这样在采用净额法核算时，能够更加准确核算、剔除耗用的客供材料的成本。计算时，每种客供材料均有唯一的物料编码作为物料入库和领用的依据，把向客户销售产品的BOM（物料清单）中的物料号码与耗用的客供材料的物料号码匹配，将无控制权的客供材料剥离掉、抵销。客供材料成本＝各单位产品BOM中客供材料耗用数量×客供材料单价×销售数量，其中，单价和金额若不能一一对应，可以使用月末一次加权平均法计算当月领料的单价。如果涉及的物料过多，可以设置重要性水平筛选掉不重要的小金额。

2. 客供辅料

对于客供辅料而言，一般由于客户提供的辅料成本较低且可能具有通用性，不能专料专用，加之考虑到“重要性原则”，因此，辅料可以不纳入抵销范围。

3. 采购金额

对于采购金额而言，可以用期初、期末库存的受托加工原材料推算出需要剔除的采购金额。对于应收账款、应付账款，同理。

4. 转化系数

如果与客户约定了采购原材料量与交付成品量的转化比例，通过转化系数可以快速、轻易地将总额法还原成净额法，参见案例“9-10 容汇锂业 2021-09”。

5. 现金流量表

对于现金流量表而言，在以收抵支的情况下，由于无现金流，故调整对现金流量表无任何影响；在收支双线的情况下，中间抵销了之后，调整对现金流量表的净额没影响。

（三）不还原的情形

如果生产耗用的客供材料占发行人主营业务成本的比例比较小，对成本核算的影响不大。这种情形下，总额法核算的收入与净额法的差别较小，可以考虑不还原。

9-4 科创板发行上市审核动态——总额法和净额法的适用 2021-06

发行人C公司主要从事电池正极材料研发、生产和销售，主要产品包括三元正极材料等。在某特定型号中，C公司从客户D公司的下属子公司采购指定的三元前驱体，加工完成后向D公司销售三元正极材料等产品。C公司对D公司的收入主要采用总额法核算。

｜分析｜

对“部分企业由客户提供或指定原材料供应，生产加工后向客户销售”在实务中是按照受托加工或委托加工业务，还是按照独立购销业务处理的判断，根据会计准则的规定，其核心是企业在向客户转让商品前是否拥有对该商品的控制权，来判断其身份是主要责任人还是代理人，且不应仅局限于合同的法律形式。本案例中主要从以下五点进行判断：

一是采购与销售交易相互独立。C公司独立签署相关框架合作协议、销售合同或采购合同，销售与采购交易两者相互独立，且定价公允，不存在单独签署委托加工合同的情况，也不存在签订采购合同时锁定销售合同或价格的情况。

二是企业承担了向客户转让商品的主要责任。C公司与D公司及其下属公司签署正常的产品销售合同，条款与其他类型销售合同保持一致。C公司应用动力电池正极材料制备技术加工处理后的最终产物，其分子结构发生了显著变化。对该类产品包括采购的指定原材料在内，C公司承担产品交付前存货的毁灭损失风险，以及质量、性能等全部责任，为转让商品的主要责任方。

三是企业在转让商品之前或之后承担了该商品的存货风险。发行人产品对应的指定原材料采购量与实际生产的耗用量存在差异，公司可有效控制并主导该部分原材料的使用。根据约定，公司采购的指定原材料可投入其他型号产品的生产过程，产成品可向除D公司以外的客户销售。在存货价格波动风险方面，原材料采购依据市场行情协商定价，产成品按照“主要原料成本+加工价格”确定，因实际采购时间一般早于产品销售定价时间，且原材料市场价格波动较大，从而可能使得实际成本中的原材料均价与销售定价时点的市场价格产生背离，发行人承担了相应的原材料价格波动风险。

四是企业有权自主决定所交易商品的价格。C公司利用相关原材料生产的产品可根据市场情况销售给D公司及其下属子公司或其他客户，销售价格包括主要材料、辅料、加工费、利润在内的全额销售价格，具备对最终产品的完整销售定价权。

五是是否承担了产品销售对应账款的信用风险。结合销售和采购合同，未存在信用风险转移的情况，D公司下属子公司承担向C公司销售原材料后无法收到货款的信用风险，C公司承担销售过程中D公司及其下属子公司收到商品后不支付货款的相应信用风险。

因此，审核认为，发行人C公司以总额法确认相应销售收入具有合理性，符合会计准则的规定。

分析

1.依据《首发业务若干问题解答》(2020年6月修订）问题32及本案例，区分委托加工业务与独立购销业务有5个关键点：(1）销售与采购交易两者是否相互独立、定价公允；(2）谁承担了原材料在生产加工中价格波动等风险；(3）谁对最终产品拥有完整的销售定价权；(4）谁承担了最终产品销售对应账款的信用风险；(5）对原材料加工的复杂程度，加工物料在形态、功能等方面的变化程度；等等。

2.本案例中，发行人C公司是加工方（受托方、加工商)，从客户——D公司的下属子公司采购指定的原材料，加工后卖给客户——D公司。但是，公司采购的指定原材料可以生产其他型号的产品，产成品可以向除D公司之外的客户销售。而且承担向C公司销售原材料后无法收到货款的信用风险的是D公司的下属子公司，而承担D公司及其下属子公司收到商品后不支付货款的信用风险的是C公司，二者不抵销。以上这些通通都表明采购与销售交易相互独立。

3.另外，C公司还承担着存货的价格波动等多种风险，对最终产品有完整的自主定价权。所以，认定C公司在向客户转让商品前拥有对商品的控制权，是主要责任人，应用总额法确认销售收入。

9-5　深交所发行上市审核动态——总额法或净额法2 2023-08

发行人C主要采购无纺布等原材料后加工成湿巾对外销售。甲客户要求C从甲客户及其指定供应商处采购无纺布，甲客户主导采购价格，并约定该无纺布仅用于甲客户产品生产，多余采购可以原价向供应商退货。发行人采用成本加成定价法，综合考虑原材料价格、人员薪酬、生产工艺复杂程度、市场供需状况以及合理利润等因素后向甲客户提出报价，双方通过商业谈判确定最终售价。根据C和甲的协议，任何情况下，C向甲客户销售产品价格始终是公司就同等产品或服务向任何客户收取的最低价。C建立了有效的原材料管理内部控制制度，与甲客户相关的原材料存放可明确区分，原材料成本亦可单独核算，C每月向甲客户汇报其产品相关的库存情况，甲则每半年参与前述存货的盘点。发行人C申报前将甲客户的业务采用总额法确认收入。

｜分析｜

发行人C从甲客户及其指定供应商处采购无纺布等重要原材料，经加工后再销售给甲客户，《监管规则适用指引——会计类第1号》1—15指出，这种情况下，应根据合同条款和业务实质判断加工方是否取得待加工原材料的控制权。本案例中，发行人C向甲客户及其指定供应商处采购无纺布，约定指定采购的无纺布仅可用于甲客户产品生产且多余采购可原价退回，同时，每月向甲客户汇报其产品库存情况，甲则每半年参与原材料盘点，因此发行人C无权按照自身意愿使用或处置该批无纺布材料。甲客户主导确定原材料采购价格，发行人采用成本加成法提出报价，双方通过商业谈判确定最终售价。根据框架协议，发行人C向甲客户销售价格，始终低于发行人C就同等产品或服务向任何客户的销售价格，因此，发行人C未完全承担原材料价格波动的风险，对最终产品的销售定价权也不完整。

综合分析，发行人C与甲客户间的业务性质实质上属于受托加工业务，在审期间发行人C将相关业务收入确认方法由总额法更正为净额法，现已上市。

分　析

1. 发行人是加工方（受托方、加工商），可以用净额法的特征主要有：（1）委托方指定原材料供应商；（2）原材料只能用来生产委托方的产品，这点非常重要；（3）加工商只承担原材料、存货的保管责任，其他如原材料的价格波动风险由委托方承担；（4）最终产品的销售定价权掌握在委托方手上。

2.在采用净额法的情境中，加工方的收益是固定且预先确定的，在交易一开始便已锁定，加工方在加工过程中并不承担与加工材料相关的价格波动风险，同时也无须担忧加工后的产品销售不出去的问题。此外，当待加工材料发送至加工方后，除非是加工方保管不善，否则，供料毁损、灭失的风险由委托方承担。

9-6 超卓航科 2021-09

请发行人补充说明：（1）公司采用“材料+工时”定价模式时，材料价格是否严格按照当期OEM厂商目录价加上手续费计算，在OEM指导目录价的基础上是否进一步有利润加成比例；（2）同行业可比公司中采用“材料+工时”定价模式的销售收入确认采用净额法确认还是总额法确认。

｜回复｜

1.公司采用“材料+工时”定价模式时，材料价格按照OEM厂商目录价加上手续费计算，在OEM指导目录价的基础上有进一步有利润加成比例

公司采用“材料+工时”定价模式时，材料价格按照OEM厂商目录价加上“手续费”计算。此手续费既包括超卓航科支付给供应商的税费、进口手续费等，也包括向客户收取的归属于超卓航科利润的手续费。

在采购端，公司通过航空公司设立的航材进出口公司购买航材时，航材价格大多在OEM厂商目录价的118%到123%之间，比率变动主要是不同类别的航材备件的关税税率不同所致；在销售端，“材料+工时”的定价模式下，超卓航科在材料部分报价通常是当期OEM厂商目录价的122%到126%之间，具体比例则由公司与客户商议确认。因此，考虑到支付给供应商的相关费用，超卓航科实际向客户收取的材料加成比率一般在OEM厂商目录价的3%—4%左右。

与此同时，因航材采购周期较长或使用了库龄较长的航材，实际采购时间一般早于销售定价时间，且航材市场价格处于上涨趋势，公司亦同步享有了航材备件涨价带来的收益。

分 析

“享有了航材备件涨价带来的收益”，这个很关键，表明发行人作为加工商承担了材料的价格变动风险、滞销积压风险，拥有材料的控制权，是主要责任人。

综上所述，公司采用“材料+工时”定价模式时，材料价格按照OEM厂商目录价加上手续费计算，超卓航科在OEM指导目录价的基础上，存在进一步利润加成比例。

2. 同行业可比公司中采用“材料+工时”定价模式的销售收入确认采用净额法确认还是总额法确认

发行人及中介机构查询了同行业可比上市/拟上市公司安达维尔、海特高新、鹰之航的招股说明书（或申报稿）等公开披露信息，确认其关于机载设备维修的业务定价依据、主营业务成本中原材料的构成和占比情况，具体如下：

同行业可比上市/拟上市公司	定价模式	直接材料占比情况
安达维尔	公司机载设备维修的定价模式包括“材料费+工时费”和“按机载设备件号固定价格收费”，其中大部分采用“材料费+工时费”定价模式	机载设备维修业务中，维修业务成本主要为维修所需的零部件，直接材料成本占总成本的比例超过70%
海特高新	未披露	主营业务成本主要为与当期收入配比的由海特高新购买并更换的航空零配件成本
鹰之航	公司产品维修的定价模式包括“工时费+材料费”和“按产品型号固定价格收费”	鹰之航IPO报告期内，原材料为主营业务成本的主要构成部分，机载设备维修业务的材料主要为维修所需的零部件

如上表中列示，上述公司的定价模式与公司不存在实质差异，且主营业务成本构成主要为更换的航空零配件成本。根据上述信息确认，同行业可比上市/拟上市公司均采用总额法确认收入。与此同时，没有查询到与发行人经营相似业务

的企业采用净额法的情形。

在其他行业领域的上市公司中，向客户提供了“服务+外购材料”的整合产出模式下的收入确认情况如下：

上市公司	交付的产品形态或业务定价模式	收入确认模式
振华新材（688707）	公司从宁德时代下属子公司采购指定的三元前驱体，加工完成后向宁德时代销售三元正极材料等产品，采用“主要原料成本+加工价格”的定价模式	总额法确认收入
厦钨新能（688778）	公司向ATL采购部分原材料并向ATL销售钴酸锂产品，采用“主要原料成本+加工价格”的定价模式	总额法确认收入
嘉元科技（688388）	发行人与主要客户的产品定价模式主要是将下单时“上海有色金属网现货1#铜的上一个月均价”作为基准铜价，当月所有订单销售价格中铜线价格均采用基准铜价，在此基础上根据产品技术要求和生产工艺及其他因素确定加工费用后，进行整体报价	总额法确认收入

如上表所示，类似采用“服务+外购材料”的上市公司，其收入亦按照“总额法”确认，与公司相符。

分 析

1.区分委托加工业务与独立购销业务的关键是看加工商是否完全或主要承担原材料价格波动等风险。

2.本案例的“材料+工时”模式中，加工商同步享有材料涨价带来的收益，意味着其承担了原材料价格波动的风险，是主要责任人，用总额法确认收入，没错。

9-7 华勤技术 2022-03

根据招股说明书，报告期内，公司部分客户基于其产品所用原材料的保密性、专用性和供应及时性等因素考虑，与公司采用Buy&Sell模式实施部分关键原材料的交易。在该模式下，该部分客户根据公司研发设计的器件选型清单先行向原材料供应商采购后转售给公司，公司自行购买其他原材料等并组织生产加工，

生产完毕后再将产成品销售给客户，由此导致发行人存在客户和供应商重合的情形。

针对公司存在既是客户又是供应商的情形，请发行人：结合Buy&Sell模式下的主要合同条款，说明相关产品销售定价权如何约定，使用总额法确认销售的依据。

｜回复｜

一、相关产品销售定价权的约定

Buy&Sell模式销售合同定价均以整机价格作为定价依据，主要采用成本加成的方式进行定价。根据销售定价形式的合同条款，虽然部分客户要求公司按照“物料+制造费用”（该物料包含Buy&Sell物料及自供料）的形式进项报价，但由于客户指定公司采购Buy&Sell物料的目的一般是出于对最终整机的质量保证，而不是控制价格，且公司的自供料与Buy&Sell物料均为构成整机产品的重要材料，并非主材与辅材的区别，因此一般不会要求报价中详细区分“自供料价格”与“Buy&Sell物料价格”，但无论报价形式上是否分开，公司对该些产品的定价是基于：“销售整机”综合考虑的，报价方式仅为商务谈判中的一种价格形式。

分　析

本案例的Buy&Sell模式是向客户采购物料，加工后再将产品整体卖给客户。既当客户又当供应商，瓜田李下，得自证是委托加工业务还是独立购销业务。

公司掌握着最终产品的控制权，报价一般基于物料的整体材料价格以及人工、费用等成本因素，并结合市场情况对“整机”进行报价，且会随着市场及生产情况进行价格调整。

综上所述，公司在Buy&Sell模式下具备对最终产品完整的销售定价权。

二、使用总额法确认销售收入的依据

（一）基于原收入准则及《首发业务若干问题解答》关于总额法的分析

……

（二）基于新收入准则关于总额法的分析

公司自2020年1月1日起执行财政部2017年修订的《企业会计准则第14号——

收入》。在新收入准则下，公司收入确认主要基于如下分析和考虑：

1.识别与客户订立的合同，及合同中的各单项履约义务

根据准则，合同是指双方或多方之间订立有法律约束力的权利义务的协议。客户与公司签订了销售合同来约定权利和义务，对于具体委托公司生产的产品类型，客户先会通过ActiveOrder（“AO”）与公司进行沟通，具体销售业务系通过PurchaseOrder（“PO”）向公司传达，公司根据PO组织生产材料。因此在该业务模式下中合同为公司与客户签订的协议框架加具体的PO订单，每个PO订单均以交付货物为履约义务。

根据与客户签订的合同，该合同中各个要素具有高度关联性，客户不能就单独的要素受益。其中对于Buy&Sell物料的采购应视为公司达成履约义务的要素支出，公司在整合各个生产要素后交付整机，因此只存在整机交付这一个履约义务。

2.确定交易价格

整机产品的价格由公司定期或者在客户要求下向客户进行报价并最终确定，交易价格为整机价格而非加工费。

3.将交易价格分摊至各单项履约义务

由于与客户签订的销售合同中仅存在交付货物这一项履约义务，因此不再分摊交易价格。

4.履行各单项履约义务时确认收入

公司根据合同或者PO订单上约定的贸易条款对所生产的产品进行交付，在控制权转移给客户后，确认收入，并根据所销售货物的整体定价确认应收账款并承担信用风险。

5.主要责任人和代理人分析

《企业会计准则第14号——收入》第三十四条规定：企业应当根据其在向客户转让商品前是否拥有对该商品的控制权，来判断其从事交易时的身份是主要责任人还是代理人。企业在向客户转让商品前能够控制该商品的，该企业为主要责任人，应当按照已收或应收对价总额确认收入……

根据新收入准则对主要责任人的判断原则，对于向客户采购部分Buy&Sell物料，进行后续产品设计，开发，生产并最终交付整机给客户的模式，公司符合主要责任人的认定，基于以下因素：

（1）公司自客户取得Buy&Sell物料或其他资产控制权后，进行生产后形成商

品再转让给客户

结合前述分析，公司对于Buy&Sell物料和自主采购的物资，拥有控制权，体现在公司承担物料的毁损风险和市场价格波动风险，且客户虽然定期提供采购量的预测，但是由公司对于Buy&Sell物料以及自采购物料的备料计划和采购时点等都是自行判断和决策的，对于超额采购等风险也由公司承担（合同条款中约定只有在Buy&sell物料质量产生问题、客户的最终产品生产计划发生变更和终止时，公司才可以申请退货。如果是由于公司自身保管不善、投入产出预估不准导致多采购等情况是不予退货的）。

此外，公司的整机产品形态多样，每种产品通常包括多个生产步骤并涉及了多种原材料的使用，因此公司整合了各种要素并最终交付整机，并对整机产品整体质量对客户负责，且拥有最终产品的定价权，符合主要责任人的认定。

（2）公司能够主导第三方代表本企业向客户提供服务

对于存在sub-contracting（外协厂参与概念）或者指定第三方进行生产，公司将负责物料管控，生产的加工监督，同时就sub-contracting以及指定第三方生产直接对于客户承担最终的产品责任。基于公司在对于sub-contracting的物料控制，生产管理和控制等因素，公司满足主要责任人的认定。最终的产品由公司控制，并由公司作为产品交付的主要责任人完成与客户约定的履约义务。

分 析

1.区分委托加工业务与独立购销业务，依据《企业会计准则第14号——收入》第三十四条、《首发业务若干问题解答》（2020年6月修订）问题32的规定判断，重点看“责任”“风险”“义务”“定价权”“控制”等关键事项。

2.本案例中，加工商既当客户又当供应商，但掌握着产品整机最终的定价权，承担着物料毁损和市场价格波动等风险，是主要责任人。

（三）同行业上市公司对于Buy&Sell业务的处理

Buy&Sell模式在电子产品制造产业尤其是笔记本电脑ODM行业中较为广泛，是国际大型智能硬件品牌厂商上普遍采用的交易模式。经公开资料检索，A股资本市场部分电子产品制造行业上市公司存在Buy&Sell模式，导致出现客户与供应商重合情形，具体如下：

……

9-8 爱联科技 2021-12

申报文件显示：(1) 发行人存在两种寄售模式，差异在于产品客户验货时间及管理权归属。(2) 发行人存在受托加工模式，分为来料加工及进料加工，发行人按照净额法确认收入。(3) 净额法调整后，部分客户采购端金额较大。

请发行人：

一、列示受托业务的金额及占比、加工费情况等，按照《首发业务若干问题解答》问题32，说明向同一客户采购及销售认定为受托加工业务的原因、是否符合行业惯例、相关加工费的确认依据及公允性，与正常购销业务的价格是否存在明显差异

| 回复 |

(一) 受托业务的金额及占比情况

报告期内，发行人受托加工业务的收入金额分别为11,544.84万元、26,723.83万元、30,515.64万元和19,756.47万元，占营业收入比例分别为15.90%、32.56%、35.15%和34.69%。

1. 进料加工

报告期内，发行人涉及进料加工的客户主要为小米集团、必联电子、极米科技等。该类模式下，上述客户向发行人提供主要原材料进行加工，但是出于业务风险和成本管控的需要，上述客户要求发行人采用购买原材料并进行资金结算的业务合作模式，即“进料加工”模式。

发行人与该等客户的模组加工业务的交易实质属于受托加工业务。虽然公司和该等客户的交易采用分别签订购销合同的形式，但是鉴于公司加工费金额的订单与对该等客户销售产品的订单存在匹配关系，公司并未承担与所采购的原材料相关的经济风险，且公司只具备对加工费的定价权，因此按照实质重于形式原则，发行人按照净额法核算，按加工费确认收入。

分 析

“进料加工”模式下，向同一客户采购、销售。表面上看是一购一销，但客户指定加工商采用自己的原材料，而且，加工商并不承担原材料的风险，其与客户只约定了加工费，对整体产品没有定价权，是委托加工业务，因此，加工商——发行人只能按加工费确认收入。

2018年、2019年、2020年和2021年1—6月，发行人进料加工业务的收入金额分别为4,068.94万元、5,816.03万元、9,568.47万元和4,599.83万元，占营业收入比例分别为5.61%、7.09%、11.02%和8.08%。

2. 来料加工

报告期内，发行人涉及来料加工的客户主要为海康威视、广东天波、成都路行通等。该类模式下，上述客户向发行人提供主要原材料进行加工，同时发行人可根据客户需要自行采购部分辅助原材料，并按照客户要求完成相关产品的生产制造，即“来料加工”模式。

2018年、2019年、2020年和2021年1—6月，发行人来料加工业务的收入金额分别为7,475.91万元、20,907.80万元、20,947.17万元和15,156.64万元，占营业收入比例分别为10.30%、25.47%、24.13%和26.61%。

（二）向同一客户采购及销售认定为受托加工业务的原因，是否符合行业惯例

1. 向同一客户采购及销售认定为受托加工业务的原因

根据中国证监会《首发业务若干问题解答》问题32的指导意见，“由客户提供或指定供应商的原材料采购价格由双方协商确定且与市场价格基本一致，购买和销售业务相对独立，双方约定所有权转移条款，公司对存货进行后续管理和核算，该客户没有保留原材料的继续管理权，产品销售时，公司与客户签订销售合同，销售价格包括主要材料、辅料、加工费、利润在内的全额销售价格，对于此类交易，通常应当按照实质重于形式原则，以控制权转移认定是否为购销业务处理，从而确定是以总额法确认加工后成品的销售收入，还是仅将加工费确认为销售收入”。

报告期内，发行人存在向同一客户采购及销售的情形，发行人将其中部分客户认定为受托加工业务下的进料加工模式，具体原因如下：

（1）关于业务合作模式

发行人的进料加工客户根据实际需求向发行人下达备货计划和产品采购订单，发行人根据客户产品采购订单对应的芯片预测使用数量向客户发出芯片采购订单，该部分芯片将全部用于客户产品采购订单使用。例如，必联电子在部分采购订单中要求，发行人向必联电子销售产品所包含的“芯片由必联提供”；极米科技在采购协议中明确，极米科技向发行人采购的主板“以甲方指定的品牌和型号进行生产和出货”。

对于大部分进料加工客户下达订单对应的芯片，其型号特征为客户提供的产品所特有，只能用作该等客户产品的生产，发行人不能根据自身意愿使用或处置该原材料。因此，发行人客户订单均使用来自该等客户的原材料，销售和采购存在较为严格的对应关系。

（2）关于原材料保管和灭失的风险

如果客户的预测需求与实际订单不一致，发行人将基于原材料的使用情况与客户沟通协商，客户将通过后续增加订单实现生产或者回购原材料等方式对发行人进行补偿。此外，公司将从客户处采购的芯片应用于生产时，不对芯片做其他物理加工处理，对于因芯片问题导致产品存在质量缺陷的，公司不承担产品的质量责任。因此，公司基本不承担除因其保管不善之外的原因导致的该原材料毁损灭失的风险。

（3）关于原材料价格波动的风险

发行人与客户协商确定产品价格时，均基于向客户采购相关原材料的成本，并加上一定的其他材料成本和加工费用来进行报价。由于发行人报价随向客户采购芯片价格的变动而调整，发行人在向客户采购芯片等原材料时，基本不承担该原材料价格变动的风险。

（4）关于最终产品的完整销售定价权

发行人向客户销售的产品价格基于成本定价，例如，小米集团在采购合同中明确约定，“发行人在报价时需明确合同产品价格构成的因素”。在严格的成本加成定价模式下，由于客户向发行人供应的主要原材料为芯片，芯片采购价格约占发行人模组产品单位成本的70%，客供材料成本在产品成本中占比较大，导致发行人基本没有最终产品的完整销售定价权利。

（5）关于最终产品销售对应账款的信用风险

发行人与进料加工客户均存在应收账款、应付账款对冲结账的情况，并未完全承担最终产品销售所对应的原材料采购账款的信用风险。

（6）关于加工物料的变化程度

发行人向客户采购的主要原材料为芯片，发行人在将芯片嵌入模组的生产制造过程中，芯片的形态未发生本质性的变化。

综上，虽然发行人和进料加工客户的交易采用分别签订购销合同的形式，但是鉴于发行人向该等客户采购原材料的订单与对该等客户销售产品的订单存在匹配关系，发行人并未承担与所采购的原材料相关的经济风险，且发行人只具备对除客户提供原材料之外的加工费的定价权，因此根据《首发业务若干问题解答》问题32的解答规定，发行人按照实质重于形式原则，认定相关原材料的控制权并未转移，该类业务实质属于受托加工业务，应按照产品销售和原材料采购的差额确认加工费。

分 析

1.通过原材料的控制权是否转让来判断是否是主要责任人最准确，重点突出“责任”“风险”“义务”“定价权”“控制”等关键词。“来料加工”模式中，虽然来料、加工是分别签订合同，但原材料灭失、价格波动的风险以及最终产品的定价权都在委托方处，而且应收账款、应付账款可以对冲结账，种种证据表明受托方只是代理人。

2.上述抗辩理由与案例“9-4 科创板发行上市审核动态——总额法和净额法的适用 2021-06”似曾相识，只是反过来说而已。

2.向同一客户采购及销售认定为受托加工业务是否符合行业惯例

发行人同行业可比公司未公开披露其向同一客户采购及销售，并认定为受托加工业务的情形。发行人存在进料加工模式，而同行业可比公司较少采用进料加工模式，主要原因为双方客户结构的差异。

发行人涉及进料加工模式的客户主要为家电、科技领域的头部企业，如小米集团、必联电子、极米科技等。上述企业为实现降本增效，对供应链管理的要求较高，因此自行采购芯片等主要原材料向发行人进行销售，并要求发行人将采购的芯片用于该等客户模组的生产。

同行业可比公司的主要产品为广域网模组，广域网模组主要应用于交通、金融、监测等成本控制相对较松的行业领域，且广域网模组的芯片成本在价格构成中的占比相对较低，因此同行业可比公司的主要客户未指定供应商向其采购生产模组所需的关键原材料。

（三）加工费的确认依据及公允性，与正常购销业务的价格是否存在明显差异

1.加工费的确认依据及公允性

成本核算中加工费包括所耗用的人工费用、能源费用、折旧费用以及其他辅料、低值易耗品的费用，具体计算方式如下：产品加工费=工时×人工费用

率+工时×其他制造费用率+机时×折旧费用率+机时×能源费用率。其中，工时、机时分别指工人工作时间和机器工作时间，公司每个产品的BOM均有根据工艺评定的工时、机时；各种费用率由公司根据当月实际发生的制造费用测算得出，人工费用率为人工费用/总当月完工产品总工时、折旧费用率为折旧费用/当月完工产品总机时、能源费用率为能源费用/当月完工产品总机时，其他制造费用率为除开人工、折旧、能源以外的其他制造费用/当月完工产品总工时。

分 析

BOM（Bill of Material），即物料清单。用工时结合人工费用率、其他制造费用率，机时结合折旧费用率、能源费用率等算出加工费的成本。

在进料加工模式下，发行人按照产品销售价格，以及产品包含的来自向该客户采购的原材料成本之间的差额确认加工费。

在来料加工模式下，由于客户直接提供主要原材料，发行人按照与客户协商确定的产品销售价格确认加工费。

2.与正常购销业务的价格差异情况

由于直接材料成本占模组产品和系统集成产品生产成本的比例较高，发行人受托加工业务下的产品价格通常不包括主要原材料芯片的成本，仅包括耗用的人工费用、能源费用、折旧费用以及其他辅料、低值易耗品的费用，因此，受托加工业务下的产品单价显著低于正常购销业务下的产品单价。

报告期各期，局域网和广域网产品在受托加工业务下的产品单价均低于正常购销业务下的产品单价。2020年、2021年1—6月，系统集成产品在受托加工业务下的产品单价高于正常购销业务下的产品单价，主要系不同业务模式下的产品结构差异所致，来料加工业务下的主要产品为单价相对较高的智能安防设备，正常购销业务下的主要产品为单价相对较低的智能网关、智能插座等。

报告期内，由于受托加工业务产品结构存在较大变动，且相关产品在工艺难度、辅料用量上存在差异，因此，发行人受托加工业务下的产品单价与正常购销业务下的产品单价的差异率存在较大波动。对于部分同时涉及受托加工和非受托加工的主要产品，其价格具体情况如下：

产品名称	业务类型	2021年1—6月
一款WiFi4模组	受托加工（元/片）	0.87
	正常购销（元/片）	4.36
	差异率（%）	80.15

如上表所示，对于同时涉及受托加工和非受托加工的同一型号产品，在其加工方案未发生重大变化的前提下，其在受托加工业务下的产品单价与正常购销业务下的产品单价的差异率基本保持稳定。

分　析

找人加工，是将自己不擅长、非专业领域或自己做划不来的任务委托给专业人士处理，不仅能够确保工作质量，还能有效降低成本，提高效率。

二、说明净额法调整后，向部分客户采购金额较大的原因

｜回复｜

报告期内，按同一控制下合并口径计算，发行人涉及净额法调整的客户共有7家，分别为小米集团、视源股份、极米科技、必联电子、易来智能、淇诺科技和安费诺。发行人向上述客户采购的主要原材料包括芯片、阻容件等，发行人向上述客户采购内容如下：

客户名称	具体采购内容	净额法调整后的具体采购内容
小米集团	芯片、晶体、阻容件、辅料	芯片、晶体
视源股份	晶体、芯片、印制板、阻容件	晶体、芯片、印制板、阻容件
极米科技	晶体、芯片、印制板、阻容件、辅料	芯片、辅料

分　析

总额法调整成净额法时，将向委托方采购的主要原材料抵消掉。

招股书披露经净额法调整后的采购金额如下：

单位：万元

客户名称	2019年
小米集团	282.48
视源股份	165.34
极米科技	1,045.64

【注】：1.统计口径为同控合并口径；2.情况三下披露口径为报告期内任意一期同期采购销售金额均超过10万元；3.为了直观反映收入、成本净额法抵消对重叠客户和供应商的销售、采购的影响，因此在统计上表当中列示的净额法调整后采购额仅扣除了净额法抵消营业成本的影响，未统计考虑期初、期末库存受托加工原材料对采购总额的影响；4.表格内采购金额为负的原因主要系净额法核算收入后，调整的采购金额部分为前一年度采购的原材料。

如果统计期初、期末库存受托加工原材料对采购总额的影响，主要客户经净额法抵消之后的净采购额如下：

单位：万元

客户名称	2019年
小米集团	415.20
视源股份	104.58
极米科技	146.47

如上表所示，经净额法调整后，发行人向部分客户采购金额不为零，主要系以下原因：

1.用于第三方客户的产品生产的影响

报告期内，在不违反与客户签订的合同条款下，发行人基于长期合作等因素考虑向进料加工客户采购原材料，部分采购原材料用于第三方客户产品生产。

发行人向淇诺科技、易来智能等客户采购原材料并用于第三方客户产品生产的规模较大，主要原因为淇诺科技子公司香港淇诺同时也是芯片贸易商，发行人通过香港淇诺大规模采购常规芯片；发行人向易来智能采购部分原材料后用于元晖光电产品的销售。

2.辅料的影响

发行人除向部分进料加工客户采购主要加工材料，也存在从相关客户处采购部分晶体、印制板、阻容件等辅料的情况。由于辅料成本较低且具有通用性，通常客户未与发行人就该部分原材料协定专料专用，因此该部分原材料未纳入净额法抵消范围。

3.抵消原则的影响

发行人在进行净额法核算时，对于既有销售又有采购的客户，会检查向客户销售产品的BOM清单，将BOM清单中的物料号码与向该客户采购产品清单中的物料号码进行匹配，如存在从其采购的物料用于对其销售的产品的情况，且发行人无权自主决定销售产品的价格（即采购物料属于产品核心部件），则采用净额法确认相关产品的收入和成本。由于向客户销售的产品型号和涉及的物料较多，因此发行人基于合理的金额重要性原则，对销售的主要产品型号进行检查、抵消，该操作原则使得部分销售金额相对较小的产品虽然使用了客户提供的主要原材料但未能抵消。报告期内由于抵消原则影响的原材料金额占当期总额法核算采购的比例较低，考虑到该部分的原材料金额低于重分类调整的重要性水平，且发行人净利润基本不受该部分金额的影响，因此发行人未对财务报表进行调整。

分 析

1.客户与供应商重合，物料如果能在BOM清单中一一匹配，这样抵消最准确。涉及的物料过多，可通过设置重要性水平来减少麻烦，如本案例就设置了10万元的重要性水平。

2.采购要做到100%的抵消是比较难的，因为原材料不完全是委托方一家提供的，受托方自己也会加入辅料，而且物料无法在BOM中一一准确匹配，加之设置了重要性水平，筛掉了一些不重要的数据。

9-9 甬矽电子 2021-11

发行人存在客供材料并按净额法确认收入和成本，2018年度和2019年度申报报表较原始报表分别调减营业收入1,842.02万元和24,764.93万元，报告期各期海关电子口岸数据与境外销售收入因客供材料导致的差异分别为5,931.10万美元、3,993.64万美元和1,473.49万美元。

请发行人说明：(1)上述客供材料的采购、领用、销售和结存情况，海关电子口岸数据与境外销售收入差异的调节过程和差异原因；(2)按净额法确认收入和成本的情况、计算过程及其准确性以及对发行人现金流量表的影响。

| 回复 |

一、上述客供材料的采购、领用、销售和结存情况，海关电子口岸数据与境

外销售收入差异的调节过程和差异原因

1.客供材料的采购、领用、销售和结存情况

客供材料分为两种情况：（1）客户向公司提供材料不开具销售发票，即采用非购销模式，公司在收到客户材料时，进行验收入库，在存货管理系统中记录实物数量，单价为零，不进行账务处理；（2）客户向公司提供材料并开具销售发票，即采用购销模式，公司在客户材料入库时，按照其开具的销售发票列明的金额进行账务处理，分别记录原材料、增值税进项税额和应付账款。

分 析

1.本案例中，“客供材料”中的非购销模式在提供材料时不开发票，而“客供材料”中的购销模式开发票。前者按总额法确认收入，而后者按净额法确认收入。

2.然而，开不开发票不可以作为一个判断原材料控制权有无转移的充分依据。有时候，即使委托人给受托人开具了销售原材料发票，也掩盖不了原材料控制权未转移的事实。

客供材料的内容分为客供晶圆和客供电子元器件。购销模式下，境外客供材料主要为客供晶圆，仅2019年存在少量客供电子元器件样品；境内客供材料全部为客供电子元器件，主要为公司客户存在由同一主体控制的公司之间代为供料的情况，客户为独立核算，采取购销模式。

2.海关电子口岸数据与境外销售收入差异的调节过程和差异原因

单位：万元

项目	2021年1—6月	备注
①公司本部海关电子口岸数据	3,870.86	
减：非购销模式下的客供材料	—	事项一
减：购销模式下的客供材料—境外	2,638.62	事项二
减：购销模式下的客供材料—境内	8.02	事项三
减：进口后退运的设备及材料金额	25.95	事项四
减：样品出口金额	0.22	事项五
②调节后公司本部海关电子口岸数据	1,198.05	
③境外销售收入	1,218.60	

续表

项目	2021年1—6月	备注
减：购销模式下的客供材料—境内	8.02	事项三
减：甬矽香港境外收入	12.53	事项六
④调节后公司本部境外销售收入	1,198.05	
⑤差异（⑤=②-④）	—	

具体事项说明如下：

事项一：海关电子口岸数据中包含非购销模式的客供材料，与公司外销收入无关，故剔除；

事项二：海关电子口岸数据中包含购销模式的客供材料，公司按净额法确认收入，但海关电子口岸数据中包含该金额，故剔除；

分　析

由于海关申报退税时按总额申报，但会计上又采用净额法确认收入，导致账面上的境外销售收入小于海关数据。

事项三：公司客户存在由同一主体控制的境内公司提供客供材料经公司加工销售给境外公司的情况，由于公司按净额法确认收入，但海关电子口岸数据系全额数据，故剔除（此处系按各期期末汇率进行折算后的外币金额）；

事项四：海关电子口岸数据中包含公司进口后办理退运的设备或者进口材料金额，与境外收入无关，故剔除；

事项五：公司存在少量样品出口，属于赠品，不确认收入，故剔除；

事项六：甬矽香港公司的外销收入不存在海关电子口岸数据，导致差异。

分　析

将海关电子口岸数据剔除掉与公司外销收入无关的客供材料、按净额法需要剔除的客供材料、与境外收入无关的退运设备、不确认收入的样品后，与将境外销售收入剔除掉按净额法需要剔除的客供材料、不存在海关电子口岸数据的外销收入后的结果一致。请将此案例与案例“7-35 美利信 2022-03”对比。

二、按净额法确认收入和成本的情况、计算过程及其准确性以及对发行人现金流量表的影响

1. 按净额法确认收入和成本的情况

在客供材料购销模式下，公司按照与客户约定的封装测试加工费加上客供材料价值之和确认收入，同时结转销售成本。公司在编制申报财务报表时，根据业务实质，对购销模式客供材料封装测试收入和成本中包含的客供材料价值予以对抵，按照净额法进行列报。报告期内，涉及按净额法确认收入和成本的情况如下：

单位：万元

项目	2021年1—6月
营业收入（总额法）	27,993.52
营业成本（总额法）	25,724.77
客供材料对抵收入/成本	17,591.08
营业收入（净额法）	10,402.44
营业成本（净额法）	8,133.69

分 析

全额法转成净额法时，客户提供材料的，直接将客供材料的成本在全额法下的营业收入、营业成本中剔除，方便快捷。

报告期各期，公司按照净额法对抵收入成本中的客供材料金额分别为1,842.02万元、24,764.93万元、11,614.91万元和17,591.08万元。

2. 按净额法确认收入和成本的计算过程及其准确性

购销模式下，公司产品对外报价中包含客供材料价值，即公司账面确认收入和成本中包含客供材料价值，在编制财务报表时将收入和成本按照销售结转的客供材料成本进行抵销。

销售成本中客供材料成本 = 各单位产品BOM中客供材料耗用数量 × 客供材料单价 × 销售数量。由此可见，净额法下销售成本中客供材料成本计算的准确性取决于BOM用量和客供材料单价的准确性：

（1）产品BOM由材料开发处制定并录入ERP系统，BOM上列明了生产所需

的所有主要材料，包括购销模式下的客供材料用量，产线据此来领料和投料；

（2）针对客供材料的管理，公司开发了客供材料收发存系统，每种客供材料均有唯一的物料编码作为物料入库和领用的依据，在月末结账时，使用月末一次加权平均法计算当月领料单价和金额；

月初成本会计核对客供材料平衡报表，即每种客供材料的月初在制数量＋当月领用数量－完工产品数量×BOM用量＝月末在制数量，核对无误后，结合销售数量计算净额法下应抵消的客供材料销售成本，成本会计计算完成后，再分别由成本经理和总账会计复核计算逻辑和计算过程。

综上，公司按净额法确认收入和成本计算过程恰当，计算结果准确。

分 析

全额法转成净额法时，应抵销客供材料的成本。客供材料的成本计算的准确性取决于BOM用量和客供材料的单价，本案例中，BOM用量在系统中详细记录入库和领用物料的明细，每种客供材料均有唯一的物料编码，用月末一次加权平均法计算当月领料的单价和金额。

3.按净额法确认收入和成本对发行人现金流量表的影响

涉及购销模式的客供材料的客户，货款结算存在两种情形：公司与客户在货款结算时将应收账款和应付账款进行对抵，以收抵支后按净额结算；公司与客户货款结算方式为收支双线。报告期内，净额法抵减的收入和成本按货款结算方式列示如下：

单位：万元

项目	2021年1—6月
以收抵支	17,203.58
收支双线	387.50
合计	17,591.08

以收抵支情况下，由于不存在现金收付，公司按净额法确认收入和成本，对公司现金流量表不产生任何影响。

分 析

净额法中，以收抵支，由于无现金流，故调整时对现金流量表无任何影响。

收支双线的情况下，公司向客户收取货款与支付货款是独立的，公司现金流量表按总额列示。公司按净额法确认收入和成本，对公司报告期内的现金流量表不会产生影响。

收支双线情况按净额法确认的营业收入与对应的销售收款现金流存在一定的差异，报告期内的具体的勾稽情况如下：

单位：万元

项目	2021年1—6月
涉及收支双线情形的营业收入	2,944.69
销售商品提供劳务销项税额	388.26
应收账款减少数（增加以负数列示）	1,270.57
合同负债/预收款项增加数	2,474.84
应收账款汇兑收益（负数为损失）	-2.82
加：收支双线净额法抵减的收入	387.50
合计	7,463.03
收支双线对应的销售收款金额	7,463.03
差异（7-8）	—

9-10 容汇锂业 2021-09

根据二轮问询回复，公司与洛克伍德采购的锂精矿数量与最终销售碳酸锂（包含其中回购部分）数量是明确必须遵守8：1规定。2017—2019年，发行人向洛克伍德销售碳酸锂20,936.72万吨，其中发行人回购了4,202.50吨。针对发行人与洛克伍德之间的加工协议，发行人采用净额法进行核算，针对回购的碳酸锂，发行人使用总额法。在净额法核算上，发行人按照转化系数8，对锂精矿成本在收入和成本端进行同等金额冲减，实际转化系数与约定转化系数差异系对应生产

结余料成本，公司直接将其冲减了洛克伍德碳酸锂加工成本。

请发行人说明：针对加工业务（不含回购），实际转化系数与约定转化系数差异具体情况；结合上述差异，分析发行人进行净额法调整的具体过程，收入和成本、存货、应收应付款项调整的方式，发行人采用约定转化系数冲减收入和成本的方式是否合理。

｜回复｜

一、针对加工业务（不含回购），实际转化系数与约定转化系数差异具体情况

约定转化系数8，是双方谈判约定的由洛克伍德提供锂精矿，公司交付碳酸锂产品的一个数量比例关系，该转化系数起到了约束公司交付碳酸锂产品数量的作用。实际生产过程中，不同锂精矿经混料投入，经过在生产线连续生产、母液循环生产等，最终产出碳酸锂。锂精矿投料数量与碳酸锂实际产出数量的比例关系，取决于生产工艺、投入的锂精矿来源、质地（含锂量）等因素，每月的实际转化系数均有差异，公司2017年、2018年、2019年每年的实际转化系数为7.17、7.25、7.27，节约率（节约量/8）为10.38%、9.37%、9.13%。鉴于是混料生产，因此无法获取单独使用洛克伍德锂精矿的实际转化系数。

二、结合上述差异，分析发行人进行净额法调整的具体过程，收入和成本、存货、应收应付款项调整的方式，发行人采用约定转化系数冲减收入和成本的方式是否合理

（一）结合上述差异，分析发行人进行净额法调整的具体过程，收入和成本、存货、应收应付款项调整的方式

公司对洛克伍德销售业务（不包含回购部分）按照净额进行调整，涉及调整项目为营业收入、营业成本、存货、应收账款和应付账款。具体调整如下：

1.营业收入调整

根据公司与洛克伍德协议中碳酸锂定价公式为“碳酸锂产品价格=（锂精矿价格×8+加成金额）×（1+增值税税率）×汇率”，净额法下，“主营业务收入中的加工费”就是协议中约定的加成金额，将总额法下的收入金额冲减8倍锂精矿的金额即得出加成金额，即净额法下需要调整的营业收入金额=公司当期实际销售给洛克伍德碳酸锂量×8×对应采购洛克伍德锂精矿价格。

营业收入净额法调整金额如下：

单位：万元

项目	计算过程	2019年度
对洛克伍德锂业营业收入（原总额法）	A	31,352.37
销售数量（吨）	B	4,494.08
每吨碳酸锂销售冲销锂精矿成本（元/吨）	C	38,126.89
净额法调整收入金额	D=B×C	17,134.53
对洛克伍德锂业营业收入（净额法）	E=A−D	14,217.84

分 析

营业收入，由于最终产品的定价与原材料的价格有某种特定的关系，在本案例中，碳酸锂产品价格=（锂精矿价格×8+加成金额）×（1+增值税税率）×汇率，总额法下的营业收入是指碳酸锂产品的销售收入，只须将总额法下的营业收入冲减原材料——锂精矿价格的8倍乘以碳酸锂产品的销售数量，即可快速调成净额法下的营业收入，其实就是加工费。

2. 营业成本调整

营业成本冲减金额与营业收入冲减一致。公司原来采用总额核算，此次改为净额法，碳酸锂产品成本分配方法未发生改变，此次的调整不会影响其他产品的成本金额。2017—2019年，公司日常实际生产锂精矿（包括洛克伍德矿、其他各种来源的锂精矿和卤水碳酸锂）与碳酸锂的转化率为7.17、7.25、7.27，约定的转化率与实际的转化率的差异，可以将其理解为类似定额成本与实际成本的差异，该部分差额其本质是节约料，是对公司原总额法下加工成本的调整，是调增了公司的加工利润。虽然无法获取单独使用洛克伍德锂精矿的实际转化系数，但是按照现实际转化系数可以测算估计的节约料金额。具体调整金额和测算金额如下：

单位：万元

项目	计算过程	2019年度
对洛克伍德碳酸锂销售成本（原总额法）	A	20,971.37
冲销金额	B	17,134.53
对洛克伍德碳酸锂加工成本（净额法）	C	4,182.43

续表

项目	计算过程	2019年度
销售数量（吨）	D	4,494.08
实际转化系数	E	7.27
按照实际转化率计算得出的碳酸锂产品中包括的锂精矿成本	F=（B/8）×E	15,571.00
按照实际转化率计算得出的节约料	G=B-F	1,563.53
节约率（%）	H=（8-E）/8	9.13

该部分测算的类似定额成本与实际成本的差异，系根据已经实现销售部分的碳酸锂数量测算的，所以均已经实现在主营业务成本中，包含在洛克伍德加工成本中。

3. 存货调整

按照公司与洛克伍德协议的约定，公司负有将自洛克伍德采购的锂精矿按照8：1的约定转化率，向洛克伍德交付碳酸锂产品的义务。根据净额法核算要求，公司收到的洛克伍德锂精矿应该作为受托加工物资进行核算管理，期末尚未实际交付碳酸锂（扣除回购部分）所对应的锂精矿应该作为受托加工物资，在公司期末报表不体现价值，因此，需要调整冲减相应的存货和应付账款科目。

存货净额法调整如下：

单位：万元

项目	计算过程	2018年度
期末尚未执行碳酸锂量（吨）（不包括回购量）	A	1,936.70
期末尚未执行碳酸锂量所对应的锂精矿（吨）	B=8×A	15,493.56
期末尚未执行碳酸锂量所对应的锂精矿成本金额	C=锂精矿均价×B	7,446.30
冲销存货、应付账款额	D=C	7,446.30
期末尚未执行回购碳酸锂量（吨）	E	
期末尚未执行回购碳酸锂所对应的锂精矿（吨）	F=8×E	
年末结存洛克伍德锂精矿量（吨）	G	16,320.62
期末还剩余的洛克伍德的锂精矿（吨）	H=G-B-F	827.06

在2017年和2018年末实际结存的洛克伍德锂精矿量大于按照尚未实际交付、尚未回购部分的碳酸锂倒推的应结存的锂精矿，这是因为实际生产过程中存在混

料加工。该部分结余从数量关系上，可以说明前期交付洛克伍德产品的时候有利用其他来源锂精矿以及实际生产转化率低于协议约定转化率产生节约料所致，从金额关系上，鉴于期末不存在尚未实现销售的利用洛克伍德锂精矿生产的碳酸锂产品，所以，节约料均已经调整了销售成本，期末存货余额中不存在定额成本和实际成本的差异内容。

4. 应收账款和应付账款调整

上述调整后，按照公司与洛克伍德实际加工费的结算情况，再计算确认期末应结存的应收账款–洛克伍德加工费金额，然后相应调整对洛克伍德的应收和应付款项。报告期，各期末对洛克伍德应收账款、应付账款总额法与净额法下金额分别为：

单位：万元

项目		2018年度
总额法	应收账款	9,849.19
	应付账款	11,095.47
净额法	应收账款	7,391.43
	应付账款	1,191.41

（二）发行人采用约定转化系数冲减收入和成本的方式是否合理

公司用约定转化系数冲减收入和成本的方式是合理的，首先收入冲减之后与合同约定的加成金额保持一致，真实体现了合同中约定的加工费金额；其次成本的调整，公司是在原总额法的前提下进行的调整，是对原总额法下混淆的洛克伍德的矿的成本的一种剥离的调整，实际转化系数与约定转化系数的差异类似定额成本与实际成本的差异，鉴于期末不存在尚未实现销售的利用洛克伍德锂精矿生产的碳酸锂产品，该部分差异由全体销售产品成本承担。

分 析

通过转化系数，可以很方便地将总额法下的科目调成净额法。

第2节 一揽子交易

企业与客户订立的包含多项可明确区分商品的合同中，常见于同一项目或产品中同为客户、供应商的情形，需要分别判断在不同履约义务中的身份是主要责任人还是代理人来决定是用总额法还是净额法。

如果合同之间不独立，构成一揽子交易，企业应按照净额法核算收入；反之，若合同之间相互独立，交付的内容不构成一揽子交易，企业应当采用总额法按照项目整体去核算收入和成本。

9-11 传神语联 2021-10

请发行人说明：采用的收入确认方法（总额法/净额法）及其合理性，是否符合企业会计准则的规定。

｜回复｜

报告期内，公司智能硬件销售存在分别按照总额法和净额法确认收入的情形。公司根据业务实质判断适用总额法或净额法，大部分智能硬件采用总额法确认收入，个别交易采用净额法确认收入。

1. 按总额法确认智能硬件销售收入的依据

针对前述报告期的智能硬件销售，公司结合采购合同以及对应销售合同在合同责任、风险责任归属、信用风险等关键条款进行分析，公司在向客户转让智能硬件前能够控制该商品，为产品主要责任人。因此，该类智能硬件销售均采用总额法确认收入。相关总额法确认依据及合同主要条款分析如下：

按照总额法确认收入的判定依据	合同主要责任义务分析
企业承担向客户转让商品的主要责任	公司承担向客户转让商品的主要责任，需就商品的质量、性能对客户负责并根据约定提供售后服务。
企业自第三方取得商品控制权后，通过提供重大的服务将该商品与其他商品整合成某组合产出转让给客户	公司自主选择供应商采购符合要求的智能硬件，并将自身多语服务功能模块软件嵌入硬件，向客户提供集成后的硬件产品，该类硬件具有明显的定制化特征，并非通用硬件产品。
企业在转让商品之前或之后承担了该商品的存货风险	公司自供应商取得商品控制权后再转让给客户，公司在供应商处完成智能硬件集成工序并对产成品进行验收，随后将商品发送至客户指定收货地点，公司验收后至客户验收前，公司承担了商品存货风险。

续表

按照总额法确认收入的判定依据	合同主要责任义务分析
公司承担了源自客户或供应商的信用风险	公司与客户单独结算费用，承担了客户未能按合同约定支付价款的风险；同时，公司自主与供应商就采购事宜签订协议，公司承担了供应商未能按照约定提交产品的风险。因此，公司承担了源自客户和供应商的信用风险。

分　析

用总额法还是净额法依据《企业会计准则第14号——收入》第三十四条的规定判断，重点关注“责任”“存货风险”“信用风险”“义务”“定价权”“控制权”等事项。

综上，公司采用总额法确认前述智能硬件产品的销售收入符合企业会计准则的规定。

2. 按净额法确认智能硬件销售收入的依据

报告期内公司智能硬件业务还存在两笔交易适用净额法核算，净额法下，两笔交易采购的智能硬件均以平价进行销售，因此，报告期内，净额法下确认智能硬件销售收入为零，具体情况如下：

（1）2020年四季度，深国电应其客户需求采购一批包括服务器在内的通用硬件，并计划在该批硬件部署安装多语通信系统，在底层系统架构中预置多语功能。由于多语通信软件部署于上述硬件中，深国电基于服务器等通用硬件价格高度透明，质量、售后服务由厂家负责，为简化采购手续，选择交由公司一并采购。公司与深圳市国电科技通信有限公司（以下简称深国电）签署销售合同，销售内容为产品化软件以及服务器等通用硬件，合同金额为3,815.72万元。

公司根据深国电提供的硬件产品清单，进行询价并根据最低价优先原则确定供应商，合作方为贵州云谷数据有限公司（以下简称贵州云谷），采购合同金额3,644.66万元。

公司根据企业会计准则规定，结合业务实质，对合同中包含的通用硬件供应履约义务采用净额法确认收入，本项业务采购硬件部分平价进行销售，因此并未形成硬件产品收入。对产品化软件部分按照合同金额与硬件采购金额之差额作为产品化软件履约义务的交易价格，确认软件产品收入共171.06万元（含税）。

公司将通用硬件采购履约义务按净额法确认的主要原因：一是合同包含通用硬件和产品化软件商品是两项单项履约义务，且不属于系统集成业务，不构成企业自第三方取得商品控制权后，通过提供重大的服务将该商品与其他商品整合成合同约定的某组合产出转让给客户的情形。二是针对通用硬件，公司根据深国电提供的硬件产品清单所载品牌、产品名称、规格型号、数量等信息进行采购，不涉及根据软件运行环境提供硬件采购建议、或修改硬件采购内容的情形，且所采购的服务器等通用硬件市场供应充分、价格较为透明，公司在通用硬件供应的供销两端均不具备显著的自主决定交易商品价格的能力。三是服务器等通用硬件产品通常由厂商向采购方提供售后维保承诺，流通环节供应商基于厂商承诺向其客户提供售后维保承诺、交付厂商提供的产品质保文件，硬件使用过程中出现故障的，实际使用方可凭产品质保文件直接联系厂商提供约定范围内的质保服务。合同法律形式上公司对深国电做出了硬件保修承诺，实质上该保修承诺的最终责任在于硬件厂商并由其实际提供质保服务。四是通用硬件产品由供应商与厂商协商直接运往深国电指定收货地址，公司无需参与硬件安装部署，并由深国电或其指定方完成验收，公司实质上不承担商品转让之前或之后的商品存货风险。

（2）2020年公司与北京英夫美迪科技股份有限公司（以下简称北京英夫）签订框架协议，公司向北京英夫提供面向应急管理系统和媒体采编系统的信息化服务，基于服务器等通用硬件价格高度透明，质量、售后服务由厂家负责，为简化采购手续，北京英夫选择交由公司一并采购。公司就上述应急管理系统和媒体采编系统的信息化服务与北京英夫签署销售合同，合同金额为285.30万元。

为完成与北京英夫的销售合同，公司向北京宽睿科技有限公司、北京创驰科技有限公司等第三方采购服务器等通用硬件，采购总金额为271.71万元。

公司根据企业会计准则规定，结合业务实质，对合同中包含的通用硬件供应履约义务采用净额法确认收入，本项业务采购硬件部分平价进行销售，因此并未形成硬件产品收入。对产品化软件部分按照合同金额与硬件采购金额之差额作为产品化软件履约义务的交易价格，确认软件产品收入共13.59万元（含税）。

分 析

通用硬件部分，质量、售后服务均由厂家负责，只是客户为了简化采购手续，由发行人一并采购，后再平价销售给客户，这一来一去两个动作其实是一揽子交易，应当抵消。整个过程中，发行人未控制商品。所以，用差额确认收入。

公司将通用硬件采购履约义务按净额法确认的主要原因是采购硬件为通用硬件且售后服务由厂家负责，公司实质上不承担商品转让之前或之后的商品存货风险，公司不是主要责任人，根据《企业会计准则第14号——收入》(2017修订)规定，应按净额法确认收入。

综上所述，公司对于智能硬件业务收入，根据业务实质具体进行分析判断并选择与之相匹配的收入确认方法，收入确认方法符合企业会计准则的相关规定。

9-12 高凌信息 2022-01

根据申请材料，报告期2018年至2021年上半年，发行人环保物联网应用业务中存在公司外购品牌硬件设备并直接对外销售的项目，公司将该等项目收入计入非核心技术业务收入。

请发行人：结合企业会计准则说明外购软硬件产品采用总额法或净额法核算的具体依据，相关会计政策在报告期内是否得到一贯执行。

｜回复｜

根据公司收入确认类型，公司主营业务的合同类型包括系统项目建设、软硬件产品销售、运营维护服务和技术服务。公司外购软硬件并向客户交付涉及的合同类型主要为以下三种情形：

1. 系统项目建设或运营维护合同中，公司负责项目整体建设和运维，公司根据项目方案，在自有品牌产品基础上，根据项目需要配套外购软硬件产品，以完成项目的整体交付，该类合同中，公司通常按项目整体向客户报价，并按照项目整体进行收入和成本的核算。相关外购软硬件产品作为项目交付内容不可分割的一部分，不构成单项履约义务，公司按照合同总额核算项目收入。

2. 软硬件产品销售合同中，公司主要向客户交付自有品牌的产品，或者主要交付自有品牌产品的维修器材和备件，同时，为满足客户后续安装和使用，还配套交付外购的辅材、通用设备或其他品牌产品，该等外购软硬件在合同中占比较低，发挥的非核心关键作用。该类合同中上述外购软硬件系合同交付不可分割的一部分，不构成单项履约义务，公司按照合同总额核算该合同的收入。

3. 除上述情形外，部分合同中，公司根据客户采购内容，自主选择供应商，向客户交付的外购软硬件产品是销售合同的主要交付内容或者全部内容，该类合同中，公司采购合同与销售合同相独立，公司是该销售合同项下的主要责任人，而不是代理人，公司按照总额法核算该合同项下外购软硬件的收入。

《企业会计准则第14号——收入》第三十四条第一款规定："企业应当根据其在向客户转让商品前是否拥有对该商品的控制权，来判断其从事交易时的身份是主要责任人还是代理人。企业在向客户转让商品前能够控制该商品的，该企业为主要责任人，应当按照已收或应收对价总额确认收入；否则，该企业为代理人，应当按照预期有权收取的佣金或手续费的金额确认收入，该金额应当按照已收或应收对价总额扣除应支付给其他相关方的价款后的净额，或者按照既定的佣金金额或比例等确定。"

公司上述销售合同中交付外购软硬件的情形，按照总额法核算收入符合会计准则，具体说明如下：

（1）企业承担向客户转让商品的主要责任

公司与客户签订的销售合同中，约定合同项下全部交付商品的运输交付、质量保证等主要责任由公司承担。因此，公司为销售合同的首要义务人，承担了向客户转让商品的主要责任。

（2）企业在转让商品之前或之后承担了该商品的存货风险

公司与供应商的采购合同是通过商业谈判签署的，与销售合同不构成一揽子交易。根据公司与供应商签订的采购合同，公司向外购软硬件的供应商以买断式采购相关商品，并取得商品控制权之后，商品的毁损灭失风险转移至公司，公司承担了向客户转让商品之前的存货风险。

（3）企业有权自主决定所交易商品的价格

公司与客户签署的销售合同独立于与供应商签署的采购合同，销售价格及采购价格均由公司与客户、供应商独立协商确定，不存在相互影响的情形，即公司具有商品上的定价权，能够自主决定所交易商品的价格。

（4）企业承担了源自客户或供应商的信用风险

根据公司与客户签署的销售合同，客户货款根据合同约定的信用期支付，公司承担了客户货款回收相关的信用风险；根据公司与供应商签署的采购合同，公司亦独立向供应商承担付款义务。

分 析

采购合同与销售合同相互独立，不视为一揽子交易，无法抵消。而且，分别核算收入、成本，故应用总额法确认收入。

综上，公司独立采购销售合同中的外购软硬件，公司与上游供应商和下游客户均明确约定了产品的所有权转移条款，公司在向客户转让商品前能够控制相关商品，为主要责任人，应当按照已收或应收对价总额确认收入。因此公司对外购软硬件以总额法确认收入并核算成本符合《企业会计准则》的规定，且相关会计政策在报告期内得到一贯执行。

9-13 星环科技 2022-03

根据保荐工作报告，报告期各期公司重叠的客户和供应商的收入金额分别为792.42万元、2,580.10万元、2,248.12万元及463.55万元。

请发行人说明：采购和销售合同之间是否为相关的或一揽子交易，应当采用总额法还是净额法结算，向经销商采购技术服务的必要性与合理性，是否存在其他利益安排。

｜回复｜

一、采购和销售合同之间是否为相关的或一揽子交易，应当采用总额法还是净额法结算

报告期内，北京爱狄特信息科技有限公司（以下简称爱狄特）、北京海格鸿睿数据科技有限公司（以下简称北京海格）存在在公司同一项目上同为客户、供应商的情形。

（一）交易背景及商业实质

1.爱狄特

爱狄特系中国邮政集团公司（以下简称中国邮政）大数据平台工程软件产品与系统集成供应商，爱狄特通过向公司采购大数据软件及服务并集成后向中国邮政销售。

2019年6月及8月，公司与爱狄特签署软件销售合同（TDHC2019062080及

TDHC2019080590)，公司合计向爱狄特销售TDH软件及服务950万元（含税），用于“中国邮政集团公司Hadoop产品买断及维保服务框架协议”范围内的星环产品采购。2019年11月，公司与爱狄特签订技术服务采购框架合同，技术服务费匡算总额为450.00万元（含税）。

2020年7月，公司与爱狄特签订债务对冲协议，双方约定将2019年6月及8月签署的销售合同下公司对爱狄特应收账款950万元与2019年11月签署的采购合同下公司对爱狄特的应付账款450.00万元进行对冲，爱狄特按照净额向公司付款。

2020年7月21日公司收到爱狄特相关付款225.00万元，2020年10月20日公司收到爱狄特相关付款225.00万元，公司合计收到相关付款450万元，即合同款项净额500.00万元（即475+475–450）的90%，剩余10%作为质保金，在质保期结束后收取。

2. 北京海格

北京海格的主营业务是为信息系统的规划设计、实施部署、运营维护、应用优化提升提供相应的解决方案与咨询实施服务，在能源行业具有丰富的客户资源。北京海格系中国石油天然气股份有限公司规划总院（以下简称中石油规划总院）项目的软件产品与系统集成供应商。

2018年12月，公司与北京海格签署销售合同（合同编号：TDHC2018122003），合同约定公司向北京海格销售“TDH–BD–SUITE星环极速大数据平台”及服务，销售价格合计525.00万元（含税），最终用户为中石油规划总院。2019年12月，公司完成软件产品及服务的交付并取得项目验收合格报告。由于北京海格在能源行业拥有较多项目经验，报告期内公司向北京海格主要采购人月计价技术服务。2018—2019年，公司向北京海格采购的用于该项目的技术服务费含税金额合计155.14万元。

2019年12月公司收到北京海格相关付款215.00万元，2021年8月公司收到相关付款40.00万元，2021年11月公司收到270万元，公司合计收到相关付款525万元。

（二）会计处理是否符合会计准则的相关要求

爱狄特作为中国邮政大数据项目的集成商，持续提供相应的技术支持及现场实施和服务工作，公司将采购合同约定的采购款450.00万元从销售合同金额950.00万元中扣除应付对价，系按照实际取得的经济利益即净额确认收入500.00万元（含税），符合企业会计准则的规定。

北京海格作为公司的技术服务提供商，在多个项目上提供技术服务工作。为方便双方结算，公司按总额法与北京海格进行资金结算，但考虑到中石油规划总院项目相关技术服务与软件服务销售属于一揽子交易，公司以净额法确认项目收入，即2019年12月确认收入315.72万元，符合企业会计准则的规定。

分析

公司同时作为客户、供应商，合同之间不独立，构成一揽子交易的，不管应收款和应付款有无对冲，都可以净额确认收入。

除上述情况外，其他采购和销售合同之间均非一揽子交易，采用总额法结算，采购和销售内容存在明显不同。

二、向经销商采购技术服务的必要性与合理性，是否存在其他利益安排

报告期内公司不存在向经销商采购技术服务的情形。公司的项目合作伙伴为软件行业内企业，该等企业在供给端具备向公司提供技术服务或硬件等能力，公司向其采购的主要为技术服务或硬件。部分项目开展时需要投入较多的人力资源，当项目的数量或规模增长较快或出现季节性需求时，公司人力资源不能及时满足客户要求，通常会在同行中寻找技术服务资源，避免为短期的人力不足而长期过度储备人员的情况。

大部分重合客户供应商均属于上述情况，如北京海格、诺祺科技、上海浙大网新易得科技发展有限公司、新天路科技、中软国际科技服务有限公司等。公司向项目合作伙伴采购技术服务具有必要合理性，符合行业惯例，不存在其他利益安排。

第3节　转售

《企业会计准则第14号——收入》中，卖方向客户转售商品、服务的时候，仍然要区分其是主要责任人还是属于代理人，从而在会计上决定是按照总额法还是净额法确认收入。一般来说，采购与转售相互独立，属于买断式经销，卖方赚的是差价，是主要责任人，应用总额法确认收入，请阅读案例“7-30 钜泉光电2022-03”；反之，向客户转售商品、服务时，采购与转售不独立，如“背靠背”交易，卖方只是收取佣金、手续费，不承担主要责任，则是代理人，用净额法确认收入。

9-14 北交所发行上市审核动态——将贸易业务收入调整为净额法 2024-01

发行人D公司在审期间对申报财务报表进行了会计差错更正，将部分贸易业务收入由总额法调整为净额法核算。

具体背景为：D公司部分硬件贸易产品无需公司自行安装调试，产品直接由供应商发往最终用户。根据申报会计师关于D公司前期会计差错更正专项说明的审核报告，D公司上述业务中由供应商直接发往客户的产品，D公司虽然负有向客户提供商品的首要责任、自主决定交易商品的价格等，也暂时性获得商品法定所有权，但D公司获得的商品法定所有权具有过渡性特征，表明D公司很可能并未真正取得商品控制权，未真正承担存货风险，D公司在供应商直接发往客户的产品销售业务中很可能属于代理人。基于上述背景，D公司将无需安装、调试的产品销售业务中由供应商直接发往客户的收入确认方法由“总额法”更正为“净额法”。

D公司未在申报前对上述会计差错进行更正处理，申报文件相关信息披露不准确。上述行为违反了《北京证券交易所向不特定合格投资者公开发行股票并上市审核规则》《北京证券交易所证券发行上市保荐业务管理细则》等规定。针对上述情况，北交所对D公司及其时任董事长、董事会秘书、财务负责人，保荐代表人采取了口头警示的自律监管措施。

分 析

D公司只是把合同的甲方、乙方颠倒一下，分别和供应商、客户签两个合同，产品直接由供应商发往客户，中间未附加任何价值。种种现象表明，D公司只不过是赚差价，暂时性获得了商品的所有权，但并未真正控制商品，应用净额法核算收入。

9-15 欧冶云商 2022-03

申报材料显示：公司的互联网服务旨在通过自主研发的线上平台帮助钢厂和其他钢材供应商更好地服务下游中小用户群体，构建更有效的零售渠道，最终实现钢材产品从大规模批量销售的模式转变为基于用户个性化需求精准销售的新模式。主要业务采用净额法核算。

请发行人：说明现货交易服务和产能预售服务中公司与下游买家签订销售合同、与上游供应商签订采购合同与“不发生实质性采购”是否存在矛盾，结合合同内容及准则的约定说明发行人签署两端业务合同的情况下以净额法确认收入的理由。

｜回复｜

1.现货交易服务和产能预售服务中公司与下游买家签订销售合同、与上游供应商签订采购合同与“不发生实质性采购”不存在矛盾

现货交易服务和产能预售服务中发行人与下游买家签订销售合同、与上游供应商签订采购合同与“不发生实质性采购”的表述不存在矛盾。

现货交易服务和产能预售服务中，发行人与下游买家签订销售合同、与上游供应商签订采购合同，具体是指发行人分别与下游买家和上游供应商达成买卖关系的相对方，通过根据下游买家在欧冶平台上确立的采购请求向上游供应商采购商品再向下游买家出售并开具发票的形式，参与到商品交易和货物所有权流转的过程，实现上游供应商与发行人之间以及发行人与下游买家之间背靠背的商品买卖关系。当下游买家对拟采购的商品的全部信息确认无误生成订单后，下游买家与发行人之间的买卖合同成立并生效。与此同时，与上游供应商之间就下游买家选定的标的商品的买卖合同同步成立并生效。

“不发生实质性采购”主要考虑到发行人与上游供应商的采购合同，是建立在下游买家已经确立的采购请求并生成与下游买家的销售合同基础上，属于背靠背的买卖关系，仅在货物所有权从上游供应商向下游买家转移过程中的瞬间承担货物所有权风险，不属于传统意义上的经销商，因此“不发生实质性采购”。

综上，现货交易服务和产能预售服务中公司与下游买家签订销售合同、与上游供应商签订采购合同与“不发生实质性采购”的表述不存在矛盾。

分　析

虽然既与下游买家签订了销售合同，也与上游供应商签订了采购合同，但两份买卖合同是同步成立、生效的，发行人只是将两份合同的甲方、乙方颠倒了一下，居间渔利，非买断式的转售。

2.结合合同内容及准则的约定说明发行人签署两端业务合同的情况下以净额法确认收入的理由

根据《企业会计准则第14号——收入》中第三十四条第一款关于收入确认的

总额法与净额法的描述："企业应当根据其在向客户转让商品前是否拥有对该商品的控制权，来判断其从事交易时的身份是主要责任人还是代理人。企业在向客户转让商品前能够控制该商品的，该企业为主要责任人，应当按照已收或应收对价总额确认收入；否则，该企业为代理人，应当按照预期有权收取的佣金或手续费的金额确认收入，该金额应当按照已收或应收对价总额扣除应支付给其他相关方的价款后的净额，或者按照既定的佣金金额或比例等确定。"

结合发行人的平台交易规则，现货交易和产能预售业务中，发行人在交易中承担的主要责任、存货风险、商品价格变动、客户和供应商的选择以及信用风险中均作为代理人身份，具体如下：

项目	交易规则主要条款内容	主要责任人/代理人的判断
主要责任	发行人向上游供应商承担支付货物价款的责任，向下游买家承担按时交付货物，保证货物质量符合合同约定的责任。 根据"产品售后及质量异议"条款，下游买家可以通过发行人平台提出产品售后异议，发行人平台将协助下游买家就该等产品售后异议与供应商沟通并尽力促成纠纷解决。产品质量异议标准和解决方案以钢厂为准。 根据"迟延给付"条款，鉴于下游买家与发行人以及发行人与上游供应商之间系背靠背的买卖合同关系，若（1）下游买家未按照本规则的规定足额、按时支付商品价款的，则构成下游买家在下游买家与发行人之间买卖合同项下的违约，欧冶平台有权解除合同，且下游买家应当向发行人支付违约金；当且仅当下游买家向发行人足额支付违约金后，发行人将同等金额的违约金支付给供应商。（2）因供应商原因导致下游买家无货可提或供提货的商品不符合合同约定的，在欧冶平台与供应商确认情况属实后，下游买家有权解除合同，并主张违约金；待供应商向发行人足额支付违约金后，发行人才有义务将同等金额的违约金支付给下游买家。	发行人在货物毁损、无法按期/足额交付货物或支付货款、下游买家或供应商违约的情况下，协助协调处理买家和卖家之间的纠纷，不承担责任。 因此，发行人为"代理人"身份。

续表

项目	交易规则主要条款内容	主要责任人/代理人的判断
存货风险	根据"货物所有权转移"条款，除平台规则另有约定外，在买家向发行人全额支付商品价款后，货物所有权应当由卖家转移至发行人，同时发行人自动通过指示交付方式将货物所有权由发行人立即转移至买家。商品货物所有权转移的，商品毁损灭失的风险一并转移，发行人不承担商品毁损灭失的风险。	由于发行人在取得货物所有权的同时将货物所有权转移至买家，在向下游买家转让商品前对商品的控制权是暂时的。因此，发行人为"代理人"身份。
交易商品的价格	根据"免责声明"条款，发行人"不享有标的商品的选择权和定价权"。	发行人不参与钢材产品的定价，只确定相关服务费的价格，由钢厂决定服务费在与发行人的销售价格中进行扣减，还是在发行人与客户的销售价格中进行加成。发行人通过采购和销售商品的价差来实现服务费的收取，故基本不承担钢材的价格变动风险。因此，发行人为"代理人"身份。
客户和供应商的选择	根据"业务模式"条款，发行人作为分别与买家和卖家达成买卖关系的相对方，通过根据买家在欧冶平台上确立的采购请求向卖家采购商品再向买家出售并开具发票的形式，参与到商品交易和货物所有权流转的过程，实现卖家与发行人之间以及发行人与买家之间背靠背的商品买卖关系。 根据"买卖合同成立"条款，当买家对拟采购的商品的全部信息确认无误生成订单后，买家与发行人之间的买卖合同成立并生效。与此同时，发行人与卖家之间就买家选定的标的商品的买卖合同同步成立并生效。	发行人签署的两端业务合同为背靠背合同，发行人为客户和供应商搭建交易平台，在交易中不涉及选择具体客户或供应商。 因此，发行人为"代理人"身份。

续表

项目	交易规则主要条款内容	主要责任人/代理人的判断
信用风险	根据“违约责任”条款，鉴于下游买家与发行人以及发行人与供应商之间系背靠背的买卖合同关系，若（1）下游买家未按照本规则的规定足额、按时支付商品价款的，则构成下游买家在下游买家与发行人之间买卖合同项下的违约，欧冶平台有权解除合同，且下游买家应当向发行人支付违约金；当且仅当下游买家向发行人足额支付违约金后，发行人将同等金额的违约金支付给供应商。（2）因供应商原因导致下游买家无货可提或供提货的商品不符合合同约定的，在欧冶平台与供应商确认情况属实后，下游买家有权解除合同，并主张违约金；待供应商向发行人足额支付违约金后，发行人才有义务将同等金额的违约金支付给下游买家。	发行人在收取客户定金后，向钢厂预付一定比例，在下游买家或上游供应商违约的情况下，发行人仅有义务将违约方支付违约金，按照同等金额支付给另一方。因此发行人不承担买家/卖家的信用风险。 因此，发行人为“代理人”身份。

分　析

1.本案例属于“背靠背”交易，从头到尾，发行人只是起到居间、协助的作用，其是代理人，用净额法确认收入。

2.另外，瞬间获得商品的法定所有权，并不意味着就一定控制了商品、真正承担风险。

综上，在现货交易服务和产能预售服务中，发行人与下游买家签订销售合同和与上游供应商签订采购合同是背靠背的买卖合同关系，发行人在现货交易服务和产能预售服务中的身份是代理人，因此按照已收或应收对价总额扣除应支付给其他相关方的价款后的净额确认收入。

9-16　硅动力 2022-12

根据申报材料：报告期内，公司AC-DC芯片收入规模持续上升，收入占比由73.13%提高到87.12%，DC-DC芯片收入规模较为稳定，收入占比由17.76%下降到9.89%，其他收入产品为中测后晶圆、LED驱动芯片和电波钟芯片等。

请发行人补充披露：发行人对外采购成品转售情形所采用的收入确认方法。

| 回复 |

报告期内，发行人对外采购成品转售形成营业收入分别为193.31万元、46.68万元、72.31万元和1.93万元，占比分别为1.99%、0.41%、0.30%和0.04%。发行人对该类业务采用总额法确认收入。

根据《企业会计准则第14号——收入》第三十四条规定：企业应当根据其在向客户转让商品前是否拥有对该商品的控制权，来判断其从事交易时的身份是主要责任人还是代理人。企业在向客户转让商品前能够控制该商品的，该企业为主要责任人，应当按照已收或应收对价总额确认收入……基于此，对发行人对外采购成品转售的业务情况进行如下分析：

企业会计准则相关规定	发行人业务情况	发行人是否拥有商品控制权
一、企业向客户转让商品前能够控制该商品		
企业自第三方取得商品或其他资产控制权后，	发行人将采购的成品检验入库，并由发行人自主决定成品的销售	相关成品在发行人转让给客户前，发行人一直能够主导其使
再转让给客户	或使用	用，向客户转让商品前发行人拥有对该成品的控制权
二、综合考虑相关事实和情况，具体判断向客户转让商品前是否拥有对该商品的控制权		
1. 企业承担向客户转让商品的主要责任	销售合同中约定，发行人需将成品送至客户指定地点，因此发行人承担向客户转让成品的责任	发行人拥有对该成品的控制权
2. 企业在转让商品之前或之后承担了该商品的存货风险	发行人转让成品之前，发行人承担成品的损毁灭失的风险；转让成品之后，由发行人承担成品的质量问题和赔偿责任	发行人拥有对该成品的控制权
3. 企业有权自主决定所交易商品的价格	发行人有权根据产品定位、市场行情等因素自主决定成品的销售价格	发行人拥有对该成品的控制权

综上，在对外采购成品转售的业务中，发行人为主要责任人，故发行人以已收或应收对价总额确认收入，符合企业会计准则的规定。

分 析

发行人将采购的成品转售给其他人，采购时是买断的，不拖泥带水，属于买断式经销，承担着采购物的责任、风险。转售时，可以决定采购物的销售价格，由此认定发行人是主要责任人，应按总额确认收入。

第4节 分包/转包

分包是指企业根据实际业务的需要，将全部或部分业务分包给了第三方完成。

如果企业在将特定商品或服务转让给客户之前能控制商品或服务，分别与客户、外包供应商签订独立的交易合同，承担着与客户交易的主要责任、风险，则是主要责任人，应当采用总额法确认收入；相反，若企业在将特定商品或服务转让给客户之前不能控制商品或服务，已经将风险、义务、责任转移给分包商，产生纠纷后由客户自行向外包供应商索赔，企业并不承担交易过程中存货、质量等风险，只是履行了代收代付的义务，没有相应的成本，则企业实质上是代理人，应当采用净额法确认收入。

9-17 鑫远股份 2021-11

申报文件显示：发行人子公司湖南远捷2017—2019年与关联方华时捷存在多笔关联交易，部分依照总额法、部分依照净额法确认收入及关联交易金额。

请发行人：结合湖南远捷与华时捷签署的《购销合同》《分包合同》的具体合同条款、所购商品性质、付款方式，分析披露发行人认为其承担代理责任的原因及判定依据，以净额法结算的原因及合理性，发行人收取佣金金额的确定依据及公允性，相关会计处理是否符合《企业会计准则》规定。

| 回复 |

1. 分析披露发行人认为其承担代理责任的原因及判定依据，以净额法结算的原因及合理性，相关会计处理是否符合《企业会计准则》规定

报告期内，涉及净额法确认的合同情况如下：

……

根据《企业会计准则第14号——收入》（2017修订）第三十四条第一款规定：

企业应当根据其在向客户转让商品前是否拥有对该商品的控制权，来判断其从事交易时的身份是主要责任人还是代理人。企业在向客户转让商品前能够控制该商品的，该企业为主要责任人，应当按照已收或应收对价总额确认收入；否则，该企业为代理人，应当按照预期有权收取的佣金或手续费的金额确认收入，该金额应当按照已收或应收对价总额扣除应支付给其他相关方的价款后的净额，或者按照既定的佣金金额或比例等确定。

湖南远捷向华时捷供货条款及第三方供应商向湖南远捷供货条款对比如下：

合同签署时间	合同金额（万元）	内容	合同供货及质保条款	
			湖南远捷向华时捷供货	第三方供应商向湖南远捷供货
2019年度	21.23	混凝土	由乙方（湖南远捷）将合同标的运至交货地点（即东安县新屋断面饮用水水源保护区生活污水治理项目现场）卖方保证混凝土符合国家标准，确保质量。	由乙方（东安联益混凝土有限公司或东安安鑫建材有限公司）送货到甲方（湖南远捷）指定搅拌站（即东安县新屋断面饮用水水源保护区生活污水治理项目现场）卖方保证产品符合国家标准，确保质量。

综上，鉴于：（1）湖南远捷为华时捷提供的材料与设备由第三方直接向华时捷供货，且湖南远捷与供应商签订的采购协议将其需向华时捷承担的责任义务转给了供应商，从交易实质上分析，湖南远捷未承担交易过程中相关的存货风险、质量风险等，亦未在期间取得交易标的的控制权；（2）湖南远捷在过程中未对材料或设备进行进一步的加工或者整合。

综上，根据《企业会计准则》的相关规定，湖南远捷在为华时捷提供材料与设备的交易中承担了代理责任，按照净额确认收入，相关会计处理符合《企业会计准则》的规定。

分　析

湖南远捷分别与华时捷、第三方供应商签订合同，把合同的甲方、乙方颠倒后，将对华时捷的责任和义务分包、转移给了第三方供应商，做了个不用负责任的甩手掌柜。类似于案例“9-15 欧冶云商 2022-03”中的“背靠背”交易，湖南远捷只是代理人，应按照净额确认收入。

2. 发行人收取佣金金额的确定依据及公允性

湖南远捷承担代理责任、以净额法核算的关联销售业务定价依据为以含税采购价加成10%确定（对应毛利率9.09%），而对应年度商贸批发类上市公司的毛利率9.28%。

综上，上述湖南远捷承担代理责任、以净额法核算的关联销售业务定价与同行业上市公司毛利率可比，关联销售定价公允。

第5节　电子商务平台

电子商务平台多数是为客户和供应商搭建的交易平台，当然也会有自营业务。

首先，需要明确的问题是平台在交易中所处的地位，即自身是构成交易的一方并直接承担交易的后果，还是仅仅在交易双方之间起到居间作用，就提供的居间代理服务收取佣金，不承担交易的后果。

如果平台在交易当中只充当代理人、撮合者的角色，无须承担向客户提供运营、管理、运维等服务的义务和责任，在向下游买家转让商品前对商品的控制权是暂时的，另外，只需要协调处理买家与卖家之间的纠纷等，无权独立决定交易的定价，不承担买家、卖家的信用风险，赚取的报酬为事先约定的佣金、代理手续费、服务费，则应当采用净额法确认收入，请阅读案例“9-20 收入准则应用案例——合同负债（电商平台预售购物卡）”；反之，若承担了向客户转让商品的主要责任，有权自主定价并从中获得几乎所有的经济利益等，赚取商品差价，则应当采用总额法确认收入，请阅读案例“9-18 深交所发行上市审核动态——总额法或净额法 3 2023-08”“9-19 蜂助手 2022-01”。

这里还有一个衍生问题——“主要责任人通过代理人向最终客户销售商品时，如何确定交易价格”，笔者通过案例“9-20 收入准则应用案例——合同负债（电商平台预售购物卡）”来详细解释。

9-18　深交所发行上市审核动态——总额法或净额法 3 2023-08

发行人A主营业务之一为车主信息服务，报告期内主要客户为国内某大型保险公司。发行人A自主开发车后服务商户管理平台，导入大量经过电子签约、培训、日常管理等标准化改造后的车后服务商户，并将该平台接入保险公司开发的系统。保险公司的车主用户获取车后服务权益后，至发行人维护的商户接受协议约定的洗车、保养等线下服务。发行人A需承担组织服务、维护网点、质量巡检、投诉处理等责任。保险公司按照实际服务量向发行人结算账款后，发行人再向商户结算采购价款。发行人A对上述业务采用总额法确认收入。

｜分析｜

发行人A自主开发车后服务商户管理平台，导入大量经标准化改造后的车后服务商户后整体接入客户开发的系统，客户的车主用户获取车后服务权益后至商户接受指定的线下服务，发行人A需承担组织服务、维护网点、质量巡检、解决投诉等责任。在这个过程中，发行人利用自身的技术能力和资源优势对大量车后服务商户进行改造后，要求商户代表发行人向客户提供协议约定的服务，客户无权主导商户提供未经协议约定的服务内容，商户提供服务即相当于发行人向客户履行了合同。综合分析，发行人A符合“企业能够主导第三方代表本企业向客户提供服务”的情形，并承担了向客户提供服务的主要责任，发行人在该项业务中的身份为主要责任人，采用总额法确认收入合理。

目前，发行人A已上市。

分　析

1. 从描述来看，发行人作为一个平台，并非只协调买家与卖家之间的纠纷，还承担着维护网点、质量巡检等责任。

2. 保险公司向发行人结算账款后，发行人再向商户结算，由此可见，发行人并非只是个代收代付的甩手平台。

9-19 蜂助手 2022-01

根据审核问询回复：

（1）报告期内，发行人其他虚拟产品的采购内容主要包括话费、代充卡及其他。其中代充卡主要系代充值卡（如苏宁电子礼品卡、京东E卡）、加油卡等，其他类型虚拟产品主要为短信、权益礼券、美团骑行券等。

（2）发行人其他虚拟产品中话费、代充卡采用“净额法”确认收入，即收入金额为销售金额减去采购金额后的余额，除话费、代充卡外的其他虚拟产品（如短信、权益礼券、美团骑行券等）采取“总额法”确认收入。

请发行人补充披露：发行人对话费、代充卡采用“净额法”，对其他的虚拟产品采用“总额法”确认收入的原因及合规性。

| 回复 |

公司其他虚拟产品主要包括话费、代充卡及其他类虚拟产品（如短信、权益礼券等）。公司确认收入采取“净额法”还是“总额法”主要是基于公司在交易中所处的身份而定，具体而言：对于话费业务、代充卡业务，其从事交易时的身份是代理人，按净额法确认收入；而其他类虚拟产品，其从事交易时的身份是主要责任人，按总额法确认收入。

根据《企业会计准则第14号——收入》第三十四条第一款、第三款规定：企业应当根据其在向客户转让商品前是否拥有对该商品的控制权，来判断其从事交易时的身份是主要责任人还是代理人。企业在向客户转让商品前能够控制该商品的，该企业为主要责任人，应当按照已收或应收对价总额确认收入；否则，该企业为代理人，应当按照预期有权收取的佣金或手续费的金额确认收入，该金额应当按照已收或应收对价总额扣除应支付给其他相关方的价款后的净额，或者按照既定的佣金金额或比例等确定。

在具体判断向客户转让商品前是否拥有对该商品的控制权时，企业不应仅局限于合同的法律形式，而应当综合考虑所有相关事实和情况，这些事实和情况包括：①企业承担向客户转让商品的主要责任。②企业在转让商品之前或之后承担了该商品的存货风险。③企业有权自主决定所交易商品的价格。④其他相关事实和情况。

结合会计准则规定及与客户、供应商签订的合同对话费、代充卡采用净额法确认收入和其他类虚拟产品采用总额法确认收入的合理性分析如下：

1.话费、代充卡采用“净额法”确认收入的合理性分析

根据公司与客户、供应商签订的合同，公司话费、代充卡具有如下特点：①公司将话费订单通过技术接口最终传输到运营商，运营商直接将话费充值到用户账户中，充值成功后，产品质量及后续服务主要由运营商负责；代充卡激活之后，其使用及售后服务由发卡方承担责任，如向苏宁采购易购卡协议约定，苏宁易购负责对持卡人在苏宁易购门店及网上商城提取的货物提供符合国家标准的售后服务，公司不承担向客户转让商品的主要责任，因此，公司不承担向客户转让商品的主要责任。②在客户产生商品需求时，公司才向供应商采购话费、代充卡，且此类商品均有一定的等值货币属性，价格非常稳定，公司不承担预付到消耗期间的价格波动风险，如公司销售话费产品时，当收到用户订单信息后，公司向供应商发出需求指令，供应商获取指令后将用户在公司客户平台所订购的话费充值到其指定账号中，双方采取实时折扣结算方式，因此，蜂助手不承担话费、代充卡的商品存货风险。③公司话费、代充卡定价空间极小，视同无权决定产品价格。如话费采购折扣一般为九五四折至九九七折，话费的定价空间非常小，相当于收取较为固定比例的佣金或手续费。

基于以上事实，公司在提供话费和代充卡充值服务时，未承担向客户转让商品的主要责任，在转让商品之前或之后均不承担该商品的存货风险，而是以代理人的身份赚取佣金或手续费的行为，其从事话费、代充卡交易的身份主要为代理人，采用净额法确认收入符合《企业会计准则》的规定。

分　析

依照《企业会计准则第14号——收入》第三十四条的规定判断。产品质量及后续服务主要由运营商负责，发行人作为居间平台，不承担商品的主要责任、价格波动风险，也无权决定商品的价格，只赚取佣金，是代理人，用净额法确认收入。

2.其他类虚拟产品采用总额法确认收入的合理性分析

根据公司与客户、供应商签订的合同，其他类虚拟产品具有如下特点：①公司根据销售合同约定为客户设计营销活动方案，为客户对接其他类虚拟产品的交易接口，确保客户达到预设的产品推广效果；同时，公司负责交易过程中的客诉处理、售后咨询等，如与部分客户签订的权益礼券合作协议中约定，公司根据客户的营销推广需求，完成营销方案策划及后续执行，并提供线上活动页面技术开发、落地宣传、活动执行情况监测及后续评价等服务；同时，公司负责交易过程中的客诉处理、售后咨询等事项，因此，公司承担了向客户转让商品的主要责任。②公司可自主决定向客户销售的价格，且公司可获取自主定价的全部收益，因此，公司有权自主决定所交易商品的价格。

基于以上事实，公司承担向客户转让商品的主要责任，且有权自主定价以从中获得几乎所有的经济利益。因此，公司从事其他类虚拟产品交易的身份为主要责任人，采用总额法确认收入符合《企业会计准则》的规定。

分 析

与上一个分析内容相反，发行人作为平台，承担了向客户转让商品的主要责任，有权自主决定商品的价格，赚取差价，是主要责任人，故用总额法确认收入。

3. 其他类虚拟产品收入核算方法与同行业对比

上市公司	业务类型	同行业收入确认方式	核算方法	蜂助手核算方法
高鸿股份（000851）	话费、代充卡	公司自通信运营商、代理商或自然人处购入充值卡，通过公司的销售平台提供充值服务，待业务部门通过系统平台确认充值成功时，公司按销售价格和采购价格的差额确认营业收入的实现，财务部按月做账结算	净额法	净额法
银之杰（300085）	短彩信服务业务	公司向客户提供短彩信移动信息化解决方案和运营服务，以业务统计表记录实际提供的服务量，并据以计算应向客户收取的服务费，于资产负债表日向客户发出结算通知，待客户核对后确认收入	总额法	总额法

由上表可知，高鸿股份的话费、代充卡业务采用净额法确认收入，银之杰的

短彩信服务业务采用总额法确认收入，与蜂助手收入会计政策一致。

综上，公司对话费、代充卡采用“净额法”，对其他类虚拟产品采用“总额法”确认收入符合《企业会计准则》规定，与同行业可比上市公司相比符合行业惯例。

9-20 收入准则应用案例——合同负债（电商平台预售购物卡）

甲公司经营一家电商平台，平台商家自行负责商品的采购、定价、发货以及售后服务，甲公司仅提供平台供商家与消费者进行交易并负责协助商家和消费者结算货款，甲公司按照货款的5%向商家收取佣金，并判断自己在商品买卖交易中是代理人。2×18年，甲公司向平台的消费者销售了1,000张不可退的电子购物卡，每张卡的面值为200元，总额200,000元。假设不考虑相关税费的影响。

｜解析｜

考虑到甲公司在商品买卖交易中为代理人，仅为商家和消费者提供平台及结算服务，并收取佣金，因此，甲公司销售电子购物卡收取的款项200,000元中，仅佣金部分10,000元（200,000元×5%，不考虑相关税费）代表甲公司已收客户（商家）对价而应在未来消费者消费时作为代理人向商家提供代理服务的义务，应当确认合同负债。对于其余部分（即190,000元），为甲公司代商家收取的款项，作为其他应付款，待未来消费者消费时支付给相应的商家。

分 析

1.这个案例除了涉及“主要责任人通过代理人向最终客户销售商品时，如何确定交易价格”的问题，还与“客户未行使的权利”相关，详细请往下阅读第13章“客户未行使的权利”。

2.甲公司是电商平台，向消费者销售电子购物卡200,000元。由于甲公司只是个代理人，只能以净额法，即佣金10,000元确认收入。其中，佣金10,000元先确认为合同负债，待履行了代理服务后再转为收入。而其余的190,000元只是代商家收取的款项，是消费者未行使的权利，应计入应付款，未来消费者消费时再转给商家。

3.从商家的角度看，商家作为主要责任人，应当按照因销售电子购物卡而有权从消费者收取的对价金额（200,000元）确认收入，同时将支付给甲公司的佣金（10,000元）确认为费用。这个案例中，销售给最终客户的价格是固定的200元/张，佣金是固定比例5%，但如果最终销售的价格是浮动的，如200—250元/张，商家（主要责任人）不知道电商平台（代理人）向最终客户销售时收取的价格，则商家（主要责任人）应当估计电商平台（代理人）向最终客户销售商品收取的对价金额，并按照该金额确认收入。

第6节　寄售

在寄售业务中判断企业是主要责任人还是代理人时，仍然应当以企业在特定商品转让给客户之前能否控制商品为原则。若企业在交易过程中不能控制这些商品，无法决定销售价格，不承担向客户转让商品的主要责任、风险，则应当按净额法确认收入。

关于寄售该何时确认收入，请温习第7章第7节“寄售”。

9-21　国科恒泰 2021-10

审核问询回复显示：（1）报告期内院端直销业务收入核算由净额法变为总额法；（2）发行人与院端直销模式下供应商签订的合同，供应商将货物交付到发行人指定地点，发行人在销售前取得了该商品控制权，发行人需要承担货物相应的存货风险。

请发行人：

一、院端直销模式下，供应商存货系直接发往医院还是发行人仓库，该模式下如何体现发行人在销售前取得了该商品的控制权并且承担相应的存货风险，招股说明书及前次审核问询回复是否准确

｜回复｜

1.院端直销业务模式初期，为降低仓库仓储配送成本，由上游供应商直接将存货配送至医院，2020年下半年开始，由于集中配送的成本效益逐步体现，院端直销业务已逐步过渡到由供应商将存货存放于公司的自有仓库

公司自2017年起开展院端直销业务，该业务采用以销定采的业务模式，即上游供应商按照与公司的约定将存货交付到公司的指定地点后，公司与上游供应商

办理存货的验收手续，收货后公司承担商品的毁损、丢失等风险，并根据终端医疗机构的需求自主开展销售。从存货所有权的角度来看，院端直销业务模式下由于是以销定采，在医院消耗完成后根据具体消耗产品的情况确认收入与采购，实现所有权的转移，但在公司办理完存货的验收手续至医院实际消耗产品的期间，属于供应商将存货寄售在公司并由公司负责存货的具体保管并自主开展销售，公司在收货后实现了对存货的实际控制。

分　析

以销定采，有点“零库存”的味道。

在院端直销业务开展初期，由于院端直销业务的规模尚小，由上游供应商将存货寄售在公司自有仓库再由公司按客户需求直接配送至医院的模式难以形成规模效应，公司与上游供应商约定，由上游供应商直接将存货配送至医院，由公司人员验收后负责存货的入院管理，具体而言，公司在取得医院合格供应商的前提下，按医院的需求向上游供应商发出采购通知，并由公司专人在院端与上游供应商办理存货的交接手续并验收后将存货储存在医院的仓库或消毒中心，公司收货后能控制该存货并承担该存货的相关风险，公司在与上游供应商的合同中明确约定：“乙方（公司）按照国家药监相关规定负责所采购产品在库储存管理，并根据国家药监规定承担在库产品的相关责任义务，以及负责后续产品销售及相关物流配送”，因此，根据合同约定，公司在指定地点收货后负责存货管理，若由于管理不善等原因导致存货发生毁损灭失，公司需要承担相应的赔偿责任。

公司负责院端直销业务在院端的存货管理，在医院仓库或消毒中心与上游供应商办理交接手续并验收后，公司控制该等存货，后续根据医院的手术订单，公司会提供存货配台、打包、消毒等一系列院端服务，公司按与医院签订的合同价格或挂网的公示价格向医院销售并开具发票收取款项。

随着公司院端业务规模的逐步扩大，公司集中配送的成本效益逐步体现。从2020年下半年起，对于院端直销业务，公司陆续要求上游供应商将存货规模化存放于公司的自有仓库，与此前在医院进行交接存货的方式类似，公司在自有仓库收货后能够控制该存货并承担该存货的相关风险。后续，公司根据医院的手术订单需求，由公司对存货进行配台、打包并自公司的仓库配送至医院。在存货到达医院后，公司会相应提供手术前的消毒并配合医生进行手术准备等服务，在手术完成后，公司按与医院签订的合同价格或挂网的公示价格对医院销售并开具发票收取款项，同时公司按医院实际消耗并根据与供应商签订采购合同的采购价格、付款条件等与供应商进行采购结算。对于骨科材料等特殊性质的医疗器械，由于手术前需要配备的规格型号较多，而手术中只会根据病人的实际需求消耗部分型号，手术后，公司需要将未使用的存货消毒、打包并配送回公司的自有仓库。

目前，公司的院端直销业务已由供应商直发医院由公司在院端收货的模式逐步过渡到供应商将存货存放于公司的自有仓库，由公司就近对服务半径内的终端医疗机构进行配送的模式。

2.在院端直销业务模式下，公司在销售前取得了该商品的控制权并且承担相应的存货风险，招股说明书及前次审核问询回复准确

不论是在院端直销业务开展的初期还是目前公司在自有仓库管理供应商寄售存货的方式，院端直销业务的实质均为根据终端医疗机构的实际消耗同时确认对上游供应商的采购与对终端医疗机构的销售，也即“以销定采”。从存货的流程管理来看，从公司与上游供应商办理存货的交接手续并验收后负责商品的管理并控制该等存货，承担商品的毁损、丢失等风险。在公司取得存货控制权之后，公司会根据医院的手术订单需求提供存货配台、打包、消毒等一系列院端服务，并在医院实际消耗后确认销售收入与采购。因此，公司在销售前取得了该商品的控制权并且承担相应的存货风险。公司在招股说明书及前次审核问询函中的相关回复内容表述准确。

二、结合院端直销模式下的业务流程、工作内容、《企业会计准则》及相关规定，分析发行人在院端直销业务中是否对客户承担主要风险、是否承担存货风险、是否拥有定价权等，进一步说明发行人院端直销业务采用总额法核算的准确性

|回复|

1.公司在院端直销业务中对客户承担主要风险

在院端直销业务中，公司分别与上游供应商、下游客户独立签订合同。

（1）根据公司与医院签署的合同，公司独立承担与销售活动相关的产品交付责任。

（2）根据公司与供应商签署的合同，公司有权以自己的名义向供应商追偿。

综上，根据院端直销业务的业务流程、工作内容及公司与上下游的合同约定，公司在取得医院合格供应商的前提下分别对医院和供应商负责，以自己的名义承担对医院的供货、退货责任，同时也以自己名义向供应商追责，这一点表明

公司对客户承担了主要风险。

2.公司在院端直销业务中承担存货风险

从业务流程和工作内容上看，无论是在院端直销业务开展的初期还是目前公司在自有仓库管理寄售存货的方式，公司自上游供应商交接验收商品后需要负责商品的管理并控制该等存货，承担商品的毁损、丢失等风险。在公司取得存货控制权之后，公司会根据医院的手术订单需求，提供存货配台、打包、消毒等一系列院端服务，并在医院实际消耗后确认销售收入与采购。因此，公司在销售前取得了该商品的控制权并且承担相应的存货风险。

3.公司在院端直销业务下销售价格通常按公司与医院签订的合同价格或挂网的公示价格，上游供应商无法决定销售价格

在实际业务中，公司在院端直销业务下的销售价格通常按公司与医院签订的合同价格或挂网的公示价格，上游供应商无法决定销售价格。

……

综上，根据院端直销业务的业务流程、工作内容及公司与上下游的合同约定，供应商无法决定销售价格。公司向医院销售产品的价格通常按公司与医院签订的合同价格或挂网的公示价格，根据合同，公司需要承担销售价格变化的风险。

4.根据《企业会计准则》及相关规定，公司院端直销业务采用总额法核算准确

《企业会计准则第14号——收入》(2017修订)、《企业会计准则第14号——收入(应用指南2018)》、《上市公司执行企业会计准则案例解析》(2019)、《监管规则适用指引——会计类第1号》中关于总额法核算的相关规定如下：

……

根据上述《企业会计准则》及相关规定，公司院端直销业务应采用总额法核算，主要原因是：

(1)院端直销模式下，公司在取得医院合格供应商的前提下分别对医院和供应商负责，以自己的名义承担对医院的供货、退货责任，同时也以自己名义向供应商追责，这一点表明公司承担了销售的首要责任。

(2)院端直销模式下，公司在验收商品后负责商品的管理并控制该等存货，承担相应的毁损、灭失风险。在公司取得存货控制权之后，公司会根据医院的手术订单需求，提供存货配台、打包、消毒等一系列院端服务，并在医院实际消耗后确认销售收入与采购。因此，公司在销售前取得了该商品的控制权，公司承担了存货风险。

（3）根据公司与医院签订的销售合同、及与供应商签订的采购合同中关于商品价格的约定，供应商无法决定销售价格。公司向医院销售产品的价格通常按公司与医院签订的合同价格或挂网的公示价格，根据合同，公司需要承担销售价格变化的风险。

分 析

1. 寄售用总额法还是净额法，仍然依照《企业会计准则第14号——收入》第三十四条的规定判断，重点看“责任”“风险”“义务”“定价权”“控制”等关键点。

2. 不管是前期由供应商直接将存货配送至医院，还是后期供应商将存货寄售在发行人自有的仓库，再由发行人配送至医院，发行人是在销售给医院前就取得了商品控制权，以自己的名义与医院签订合同，承担着存货等风险，可以决定销售价格，是主要责任人，用总额法确认收入。

5. 院端直销业务采用总额法确认与同行业公司的核算方法一致同行业公司中，亦将以销定采的院端直销业务以总额法进行核算，具体如下：

公司	确认方法
瑞康医药（002589.SZ）	公司的业务结构以规模以上医院及基础医疗市场的直接销售为主，客户主要是规模以上医院，公司通过在医疗市场的深度耕耘与客户建立了稳定的合作关系，通过与医疗终端稳定的配送关系，公司建立了以销定采为主的业务模式，通过系统库存上下限管理，可以合理确定月度商品的采购量避免存货积压的风险；通过关注近效期的商品与供应商达成退换货条款避免造成存货的过期损失。 公司商品销售主要为医疗器械的批发、零售；药品的仓储、配送等。公司一般负责将货物运送至指定交货地点，将货物交付客户验收并取得签收单后，客户取得货物控制权，公司确认销售商品收入。
安徽聚赢医疗科技有限公司	以销定采的直销业务，公司全额确认对医院的销售金额。

由上表可见，对于以销定采的直销业务，瑞康医药、安徽聚赢医疗科技有限公司等同行业公司采用总额法确认收入符合行业惯例。

分 析

1. 2018年，发行人第一次冲刺深交所创业板，但遗憾的是被否。

2. 在院端直销业务的收入确认上，发行人在前一次申报时采用净额法，这次申报变更为全额法。这一变化引起了交易所的注意，交易所对此进行了多轮问询。

3. 上文是交易所第一轮问询。从回答来看，用全额法也无可厚非。在后面的第二三轮审核问询中，交易所继续追问“采用全额法核算是否合规”。发行人仍坚持使用总额法，解释的理由跟本文差不多。

4. 然而，事情却远远没那么简单。到发行注册环节，出于谨慎，发行人最终决定将总额法改回第一次申报使用的净额法。具体原因如下：（1）院端直销业务按照“以销定采”开展业务，在医院耗用时向供应商采购，供应商将货物交付到发行人指定的地点后（即在商品寄售期间）、发行人确认采购之前，发行人仅承担存货的保管责任（而非本文所称的“存货风险”），期末并无库存，产品在寄售期间的控制权属于供应商。（2）由于医院的招标价格波动频率较低，面对医院价格的波动，发行人可以凭借自身的议价能力与上游供应商进行协商从而保证自身合理的毛利率。这意味着，发行人可以将医院端的价格波动风险部分传导给供应商，医院招标价格波动对发行人的影响有限，发行人并不完全承担着价格波动的风险。（3）由于对医院的入院销售资格一般由当地的经销商转入，尽管院端直销业务模式下发行人直接面对医院的采购需求，但在现阶段下发行人一般只能继续向该等当地经销商采购后向医院供货。（4）从现金流的角度来看，除首期货款外，发行人通常在收到下游医院的回款后向供应商支付剩余货款，且发行人一般会与上游供应商约定“如果医院应收款项逾期达到一定条件时，供应商须退回发行人首期支付采购款”。这意味着，发行人可以将医院端应收账款的回款风险传导出去，从而降低销售回款的风险。

5. 总额法变更为净额法这一重大事项被视为会计差错更正，发行人对报告期内的财务数据进行了追溯调整，涉及多个财务科目的增减变动：调减了“营业收入”“营业成本”“销售商品、提供劳务收到的现金”“购买商品、接受劳务支付的现金”科目，调增了“收到其他与经营活动有关的现金”“支付其他与经营活动有关的现金”科目。

6. 经过一系列调整，发行人终于在2021年7月成功通过了深交所创业板审核。时隔两年，2023年7月，发行人在创业板挂牌上市。

第7节　零售百货行业

根据《企业会计准则第14号——收入》，对于百货商场而言，销售收入的确认得区分自营和联营两种模式。自营模式下，百货商场在商品销售完成后，按销售全额确认收入，而联营模式却不一定，分析如下：

1. 联营模式

联营模式是零售百货行业普遍采用的业务模式。该业务模式下，百货商场为供应商提供经营场地、设施及其他的综合管理服务，监督进店商品的质量，并提供统一的促销、导购、收银、卫生、安全等服务。供应商在商场分配的专柜向顾客销售商品，顾客向商场支付货款。商场按照消费金额向顾客开具增值税发票，再根据约定的分成比例与供应商结算，部分供应商对商场收取的分成有保底承诺。百货商场与供应商签订合同，约定各自的权利义务。

商品向顾客售出之前，所有权属于供应商，供应商负责保管商品，并承担商品毁损和灭失的风险。供应商有权决定商品的上架和下架时间，以及在不同的门店或专柜之间调换货物。商品价格主要由供应商制定，有时需要经过百货商场的审核，其主要目的是避免供应商定价过高或过度打折，从而对商品在商场的销售情况或商场的整体商业定位造成不利的影响。百货商场举办促销活动时，促销方案和价格主要由百货商场主导，供应商可以选择参加或不参加，如参加，则可能需要和百货商场共同承担费用。专柜销售人员由供应商直接委派，但需要接受商场的培训，遵循商场的管理要求并接受商场的监督。百货商场为供应商提供经营场地以及综合管理服务，监督进店的商品，并提供统一收银等服务。顾客在百货商场购物时，通常取得以百货商场抬头开具的销售凭证。供应商在商场售出的商品出现质量问题，百货商场负责先行赔付，随后再根据与供应商的协议约定向供应商追偿。

2. 通过控制权判断

实务中，虽然百货商场按照商品的销售金额向客户开具销售凭证，但是，在确认收入时，应当按照《企业会计准则第14号——收入》中有关主要责任人和代理人的原则判断收入确认金额。

在上述联营模式下，顾客直接在供应商的专柜购买商品，在此之前，商品的所有权归属于供应商，供应商有权主导商品的销售活动，如决定商品的上架和下架时间，是否在不同的门店、专柜之间调换货物，主导商品定价以及促销方式等，并获取销售商品的经济利益，也承担因商品滞销或打折销售等造成的损失。相反，在商品销售给顾客之前，百货商场不能决定如何销售这些商品，不能自行或者要求供应商将商品用于其他用途，也不能禁止供应商把商品用于其他用途；某些情况下，虽然百货商场可能有权干预供应商销售的商品，如新增商品品牌需要经过百货商场的认可，滞销或过季的商品应当及时下架等，但目的主要是维护百货商场的商业定位和形象，并不表明百货商场能够主导商品的销售。

因此，特定商品在销售给顾客之前由供应商控制的，供应商有权主导商品的使用并获取经济利益，为主要责任人，按总额法确认收入。而百货商场并未取得商品的控制权、支配权，身份是协助、辅助供应商销售商品，应被认定为代理人，按照净额法确认收入。

9-22　收入准则应用案例——主要责任人和代理人的判断1

甲公司是一家经营高端品牌的百货公司，采用与品牌服装供应商合作的经营模式。某高端品牌供应商乙公司在甲公司指定区域设立专柜（或专卖店）提供约定品牌商品，并委派营业员销售商品，假定本案例不包含租赁。乙公司负责专柜内的商品保管、出售、调配或下架，承担丢失和毁损风险，拥有未售商品的所有权。乙公司负责实际定价销售，甲公司负责对百货公司内销售的商品统一收款，开具发票。甲公司将收到客户款项扣除10%后支付给乙公司。

甲公司通过各种促销活动以提高百货公司的总体业绩。促销活动分为甲公司主导的促销活动和乙公司自行打折活动。甲公司主导的相关促销活动费用，有些由甲公司自行承担，有些由甲公司与乙公司共同承担。乙公司自行开展的打折活动需要获得甲公司同意，甲公司会要求其打折的幅度和范围符合甲公司的定位，例如打折幅度不能过大，保证不打折的新品的比例不能过低等。如果需办理退换货的，甲公司可自行决定为客户办理退换货、赔偿等事项，之后可向乙公司追偿。假定客户丙购买商品，向甲公司支付价款1,000元，甲公司扣除100元后支付给乙公司900元。假定不考虑其他因素。

| 解析 |

企业应当根据其在向客户转让商品前是否拥有对该商品的控制权，来判断其从事交易时的身份是主要责任人还是代理人。在客户付款购买商品之前，乙公司能够主导商品的使用，例如出售、调配或下架，并从中获得其几乎全部的经济利益，因此拥有对该商品的控制权，是主要责任人，在客户丙取得商品控制权时确认收入1,000元。甲公司在商品转移给客户之前，不能自行或者要求乙公司把这些商品用于其他用途，也不能禁止乙公司把商品用于其他用途，因此，甲公司没有获得对该商品的控制权，只是负责协助乙公司进行商品销售，是代理人，在客户丙取得商品控制权时确认收入100元。

分 析

判断企业从事交易时的身份是主要责任人还是代理人，应当看向客户转让商品前，其是否拥有对该商品的控制权，而不是看所有权。注意，乙公司是确认1,000元的收入，而不是900元。若用净额法，才是确认900元的收入。

另外，需要说明的是，本例中对于与控制权相关的三个迹象：一是从客户的角度，甲公司承担退换货和赔偿的主要责任；二是乙公司承担了该商品的存货风险；三是销售商品价格主要是由供应商乙公司确定，但甲公司对于商品的定价权有一定的影响力。与控制权相关的三个迹象的分析，并不能明确区分主要责任人和代理人，这些相关事实和情况的迹象仅为支持对控制权的评估，不能取代控制权的评估，也不能凌驾于控制权评估之上，更不是单独或额外的评估。

分 析

1. 本案例的主角是百货公司——甲公司。

2. 供应商——乙公司承担专柜内的商品丢失和毁损风险，拥有这些商品的所有权，负责定价销售，这些迹象表明乙公司拥有商品的控制权，其他都是次要的。百货公司——甲公司虽然可以主导一些促销活动费用，但这只是百货公司监督功能的体现，并不能说明什么，百货公司——甲公司仍旧起着辅助的作用，只能用净额法确认收入100元。

综上，企业应当根据其在向客户转让商品前是否拥有对该商品的控制权，来判断其从事交易时的身份是主要责任人还是代理人。在客户付款购买商品之前，乙公司拥有对该商品的控制权，是主要责任人，甲公司没有获得对该商品的控制权，是代理人。

9-23　收入准则应用案例——主要责任人和代理人的判断2

甲公司是一家经营高端品牌的百货公司，采用自主选择品牌直营模式。甲公司根据品牌定位，挑选某高端品牌乙公司作为其供应商之一，乙公司提供约定品牌商品，并与其他品牌同类商品统一摆放在甲公司指定位置。甲公司委派营业员销售该品牌商品，并负责专柜内的商品保管、出售、调配或下架，承担丢失和毁损风险，拥有未售商品的所有权。甲公司对百货公司内商品统一定价，统一收款。如果需办理退换货的，甲公司可自行决定为客户办理退换货、赔偿等事项，如属商品质量问题，可向乙公司追偿。假定不考虑其他因素。

｜解析｜

企业应当根据其在向客户转让商品前是否拥有对该商品的控制权，来判断其从事交易时的身份是主要责任人还是代理人。在客户付款购买商品之前，甲公司能够主导商品的使用，例如出售、调配或下架，并从中获得其几乎全部的经济利益，拥有对该商品的控制权，是主要责任人，在客户取得商品控制权时确认收入。

分　析

1.本案例的主角仍是百货公司——甲公司。

2.与上个案例“9-22 收入准则应用案例——主要责任人和代理人的判断1”相比，甲乙双方的角色颠倒了。百货公司——甲公司负责专柜内的商品保管、出售、调配或下架，承担商品丢失和毁损的风险，拥有未售商品的所有权，这意味着百货公司——甲公司拥有商品的控制权，是主要责任人，用总额法确认收入。

9-24　收入准则应用案例——主要责任人和代理人的判断3

甲公司是一家知名服装品牌生产零售商，拥有数百家直营连锁店。小型服装生产商乙公司向甲公司供应服装，乙公司将按照甲公司选定《供货清单》的要求将商

品发送到甲公司指定的直营门店。商品收到后，甲公司组织验货，按照《供货清单》核对商品，确保没有短溢、货不对板等情形。甲公司将从乙公司采购的服装与其自产的服装一起管理并负责实际销售，其商标为甲公司商标，对外宣传为联名款。甲乙双方协商确定吊牌价，甲公司在吊牌价7折以上可自行对外销售并制定相应的促销策略，7折以下需得到乙公司的许可。甲乙双方根据销售收入每月五五分成。

如果商品自上架陈列30日仍未售出，甲公司有权将未出售的商品全部退回给乙公司，但在甲公司决定将商品退回前，乙公司不得取回、调换或移送商品。如果需办理退换货的，甲公司可自行决定为客户办理退换货、赔偿等事项，之后可向乙公司追偿。假定不考虑其他因素。

｜解析｜

企业应当根据其在向客户转让商品前是否拥有对该商品的控制权，来判断其从事交易时的身份是主要责任人还是代理人。在客户付款购买商品之前，甲公司能够主导商品的使用，例如出售、调配或下架，并从中获得其几乎全部的经济利益，因此拥有对该商品的控制权，是主要责任人。

另外需要说明的是，本例中对于与控制权相关的三个迹象：一是从客户的角度，甲公司承担销售、退换货和赔偿的主要责任；二是在转让商品之前，甲乙公司均承担了该商品的存货风险，转让商品之后，乙公司承担了该商品的存货风险；三是双方协商确定吊牌价，甲乙双方均无权自主决定所交易商品的价格。与控制权相关的三个迹象的分析，并不能明确区分主要责任人和代理人，这些相关事实和情况的迹象仅为支持对控制权的评估，不能取代控制权的评估，也不能凌驾于控制权评估之上，更不是单独或额外的评估。

综上，企业应当根据其在向客户转让商品前是否拥有对该商品的控制权，来判断其从事交易时的身份是主要责任人还是代理人。商品的控制权在转移给客户之前，甲公司拥有对该商品的控制权，是主要责任人。

分　析

1.本案例的主角变为零售商——甲公司，角色类似百货商场。

2.单从控制权的迹象看，容易混淆，应看商品的控制权在转移给客户之前归谁所有。

3. 与案例“9–22 收入准则应用案例——主要责任人和代理人的判断1”不同，与案例“9–23 收入准则应用案例——主要责任人和代理人的判断2”类似，本案例中，乙公司只是个供应商，而非与连锁零售商——甲公司联营。从乙公司采购的商品由零售商——甲公司管理、销售，乙公司无权取回、调换或移送可以看出，商品的控制权在转移给客户之前，由零售商——甲公司掌控着，乙公司只是个普通的供应商而已。零售商——甲公司是主要责任人，用总额法确认收入。

另外，乙公司将商品发送到甲公司指定的直营门店并经甲公司验收后（假定该时点为商品控制权转移的时点）应该确认销售收入。由于30日未售出的商品或消费者退回的商品，甲公司有权退回给乙公司或向乙公司追偿，乙公司应当按照附有销售退回条款的销售进行会计处理。

分 析

附有销售退回条款的销售，请温习阅读第8章“附有销售退回条款的销售”。

9–25 嘉曼服饰 2022–03

申报材料及审核问询显示：发行人线下直营联营模式为公司通过商场专柜以零售方式销售产品，商场与公司合作模式为联营代销模式，终端消费者与商场结算，商场扣除销售分成后与公司结算，店铺由公司运营管理。发行人收入确认按照扣除商场销售分成后的金额确认收入。

请发行人结合财政部收入准则应用案例，该模式下商品的保管、出售、上下架、毁损灭失义务的负责人，以及所有权的归属和销售定价的权利归属，说明直营联营模式下主要责任人、代理人的判断依据，发行人按照扣除商场销售分成后的金额确认收入是否符合《企业会计准则第14号——收入》的相关规定。

｜回复｜

1. 线下直营联营模式下主要责任人、代理人的判断

根据《收入准则应用案例——主要责任人和代理人的判断》案例1（以下简称财政部收入应用案例）中有关判断其从事交易时的身份是主要责任人还是代理

人的主要依据为：（1）企业应当根据其在向客户转让商品前是否拥有对该商品的控制权；（2）在客户付款购买商品之前，乙公司（品牌商）能够主导商品的使用，例如出售、调配或下架，并从中获得其几乎全部的经济利益，因此拥有对该商品的控制权，是主要责任人；（3）甲公司（百货公司）在商品转移给客户之前，不能自行或者要求乙公司把这些商品用于其他用途，也不能禁止乙公司（品牌商）把商品用于其他用途，因此，甲公司没有获得对该商品的控制权，只是负责协助乙公司进行商品销售，是代理人。

发行人实际经营过程中与财政部收入应用案例情况较为相似，即发行人在百货公司的指定区域设立专柜（或专卖店）提供约定品牌商品，并委派营业员销售商品；发行人负责专柜内的商品保管、出售、调配或下架，承担丢失和毁损风险，拥有未售商品的所有权；发行人负责实际定价销售，百货公司负责对百货公司内销售的商品统一收款，开具发票。根据财政部收入应用案例对于主要责任人或代理人的判断标准，结合发行人与百货公司签订的合同中权利与义务的规定，发行人应为主要责任人，百货公司应为代理人。

2. 发行人按照扣除商场销售分成后的金额确认收入是否符合《企业会计准则第14号——收入》的相关规定

新收入准则实施后，发行人根据与联营商场合作的实务操作，同时参照部分同行业上市公司案例，并充分考虑申报期政策一贯性和可比性，对于线下直营联营模式发行人按照净额法（扣除联营商场分成后的金额）确认收入。本次审核中心意见落实函回复时，为严格适用新收入准则，并结合财政部收入应用案例，发行人将线下直营联营收入确认方法由净额法调整为总额法（向消费者的销售总额），将联营商场的销售分成/佣金计入营业收入，并同时调增销售费用。

分 析

1. 此案例的主角变成了供应商——发行人。

2. 上述财政部收入应用案例见“9-22 收入准则应用案例——主要责任人和代理人的判断1”。

3. 发行人承担着商品丢失和毁损风险，又负责定价销售，这意味着商品在销售给顾客之前由发行人控制，发行人为主要责任人。而百货公司只负责对销售的商品统一收款、开具发票，起着辅助、管理的作用而已。

4.发行人作为主要责任人用总额法，即以向消费者的销售总额确认收入；则联营商场应作为代理人，得用净额法，即销售分成/佣金确认收入。二者为互斥关系。

同时，在发行人其他销售模式中，电商联营模式下唯品会平台的业务模式与线下直营联营模式基本一致，收入确认方法也与线下直营联营模式一致，即采用净额法（扣除唯品会平台分成后的金额）确认收入。在唯品会运营模式下，发行人在唯品会平台提供约定品牌商品向终端消费者销售，商品保管、调配等主要由发行人负责，并承担发货前的商品丢失和毁损风险，拥有未售商品的所有权；发行人主导商品在唯品会平台的销售定价（唯品会进行审核），唯品会负责对在其平台销售的商品统一收款，开具发票。根据财政部收入应用案例对于主要责任人或代理人的判断标准，结合发行人与唯品会平台签订的合同中权利与义务的规定以及实际业务操作，发行人应为主要责任人。因此，结合财政部收入应用案例，发行人将电商联营模式下唯品会平台的收入确认方法亦由净额法（扣除唯品会平台分成后的金额）调整为总额法（向消费者的销售总额）。

分　析

以上属于第9章第5节“电子商务平台”的内容。唯品会作为商务平台，只在交易当中负责收款、开具发票，无须承担其他重要的义务和责任。而商品的保管、调配，以及发货前丢失、毁损风险等均由发行人负责、承担。这表明发行人是主要责任人，应以向消费者的销售总额确认收入，而唯品会只是代理人，得用佣金确认收入。

综上，结合财政部收入应用案例，在发行人线下直营联营模式下发行人为主要责任人；本次审核中心意见落实函回复时，为严格适用新收入准则，并结合财政部收入应用案例，发行人将线下直营联营及电商联营唯品会平台收入确认方法由净额法调整为总额法，并进行差错更正，净额法调整为总额法符合企业会计准则的相关规定，且调整后对发行人财务报表及经营业绩不会构成重大不利影响，不会实质性影响投资者对财务数据的理解判断。

第8节　联合体总承包项目

工程总承包（EPC），是指承包单位按照与建设单位签订的合同，对工程设计、采购、施工或者设计、施工等阶段实行总承包，并对工程的质量、安全、工期和造价等全面负责的工程建设组织实施方式。该模式将设计、采购、施工等任务综合起来，由一个承包商负责，实现了设计、采购、施工一体化。此模式源于建筑设计企业和施工企业各有各的优势，可以相互取长补短，由此才催生出了市场化的设计和施工企业等以联合体的方式共同成为EPC的工程总承包商。

在EPC模式下，由设计、采购、施工等多方组成一个联合体，联合体各方应当共同与建设单位签订工程总承包合同，就工程总承包项目承担连带责任。联合体应当合理确定牵头单位——联合体牵头人，即工程总承包商，联合体牵头人对整个项目的质量、安全、进度和成本负有最终、全面的责任。

EPC模式中，企业在从客户所收取的款项中可能包含了代第三方收取的金额。无论企业是联合体牵头方还是非牵头方，与企业提供的服务无关的、由其他联合体成员提供服务的款项均不应计入企业日常经营活动产生的收入。

在确认收入数量上，最容易产生混淆的主要是联合体牵头人。虽说联合体牵头人负有总体的协调管理职责，类似于首要义务人，但必须仔细考察联合体牵头人所承担的责任是否可以按比例或份额转移给联合体中的其他成员，并且这些成员是否必须承担相应的责任和义务。如果责任可以转移，则形式上的“牵头人”和主要责任人的身份，不一定就意味着联合体牵头人需要按总额法确认整个项目的收入以及将联合体其他成员承担责任的部分当作采购。

对于该用总额法还是净额法，我们可以重点考虑以下因素：

- 联合体对各自负责的工作内容、权责的划分是否足够清晰，工作内容是否相对独立、无共同负责的部分。
- 合同总价款在联合体各方之间的分配是否清晰，如设计公司的收款权利是否与施工公司的施工情况挂钩。
- 联合体牵头人被要求承担连带责任的可能性。
- 联合体牵头人是否为其他成员承诺了保底收益。

■联合体牵头人对联合体其他成员提供的产品或服务是否拥有控制权。

其实，上述种种因素，概括起来就是："相互独立吗？责任清晰吗？分工明确吗？各自承担风险吗？独立报价吗？"

如果联合体牵头人在整个项目中起主导作用，对项目的设计、采购和施工具有全面的控制权时，通常采用总额法确认收入；当联合体牵头人对分包部分没有控制权或仅提供有限的服务时，适合采用净额法确认收入。

第9节　FOB、CFR、CIF

在FOB、CFR、CIF等贸易术语设定的业务模式下，一般而言，当商品自装运港装运上船时（2020版），交货完成，商品的控制权也随之转移至买方手中。就商品控制权转移之后的运输服务而言，如果卖方有权选择运输服务商，能够与运输服务商协商确定运输价格，并能够根据与买方的约定来安排发货时间，这通常意味着卖方对运输服务拥有控制权。此种情况下，卖方应被视为主要责任人，按照总额法来确认收入。

9-26　三问家居 2022-01

审核问询回复显示：（1）发行人收入以外销为主，发行人主要采取FCA、FOB、CIF、DDP等贸易方式；（2）采用FOB和CIF条款，货物报关出口并确认货物已装船时确认收入，采用FCA条款：公司于将货物交与买方指定承运人并办理出口清关手续时确认销售收入，采用DDP条款：公司以产品交付至买方指定收货地点，完成产品交付义务后确认销售收入。

请发行人：补充说明在新收入准则下，运输服务是否构成单项履约义务，发行人是否需就提供的运输服务单独确认一项收入，该项收入占比情况，是否对发行人收入构成存在较大影响。

｜回复｜

在DDP贸易模式下，根据发行人与客户签订的销售合同或订单的约定，发行人在指定的目的地，办理完进口清关手续，将在交货运输工具上尚未卸下的货物交与买方，完成交货，发行人必须承担将货物运至指定的目的地的一切风险和费用。根据《企业会计准则第14号——收入》应用指南（2018）相关要求，"在企业向客户销售商品的同时，约定企业需要将商品运送至客户指定的地点的情况下，企业需要根据相关商品的控制权转移时点判断该运输活动是否构成单项履约义务。通常情况下，控制权转移给客户之前发生的运输活动不构成单项履约义务，而只是企业为了履行合同而从事的活动，相关成本应当作为合同履约成本；相反，控制权转移给客户之后发生的运输活动则可能表明企业向客户提供了一项运输服务，企业应当考虑该项服务是否构成单项履约义务”。在DDP贸易模式下，发行人提供的运输服务系为销售商品控制权转移给客户之前发生的运输支出，是为履行销售合同而从事的活动，因此在DDP贸易模式下提供的运输服务不构成单项履约义务，无需就提供的运输服务单独确认一项收入。

在CIF的贸易模式下，依据《财政部会计司关于发布收入准则应用案例——运输服务》，在货物越过船舷时控制权转移给买方，在此之后，发行人为将产品运送至目的地港口而发生的运输活动，属于为买方提供了一项运输服务。该项运输服务构成单项履约义务，且发行人是运输服务的主要责任人。因此，在新收入准则下，发行人应当在货物越过船舷，货物控制权转移给买方时确认货物相关收入，并按照合同履约进度确认海运服务相关收入。2020年度，发行人采用CIF贸易条款销售产品的收入合计为10.46万元，其中运费、保费等港杂费约0.46万元。2021年1—6月，发行人采用CIF贸易条款销售产品的收入合计为76.84万元，其中运费、保费等港杂费约1.41万元，由于绝对金额较小，且占总收入的比例为0.01%，也较小，因此提供运输服务和保险服务的收入未予单项考虑，与货物及运输、保险相关的所有收入均于货物越过船舷，控制权转移给买方时确认。发行人在新旧收入准则下，针对CIF贸易条款业务的主营业务收入的会计处理和对相关报表项目的列报未发生变化。

分 析

1. 为履行客户合同而发生的运输费用，构不构成单项履约义务得看运输是发生在控制权转移之前还是之后，详细请温习第1章第5节“运输服务”。

2. DDP中，卖方承担最大的责任，必须承担将货物运至指定目的地的一切风险和费用，所以，一般运输费用不构成单项履约义务。

3. 2020版CIF术语是装运港装运上船时，风险转移给买方，而不是越过船舷时。货物控制权在装运港装船后转移，在装运港装船后发生的运输费用应识别为单项履约义务，按照合同履约进度确认收入。

4. 发行人是运输服务的主要责任人，应当用全额确认收入。

因此，发行人在新收入准则下无重大运输服务构成单项履约义务，运费的处理符合企业会计准则的规定。

第10章 额外购买选择权

额外购买选择权包括销售激励措施、客户奖励积分、未来购买商品的折扣券以及合同续约选择权等，日常生活中常见的有通信行业的积分奖励、航空业的里程数、零售行业的优惠券、电信公司的充话费送积分等。主要规定来自《企业会计准则第14号——收入》第三十五条、《监管规则适用指引——会计类第1号》、《监管规则适用指引——会计类第2号》。

一、会计处理

额外购买选择权一般包括两个环节：一是销售主商品时授予客户某种权利，二是客户将来兑付该权利。

额外购买选择权是一种不确定使用的权利，不一定会导致经济利益流出企业。对此，《企业会计准则第14号——收入》第三十五条第一款规定：

> 对于附有客户额外购买选择权的销售，企业应当评估该选择权是否向客户提供了一项重大权利。企业提供重大权利的，应当作为单项履约义务……将交易价格分摊至该履约义务，在客户未来行使购买选择权取得相关商品控制权时，或者该选择权失效时，确认相应的收入。客户额外购买选择权的单独售价无法直接观察的，企业应当综合考虑客户行使和不行使该选择权所能获得的折扣的差异、客户行使该选择权的可能性等全部相关信息后，予以合理估计。

1. 构成重大权利

如果额外购买选择权构成了重大权利，本质上是客户在签订合同、付款时就已经预先支付了未来可能购买的商品或服务。它并不是与合同中初始交易直接相关的一部分，而应当视为合同中的另一项单项履约义务并分摊交易价格。首先，收到合同价款时将分摊至选择权的金额确认为一项合同负债。其次，未来客户行使选择权或选择权失效时再逐步或一次性确认收入。

2. 不构成重大权利

如果额外购买选择权不构成重大权利，笔者认为，销售商品时，额外购买选择权不分摊交易价格，正常确认收入即可。待客户行使额外购买选择权后，再直接将额外购买选择权计入当期费用，额外购买选择权失效时不做会计和税务处理。

实务中，为了简单操作，倾向于论证成不构成一项重大权利。

3. 重大权利的判断标准

判断额外购买选择权构成一项重大权利，有两个前提：一是客户只有在订立了一项合同的前提下才取得额外购买选择权；二是客户行使该选择权购买额外商品时，能够享受到超过该地区或该市场中其他同类客户所能够享有的折扣。例如，商场在促销活动中免费发放的优惠券，如果任何客户不需要满足任何条件就可以随意取得，则这类优惠券并不是一项重大权利；又如，客户获得的额外购买选择权仅是对一些紧俏或限量商品有效，行使购买权后，购买的价格就反映了商品的单独售价，则该额外购买选择权不能视为一项重大权利。

重大权利，笔者个人认为是一种特殊的重要性水平，是一条偷懒线。不重大的话，不构成单项履约义务，不分摊交易价格，操作会简化许多，请阅读案例“10–3 酒仙网 2021–09”。

二、简化操作

《企业会计准则第14号——收入》第三十五条接着规定：

> 客户虽然有额外购买商品选择权，但客户行使该选择权购买商品时的价格反映了这些商品单独售价的，不应被视为企业向该客户提供了一项重大权利。

实务中，同时满足以下两个条件可以简化操作：一是当客户行使权利购买的额外商品与原合同下购买的商品类似；二是企业将按照原合同条款提供额外的商品。例如，企业向客户提供的续约选择权。理论上，企业应该将续约选择权作为单项履约义务。但是，由于续约选择权的单独售价确定起来很复杂，需要企业考虑各续约期内商品或服务的单独售价以及客户在后续期间续约的概率。为此，只要企业同时满足前述简化操作的两个条件就无须估计续约选择权的单独售价，可以直接把预计将提供的额外商品的数量以及预计将收取的对价纳入原合同。这么操作会方便、快捷、高效许多，参见案例“10–1 德龙激光 2021–10”。

10–1　德龙激光 2021–10

根据首轮问询问题3回复，租赁业务涉及的合同条款约定差异较大。月租金金额确定的主要依据为公司对设备销售价格的预期和希望预计售价回收的周期，实际执行中月租金也会受到客户的市场地位以及市场供求关系的环境影响，最终双方商务谈判确定。

请发行人说明：结合与不同客户签订合同条款的具体情况，分析租转售业务是否应分类为融资租赁。

｜回复｜

……

综上，公司租转售业务并不满足《企业会计准则第21号——租赁》第三十六条规定的融资租赁一种或多种情形的标准，且公司租赁设备需承担客户技术路线不明确和市场需求不明确的风险，未转移租赁资产所有权有关的几乎全部风险和报酬，公司租转售业务不应分类为融资租赁。

发行人租转售业务所签署的合同系包含客户购买租赁设备选择权的租赁合同，依据新《企业会计准则14号——收入》，第五章第三十五条规定，“对于附有客户额外购买选择权的销售，企业应当评估该选择权是否向客户提供了一项重大权利。企业提供重大权利的，应当作为单项履约义务，按照本准则第二十条至第二十四条规定将交易价格分摊至该履约义务，在客户未来行使购买选择权取得相关商品控制权时，或者该选择权失效时，确认相应的收入。客户额外购买选择权的单独售价无法直接观察的，企业应当综合考虑客户行使和不行使该选择权所能获得的折扣的差异、客户行使该选择权的可能性等全部相关信息后，予以合理估计。客户虽然有额外购买商品选择权，但客户行使该选择权购买商品时的价格反映了这些商品单独售价的，不应被视为企业向该客户提供了一项重大权利”。

根据租转售业务合同约定或公司惯例，客户具有抵扣租金后或类似价格购买租赁设备选择权，但该项选择权不属于发行人向客户提供的一项重大权利，不构成单项履约义务。具体原因如下：

分　析

根据《企业会计准则第14号——收入》第三十五条的规定，先判断是否向客户提供了一项重大权利。实务中，为了简单操作，倾向于论证成不构成一项重大权利。

1.基于发行人角度

（1）公司为应对市场，满足客户的技术路线不明确和下游市场需求不明确带来的市场需求，从而采用租转售业务模式，采用该等业务模式的本质目的是实现产品的销售。由于租赁合同约定不可撤销的租赁期间较短，公司采用该模式时首先考虑设备的租赁收入相对设备直接销售收入大幅下降和设备退回从而导致存货积压等的风险，加之公司出租设备所处行业更新迭代较快，下游客户需求和市场变化迅速，导致公司设备出租存在较高的风险。公司倾向于在短时间内收回设备售价以规避风险，月租金系根据公司对设备销售价格的预期和希望预计售价回收的周期与客户商务谈判的结果，即使租赁合同不包含客户购买租赁设备的选择权，公司的定价依据和定价方式也不会发生改变。

（2）公司本质目的是实现产品的销售，对于公司来说，公司按已抵扣租金后销售价格或类似已考虑租金后的价格进行销售系促进设备销售手段，而非对承租方的一项承诺，即该设备租赁期届满，承租人放弃优先购买设备，其他客户若提出以相似价格购买，公司也会按该定价方式进行销售。因此，公司并未对承租方的购买权进行定价，对公司来说，客户购买选择权不存在实际价值。

（3）即使公司租转售合同约定的租金存在购买选择权价值，公司为设备销售企业，而非专业从事设备出租业务的企业。租赁业务系为满足少部分客户需求而被动采用，相应业务规模较小，公司将租赁价格分摊至购买选择权在实务中不具有操作性，理由如下：1）由于普通经营租赁租金（不包含客户购买租赁设备的选择权）的市场水平无法获得，公司无法比较客户行使和不行使购买选择权所能获得的折扣差异，而且对公司来说，客户行使和不行使购买选择权，月租金也不会发生改变；2）由于客户技术路线和下游市场需求不明确，公司无法合理估计客户行使该选择权的可能性，随着行业的发展，不同阶段的技术路线和市场需求变动都是不同的，即便按照历史概率也缺乏合理性；3）租赁费计量和结算通常按月/季进行，不同租赁设备各月/季末的售价会因承租方租赁时间不同而差异较大，公司无法合理统计客户租赁时间和计量各租赁节点设备售价的公允价值，且此类专用设备也不存在二手设备交易市场供选取的公允价值，按公司租赁退回设备加工改造后的设备公允价值或该设备公允价值减去加工改造费用也并非该设备退回时的公允价值。根据重要性原则，在全面反映企业财务状况和经营成果的基础上，起到突出重点，简化核算，节约人力、物力和财力，提高会计核算的工作效率，公司不考虑购买选择权价值进行简化核算符合会计的重要性原则。

2. 基于客户的角度

（1）客户选择短期租赁方式引进设备并不是由于没有资金需要分期支付，而是为了规避技术路线不明确和下游市场需求不明确带来的设备闲置风险，故客户月租金确定依据主要是在租赁设备能满足自身要求的前提下考虑市场供需情况，月租金确定与未来是否购买设备的关系较小。

（2）客户通常不具备设备的更新及技术改造和维护能力，如果技术验证失败或临时订单不再持续，则客户没有能力通过改造将闲置的设备直接出售，对于客户来说其闲置设备价值仅为报废收益，设备在租赁过程中的公允价值大小对客户并不重要，即对客户而言，在租赁开始时点考虑购买选择权意义不大，不会因为租赁合同具有购买选择权而承担更高的租赁费用。

（3）发行人部分租赁合同并未在合同中约定购买选择权，虽然客户可能根据公司惯例会认为可以在租赁结束或未结束时向发行人提出购买租赁设备，且设备的售价与约定了选择权的合同的售价的计量方法基本一致（全新设备市价减去已支付租赁费作为基础），但由于该部分合同未明确约定购买选择权，因此在租赁结束时，客户也有丧失购买租赁设备权利的可能。客户并未强制保留购买选择权条款，意味着对客户而言，购买选择权不存在实际价值或价值很小。

综上，保荐机构和申报会计师认为，从发行人和客户的角度看，购买选择权都不构成一项重大权利，相关的购买选择权的价值为零或价值很小，对公司财务报表影响很小，亦不会对投资者作出投资决策产生重大影响，公司不考虑购买选择权价值进行简化核算符合会计的重要性原则。

分　析

额外购买选择权单独售价确定起来很复杂的，可以简化操作，不将其作为一项履约义务去分摊交易价格。案例中，承租方的购买权对出租人、承租人来说不存在实际价值，即使有价值也很难定价，所以，简化操作。

第1节　奖励积分

企业在销售商品的同时向购买商品的客户授予奖励积分，奖励积分主要有两种：第一种是商家派发并由自己结算的奖励积分；第二种是由电商平台发放和结算的可用于任意商家的奖励积分。

企业授予客户的奖励积分，向客户提供了一项额外购买选择权，客户可以选择使用积分兑换企业或其他方销售的商品或者服务。但不管是兑换谁的商品，如果构成重大权利，应当作为一项单独的履约义务。消费者购买企业的商品而支付的价款实际上是取得两项单独的商品，一是原本购买的商品，二是奖励积分。企业需要将销售商品收取的价款在销售商品和奖励积分之间按照单独售价的比例分摊。首先，企业应按历史经验和职业判断等估计出兑换率去确认负债、收入；其次，在客户兑现积分或积分失效后再确认收入。之所以这么处理，是因为企业向客户销售商品时，客户仅仅取得商品的控制权，并没有得到奖励积分的控制权。只有客户用奖励积分去兑现商品之后，积分的控制权才转移，企业才能据此确认奖励积分的收入。

1. 兑换本企业的商品

当客户选择兑换本企业的商品时，企业通常只能在将兑换的商品转让给客户或积分失效时确认收入。

2. 兑换其他方销售的商品

客户选择使用奖励积分兑换其他方销售的商品时，企业虽然承担了向其他方支付货款的合同义务，但由于该义务产生于客户购买商品并取得奖励积分的行为，同样适用于收入准则。在收入准则中，企业在销售商品时已经收取的全部合同价款，在消费者选择如何兑换奖励积分，或该奖励积分失效之前，企业需要随时准备为消费者兑换积分提供商品。所以，企业收到的全部合同价款中，分摊至奖励积分的部分（无论客户未来选择兑换该企业或其他方的商品），应当先确认为合同负债，这表明商家未来负有转让商品的义务。等到客户选择兑换其他方的商品时，企业的积分兑换义务解除，此时企业应将有义务支付给其他方的款项从合同负债重分类为金融负债。

10-2　贝泰妮 2020-09

招股说明书披露，报告期内，公司通过线上和线下两种渠道对外销售，以线上销售为主。

请发行人：披露客户奖励积分计划的积分是否存在有效期，如存在，请说明其积分有效期对应的会计处理。

｜回复｜

一、公司报告期内的客户奖励积分计划的基本情况

项目	具体内容
积分分类	①会员积分：客户注册会员后，通过购买公司产品而获取，可在薇诺娜会员中心或逑美APP兑换使用。 ②逑豆：会员下载逑美APP并注册绑定会员信息后，会员积分自动按照1：10折算为逑美APP的逑豆，同时逑豆亦可以通过在逑美APP平台参与游戏、签到等互动活动获取；逑豆可以用于参与产品兑换等活动。 ③推广积分：会员在薇诺娜专柜服务平台通过推荐活动获取的积分。
积分有效期	会员积分与逑豆存在有效期，根据公司积分奖励政策，会员积分和逑豆在次年的12月31日自动清零，逾期未兑换的积分和逑豆将会被清零；推广积分不存在有效期，不清零。
积分管理	公司通过CRM（客户关系管理）系统对客户会员积分进行管理，通过公司的逑美后台管理系统对逑豆积分和推广积分进行管理。客户在薇诺娜官方旗舰店（天猫）等电商渠道下单并完成交易，订单系统自动将订单信息传送至积分系统，积分系统根据订单信息和积分规则生成或减少积分。

二、奖励积分计划公允价值的确定

公司根据奖励积分计划的营销方案、会员投入预算等确定每年单位奖励积分平均价值，并根据评估未来十二个月预期兑付率以及上述奖励积分计划有效期及管理制度确定奖励积分计划公允价值。公司根据年度销售政策，参考历史兑换率等要素按年动态调整营销方案、会员投入预算以及预期兑付率，年度内不予变更。

分　析

奖励积分的关键在于"兑换率"。按历史经验、职业判断估计兑换率去确定奖励积分计划的公允价值，本质是会计估计。

以2019年末奖励积分公允价值的计算为例：公司统一制定不同类型奖励积分的单位价值，其中，单位会员积分价值为0.04元，单位逑豆价值为0.004元，单位推广积分价值为1元，2019年末奖励积分价值计算过程如下：

项目	期末数量（万个）	单位公允价值（元）	预计兑付率（%）	期末价值（万元）
会员积分	214,067.0	0.04	11.75	1,005.94
逑豆	143,433.18	0.004	18.15	104.14
推广积分	65.01	1	100.00	65.01
合计	357,565.19	—	—	1,175.09

报告期内，会员积分、逑豆的单位价值较低，且存在有效期；并且按照公司制定的积分规则，公司对会员积分、逑豆的使用设置了兑换使用门槛，兑换使用门槛约为10%。例如：消费者使用会员积分500个可兑换20元现金券，但需在购买公司产品订单满199元方可使用，因此，历史兑付率较低，公司计算积分公允价值时采用历史兑付率进行会计估计。

推广积分单位价值较高，并且会员在薇诺娜专柜服务平台购买商品时可以直接使用推广积分抵减货款，公司不对推广积分进行清零，故兑付率较高。历史兑付率接近100%，因此计算2019年末推广积分公允价值时使用100%作为预计兑付率。

分　析

将销售商品收取的价款在销售商品和奖励积分之间按照单独公允售价的比例分摊。

三、奖励积分对应的会计处理

（一）2017—2019年度

顾客消费时销售取得的货款在商品销售产生的收入与奖励积分之间进行分配，与奖励积分相关的部分首先作为递延收益，待顾客兑换奖励积分或失效时，结转计入当期损益。予以递延确认的收益以授予顾客的积分为基准，并根据公司已公布的积分使用方法和积分的预期兑付率，按公允价值确认。

具体会计处理为：

1.顾客购买商品时，将销售取得的货款或应收货款在商品销售产生的收入与

奖励积分之间进行分配

借：应收账款、预收款项

贷：主营业务收入等科目

递延收益—未兑换销售积分

2. 顾客兑换销售积分时或积分失效时

借：递延收益—未兑换销售收入

贷：主营业务收入

（二）2020 年 1—6 月

销售取得的货款或应收货款在商品销售或劳务提供产生的收入与奖励积分按照交易价格分摊的相关原则，以各自单独售价的相对比例进行分配，与奖励积分相关的部分首先作为合同负债，待顾客兑换奖励积分或失效时，结转计入当期损益。

1. 顾客购买商品时，将销售取得的货款或应收货款在商品销售产生的收入与奖励积分之间进行分配

借：应收账款、合同负债

贷：主营业务收入等科目

合同负债—未兑换销售积分

2. 顾客兑换销售积分时或积分失效时

借：合同负债—未兑换销售积分

贷：主营业务收入

分 析

将奖励积分确认为“递延收益”的做法已经过时，现在的做法是先预提为“合同负债”，然后在客户兑现积分或积分失效后再将合同负债转为收入。

四、报告期内奖励积分变动情况

报告期内，公司奖励积分的变动情况如下：

单位：万元

期间	期初	本期增加	本期减少（清零+兑换）	期末积分
2017 年度	98.24	1,420.81	1,344.14	174.91
2018 年度	174.91	4,312.07	3,990.91	496.07

续表

期间	期初	本期增加	本期减少（清零+兑换）	期末积分
2019年度	496.07	6,123.44	5,444.42	1,175.09
2020年1—6月	1,175.09	1,312.89	1,285.32	1,202.66

五、奖励积分对营业收入的影响

单位：万元

项目	2020年1—6月	2019年度	2018年度	2017年度
积分对当期收入的净影响金额	27.57	679.02	321.16	85.48
营业收入	94,153.82	194,374.55	124,049.02	79,804.42
积分对当期收入的净影响金额占营业收入的比例（%）	0.03	0.35	0.26	0.11

报告期内，公司的客户奖励积分计划对营业收入的影响较小。报告期内，随着公司销售规模的不断扩大，授予及消耗的奖励积分数量不断增长，奖励积分变动符合公司的实际经营情况。

10-3 酒仙网 2021-09

申报文件显示：报告期发行人收入分别为220,676.02万元、299,683.47万元和371,737.71万元，净利润分别为3,229.16万元、8,400.83万元和18,405.07万元，净利润增速显著快于收入增速。

请发行人：（1）补充说明发行人对客户是否存在消费积分安排，相关规则、会计处理方式、报告期各期对资产负债表、利润表的影响情况；（2）补充披露发行人销售产品过程中是否存在搭售、赠送等组合销售的情形，合同对价如何在原出售商品和搭售、赠送商品之间分摊。

｜回复｜

一、补充说明发行人对客户是否存在消费积分安排，相关规则、会计处理方式、报告期各期对资产负债表、利润表的影响情况

（一）发行人对客户积分安排及相关规则情况

发行人向酒仙网官网及移动端APP注册会员提供消费积分安排。消费者在酒仙网官网及移动端APP注册成为会员后，通过购物、参与会员专属活动等可获得金币积分奖励（以下简称金币）。会员金币仅供会员个人使用，可以用于购物优惠券、商品的兑换。

1.金币的获得方式

（1）购物获得金币：会员在酒仙网官网及移动端APP购买酒水，确认收货后7天自动返还一定数量金币，发放比例及商品范围由公司根据业务开展需要进行调整；

（2）完善用户信息获得金币：会员通过验证邮箱、手机，以及上传真实姓名、生日、地址、用酒偏好和个人头像等方式完善个人信息后，获得一定数量金币；

（3）参与会员活动获得金币：会员通过进行每日签到、商品评价、购物晒单等方式获得一定数量的金币。

2.金币的使用规则

金币有效期为当年至下一年12月31日，逾期自动清零（例：会员在2018年6月2日获得100金币，假如一直没有使用，在2019年12月31日24：00系统自动清零）。会员金币仅限于个人在酒仙网官网及移动端APP购物时使用，可用于兑换金币专属商品、兑换酒仙网红包以及参加平台小游戏等。

分　析

积分逾期、失效后可以马上转为收入。

（1）兑换金币专属商品

会员在兑换专区支付兑换商品所需金币数，获得相应商品的兑换码，在下单时兑换使用。公司设置金币兑换比例一般为商品进货成本价的200倍（费率5‰），即使用200个金币可兑换含税进货成本1元的商品。

（2）兑换酒仙网红包

会员使用金币兑换代金券或其他凭证，可用于购买网站允许使用代金券的商品。会员需在所标注的有效期内使用，否则即丧失使用权利，亦无法退换或延续。

（3）参加平台小游戏

会员使用金币参与抽奖等平台小游戏，抽取酒仙网红包或实物奖品。

3.金币方案监督与控制

金币规则由全网事业部制定，经部门经理、分管领导和董事长审批后实施；发行人定期发布更新兑换商品目录或各类金币玩法活动；技术部门在后台设定规则，自动完成金币的发放、兑换使用及清零。

4.金币的使用情况

报告期内，公司发放的金币积分数量变动情况如下：

单位：万个

年度	期初数量	发放数量	消耗数量	清零数量	期末数量
2021年1—6月	50,765.37	20,756.63	1,381.27	—	70,140.73
2020年度	13,522.88	53,769.01	6,371.81	10,154.71	50,765.37
2019年度	30,838.10	17,284.96	5,736.44	28,863.74	13,522.88
2018年度	49,118.68	38,151.34	3,160.83	53,271.09	30,838.10

报告期内，金币发放数量先降后升，系因线下品牌连锁业务开展，发行人在2019年度启动了线上线下会员体系融合项目，收缩金币发放适用的商品范围，导致金币发放数量有所下降；发行人随着业务线条逐步梳理，逐步放宽发放条件，金币发放数量相应增加。

报告期内，会员消耗的金币大部分用于兑换商品，具体使用情况如下：

单位：万个

年度	兑换商品消耗	兑换券消耗	其他消耗	合计
2021年1—6月	1,020.06	20.16	341.05	1,381.27
2020年度	5,860.93	125.21	385.67	6,371.81
2019年度	5,500.81	33.80	201.83	5,736.44
2018年度	2,607.96	152.42	400.45	3,160.83
合计	14,989.76	331.59	1,329.00	16,650.35

（二）相关会计处理方式、报告期各期对资产负债表、利润表的影响情况

新收入准则实施以前（2020年1月1日前），发行人考虑到会员兑换金币积分存在不确定，将授予客户的金币积分作为一项促销方式，按照平均单位成本计量相应公允价值，确认预计负债、计入销售费用。

新收入准则实施以后（2020年1月1日起），发行人依据企业会计准则规定，将授予客户的金币积分作为单项履约义务，将销售商品、提供服务取得的货款在本次销售商品产生的收入与会员金币积分的公允价值之间进行分摊，将销售商品产生的收入扣除会员金币积分公允价值的部分确认为收入，会员金币积分的公允价值计入合同负债，待客户兑换积分或积分失效时确认收入。

金币积分的具体会计处理如下：

项目	新收入准则实施以前 （2020年1月1日前）	新收入准则实施以后 （2020年1月1日后）
授予金币	借：销售费用 　贷：预计负债	借：营业收入 　贷：合同负债
金币正常耗用/到期清零	借：预计负债 　贷：销售费用	借：合同负债 　贷：营业收入

金币积分对报告期内的资产负债表和利润表的影响如下：

单位：万元

报表项目		2021年1—6月
资产负债表	预计负债	—
	合同负债	394.30
	未分配利润	-120.37
利润表	营业收入	-120.37
	销售费用	—

分　析

1.此案例中，奖励积分的数量过大，构成了重大权利，应当作为一项单独的履约义务。

2.先确认合同负债，抵扣收入，消费或积分到期后，再转为收入，这与可变对价的套路一样。

二、补充披露发行人销售产品过程中是否存在搭售、赠送等组合销售的情形，合同对价如何在原出售商品和搭售、赠送商品之间分摊

发行人在销售产品过程中存在搭售、赠送等组合销售的情形，主要以产品组套销售、买一赠一为主，已根据组合内各产品单独售价占比、将合同对价分摊至组合内每件产品；对于销售过程中赠品价值量较低且占订单总额比例较小的情况，未将合同对价分摊至赠品上。

1.线上渠道的搭售、赠送

在电商平台等线上渠道销售业务中，客户群体主要为个人消费者，其消费决策容易受到各种促销活动影响，发行人会采取多种搭售、赠送方式，以吸引客户消费、增强用户黏性、拉动销售增长。

搭售主要指公司将多款产品组合成套装、将其作为单独的一个条码进行销售；赠送主要指公司为推广新品，保护价格，在销售活动中采取买一赠一的促销活动。上述销售策略本质上是一种销售折扣，为保护价格而采取的促销方案。

此外，发行人在销售产品时会向消费者赠送价值量相对较低的赠品。

2.线下品牌连锁、线下流通业务的搭售、赠送

发行人在线下品牌连锁、线下流通业务中，客户主要为门店以及经销商，采购目标较为明确，发行人为推广新品、活跃市场，在销售活动中主要采取买赠促销手段，如下单购买满一定数量赠送相应产品，同时为支持线下品牌连锁客户引流，对于购买部分红酒给予买一赠一的促销活动。

上述各类组合的合同对价分摊情况如下：

项目	促销手段	合同对价分摊
搭售	组合套装销售	系统自动按套装内各产品单独售价进行分摊、将合同对价分拆至每件产品。
赠送	买一赠一、买赠促销等	1.买一赠一，实质上为产品销售折扣，将合同对价在不同产品之间进行分摊； 2.其他形式赠送，主要目的为吸引客流量，赠送物品价值较小且占订单总额比例较低，合同对价未做拆分，赠送物品以0元记录。

发行人其他形式赠送中对应的赠品主要为小规模试用产品、辅助礼品等，报告期内2018年、2019年、2020年及2021年1—6月赠品对应存货成本金额分别为517.92万元、619.95万元、537.60万元和278.27万元，占对应订单存货成本比例分别为2.60%、2.48%、1.98%和2.44%，占比较小，对订单中其他产品的收入不构成重大影响。

分 析

1.积分、搭售、赠品等价值占比小或金额过低，不构成重大权利，可以不分摊交易价格。

2.这里用“价值占比或金额小”来衡量是否构成重大权利，本质上是重要性水平，重要性水平在笔者看来，其实是一条偷懒线。

第2节　销售返利

企业对客户的销售返利形式多样，有现金返利、货物返利等，返利的条款安排也不尽相同。

如前面第2章第3节“销售返利”所述，根据《监管规则适用指引——会计类第2号》，监管机构倾向于将现金返利按照可变对价处理，把实物返利、仅适用于未来采购的价格折扣按照附有额外购买选择权的销售处理。

实务与理论中，销售返利的会计处理并没有统一，现金返利与实物返利按照可变对价和额外购买选择权处理的情况都有。笔者已经在第2章第3节“销售返利”阐述了按照可变对价该如何处理。这里，如果将销售返利当作一项额外购买选择权，实质上是将销售返利作为一项履约义务，交易对价在产品与销售返利两项履约义务之间分摊。笔者认为可以如下处理：

一、现金返利

将现金返利作为一项履约义务，合同金额在产品和现金返利之间分摊。

对于销售方，应当将现金返利分摊到的金额预提为负债，同时冲减收入。触发返利条件后，结算时将前期累计的预提负债全部冲销。同时，还应当将支付的返利金额全部冲销收入，并开具红字专用发票冲减销项税额。

对于客户，即采购方、收到现金返利方，应当先对合同做出最佳估计，对库存商品计提采购成本，计提的采购成本一般等于销售方预提的负债。采购方之所以也要计提，是为了使得销售价格在合同前后各个会计期间尽可能与采购价格保持相同。触发返利条件后，将前期对返利商品计提的库存商品的采购成本全部冲回，转增库存商品。同时，用收到的现金返利冲减库存商品的成本，并用收到的红字发票冲减进项税额。

二、实物返利

对于销售方，企业应在合同开始日合理估计客户是否能够达到合同约定的销售额或采购量。

1. 返同样产品

站在销售方的角度，预计能够触发返货条件的，如果返的是同样的产品，企业应在合同开始日估计实物返利的数量，直接把估计的数量纳入原合同，然后将原合同约定的不含税总价格分摊到合同约定的销售量与实物返利的估计数量，计算出新的单位售价。每次销售，按销售量以合同约定的售价确认收入、销项税额。同时，按销售量以合同约定的售价与计算得出新的单位售价的差额确认为负债，冲减收入。最后，当触发返货条件，企业向客户实际返货的时候，再将前期累计的预提负债全部冲销，转为收入，多余的转入销售费用，并将返利的实物按成本价结转营业成本。如果未返货，结转销售成本的金额中不包含返货金额。

对于客户，即采购方、收到实物返利方。每次采购，按采购量乘以合同约定的售价与计算得出新的单位售价的差额计提库存商品的采购成本，即销售方计提的负债等于采购方计提的库存商品成本。之所以要计提，是为了使得销售价格在合同前后各个会计期间尽可能与采购价格保持相同。最后，触发返货条件之后，采购方收到返货时，将前期累计的对返利商品计提的库存商品的采购成本全部冲回，并转为库存商品。

2. 返其他产品

如果返的是可明确区分的其他产品，则将合同价格在产品与赠品之间分摊，销售方以赠品分摊到的金额预提负债，采购方则计提库存商品的采购成本，其他步骤与上文“1.返同样产品”的步骤无差异。

三、仅适用于未来采购的价格折扣

理论上，仅适用于未来采购的价格折扣，处理起来应当与实物返利无异。但经笔者查阅一些案例，实务中倾向于在一开始预计不会触发到返利的条件，即不预提负债。待到年末或合同期间的末期，若客户累计的采购量或金额触发了返利的条件，才一次性计提负债并冲销收入。未来采购使用返利额度抵扣货款时再冲减负债并转增收入，使用多少折扣就转增多少收入。这算是一个偷懒的小技巧吧，参见案例“10-6 沃文特 2022-04”。

10-4　卡莱特2022-03

申请文件和审核问询回复显示，发行人与强力巨彩存在实物返利销售情况，2019年、2020年及2021年1—9月实物返利金额分别为35.64万元、376.81万元、66.59万元，占各期对强力巨彩销售金额的1.01%、2.72%、0.43%。

请发行人说明：报告期各期对全部客户的实物返利金额及占比情况，相关会计处理是否符合证监会《监管规则适用指引——会计类第2号》有关销售返利会计处理的相关要求。

｜回复｜

1. 发行人报告期各期对全部客户的实物返利金额及占比情况

报告期各期，发行人实物返利的金额及占比情况如下：

时间	客户名称	实物返利金额（万元）	占比（%）
2021年1—9月	利亚德	299.96	79.24
	强力巨彩	66.59	17.59
	其他	11.98	3.17
	合计	378.54	100.00

如上表所示，2019年、2020年和2021年1—9月，发行人所涉及的实物返利金额分别为156.82万元、456.80万元和378.54万元，实物返利所涉及的主要客户为强力巨彩和利亚德。

2. 相关会计处理是否符合证监会《监管规则适用指引——会计类第2号》有关销售返利会计处理的相关要求

报告期内，发行人针对实物返利的相关会计处理如下：

返利类型	2019年12月31日前	自2020年1月1日起
实物返利	1. 预提返利时 借：营业收入 　贷：应收账款/预收账款 2. 实际发生返利时 借：应收账款/预收账款 　贷：营业收入 借：营业成本 　贷：存货	1. 预提返利时 借：营业收入 　贷：预计负债 2. 实际发生返利时 借：预计负债 　贷：营业收入 借：营业成本 　贷：存货

根据《监管规则适用指引——会计类第2号》中的规定，对基于客户一定采购数量的实物返利或仅适用于未来采购的价格折扣，企业应当按照附有额外购买选择权的销售进行会计处理，评估该返利是否构成一项重大权利，以确定是否将其作为单项履约义务并分摊交易对价。

根据发行人与客户签订的关于实物返利的主要条款，发行人与客户约定指定型号的产品达到规定销售数量后，每件产品给予相应的返利，返利金额折算成指定产品，由客户统一下单以产品的形式发放奖励。

分 析

客户采购指定型号的产品达到约定的销售数量后，每件产品会给予返利，返利金额折算成指定的产品，这其实是实物返利。

根据实际的实物返利执行情况，所有涉及实物返利的客户均在签署了返利协议并达到协议所约定的各项标准后才取得额外购买权，且客户行使该额外购买权兑换指定产品时，无需支付额外的价款，出于谨慎考虑，发行人认为该选择权向客户提供了一项重大权利。针对该项重大权利，发行人作为单项履约义务，按照交易价格分摊的相关原则，将交易价格分摊至该履约义务。在资产负债表日，结合实际交易情况，对客户的行使该选择权的可能性予以合理估计，按照分摊的交易对价冲减收入。在该实物返利实际执行时，按照分摊的交易对价确认对应的收入。

分 析

1.把实物返利、仅适用于未来采购的价格折扣按照附有额外购买选择权处理，适用于额外购买选择权处理的大原则，即先判断是否构成重大权利、单项履约义务，如果是的话，再将交易价格分摊至所有的履约义务。

2.将实物返利作为一项履约义务，交易价格在产品与销售返利两项履约义务之间分摊。先预提为负债，实际发生返利时，再将负债转为收入。

综上所述，发行人对实物返利的会计处理符合证监会《监管规则适用指引——会计类第2号》有关销售返利会计处理的相关要求。

10-5 新天地 2022-05

申请文件及审核问询回复显示：公司给予客户的返利的结算方式分为货物返利和折扣返利两种。针对货物返利，返利金额按返利结算时点的产品销售价格折算为货物数量。

请发行人：说明对不同客户计算返利货物数量的产品价格与各期同类产品销售价格的差异情况及原因；交易价格在当期销售商品与返利货物之间的分配方式及会计处理方式，是否符合《企业会计准则》有关规定。

｜回复｜

一、说明对不同客户计算返利货物数量的产品价格与各期同类产品销售价格的差异情况及原因

报告期内，公司对不同客户计算返利货物数量的产品价格与各期同类产品销售价格的差异较小，系货物返利执行时点下产品售价与同类产品全年平均售价有所不同所致。

二、交易价格在当期销售商品与返利货物之间的分配方式及会计处理方式，是否符合《企业会计准则》有关规定

货物返利情况下，交易价格在当期销售商品与返利货物之间的分配方式、会计处理方式，以及是否符合《企业会计准则》有关规定的情况说明如下：

（一）交易价格在当期销售商品与返利货物之间的分配方式

1. 2019年原收入准则下的分配方式

2019年公司适用原收入准则。在原收入准则下，返利的会计处理参考奖励积分交易进行会计处理。按照原收入准则规定，“在销售产品或提供劳务的同时，应当将销售取得的货款或应收货款在本次商品销售或劳务提供产生的收入与奖励积分的公允价值之间进行分配，将取得的货款或应收货款扣除奖励积分公允价值的部分确认为收入，奖励积分的公允价值确认为递延收益”。

对于附有货物返利条款的销售交易，由于公司与客户约定了货物返利的金额，因此将约定的货物返利金额作为返利货物的公允价值，并将交易价格扣除返利货物的公允价值后的金额确认为当期销售收入，在返利实施时，将返利货物交易价格确认销售收入。

2. 2020年和2021年新收入准则下的分配方式

2020年和2021年发行人适用新收入准则。根据新收入准则的相关规定，对于客户享有的作为重大权利的额外购买权，“该选择权向客户提供了重大权利的，应当作为单项履约义务。在这种情况下，客户在该合同下支付的价款实际上购买了两项单独的商品：一是客户在该合同下原本购买的商品；二是客户可以免费或者以折扣价格购买额外商品的权利”。“企业提供的额外购买选择权构成单项履约义务的，企业应当按照交易价格分摊的相关原则，将交易价格分摊至该履约义务。客户额外购买选择权的单独售价无法直接观察的，企业应当综合考虑客户行使和不行使该选择权所能获得的折扣的差异以及客户行使该选择权的可能性等全部相关信息后，予以合理估计。”

对于附有货物返利条款的销售交易，由于该销售交易含有两项履约义务，一是当期销售商品，二是客户可以免费购买额外产品的权利，即额外购买选择权（返利货物），因此公司按照当期销售商品的单独售价及估计的返利货物的单独售价的相对比例，将交易价格分摊至上述两项履约义务。

（二）会计处理方式

1. 2019年原收入准则下的会计处理方式

根据原收入准则，按照交易价格扣除返利货物的公允价值后的金额确认为当期销售收入，并在实际执行货物返利时，按照返利货物的公允价值确认收入。

2. 2020年和2021年新收入准则下的会计处理方式

根据新收入准则的相关规定，对于客户享有的作为重大权利的额外购买权，企业将交易价格按照上述准则规定在当期销售商品和未来预计返利货物之间进行分配后，“分摊至后者的交易价格与未来的商品相关，因此，企业应当在客户未来行使该选择权取得相关商品的控制权时，或者在该选择权失效时确认为收入”。

因此，公司对于当期销售商品，按照上述原则和方法确认的分配价格在当期确认收入，公司对于额外购买选择权（返利货物），按照上述原则和方法确认的分配价格，将交易价格扣除返利货物交易价格后的金额确认为当期销售收入，在客户未来行使该选择权取得返利货物的控制权时确认收入。

分　析

将实物返利作为一项履约义务，合同金额在产品销售与实物返利两项履约义务之间分摊。先计提的实物返利金额为负债，实际发生返利时，再将负债转为收入。

（三）创业板（拟）上市公司对货物返利的会计处理

公司	返利情形	会计处理方式
保立佳（301037.SZ）	报告期内，公司按照与客户约定的返利政策，根据返利标准确定返利金额，将返利金额折算为实物向客户返还（即实物返利）；或按返利金额直接冲减对客户的应收账款，或按返利金额向客户转账支付（即现金返利）。	计提返利时：公司的会计处理过程为按照返利金额冲减营业收入并相应计提其他应付款；实际返还时：公司按照计提返利的金额确认收入，冲减其他应付款，并结转相应产品的成本。
万事利（301066.SZ）	公司丝绸文化创意品销售与经销商、加盟商签订协议约定各经营年度的净提货额指标及返利政策。如果经销商、加盟商完成了年度净提货额指标，则按净提货总额的一定比例或者销售指标超额部分的一定比例以返货的形式给予其奖励。	报告期末根据返利条款及净提货总额或者销售指标超额部分的一定比例预估计算应支付予该客户的返利金额，并确认为合同负债，同时冲减营业收入。实际交付货物返利时，冲减合同负债，同时确认营业收入，实物返利部分存货结转至营业成本。
乾元浩（创业板问询阶段）	发行人的实物返利政策依据相关制度执行，并在销售合同中进行明确约定。发行人根据行业的发展状况，同时结合客户的业务规模、回款情况、销售能力和上一年度的销售业绩情况，按照不同产品类型制定的分档次实物返利标准，根据客户年度销售考核指标的不同，分档次给予不同的实物返利。	发行人根据经销商当年度采购及回款金额计算当年度应计提的实物返利金额，冲减当年度营业收入。公司相关实物返利在后续以实物方式进行兑现，计入营业收入并结转相应成本。

分　析

1. 计提的负债到底是进什么科目呢？实务中并没有统一，计入“预计负债”“合同负债”“其他应付款”的情况都有。

2. 实务中，销售返利按照可变对价、额外购买选择权处理的都有，没有统一。

公司对货物返利的计提和发放方式与上述创业板（拟）上市公司基本一致，均采用相同的返利会计处理方式，符合会计准则的相关规定。

综上所述，对于给予客户货物返利的交易，公司将交易价格在当期销售商品与返利货物之间进行分配的方式及会计处理方式，均符合《企业会计准则》的有关规定。

10-6　沃文特 2022-04

申请文件及首轮问询回复显示：发行人所销售仪器收入及价格为按照仪器及试剂、耗材价格进行分摊。

请发行人：结合主要合同条款，说明发行人试剂及仪器销售的模式（单独销售/搭配销售/低价销售/买赠销售等），不同模式下收入确认的具体情况及准确性，仪器、试剂、耗材收入和价格的分摊方法及合理性，发行人与同行业可比公司爱威科技收入确认政策存在较大差异的原因，是否符合《企业会计准则》的要求。

分　析

此案例值得好好阅读。

｜回复｜

一、公司试剂及仪器销售模式、收入确认情况、收入确认准确性及收入和价格分摊方法及合理性说明

（一）试剂及仪器销售模式说明

报告期内，公司试剂及仪器销售模式分为单独销售及买赠销售两种，其中，买赠销售系公司通过与客户约定购买仪器或试剂相应给予返利额度（可用于抵扣试剂或耗材后续销售结算金额）的方式实现。两种销售模式下，公司与客户签订的合同主要条款如下：

销售模式	销售类别	主要合同条款说明
单独销售	试剂、耗材或仪器单独销售	销售条款：合同明确约定所销售产品数量、价格及合同总金额，无销售返利条款； 验收条款：客户依据到货清单进行验收，验收无误后在相关单据上签字盖章，直销模式下仪器销售需安装。

续表

销售模式	销售类别	主要合同条款说明
买赠销售	经销商购买仪器时给予其返利额度，用于抵扣后续购买试剂或耗材的价款	销售条款：合同约定在销售仪器的基础上，给予客户一定金额的销售折扣额度，相应折扣额度以销售抵扣的方式在客户后续的试剂及耗材采购中体现，通常单笔采购允许使用的折扣金额不应超过该笔采购总额的50%； 验收条款：客户依据到货清单进行验收，验收无误后在相关单据上签字盖章，在仪器正式交付验收后，客户即取得相应返利额度。
	经销商购买试剂或耗材达标后给予其返利额度，用于抵扣后续购买试剂或耗材的价款	销售条款：合同约定在经销商购买试剂或耗材达标后，给予客户一定金额的销售折扣总额度，相应折扣额度以销售抵扣的方式在客户后续的试剂及耗材采购中体现，通常单笔采购允许使用的折扣金额不应超过该笔采购总额的50%； 验收条款：客户依据到货清单进行验收，验收无误后在相关单据上签字盖章，在试剂或耗材采购量达标后，客户即取得相应返利额度。

使用返利额度时，公司按照返利产品与正常销售产品的合同价款总额扣除已使用返利额度开具发票，待达到收入确认条件时将发出的返利产品与正常销售产品一同结转收入和成本。

（二）不同销售模式下收入确认具体情况、收入确认准确性及价格分摊方法及合理性说明

1. 单独销售模式

单独销售模式下，对于试剂、耗材或仪器的单独销售，公司的收入确认政策为在产品交付验收时确认收入，直销模式下的仪器销售在交付并完成安装时确认收入，境外销售在取得报关单时确认收入。单独销售模式下的合同价格无需分摊，收入金额为合同金额扣除相应增值税金额。

2. 买赠销售模式

报告期内，公司对经销商的返利政策如下：

产品类别	返利政策
自产仪器	自产仪器公司授予经销商的返利额度为单台仪器6万元以内，高于该额度须单独申请。

续表

产品类别	返利政策
代理仪器	代理仪器公司授予经销商的返利额度为单台仪器售价的50%以内，高于该额度须单独申请。
自产试剂	自产POCT试剂公司授予经销商的返利额度为采购金额的10%以内；自产生化试剂及化学发光试剂公司授予经销商的返利额度为采购金额的20%以内。
代理试剂	代理试剂返利需单独申请。

买赠销售模式下，收入确认具体情况及价格分摊方法如下：

（1）买赠销售—仪器返利模式的收入确认情况及价格分摊方法

在买赠销售—仪器返利模式下，公司将合同金额在仪器销售收入及返利额度之间进行分摊，并于仪器交付验收时确认收入，境外销售在取得报关单时确认收入，同时确认合同负债。具体分摊方法如下：

项目	合同约定金额	分摊后金额	会计处理
仪器销售	A	A1=A/（1+适用的增值税率）–B1	于仪器交付验收时确认收入（境外销售在取得报关单时确认收入）A1。
返利额度	B	B1=［B/（A+B）］×A/（1+适用的增值税率）	确认仪器销售收入A1的同时确认预计负债B1，期后客户使用返利额度获得试剂或耗材实物时借记预计负债B1、贷记主营业务收入B1。

公司于2020年1月1日起执行的修订版《企业会计准则第14号——收入》（以下简称新收入准则）第十五条规定，公司“应当根据合同条款，并结合其以往的习惯做法确定交易价格。在确定交易价格时，企业应当考虑可变对价、合同中存在的重大融资成分、非现金对价、应付客户对价等因素的影响”。

公司确认相关收入及承诺给予客户返利的时点均为相关仪器收入确认的时点，与单独销售模式相一致。同时，根据《监管规则适用指引——会计类第2号》，该销售返利属于一项额外购买选择权，需将销售返利在原合同购买的产品与未来可以以折扣价购买的额外产品之间进行分摊，体现为仪器销售的最终收入金额为上表中分摊后的A1。

分 析

实务中，不太容易区分可变对价和额外购买选择权。《监管规则适用指引——会计类第2号》倾向于将现金返利按照可变对价处理，把实物返利、仅适用于未来采购的价格折扣按照额外购买选择权处理。

报告期内，公司对买赠销售—仪器返利模式的会计处理方法符合《企业会计准则》的相关规定。

（2）买赠销售—试剂返利模式的收入确认情况及价格分摊方法

在买赠销售—试剂返利模式下，公司的销售确认时点为在产品交付验收时确认收入，境外销售在取得报关单时确认收入，与单独销售模式一致。公司通常在季度末与经销商确认销售实现情况以计算返利金额，并根据返利金额进行会计处理：借记主营业务收入、贷记预计负债。

根据《监管规则适用指引——会计类第2号》，该销售返利属于一项额外购买选择权。公司于各季度末根据确认的返利金额冲减当期收入，符合企业会计准则的相关规定。

（3）不同返利模式下，仪器、试剂、耗材的价格确认方法

公司不同返利模式下，仪器、试剂、耗材的价格确认方法如下：

返利模式	计提返利时仪器、试剂、耗材的价格确认方法	实际使用返利额度时仪器、试剂、耗材的价格确认方法
仪器返利模式	公司按合同金额分摊返利后的价格A1，作为仪器的价格。	客户在采购试剂及耗材时使用返利额度抵扣货款，公司确认的试剂及耗材的价格=试剂及耗材的合同金额−本次使用的返利额度+返利额度分摊金额B1。
试剂返利模式	公司以合同金额作为试剂及耗材的价格，于计算返利金额时冲减当期销售收入。	公司以合同金额作为试剂及耗材的价格。

（4）买赠销售的会计处理过程

A. 买赠销售模式—仪器返利模式

买赠销售模式—仪器返利模式下，合同价款需在返利额度及仪器间进行分

摊，以公司与广州中利医疗仪器科技有限公司签订的合同金额为27.50万元的仪器销售合同（合同编号：WWT–2019–XS–119）及相关返利协议为例，合同条款如下："甲方（卖方）向乙方（买方）销售自动粪便分析处理系统（FA160）6套，合计金额27.50万元，交货后乙方应及时安排对设备进行清点，乙方在清点过程中同时进行设备签收；甲方同意根据双方签订的《销售合同》（合同编号：WWT–2019–XS–119）给予乙方含税金额15.00万元的试剂销售折扣总额度。"

分　析

《监管规则适用指引——会计类第2号》认为，对基于客户一定采购数量的实物返利或仅适用于未来采购的价格折扣，企业应当按照附有额外购买选择权的销售进行会计处理。案例中，买赠销售—仪器返利模式下，返利是"仅适用于未来采购的价格折扣"。

公司相应销售产品收入确认的会计处理如下：

a. 仪器交付验收时，按合同金额分摊返利后的价格确认仪器销售收入，同时确认预计负债（新收入准则下计入合同负债，下同），收入分摊情况如下：

单位：万元

项目	合同约定金额（含税）	合同约定金额（不含税）	分摊后金额
仪器销售	27.50	24.08	24.08–8.59=15.49
返利额度	15.00	13.27	15.00/（27.50+15.00）×27.50/（1+13%）=8.59

分　析

将合同不含税总金额24.08在两项履约义务分摊，返利（抵扣）额度的实际价格=［27.5/（1+13%）］×15/（27.5+15）=8.59，仪器销售的实际价格是倒轧出来的［不含税总金额24.08–返利（抵扣）额度的实际价格8.59］。

涉及会计分录如下：

借：应收账款 27.50 万元

贷：应交税费—增值税销项税 3.42 万元

主营业务收入 24.08 万元

借：主营业务收入 8.59 万元

贷：预计负债 8.59 万元

分 析

先预提15万元的抵扣额度作为负债8.59万元（不含税），冲减收入8.59万元。此合同是一次交易就触发了返利条件，所以，只须提一次负债。

借：主营业务成本 20.41 万元

贷：库存商品 20.41 万元

b. 经销商使用返利额度且返利所抵扣的试剂及耗材交付验收时，按试剂及耗材的合同金额－本次使用的返利额度＋预计负债金额，确认销售收入，同时冲回预计负债。假设经销商采购50.00万元试剂及耗材，使用15.00万元返利额度抵扣货款，该批商品成本为20.00万元，适用增值税税率为13%，收入分摊情况如下：

单位：万元

项目	合同约定金额（含税）	合同约定金额（不含税）	分摊后金额
试剂及耗材	50.00	44.25	（50.00–15.00）/（1+13%）+8.59=39.56

涉及会计分录如下：

借：应收账款 35.00 万元

贷：应交税费—增值税销项税 4.03 万元

主营业务收入 30.97 万元

分 析

采购了50万元的试剂和耗材，采购方使用了15万元的返利额度抵扣货款，这批试剂和耗材实际不含税价格应当＝（50.00–15.00）/（1+13%）=30.97 万元。

借：预计负债 8.59 万元

　贷：主营业务收入 8.59 万元

分　析

享受抵扣额度时，将前期累计预提的负债8.59万元（不含税）全部转增收入8.59万元。

借：主营业务成本 20.00 万元

　贷：库存商品 20.00 万元

分　析

以上的内容是买赠销售—仪器返利模式，以下的内容为买赠销售—试剂返利模式。

B. 买赠销售模式—试剂返利模式

买赠销售模式—试剂返利模式下，公司销售试剂及耗材时以合同金额作为试剂及耗材的价格确认销售收入，于计算返利金额时冲减当期销售收入。以公司2020年与广州中利医疗仪器科技有限公司签订的代理合同为例，合同条款如下："甲方向乙方提供的试剂价格详见本合同附件，合同有效期为2020/1/1—2020/12/31；为支持乙方开拓市场，甲方根据乙方完成任务情况给予的销售折扣额度为便检试剂耗材采购金额≥900万元时，销售折扣额度为采购金额的3%。"

分　析

买赠销售—试剂返利模式下，后续的抵扣额度按采购金额的比例3%计算。

公司相应销售产品收入确认的会计处理如下：

a. 经销商单次采购的订单交付验收时，按订单金额确认试剂及耗材的销售收入。假设经销商采购50.00万元试剂及耗材，该批商品成本为20.00万元，适用增值税税率为13%，涉及会计分录如下：

借：应收账款 50.00 万元

贷：应交税费—增值税销项税 5.75 万元

主营业务收入 44.25 万元

借：主营业务成本 20.00 万元

贷：库存商品 20.00 万元

b.年末，公司根据经销商完成任务情况确认返利金额27.33万元，冲减2020年度销售收入24.18万元（扣除增值税），涉及会计分录如下：

借：主营业务收入 24.18 万元

贷：合同负债 24.18 万元

分 析

1.获得销售折扣后，在未来采购时抵扣应付款，本质上是“仅适用于未来采购的价格折扣”。若按《监管规则适用指引——会计类第2号》的要求，应当与“买赠销售—仪器返利模式”一样作为单项履约义务并分摊交易对价；如若按照第2章第3节“销售返利”处理，销售方应当在交易时先估计、预提返利金额为负债。但此案例却简化处理：在触发销售折扣后，才一次性确认负债。原因可能是合同期间2020年1月1日至12月31日是时间段，采购金额能否大于等于900万元，即能否触发销售折扣销售方一开始并没有信心。也就是说，一开始预计不会触发销售折扣的条件，预计负债为0，年末或合同结束再统一处理。这是简化处理此类问题的小技巧。

2.税因为不符合合同负债的定义，不能确认为合同负债，参见案例“13-4 收入准则应用案例——合同负债（涉及不同增值税率的储值卡）”。

c.客户使用返利额度且返利所抵扣的试剂及耗材交付验收时，按试剂及耗材的订单金额确认销售收入，同时冲回合同负债。假设经销商采购100.00万元试剂及耗材，使用27.33万元返利额度抵扣货款，该批商品成本为40.00万元，适用增值税税率为13%，涉及会计分录如下：

借：应收账款 72.67 万元

贷：应交税费—增值税销项税 8.36 万元

主营业务收入 64.31 万元

分　析

（100–27.33）/（1+13%）=64.31。笔者个人认为，此处直接将收款净额作为收入不太妥当，比较规范的做法是先按100/（1+13%）确认收入，然后再按抵扣额度27.33/（1+13%）=24.18冲减收入，同时开具红字专用发票24.18×13%给买方。

借：合同负债24.18万元

　贷：主营业务收入24.18万元

分　析

买方使用抵扣额度后，卖方将前期预提的负债24.18万元（不含税）转增收入。

借：主营业务成本40.00万元

　贷：库存商品40.00万元

综上，公司试剂及仪器的销售模式分为单独销售及买赠销售两种，不同销售模式下公司相应收入准确时点及金额准确，单独销售模式下试剂、耗材及仪器均不涉及价格分摊，买赠销售模式下试剂、耗材及仪器的交易价格分摊合理。

二、公司与爱威科技收入确认政策差异及原因分析

报告期内，单独销售模式下，公司与爱威科技收入确认政策相比不存在差异；买赠销售模式下，因公司与爱威科技的业务模式有所区别，导致收入确认政策存在差异，具体分析如下：

1.单独销售模式下，公司与爱威科技收入确认政策对比

单独销售模式下，公司与爱威科技收入确认政策相比不存在差异，公司与爱威科技收入确认政策对比如下：

项目	类别	新准则下收入确认政策	原准则下收入确认政策
公司	境内销售	1.试剂及耗材等产品、通过经销模式销售的仪器在根据合同约定将产品交付给购货方并经购货方签收时确认； 2.通过直销模式销售的仪器在根据合同约定将产品交付给购货方并完成安装时确认。	

续表

<table>
<tr><th>项目</th><th>类别</th><th>新准则下收入确认政策</th><th>原准则下收入确认政策</th></tr>
<tr><td>公司</td><td>境外销售</td><td colspan="2">在根据合同约定将产品报关，取得提单时确认。</td></tr>
<tr><td rowspan="2">爱威科技</td><td>境内销售</td><td>公司已根据合同约定将产品交付给购货方且购货方已接受该商品，已经收回货款或取得了收款凭证且相关的经济利益很可能流入，商品所有权上的主要风险和报酬已转移，商品的法定所有权已转移。</td><td>公司已根据合同约定将产品交付给购货方，且产品销售收入金额已确定，已经收回货款或取得了收款凭证且相关的经济利益很可能流入，产品相关的成本能够可靠地计量。</td></tr>
<tr><td>境外销售</td><td>公司已根据合同约定将产品报关、取得提单，已经收回货款或取得了收款凭证且相关的经济利益很可能流入，商品所有权上的主要风险和报酬已转移，商品的法定所有权已转移。</td><td>公司已根据合同约定将产品报关、取得提单，且产品销售收入金额已确定，已经收回货款或取得了收款凭证且相关的经济利益很可能流入，产品相关的成本能够可靠地计量。</td></tr>
</table>

如上表所示，单独销售模式下公司与爱威科技的收入确认政策不存在差异。

2. 买赠销售—仪器返利模式下，公司与爱威科技收入确认政策对比

与公司给予销售返利的模式有所不同，爱威科技的买赠销售系通过客户在购买仪器时随机配送试剂或耗材的方式实现，相应试剂或耗材与仪器同时配送；公司的买赠销售主要通过给予返利额度实现，相应返利额度可用于后续试剂或耗材的货款抵扣。买赠销售—仪器销售模式下，公司与爱威科技收入确认政策对比如下：

<table>
<tr><th>项目</th><th>新准则下收入确认政策</th><th>原准则下收入确认政策</th></tr>
<tr><td>公司</td><td colspan="2">仅有销售仪器一项履约义务，返利额度系额外购买选择权，合同价款在销售仪器与返利额度间按照合同约定金额进行分摊，仪器在其交付并满足收入确认条件后按分摊的金额确认收入。</td></tr>
<tr><td>爱威科技</td><td>销售仪器和随机配送试剂、耗材作为两项履约义务，公司根据产品单独售价将交易价格分摊至两项履约义务，并在完成各项履约义务时分别确认收入。</td><td>销售仪器同时配送试剂、耗材的收入不进行拆分。</td></tr>
</table>

如上表所示，公司在仪器销售返利模式下收入确认政策与爱威科技存在一定差异，主要系业务模式有所区别所致。公司的买赠销售主要通过给予返利额度实现，仅有销售仪器一项履约义务，合同价款在销售仪器与返利额度间按照合同约定金额进行分摊，返利额度系额外购买选择权，相应返利额度可用于后续试剂或耗材的货款抵扣；爱威科技的买赠销售主要通过随机配送试剂或耗材实现，销售仪器和随机配送试剂、耗材作为两项履约义务，公司根据产品单独售价将交易价格分摊至两项履约义务。

分 析

笔者个人认为，上表说得有点不准确。其实，对于发行人，返利（抵扣）额度也算是一项履约义务，合同价款才能在销售仪器与返利额度（抵扣）之间分摊。发行人与爱威科技的区别应该是，发行人的返利属于“仅适用于未来采购的价格折扣”，而爱威科技是实物返利。

3. 买赠销售—试剂返利模式下，公司与爱威科技收入确认政策对比

买赠销售—试剂返利模式下，公司与爱威科技的收入确认政策相比不存在差异，公司与爱威科技收入确认政策对比如下：

项目	收入确认政策	返利会计处理
公司	与单独销售模式一致	公司定期与经销商确认销售实现情况以计算返利金额，并根据返利金额进行会计处理：借记主营业务收入、贷记预计负债。
爱威科技	与单独销售模式一致	根据与客户达成的销售返利条款，对该客户的销售完成情况进行核对，按协议约定计算返利金额。返利有两种方式：一种为返利转为对客户进行货折，会计处理方式为按照将销售产品应计的收入金额与返利金额之间的差额计入营业收入，同时借记应收账款；另一种为奖励按协议价折算为试剂、耗材返给经销商，折算的试剂、耗材，会计处理为按照返利金额借记销售费用，贷记原材料或库存商品。

如上表所示，公司在试剂销售返利模式下收入确认政策与爱威科技不存在差异，返利会计处理与爱威科技的货折返利模式不存在差异。

综上，报告期内，与爱威科技相比，公司单独销售模式及买赠销售—试剂返

利模式下收入确认政策与其不存在差异；买赠销售—仪器返利模式下公司收入确认政策与其存在一定差异，主要系业务模式有所区别所致，其中，公司的买赠销售主要通过给予返利额度实现，相应返利额度可用于后续试剂或耗材的货款抵扣，爱威科技的买赠销售主要通过随机配送试剂或耗材实现。

第11章 授予知识产权许可

企业向客户授予的知识产权，常见的有知识产权单独许可使用的影视音乐的版权、特许经营权、专利权、商标权，以及与有形商品一起销售的嵌入式软件、信息系统软件、软件查询数据的权利等。主要规定来自《企业会计准则第14号——收入》第三十六条、第三十七条和《监管规则适用指引——会计类第2号》。

一、是否构成单项履约义务

《企业会计准则第14号——收入》第三十六条第一款规定："企业向客户授予知识产权许可的，应当……评估该知识产权许可是否构成单项履约义务……"

授予知识产权许可不构成单项履约义务的情形包括：一是该知识产权许可构成有形商品的组成部分并且对于该商品的正常使用不可或缺；二是客户只有将该知识产权许可和相关服务一起使用才能够从中获益。

更详细的内容请温习第1章第6节"知识产权许可"。

二、确认收入的方式

企业向客户授予知识产权许可，构成单项履约义务的，应当进一步确定是在某一时段内履行还是在某一时点履行。《企业会计准则第14号——收入》第三十六条第二款规定：

企业向客户授予知识产权许可，同时满足下列条件时，应当作为在某一时段内履行的履约义务确认相关收入；否则，应当作为在某一时点履行的履约义务确认相关收入：

（一）合同要求或客户能够合理预期企业将从事对该项知识产权有重大影响的活动；

（二）该活动对客户将产生有利或不利影响；

（三）该活动不会导致向客户转让某项商品。

第三十六条第二款，表面上看是3个条件，其实只聚焦在“重大影响的活动”，“重大影响的活动”将对客户产生有利或不利影响且不会导致向客户转让某项商品。在客户能够主导使用知识产权许可并开始从中获利之前，企业不能对知识产权许可确认收入。

举个例子，T公司已经完成了一部电影的拍摄、后期制作，电影可以直接播放。某视频网站H购买了该电影的播放权，通过播放这部电视剧获取经济利益，这包括吸引了更多的付费会员以及通过该电影获得的广告收入等。由此可见，这部电影属于一项具有重大独立功能的知识产权，电影最主要的经济利益来源于该功能，其并不会受到T公司可能从事的相关活动的重大影响。由此，我们可以判断，这部电影的播映权应被视为在特定时点履行的履约义务，而非在一段时间内履行的履约义务。

一般来说，在向客户授予知识产权许可之后，企业还需要持续性的重大付出的，就得用时段法确认收入，请阅读案例“11–2 先正达 2022–03”“11–3 咏声动漫 2020–10”“11–5 小影科技 2022–03”“11–11 荣昌生物 2022–01”；如果是常规的售后服务、升级、维护，则可以一次性确认收入，参阅案例“11–6 中望软件 2020–09”“11–7 汉仪股份 2021–11”“11–8 华大九天 2021–09”。

不过，《企业会计准则第14号——收入》第三十六条并不是最终标准，最终还是得通过《企业会计准则第14号——收入》第十一条去判断，请温习第6章“收入确认”。案例中，有一些用《企业会计准则第14号——收入》第三十六条判断是时点义务，但最终用第十一条去判断却是时段义务，请阅读案例“11–9 睿智融科 2022–01”。

三、实物交付不必然会导致控制权转移

授予知识产权许可业务中，知识产权许可载体的实物交付，并不必然会导致商品控制权的转移。企业应根据合同条款的约定，分析客户是否有能力主导知识产权许可的使用，并获得几乎全部的经济利益。

例如，企业在向客户（如播放平台）交付影视剧母带时，若双方在合同中没有约定上线时间，可在载体转移给客户时确认收入；若双方在合同中对影视剧初始播放时间等有限制性的约定，导致客户尚不能主导母带的使用（如播放该影视剧）以获得经济利益，则企业不应在母带交付时确认影视剧版权许可收入，可考虑在签收确认时点与约定上线时点孰晚确认收入。参见案例“11-3 咏声动漫2020-10”。

为什么要这么规定呢？道理很简单，以上文“二、确认收入的方式”中的例子为例。T公司与视频网站H在合同中约定了首播时间为交付母带后的第20日。视频网站H获取了该部电影的播映权之后，主要是通过吸引付费用户和广告收入获利。换个角度看，广告收入和新增付费用户均是在电影播出之时、之后才新增的。视频网站H在电影上线播放时才算是主导使用了该电影的播映权，并从中获益，而非取得电影的母带时。所以，T公司应当在该电影在视频网站H首播之日确认收入。确认收入之前收到的款项应确认为合同负债。

深圳证券交易所的《发行上市审核动态》披露，有发行人试图通过修改提交给客户的上线通知书来调整收入。现场督导发现，临时制作的上线通知书样式特殊、内容简单、未约定具体上线时间，从而被交易所处罚，详细请阅读案例“11-4 深交所发行上市审核动态——收入确认时点准确性 2023-08”。

四、销售提成

对于特许使用权费的销售提成，如双方约定按企业授予客户某项特许权利许可使用而形成销售或产生收益的，企业可按客户因使用特许权利的销售额或产生收益额的一定比例提取业务收成。《企业会计准则第14号——收入》第三十七条对此规定：

企业向客户授予知识产权许可，并约定按客户实际销售或使用情况收取特许

权使用费的，应当在下列两项孰晚的时点确认收入：

（一）客户后续销售或使用行为实际发生；

（二）企业履行相关履约义务。

这是对估计可变对价的例外规定，该例外规定只有在下列两种情形下才能使用：一是特许权使用费仅与知识产权许可相关；二是特许权使用费可能与合同中的知识产权许可和其他商品都相关，但是与知识产权许可相关的部分占有主导地位。企业使用该例外规定时，应当对特许权使用费整体采用该规定，而不应当只单独分析特许权使用费。

举个例子，S公司主要通过软件授权的方式对外销售各类人工智能算法和软件，收费模式采用的是计件模式，即在合同约定的软件授权期内，按照客户生产的装载有S公司算法技术的智能设备的数量来计算收费。一旦客户就某款算法或算法组合与S公司签订了这种计件模式的合同，则客户就必须按照合同在约定的时间准确地向S公司报告出货量。S公司符合“基于销售或使用情况的特许权使用费”的例外规定，应当在客户使用行为实际发生与履行履约义务二者较晚时点确认收入。

实务中，考虑到付款的不确定性，企业比较倾向于将特许使用权费的销售提成作为可变对价对待，一开始认为难以估计或出于谨慎考虑的，直接估计为0元，未来在资产负债表日等再择机重新估计，请参考案例“11-10 百济神州 2021-11”“11-11 荣昌生物 2022-01”是如何操作的。

11-1 收入准则应用案例——定制软件开发服务的收入确认

甲公司与乙公司签订合同，为其开发一套定制化软件系统。合同约定，为确保信息安全以及软件开发完成后能够迅速与乙公司系统对接，甲公司需在乙公司办公现场通过乙公司的内部模拟系统进行软件开发，开发过程中所形成的全部电脑程序、代码等应存储于乙公司的内部模拟系统中，开发人员不得将程序代码等转存至其他电脑中，开发过程中形成的程序、文档等所有权和知识产权归乙公司所有。如果甲公司被中途更换，其他供应商无法利用甲公司已完成工作，而需要重新执行软件定制工作。乙公司对甲公司开发过程中形成的代码和程序没有合理用途，乙公司并不能够利用开发过程中形成的程序、文档，并从中获取经济利益。乙公司将组织里程碑验收和终验，并按照合同约定分阶段付款，其中预付款

比例为合同价款的5%，里程碑验收时付款比例为合同价款的65%，终验阶段付款比例为合同价款的30%。如果乙公司违约，需支付合同价款10%的违约金。

| 解析 |

本例中，（1）如果甲公司被中途更换，新供应商需要重新执行软件定制工作，所以乙公司在甲公司履约的同时并未取得并消耗甲公司软件开发过程中所带来的经济利益；（2）甲公司虽然在乙公司的办公场地的模拟系统中开发软件产品，乙公司也拥有软件开发过程中形成的所有程序、文档等所有权和知识产权，可以主导其使用，但上述安排主要是基于信息安全的考虑，乙公司并不能够合理利用开发过程中形成的程序、文档，并从中获得几乎全部的经济利益，所以乙公司不能够控制甲公司履约过程中在建的商品；（3）甲公司履约过程中产出的商品为定制软件，具有不可替代用途，但是，乙公司按照合同约定分阶段付款，预付款仅为5%，后续进度款仅在相关里程碑达到及终验时才支付，且如果乙公司违约，仅需支付合同价款10%的违约金，表明甲公司并不能在整个合同期内任一时点就累计至今已完成的履约部分收取能够补偿其已发生成本和合理利润的款项。因此，该定制软件开发业务不满足属于在某一时段内履行履约义务的条件，属于在某一时点履行的履约义务。

分　析

1. 发行人从事系统集成、软件开发等履约执行合同期限较长的业务，应以某一时点确认收入还是以某一时段确认收入？根据《企业会计准则第14号——收入》第十一条第一款所列的3个条件判断，最准确。

2. 与案例“6-2 创业板注册制发行上市审核动态——时点法或时段法2 2022-06”相似，“如果甲公司被中途更换，其他供应商无法利用甲公司已完成工作，而需要重新执行软件定制工作”，这意味着甲公司做的工作成果其实一直由甲公司掌控着，并未逐步转移给客户——乙公司，不符合在某一时段内履行履约义务的特征。

3. 收款方式也非常重要。本案例中，预收款仅为5%，终验阶段收款的比例多达30%，这意味着甲公司要承担着很大的收款风险，逐步收的款项可能不足以补偿已发生的成本和合理利润，风险并未逐步转移给客户——乙公司。所以，不属于在某一时段内履行的履约义务。

11-2　先正达 2022-03

发行人向客户授予知识产权许可，根据一定条件确定该知识产权许可是在某一时段内履行还是在某一时点履行；授予知识产权许可，并约定按客户实际销售或使用情况收取特许权使用费的，在下列两项孰晚的时点确认收入：①客户后续销售或使用行为实际发生，②先正达集团履行相关履约义务。

请发行人披露：列示按某一时段内履行还是在某一时点履行履约义务确认收入的主要情形，根据客户实际销售或使用情况收取特许权使用费的如何核算客户的实际销售或使用情况，相关收入的确认方式是否符合《企业会计准则》的规定。

｜回复｜

发行人特许权使用费收入为子公司瑞士先正达签订的特许权许可合同确认的收入。发行人向客户授予知识产权许可，确定该知识产权许可是在某一时段内履行还是在某一时点履行。同时满足下列条件时，作为在某一时段内履行的履约义务确认相关收入；否则，作为在某一时点履行的履约义务确认相关收入：

1. 合同要求或客户能够合理预期发行人将从事对该项知识产权有重大影响的活动；
2. 该活动对客户将产生有利或不利影响；
3. 该活动不会导致向客户转让某项商品。

发行人向客户授予知识产权许可，并约定按客户实际销售或使用情况收取特许权使用费的，在下列两项孰晚的时点确认收入：

1. 客户后续销售或使用行为实际发生；
2. 发行人履行相关履约义务。

分　析

知识产权许可的主要规定来自《企业会计准则第14号——收入》第三十六条、第三十七条和《监管规则适用指引——会计类第2号》。

发行人的特许权许可合同主要有以下三种收取对价的方式：

1. 合同订立后收取的客户预付款项和最低付款额保证的特许权使用费；
2. 满足阶段性条件支付特许权使用费；及

3.基于销售的特许权使用费。

发行人根据如下情形对于特许权使用费收入在一段时间内确认或在某一时点确认：

收取方式	主要情形	收入确认判断	收入确认方法
合同订立后收取的客户预付款项和最低付款额保证的特许权使用费	向客户授予使用瑞士先正达商标，瑞士先正达合同期内需从事对商标有重大影响的活动	客户在整个授权使用瑞士先正达商标的期间内取得并消耗使用商标所带来的经济利益	在整个许可期内确认收入
	合同订立后收取的客户不可退回预付款项和最低付款额保证的特许权使用费，且瑞士先正达不承担任何后续履约义务	提供使用在授予许可时点上存在的知识产权的权利	以签署许可证或在许可证生效日期孰晚者确认收入
满足阶段性条件支付特许权使用费	主要为以产品获得监管批准为阶段性条件的情况	提供使用在授予许可时点上存在的知识产权的权利之后才能获利	仅在主管监管机构授予相关批准且客户能够使用知识产品获益时确认收入
基于销售的特许权使用费	以许可期间销售为基础确认许可费	提供在整个许可期间获取知识产权的权利	在被许可人销售特许权使用费产品期间确认收入

分 析

1.应当同时满足《企业会计准则第14号——收入》第三十六条第二款所列的3个条件，才能认定为在某一时段内履行的履约义务。当然，也可以参考案例“6-2 创业板注册制发行上市审核动态——时点法或时段法2 2022-06”“11-1 收入准则应用案例——定制软件开发服务的收入确认”去判断。

2.一般来说，像上表，如果客户持续消耗特许权，公司得持续、重大地付出，是时段的履约义务；如果是瞬间消耗、不承担重大后续义务，是时点的履约义务。

针对基于销售的特许使用权合同，这些合同条款中包括要求被授权方向瑞士先正达定期汇报相关销售数据的义务、并明确规定汇报销售数据的方式和时间要求。通常，瑞士先正达有对被授权方提供的数据进行审计的权利。因此，瑞士先正达可以基于销售数据准确确认对应的特许权使用费收入。

发行人对于特许权使用费收入根据不同合同义务履行的方式分别按照在某一时段内确认特许权使用费收入以及在某一时点确认特许权使用费收入，上述特许权使用费收入确认的会计处理符合《企业会计准则》的要求。

11-3 咏声动漫 2020-10

申报材料显示，发行人在电视动画或动画电影完成摄制并经相关行政主管部门审查通过取得许可之后，有关影视剧拷贝、播映带或者其他载体转移给购货方时确认收入。品牌形象授权收入根据相关产品营业额或按照合同约定收取授权费用，动漫舞台剧业务主要是获取剧目演出收入或授权费，动漫主题乐园主要是按照合同约定收取授权费和管理服务费。

请发行人：

一、补充披露动漫电视电影各销售渠道（电视台、新媒体平台、院线、中间商等）的收入确认原则、时点、依据（验收单、签收单等）、是否符合会计准则的规定

｜回复｜

发行人在报告期内，自2017年1月1日起至2019年12月31日止执行原收入准则，自2020年1月1日起执行新收入准则。

公司动漫电视电影各销售渠道的收入确认原则、时点、依据列表如下所示：

2017—2019年，在原收入准则下：

……

自2020年1月1日起，在新收入准则下：

渠道	收入确认原则、时点	依据
电视台	合同没有约定上线时间的，影视剧拷贝、播映带或者其他载体转移给电视台，电视台签收确认后确认收入。合同约定上线时间的，签收确认时点与约定上线时点孰晚确认收入。	签收单、约定上线时间
新媒体平台	合同没有约定上线时间的，影视剧拷贝、播映带或者其他载体转移给新媒体平台，新媒体平台签收确认后确认收入。合同约定上线时间的，签收确认时点与约定上线时点孰晚确认收入。	签收单、签收邮件、约定上线时间

续表

渠道	收入确认原则、时点	依据
院线	电影片已在院线上映或上映完毕，根据合同约定的结算方式确认收入。	对账单或影片结算单
中间商	合同没有约定上线时间的，影视剧拷贝、播映带或者其他载体转移给中间商，中间商签收确认后确认收入。合同约定上线时间的，签收确认时点与约定上线时点孰晚确认收入。	签收单、签收邮件、约定上线时间

分 析

1.在客户能够主导使用知识产权许可并开始从中获利之前，企业不能对知识产权许可确认收入。

2.对于知识产权许可载体的交付，如影视剧拷贝、播映带，合同没有约定上线时间的，可在载体转移给客户时就确认收入；合同有约定上线时间的，不应在载体交付时确认收入，应考虑在签收与约定上线较晚时点确认收入，因为上线之后，客户才可以通过主导其播放而获取由播放而实现的经济利益。

自2020年1月1日起，公司适用于新收入准则。公司的动漫电视电影业务（电视台、新媒体平台、院线、中间商）是根据某一时点确认收入，具体可参见本问询函回复。根据新收入准则的相关规定，在某一时点履行的履约义务，应当在客户取得相关商品控制权时点，即客户能够主导该商品的使用，并从获取几乎全部的经济利益的时间，确认收入。

对于动漫电视电影业务电视台、新媒体平台、院线及中间商渠道，发行人授予客户的动漫电视电影作品播映权主要是通过播放实现其经济利益，而非其他衍生的经济利益。所以，在被授权的客户能够在其平台播放该作品之前，该客户无法通过主导其播放而获取由播放而实现的经济利益。发行人应当在客户能够播放该电视电影时，才能确认收入。综上，公司动漫电视电影业务的收入确认符合《企业会计准则》的规定。

二、发行人未在相关期限内分期确认动漫电视电影业务收入，而是在满足收入确认的条件时按时点确认动漫电视电影业务的收入，相关会计处理符合《企业

会计准则》规定

|回复|

自2020年1月1日起，公司适用于新收入准则。根据新收入准则的规定，企业向客户授予知识产权许可，同时满足下列条件时，应当作为在某一时段内履行的履约义务确认相关收入；否则，应当作为在某一时点履行的履约义务确认相关收入：

①合同要求或客户能够合理预期企业将从事对该项知识产权有重大影响的活动；

②该活动对客户将产生有利或不利影响；

③该活动不会导致向客户转让某项商品。

在新收入准则下，动漫电视电影业务属于授权知识产权许可。根据上述的新收入准则的相关要求，在某一时段内履行的授予知识产权许可，需要同时满足三个条件，其中之一是合同要求或客户能够合理预期企业将从事对该项知识产权有重大影响的活动，即这些活动将显著改变该项知识产权的形式或功能，或者改变该项知识产权的价值。

对于发行人授予客户播放的动漫电视电影作品，已经制作完成，内容确定，可直接用于播放，客户从该作品获取经济利益也主要与其内容有关，包括吸引更多的付费会员以及由该作品带来的广告收入等。因此，动漫电视电影作品是具有重大独立功能的知识产权，且其绝大部分的经济利益来源于该功能，并不会受到发行人从事的相关活动的重大影响。

因此，在新收入准则下，动漫电视电影作品的播映权不满足在某一时段内履行的履约义务的条件，而是属于在某一时点履行的履约义务。

分　析

1.向客户授予知识产权许可是时段还是时点履行的履约义务，根据《企业会计准则第14号——收入》第三十六条第二款所列的3个条件判断，重点关注有无“重大影响的活动”及其影响。

2.像案例中这样已经制作完成的作品，多数是某一时点履行的履约义务。

综上所述，在满足收入确认的条件时按时点确认动漫电视电影业务的收入符合《企业会计准则》规定。

三、结合相关业务的实施过程，以报告期内主要动画电影为例，披露上述收入确认方法和过程，销售模式和结算方式与收入确认等会计核算情况是否衔接一致

｜回复｜

动画电影业务相关收入确认方法和过程如下：

1.播映收入

公司通过将原创系列动漫电影授权给电视台、新媒体平台播映，获取播映收入。

以报告期内向北京电视台授权电影《猪猪侠之英雄猪少年》电视播映权为例，公司于2016年12月15日取得《电影片公映许可证》，于2017年与北京电视台签订合同，将该电影电视播映权许可北京电视台使用3年。公司将影片介质交付给北京电视台后于2017年确认收入。

分　析

知识产权许可载体交付给客户后，并不必然会导致商品控制权的转移。有约定的看约定，若双方在合同中没有约定上线时间，可在载体转移给客户后就确认收入。

2.票房分账收入

动画电影联合摄制模式下，公司与联合出品方共同出资，公司负责电影的具体制作以及信息网络传播权的发行，影片的宣传和院线的发行由联合出品方负责，影片的著作权由公司和各出品方共同拥有；在动画电影片完成摄制、经电影行政主管部门审查通过取得《电影片公映许可证》并于院线上映后，公司按经各方确认的对账单或实际票房统计及相应的分账方法所计算的金额确认票房分账收入。

以报告期内电影《猪猪侠之英雄猪少年》为例，公司于2018年9月13日取得按经各方确认的实际票房统计及相应的分账方法所计算金额的影片结算单，据以确认收入。

分　析

票房分账在结算之后确认收入，这个没有什么特殊之处。

公司动漫电影业务销售模式和结算方式与收入确认等会计核算情况是衔接一致的。公司动漫电影的渠道主要为电视台、新媒体平台、中间商、院线等，对应的销售模式和结算方式如下表所示：

渠道	销售模式	结算方式
电视台	直销	通常为节目介质移交验收完成并收到等额发票后20—60个工作日内支付
新媒体平台	直销	通常为合同签订后，收到等额发票和完整的版权证明文件20—40个工作日内，支付合同金额的20%—50%；节目介质移交验收完成并收到等额发票后20—40个工作日内支付合同金额的20%—50%；节目上线后并收到等额发票后20—40个工作日内支付尾款
中间商	经销	通常为合同签订后，收到等额发票和完整的版权证明文件15个工作日内，支付合同金额的30%；节目介质移交验收完成并收到等额发票后15个工作日内支付尾款
院线	直销	通常为结算报告经各方确认后15—20个工作日内结算

自2020年1月1日起，在新收入准则下：

对于电视台、新媒体平台以及中间商渠道，合同没有约定上线时间的，发行人在动画电影的影视剧拷贝、播映带或者其他载体转移给客户（即客户能够获利）时确认收入。合同约定上线时间的，发行人在动画电影的影视剧拷贝、播映带或者其他载体转移给客户和约定上线时点孰晚确认收入。

对于院线渠道，影片已在院线上映或上映完毕，根据合同约定的结算方式确认收入。综上，公司销售收入模式和业务模式与收入确认等会计核算情况衔接一致。

11-4 深交所发行上市审核动态——收入确认时点准确性 2023-08

发行人披露动漫电视电影的收入确认时点为，在完成摄制、经主管部门审查通过并取得相关许可证后，合同已约定上线时间的，在有关介质转移给客户或约定上线时点孰晚确认收入。2020年12月底发行人确认了对A公司销售甲动漫产品的收入。

现场督导发现，发行人收入确认时点准确性方面存在如下异常情况：一是发

行人提交给A公司的上线通知书未载明具体上线时间。发行人销售甲动漫产品的上线通知书样式特殊、内容简单、未约定具体上线时间，与发行人提交给其他客户的上线通知书存在明显差异。截至2021年1月底，甲动漫产品未在电视台或视频网站上线。二是发行人与A公司关于甲动漫产品销售存在明显刻意安排痕迹。根据往来邮件，2020年12月17日，发行人在未签订合同的情况下，即向A公司发送甲动漫产品上线通知书。在正式签署“抽屉协议”后，发行人向A公司发送介质和上线通知书，A公司当天立即回复邮件确认收到介质并确认收入。三是A公司未按合同约定及时回款。根据合同，A公司应在完成签收确认15天内付款，但截至2021年1月底，A公司未向发行人回款。

针对上述异常情况，发行人和保荐人均未能提供合理解释。现场督导后，发行人与保荐人主动申请撤回申报。本所对发行人采取通报批评的纪律处分，对保荐代表人采取书面警示的监管措施。

分　析

1.若双方在合同中对影视剧初始播放时间等有约定，则企业应在签收确认时点与约定上线时点孰晚确认收入，这一点给一些企业作弊提供了操作空间。

2.本案例中，发行人刻意制作假的上线通知书，提前确认收入，没有回款等现金流入，造假的痕迹太明显，最后被处罚。

11-5　小影科技2022-03

根据申报材料：

（1）公司主要通过第三方应用市场等主要渠道商（如苹果应用商店，谷歌应用商店、华为应用商店等）发行移动端视频创作软件产品，销售订阅业务，公司的订阅收入按照来自终端用户的收入总额确认。

（2）终端用户支付相关订阅资费成为订阅会员，订阅会员包括月包、年包等固定期限类型和永久包类型，公司于合同约定的订阅期间（针对月包、年包等固定期限订阅）或者用户生命周期期间（针对永久包订阅）采用直线法分摊确认移动端视频创作软件订阅收入。

请发行人说明：对于永久包用户生命周期期间的确定依据、报告期内是否发

生变动、是否针对不同地区适用不同的生命周期期间，永久性会员采用直线法确认收入的合理性，是否符合行业惯例。

｜回复｜

一、永久包用户生命周期期间的确定依据、报告期内是否发生变动、是否针对不同地区适用不同的生命周期期间

1.永久包用户生命周期期间的确定依据

发行人产品每月的用户留存率数据较为稳定，因此采取用户留存率的平均值模拟生命周期曲线。由于计算用户留存率时，数据样本量及产品存续期间将影响结果的准确性，若数据量过小，结果可信度低。

发行人主要产品自2019年下半年推出永久包，截至2019年末历史留存率数据不足六个月，永久包数据无法支持用户生命周期的计算，因此发行人使用2014年8月推出的VivaVideo Pro用户留存率数据测算生命周期。VivaVideo Pro为付费下载即可终身享受会员权益的产品，且与永久包一样属于全球范围内发行的产品，两款产品提供的功能（包括视频剪辑、视频素材和视频模板等）和服务具有相似性，因此，用户的使用行为与永久会员类似。为确保报告期各期末永久包生命周期测算数据的准确性，发行人获取VivaVideo Pro自2018年开始的用户留存率数据来计算用户生命周期。

发行人确定的用户生命周期的具体方法如下：

第一步，获取产品在App Store、Google Play平台的特定月份活跃用户人数及后续期间该部分用户留存数量，以X_t表示该部分用户在t月的留存数量，以常数a表示该用户群体的留存率，以e表示误差，相邻两个月该用户群体的数量关系可以表示为：

$$X_t=a\times X_{t-1}+e=a_2\times X_{t-2}+e$$

以此类推，可得

$$X_t=a^t\times X_0+e$$

将该用户群体存续期间中的用户人数代入公式，可以计算出该用户群体的留存率常数a。

第二步，根据上述曲线定义在选取的特定月份后第N月时，留存人数会趋近于0，然后计算在［1，N］范围内的定积分；因为留存率是从所选取的特定月份次月开始计算，计算用户生命周期时对积分结果（月数）+1（月）即为这批用户的生命周期，以E（Y）表示该用户群体的生命周期，可得

$$E(Y)=\sum(n+1)\times a^{n}$$

第三步，选取不同的月份，对所选月份重新执行上述两步，计算获得的生命周期的算数平均数。

分 析

1. 用回归方程、定积分去计算用户生命周期，过程还挺复杂的。

2. 计算用户生命周期是为了让永久性产品在生命周期内摊销收入。

2. 报告期内是否发生变动

发行人每年年末对生命周期进行重新评估。发行人于2019年下半年开始推出永久包，2019年末，发行人采用VivaVideo Pro测算的安卓市场用户平均生命周期为16个月，App Store用户平均生命周期为22个月。2020年末，安卓市场用户平均生命周期为17个月，App Store用户平均生命周期为19个月。2021年末，安卓市场用户平均生命周期为16个月，App Store用户平均生命周期为14个月。考虑到报告期各期末生命周期评估结果差异不大，且永久包金额较低，因此，未重新调整永久会员的生命周期。

3. 是否针对不同地区适用不同的生命周期期间

发行人计算用户生命周期的模型要求观察期间内特定月份的月新增订阅用户数量在1,000名以上，否则历史的留存率容易受到个别用户异常的影响导致波动较大，无法用于计算用户生命周期。具体来说，若当月新增订阅用户数量为1,000名，即使后续期间有10名用户行为异常，该异常对历史留存率影响不大，对最终的生命周期测算结果亦影响不大。

由于发行人VivaVideo Pro及永久会员整体样本量不大，VivaVideo Pro在报告期内的新增订单数量分别为5.8万单、3.0万单和0.8万单，小影（VivaVideo）、VivaCut和节奏酱（TempoApp）永久会员在报告期内的合计新增订单数量分别为0.27万单、2.16万单和2.24万单。而VivaVideo Pro和永久会员于报告期内分别在150多个国家/地区和100多个国家/地区进行发行。若继续拆分地区，各地区用户数量样本量均无法达到每月新增1,000名的样本量，因此无法满足模型计算需要，未针对不同地区分别测算生命周期，以App Store、Google Play测算得出的生命周期适用于全地区。

二、永久性会员采用直线法确认收入的合理性，是否符合行业惯例

1.永久会员采用直线法确认收入符合《企业会计准则》

根据《企业会计准则第14号——收入》第三十六条，企业向客户授予知识产权许可的，应当按照本准则第九条和第十条规定评估该知识产权许可是否构成单项履约义务，构成单项履约义务的，应当进一步确定其是在某一时段内履行还是在某一时点履行。企业向客户授予知识产权许可，同时满足下列条件时，应当作为在某一时段内履行的履约义务确认相关收入；否则，应当作为在某一时点履行的履约义务确认相关收入：（一）合同要求或客户能够合理预期企业将从事对该项知识产权有重大影响的活动；（二）该活动对客户将产生有利或不利影响；（三）该活动不会导致向客户转让某项商品。

发行人持续对产品进行开发维护、升级换代等工作，并及时推出新的素材、模板及视频剪辑功能，获取用户并引导用户订阅产品。因此，发行人的移动端视频创作软件订阅业务符合《企业会计准则第14号——收入》第三十六条第二款在某一时段内履行履约义务的条件，因此，应当在一段时间内确认收入。针对月包、年包等订阅服务收入，发行人在约定的服务期间内摊销确认收入；针对永久包订阅服务收入，发行人基于用户留存情况计算用户生命周期，在生命周期内摊销确认收入。

2.相关公司收入确认的方式

实践案例中（主要为游戏公司案例），对于有限期虚拟物品，在终端用户购买该虚拟物品时计入递延收益，并在该有限期内平均结转收入；对于永久性虚拟物品，在该虚拟物品剩余服务期内按直线法摊销（剩余服务期限可按照用户生命周期或游戏生命周期）；对于一次性虚拟物品，在终端用户使用该虚拟物品后确认收入。

实践案例中，相关公司关于永久性虚拟物品收入确认方式如下：

公司	股票代码	业务	收入确认方式
世纪华通	002602	游戏	游戏玩家充值入游戏后，本集团将玩家获得的游戏内点数（虚拟货币）计入“合同负债—游戏充值产生的递延收益”，然后再根据玩家使用游戏点数所购买的道具，按不同的道具属性进行收入确认。对于消耗性道具，在游戏玩家购买消耗时确认营业收入；对于永久性道具，在所属游戏的平均付费玩家的存续时间（所属游戏生命周期）内按照直线法进行摊销确认营业收入；对于期间性道具，在道具有效期限或所属游戏生命周期孰短的期间内按照直线法进行摊销确认营业收入。

续表

公司	股票代码	业务	收入确认方式
巨人网络	002354	游戏	本集团主要通过游戏玩家在网络游戏中购买虚拟游戏道具取得移动端网络游戏运营收入。游戏中的道具及升级功能被视为增值服务并于玩家生命周期（即平均玩家游戏停留期间）或者道具的生命周期内提供。所有道具均通过虚拟货币或现金购买取得，一旦玩家充值或者使用虚拟货币购买道具，应得款项即计列于递延收益，在游戏实际的玩家生命周期内或者道具的生命周期内按直线法摊销确认收入。玩家的充值或者使用虚拟货币购买道具的金额，按照最终玩家直接消费的金额或与第三方联运平台结算金额确定。

分　析

此案例给我们提供了游戏公司确认收入的常规方法：消耗性道具，游戏玩家消耗时确认收入；永久性道具，在用户生命周期或游戏生命周期内平均确认收入；有限期道具，在道具有效期限与所属游戏生命周期孰短的期间内用直线法确认收入。

综上，发行人对于永久性会员订阅业务采用直线法确认收入与实践案例中相关公司不存在较大差异，符合《企业会计准则》的要求。

11-6　中望软件 2020-09

根据首轮问询回复，发行人对于软件产品订阅业务，订阅期限一般为一年及以上，客户在授权时一次性支付相应授权期限的费用，公司在向客户交付有使用期限的产品密钥并经客户签收后，在购买时点一次性确认收入。

请发行人说明：按照购买时点一次性确认收入而不是根据购买的订阅期间分期确认收入是否符合企业会计准则的要求，与同行业其他可比公司相比订阅业务收入确认政策是否有显著差异。

｜回复｜

一、发行人提供订阅业务的服务期限，与软件授权业务使用期限上的差异情况

软件行业一般有两种商业模式：许可证模式和订阅模式。相较永久许可证模式的一次收费终身使用，订阅模式是按时间期限来实现持续/重复收费。两种商业模式除了存在收费方式的差异，还存在很多其他要素的差异，其中一个要素是“产品/服务的特点和形态”，这一差异在不同垂直行业/厂商有着截然不同的特性。

软件行业的传统模式主要是通过销售“永久许可证”来实现收入，辅助销售“产品升级”或“非免费的技术支持和服务”来获得另一部分收入，以此来向用户提供产品更新和服务。这一模式在“收费”要素上的逻辑是“按用户数”，在“产品形态”要素上是通过光盘等媒体向用户交付可运行程序，此后用户可以不依赖厂商的服务器而在本地PC机使用所有功能与计算能力。

订阅模式则主要通过按时间期限来向用户提供产品/服务，并相应收取费用。这一模式在“收费”要素上是“按用户数”+“按时间”双重计费，而在“产品形态”要素上强调产品即服务，一般体现为厂商通过自身的服务器来交付产品功能/计算能力/数据，用户对产品的使用依赖于厂商实时的能力提供。所以订阅模式一般与云计算、SaaS紧密结合。

传统面向企业的软件产品也在转向订阅模式，但在不同行业的产品形态仍有着较大差异。

1. 在CRM行业

Salesforce（Salesforce是全球知名的在线CRM提供商）已经实现了比较完整的产品云化，产品功能、计算能力、数据保留在厂商服务器上，可以直接通过网络/网页向用户提供这些能力。

2. 在办公软件行业

（1）GoogleDocs（谷歌文档）已经实现了比较完整的产品云化，产品功能、计算能力、数据保留在厂商服务器上，可以直接通过网络/网页向用户提供这些能力。

（2）金山办公的WPS产品在收费和授权加密上实现了按年收费的订阅形态，在产品形态上目前可以分为两大部分功能/服务，一是文档处理的软件功能仍然是基于本地运行；二是提供了一些云端增值服务，如云盘存储、云端高级模板/字体的下载使用等。

（3）金山文档，腾讯文档，石墨文档等产品定位与GoogleDocs（谷歌文档）类似，将通过厂商服务器和网页/网络直接向用户提供所有的产品功能、计算能力、数据存储等服务。

3.在工业软件行业

（1）CAD等工业软件的复杂性和对计算/响应能力的高要求，产品形态上仍然保留大部分能力在本地运行，即用户仍然通过安装本地程序来获得绝大部分需要的功能。软件在下载安装与激活之后，不再依赖厂商的服务器或联网就可以直接使用这些产品（同样地，软件厂商也在尝试提供一些云端增值服务增加用户黏性，但目前都不是用户的主要诉求）。目前主流厂商更多是在收费和授权加密上实现了按年收费的订阅形态，包括欧特克、达索、PTC（美国参数技术公司）等产品，在产品形态上还是依赖安装在本地PC机的程序能力来完成绝大部分用户的绘图设计。

（2）Onshape是完全基于厂商服务器和网页/网络来直接交付功能和计算能力的CAD产品，这是比较纯粹的SaaS工业软件产品。但也存在功能完善度、效率、用户对数据安全的担忧等各方面原因，用户应用也不太理想，已被PTC收购。

（3）中望CAD的订阅模式，本质上是提供了一个有期限的许可证，在产品形态上与永久授权无差异。采购了期限授权的用户，在公司交付了软件与设置使用期限的加密授权，完成软件产品安装与激活后，所有产品功能与计算能力、数据存储都在用户的本地PC机进行，使用期间无需依赖公司。

报告期内，公司软件产品订阅业务从目前的产品形态和收费方式上，实际体现为有时间期限的许可证模式，即密钥设置了使用期限，软件包都是安装在客户本地，客户激活密钥后不需要公司提供后续服务，公司也无法控制用户的软件使用。密钥到期后，客户需要重新购买激活新的密钥，否则原来密钥无法继续使用。

因此，公司订阅业务的服务期限实际上系软件的使用期限，并非传统意义的服务期限。公司订阅业务的服务期限与软件永久授权业务使用期限的差异系：订阅业务下，客户仅可在一定期限使用公司软件产品；软件永久授权业务下，客户一经购买即可终身使用。

二、结合具体合同条款进一步说明订阅业务在向客户交付密钥后是否提供其他服务

软件产品订阅业务的一般合同条款内容包括：（1）订阅产品的品名、数量、单价、总价及授权期限；（2）付款、产品交货的时间和方式；（3）订阅产品著作权（版权）说明；（4）公司向客户提供的售后服务；（5）违约责任和违约金；（6）其他说明。

合同中约定的售后服务，主要是公司向客户提供软件使用的方式说明或解答软件使用相关的技术咨询问题。对于此项内容，公司的常规处理方式是通过网站、热线电话、QQ和Email等形式对客户提供售后服务，帮助客户解决产品使用过程中的问题，属于常规技术支持性质的内容。该项售后是为了保证所销售软件产品的客户体验，订阅和永久授权的客户均可享受该项服务。

综上所述，在订阅业务中公司授予客户在一定期限使用标准化软件的密钥，除提供常规售后技术支持外无需向客户提供其他后续持续服务。

三、按照购买时点一次性确认收入而不是根据购买的订阅期间分期确认收入是否符合企业会计准则的要求

2020年开始，公司订阅业务收入的确认适用新收入准则。《企业会计准则第14号——收入》（财会〔2017〕22号）的相关规定如下：

“第三十六条　企业向客户授予知识产权许可的，应当按照本准则第九条和第十条规定评估该知识产权许可是否构成单项履约义务，构成单项履约义务的，应当进一步确定其是在某一时段内履行还是在某一时点履行。

企业向客户授予知识产权许可，同时满足下列条件时，应当作为在某一时段内履行的履约义务确认相关收入；否则，应当作为在某一时点履行的履约义务确认相关收入：

（一）合同要求或客户能够合理预期企业将从事对该项知识产权有重大影响的活动；

（二）该活动对客户将产生有利或不利影响；

（三）该活动不会导致向客户转让某项商品。

第三十七条　企业向客户授予知识产权许可，并约定按客户实际销售或使用情况收取特许权使用费的，应当在下列两项孰晚的时点确认收入：

（一）客户后续销售或使用行为实际发生；

（二）企业履行相关履约义务。”

公司订阅业务在向客户提供相应的软件及密钥后，不会向客户提供除常规售后技术服务外的其他后续持续服务，不满足《企业会计准则第14号——收入》（财会〔2017〕22号）“第三十六条……（一）合同要求或客户能够合理预期企业将从事对该项知识产权有重大影响的活动”规定。因此，公司将按照企业会计准则的规定，将订阅业务按照购买时点一次性确认收入。

分　析

1. 单项履约义务是在某一时段内履行还是在某一时点履行，根据《企业会计准则第14号——收入》第三十六条第二款所列的3个条件判断，重点关注有无“重大影响的活动”及其影响。本案例中，公司向客户提供软件、密钥之后，不会向客户提供除常规售后技术服务之外的其他服务。常规的售后服务属于再正常不过的活动，不属于能影响客户使用软件的“重大影响的活动”。所以，可以在某一时点一次性确认收入。

2. 在企业向客户提供软件的密钥之前，客户无法使用软件，企业不应确认收入。

公司简称	订阅业务	收入确认政策
用友网络	筑建云平台（iCOP）云服务订阅使用、筑建云应用服务订阅使用	未披露
广联达	自2016年底开始，公司造价业务开始进行云转型试点，收费模式由“License+升级费”转变为“订阅模式”	在SaaS模式下，相关收入由一次性确认转变为按照服务期间分期确认，收取的云服务费中当期尚未确认收入的部分计入预收款项

由上表可知，虽然公司与同行业其他可比公司的订阅业务在名义上都是订阅服务，但由于同行业其他可比公司提供订阅业务涉及云服务，需要企业在一定期间内持续提供服务及维护，以确保客户正常使用。而公司的订阅业务并不向客户提供云服务，完全为本地化服务，仅通过密钥设置了使用期限来实现，不提供其他后续服务。因此公司与同行业其他可比公司订阅业务实现方式不同，故订阅业务收入确认政策存在差异是合理的。

分　析

同样都是订阅业务，与上表中的“广联达”、案例“11-5 小影科技 2022-03”不同的是：此案例不是云服务，完全是本地化操作，后续不用提供重大影响的服务。所以，可以一次性确认收入。

11-7　汉仪股份 2021-11

根据申报材料及审核问询回复：发行人字库软件授权业务分为线下授权业务、字由平台业务两类。线下授权业务的合同通常存在关于授权期限的规定，但发行人仍然认为，该业务属于某一时点履行的履约义务。字由平台业务开展过程中，客户仅能通过字由平台软件使用授权字库，不能单独下载使用，且发行人需要对字由平台持续运营，以保障字由软件与其他设计软件、办公软件的兼容匹配，发行人认为，相关服务构成重大后续履约义务，因此分期确认相关收入。

请发行人：针对字库软件授权业务（非字由平台），进一步说明该项业务不属于在某一时段内履行履约业务的原因及合理性，相关业务合同中是否不包含任何授权完成后发行人仍需承担的义务。

|回复|

一、针对字库软件授权业务（非字由平台），进一步说明该项业务不属于在某一时段内履行履约义务的原因及合理性

1. 字库软件授权业务（非字由）不属于在某一时段内履行履约义务

字库软件授权业务（非字由）为公司向客户授予知识产权许可，根据《企业会计准则第14号——收入》（2017修订）关于企业向客户授予知识产权许可的规定，同时满足下列条件时，应当作为在某一时段内履行的履约义务确认相关收入；否则，应当作为在某一时点履行的履约义务确认相关收入：

（一）合同要求或客户能够合理预期企业将从事对该项知识产权有重大影响的活动；

（二）该活动对客户将产生有利或不利影响；

（三）该活动不会导致向客户转让某项商品。

根据企业会计准则应用指南，企业从事的活动存在下列情况之一的，将会对该项知识产权有重大影响：一是这些活动预期将显著改变该项知识产权的形式或者功能；二是客户从该项知识产权中获益的能力在很大程度上来源于或者取决于这些活动，即，这些活动会改变该项知识产权的价值，当该项知识产权具有重大的独立功能，且该项知识产权绝大部分的经济利益来源于该项功能时，客户从该项知识产权中获得的利益可能不受企业从事的相关活动的重大影响，除非这些活动显著改变了该项知识产权的形式或者功能。

公司字库软件授权业务授予的字库软件均为标准化的字库产品，均能够满足一般汉字处理、汉字通信等系统之间的信息交换的需求，因此其具有重大的独立功能，并且公司授予客户的字库使用权的绝大部分的经济利益来源于该项功能。

公司与客户签订授权协议时，已明确被授权产品的字符集标准，如果公司后期对某一字库产品的字符集进行扩展，会形成新的单独的字库产品，不会改变原有字符集字库产品的形式或者功能。因此公司不存在对已授予客户使用权的字库产品产生重大影响的活动，公司字库软件授权业务（非字由）不满足认定为在某一时段内履行的履约义务的条件。

分 析

后期没有可以对客户已经获得的产品、服务产生重大影响的活动，属于时点的履约义务。

2.与可比上市公司对比情况

公司字库软件授权业务与可比上市公司相似业务的收入确认政策的比较情况如下：

公司名称	业务类型	收入确认政策
发行人	字库软件授权业务——非字由	对于直接向客户进行授权的合同，属于在某一时点履行的履约义务，确认收入实现。
	字库软件授权业务——字由	对于通过字由向会员进行授权并在线使用的合同，属于在某一时段履行的履约义务，本公司根据时间进度确定履约进度，并分期确认收入。
金山办公（688111.SH）	软件使用权授权业务	向客户销售软件使用许可权，以软件控制权转移给购买方时点确认收入。
	软件服务业务	（a）机构订阅业务 为企业用户提供软件服务，属于在某一时段内履行的履约义务，公司按服务实际履约进度确认收入，如客户的权利为在约定的服务期间内可享受软件服务，公司在约定的服务期间内分期确认收入。 （b）个人订阅业务 个人订阅业务包括为个人用户提供增值服务业务以及词霸相关业务。为个人提供增值服务业务下，如付费用户的权利为在约定的服务期间内可享受会员增值服务，属于在某一时段内履行的履约义务，根据用户购买的会员服务期间分期确认收入。

续表

公司名称	业务类型	收入确认政策
福昕软件（688095.SH）	软件产品授权业务—永久授权业务	a.单次授权收入 合同约定永久授权费按固定金额收取的，公司依据合同约定在交付软件授权（发送软件序列号、软件包）后，确认收入。 b.多次授权收入 公司向客户提供PDF开发工具，并根据合同约定在合同期内按商定金额提供多次SDK产品授权。公司依据合同约定，在授权生效并确定能够取得合同收款权利时确认收入。
	软件产品授权业务—软件产品订阅业务	公司在客户购买的订阅期间内，为客户提供软件产品的授权及升级维护服务。公司在合同约定的订阅期间内，采用直线法分期确认收入。
万兴科技（300624.SZ）	软件产品业务	本公司在线销售软件，以第三方平台向公司发送订单确认和支付信息，公司向用户邮箱发送注册码后作为确认收入的时点。

如上表所述，金山办公的软件使用权授权业务、福昕软件的软件产品授权业务—永久授权业务、万兴科技的软件产品业务与公司字库软件授权业务（非字由）较为类似，均属于在某一时点履行的履约义务；金山办公和福昕软件的软件订阅服务与公司字库软件授权业务（字由）较为类似，均属于某一时段履行的履约义务。

分　析

1.对于字库软件授权业务——非字由，是线下授予，对已授予客户使用权的字库产品无重大影响的活动，是时点义务；对于字库软件授权业务——字由，授权在线使用，有时间、平台等限制，是时段义务。

2.订阅业务如果不是在本地安装的（参考上个案例“11-6 中望软件 2020-09”），一般属于时段的履约义务，因为有时间限制，关键是平台还得持续提供服务。若平台关闭或者出现故障，将会对用户产生重大不利的影响。

3.对于视频网站的播放业务，也是同样的道理：若用户仅能通过平台观看视频，平台的运营、维护义务将影响用户从该知识产权许可中获益的能力；但如果用户可以下载，后续无须通过视频平台播放，则用户在付费购买下载视频时，即取得了视频的控制权。

综上，公司字库软件授权业务的收入确认政策与可比上市公司基本一致。

二、相关业务合同中是否不包含任何授权完成后发行人仍需承担的义务

公司字库软件授权业务中与客户签署的授权合同主要分为使用公司模板和使用客户模板两类。除少数客户外，公司与绝大部分客户签署的授权协议使用的为公司的标准模板，标准授权协议中仅约定了保证被许可人可在协议约定期限内充分行使被授予的相关权利，确保被许可人的正版用户身份等义务。

个别客户与公司签署的协议中加入了约定其在授权期限内，可以自主更换部分被授权的字体的特殊条款。针对此类协议，公司在授权完成后仍需承担的义务为根据客户需求向对方提供新的字库软件，并对更换的授权字体进行备案，更换后字体的授权期承接被更换字体的授权期限，不影响客户经济利益的流入方式。

采用客户合同模板的协议中，部分协议约定了如保修服务、软件更新服务等义务，而公司的字库软件为通用的标准化产品，发布后，除字符错误等极端情况外，基本不会修改、更新字库产品。即使出现字符错误等极端情况，对字库的修改也可以在短时间内迅速完成，因此协议中约定的保修、软件更新服务更多是一项形式上的义务，不构成实质性的履约义务，上述形式上的合同义务在公司实际经营过程中也鲜有发生。

分　析

保修、软件更新不是商品重要的组成部分，只是一种形式上的义务，并非不可或缺、可明确区分，不构成单项履约义务。

11-8　华大九天 2021-09

申报材料及审核问询回复显示：对于EDA软件销售，公司的主要履约义务主要包括交付软件及授权许可（license）文件，属于某一时点履约义务，取得《收货（安装）确认单》时确认收入。

请发行人说明：EDA软件销售按时点确认收入的合理性，是否符合《企业会计准则第14号——收入》应用指南中“授予知识产权许可”章节相关要求。

｜回复｜

《企业会计准则第14号——收入》应用指南（2018）规定，企业向客户授予的知识产权许可，同时满足下列三项条件的，应当作为在某一时段内履行的履约义务确认相关收入；否则，应当作为在某一时点履行的履约义务确认相关收入：（1）合同要求或客户能够合理预期企业将从事对该项知识产权有重大影响的活动；（2）该活动对客户将产生有利或不利影响；（3）该活动不会导致向客户转让某项商品。

根据合同要求或客户能够合理预期，发行人交付EDA软件后，将从事对该项知识产权的活动为软件升级维护，升级维护不属于有重大影响的活动，主要原因是，升级维护主要是针对易用性问题和功能缺陷进行修补，修补以更新升级包形式发布。升级维护前后，EDA软件的业务实现逻辑、算法、库/框架等底层核心支撑没有发生改变；对软件使用者而言，软件的功能和性能亦不会发生重大变化。此外，EDA软件为大型复杂软件，客户对软件的稳定性要求极高，发行人的EDA软件经多年发展后性能成熟可靠，后续即使不提供更新升级仍可正常使用。根据《企业会计准则第14号——应用指南》的规定，这些活动预期不显著改变该项知识产权的形式或者功能；客户从该项知识产权中获益的能力基本上不取决于这些活动，故发行人根据合同要求提供的软件升级维护不属于重大活动。

综上，发行人EDA软件销售合同约定的升级维护不属于重大活动，不满足《企业会计准则第14号——收入》应用指南（2018）关于知识产权授予在某一时段内确认相关收入的条件，按时点确认收入具有合理性。

分　析

与案例“11–6 中望软件 2020–09”“11–7 汉仪股份 2021–11”相似，一般来说，售后技术咨询、升级维护不属于有重大影响的活动，不影响按时点确认收入。

11–9　睿智融科 2022–01

根据申报材料：

（1）公司主营业务为向证券、基金、银行、信托、期货等金融机构提供以投资交易系统为核心的相关软件产品和运维服务。

（2）公司向客户提供的软件产品以直接销售模式为主，少数情形下存在按合同约定的周期收取租赁费用的模式。

请发行人：说明采用软件租赁费用模式的原因，相关会计处理及合规性。

｜回复｜

一、采用软件租赁模式的原因

公司采用软件租赁的销售模式一般主要与客户的需求有关。不同客户类型在软件IT投入的预算和资金规模存在差异。由于在租赁模式下，客户系根据自身的软件需求按年支付租赁费用，因此该模式下客户单年度支付的软件费用相较于一次性采购更低。因此该模式有助于公司客户群体进一步向中小金融机构等有效延伸，市场目标客户群体较之前扩大，有利于公司盈利能力的提升。

二、软件租赁费用模式的相关会计处理及合规性

在软件租赁模式下，公司与客户签订软件租赁协议，为客户提供软件产品并授予客户在合同约定的租赁期限内的使用权，同时为客户提供运维服务。在租赁期内，若由于公司原因/客户原因导致无法履行该合同时，公司需将剩余服务期限所对应的款项退还。报告期内，公司软件租赁费用模式的相关会计处理具体情况如下：

1.软件租赁费用模式的相关会计处理

在租赁期间内，公司根据应分摊确认的租赁收入确认主营业务收入，根据应承担的相关税费确认应交税费，同时确认应收账款/合同资产。具体会计分录如下：

（1）客户预付合同款项：

借：银行存款

　贷：预收账款/合同负债

（2）确认收入：

借：应收账款/合同资产/预收账款/合同负债

　贷：主营业务收入

　　应交税费

（3）确认成本：

借：主营业务成本

　贷：存货

2.软件租赁费用模式的相关会计处理的合规性

根据《企业会计准则第14号——收入》第三十六条第二款规定“企业向客户授予知识产权许可，同时满足下列条件时，应当作为在某一时段内履行的履约义务确认相关收入；否则，应当作为在某一时点履行的履约义务确认相关收入：

（一）合同要求或客户能够合理预期企业将从事对该项知识产权有重大影响的活动；（二）该活动对客户将产生有利或不利影响；（三）该活动不会导致向客户转让某项商品”。第十一条第一款规定“满足下列条件之一的，属于在某一时段内履行履约义务；否则，属于在某一时点履行履约义务：（一）客户在企业履约的同时即取得并消耗企业履约所带来的经济利益。（二）客户能够控制企业履约过程中在建的商品。（三）企业履约过程中所产出的商品具有不可替代用途，且该企业在整个合同期间内有权就累计至今已完成的履约部分收取款项”。

公司在为客户提供软件产品并授予软件使用权后，无需再进行与该软件相关并具有重大影响的活动，但是考虑到若合同在租赁期间内终止时，公司需将剩余服务期限所对应的款项退还，即公司在合同租赁期届满前无法保证合同约定的经济利益全部流入企业，仅能取得除剩余服务期对应对价之外的经济利益。综上所述，公司选择在租赁期内分摊确认收入符合《企业会计准则》的相关规定。

分　析

1. 向客户授予知识产权许可是时段履约义务还是时点履约义务，根据《企业会计准则第14号——收入》第三十六条第二款所列的3个条件去判断，重点关注有无“重大影响的活动”及其影响。不过，最根本的还是得回到《企业会计准则第14号——收入》第十一条这一白金准则。

2. 本案例中，虽然公司在为客户提供软件产品并授予软件使用权后，无其他具有重大影响的活动，根据第三十六条，可以按时点确认收入。但因为是租赁，提前退租须退还剩余款项，未满足第十一条中第一款第一项。所以，最后发行人选择不一次性确认收入。

11-10　百济神州 2021-11

关于发行人与诺华合作开发及商业化替雷利珠单抗。2021年1—6月，发行人新增第一大客户诺华相关技术授权和研发服务确认收入330,789万元，占同期营业收入比重为67.63%。

请发行人说明：技术授权、研发服务、合作研发等履约义务识别情况，合同对价在不同履约义务之间的分摊情况，履约业务是在某一时段内履行还是在某一

时点履行的确定情况及依据，会计处理与同行业公司的是否可比，是否符合《企业会计准则》。

｜回复｜

根据协议合作内容，发行人判断与诺华的合作适用《企业会计准则第14号——收入》的有关规定，并识别确认如下两项主要的履约义务：1）技术授权：发行人授予诺华在北美、日本、欧盟及其他6个欧洲国家共同开发、生产及商业化替雷利珠单抗的权利；2）研发服务：发行人按照全球开发计划，提供合作研发范围内的替雷利珠单抗的特定临床试验的全球研发服务。

根据《企业会计准则第14号——收入》第三十六条第二款规定，"企业向客户授予知识产权许可，同时满足下列条件时，应当作为在某一时段内履行的履约义务确认相关收入；否则，应当作为在某一时点履行的履约义务确认相关收入：（一）合同要求或客户能够合理预期企业将从事对该项知识产权有重大影响的活动；（二）该活动对客户将产生有利或不利影响；（三）该活动不会导致向客户转让某项商品。"

对于发行人授予诺华的技术授权，基于授予时点替雷利珠单抗的专利许可情况，不需要发行人再执行其他有重大影响的活动，诺华即可使用并从中获取收益，属于一项单独的履约义务，不满足上述某一时段内履行的履约义务的条件，属于在某一时点履行的履约义务。基于合同约定，对于发行人在合作范围内就进行中的临床试验以及初始全球开发计划向诺华提供的研发服务，诺华可以在发行人提供服务的同时获得收益，符合《企业会计准则第14号——收入》下，在某一时间段内履行的履约义务条件"客户在企业履约的同时即取得并消耗企业履约所带来的经济利益"，按照合同履约进度在一段时间内确认收入。

分　析

1.向客户授予知识产权许可是时段履约义务还是时点履约义务，根据《企业会计准则第14号——收入》第三十六条第二款所列的3个条件判断，重点判断有无"重大影响的活动"及活动的影响。

2.对于研发服务，根据《企业会计准则第14号——收入》第十一条判断。

发行人根据《企业会计准则第14号——收入》的相关规定对合同交易价格的会计处理进行判断分析。根据合作与授权协议，于截至2021年6月30日六个月期间，发行人已收到约定的6.5亿美元首付款；此外，发行人有资格在达到注册里程碑事件后获得至多13亿美元的付款、在达到销售里程碑事件后获得至多2.5亿美元的付款。考虑到潜在里程碑付款的不确定性，发行人将其作为可变对价。由于在合作与授权协议生效日，该潜在里程碑付款是否能够达成具有不确定性，故发行人未将其包含在协议生效日的交易价格中，而仅将已收到的且不可退回的6.5亿美元首付款确认为协议生效日的交易价格。

分　析

对于特许使用权费的销售提成，不按可变对价处理有两个前提：一是特许权使用费仅与知识产权许可相关；二是特许权使用费可能与合同中的知识产权许可和其他商品都相关，但是与知识产权许可相关的部分占有主导地位。此案例认为这两个条件都不满足，所以，将销售提成作为可变对价处理，预估价值为0。

根据《企业会计准则第14号——收入》，“合同中包含两项或多项履约义务的，企业应当在合同开始日，按照各单项履约义务所承诺商品的单独售价的相对比例，将交易价格分摊至各单项履约义务。单独售价无法直接观察的，企业应当综合考虑其能够合理取得的全部相关信息，采用市场调整法、成本加成法、余值法等方法合理估计单独售价”。

由于上述合作与授权协议中未对已识别的两项单独履约义务约定单独的售价，故发行人聘请PricewaterhouseCoopers LLP为评估师，对技术授权和研发服务两项履约义务在合作与授权协议生效日各自的公允价值进行评估，以此来合理估计各自的单独售价。

对于技术授权的公允价值，评估师采用预计未来现金流量折现的市场调整法，在发行人管理层提供的相关技术授权未来现金流量预测的基础上，考虑无风险报酬率、市场风险溢价和Beta系数等确定折现率，从而评估确认技术授权的公允价值。技术授权未来现金流量的预测主要包括基于合理的预测逻辑以预计通过技术授权在合作期限内产生的里程碑收入（含首付款）、特许使用费收入和研发费用的现金流量。根据评估报告，技术授权的公允价值金额为12.31亿美元。截至2021年9月30日，除首付款以外，合作与授权协议中约定的其他里程碑收入均未达成，与发行人在上述预测中的里程碑收入实现情况无重大差异。

对于研发服务的公允价值，评估师采用预期总成本加成的方法，基于发行人提供的在初始全球开发计划下合作研发范围内的替雷利珠单抗的特定临床试验预计发生的总成本，考虑成本加成率，确定研发服务的单独公允价值为4.2亿美元。该预计总成本，包括与临床试验直接相关的研发外部费用以及其他成本。其中，其他成本进一步包括发行人质量部门、药政事务部门等研发相关成本。对成本加成率，发行人聘请PricewaterhouseCoopers LLP进行评估分析，筛选了10家对外提供临床研究服务的同行业公司，并参考了2017年与新基的合作与授权交易中对研发服务公允价值评估中使用的成本加成率而最终确定为12.5%。

分 析

实务中，估值还是挺麻烦的。像本案例，需要预测未来现金流量、折现率、总成本等数据。

发行人按照上述识别的两项履约义务（即技术授权和研发服务）的各自单独售价的相对比例，将交易价格6.5亿美元分摊至各单项履约义务。根据前述分析，按技术授权公允价值占技术授权与研发服务合计公允价值的比例，分摊至技术授权履约义务的交易价格金额为4.85亿美元，按研发服务公允价值占技术授权与研发服务合计公允价值的比例，分摊至研发服务履约义务的交易价格金额为1.65亿美元。

履约义务	公允价值—来自第三方评估报告		以公允价值合理估计的单独售价的相对比例		分摊价格计算	
	金额（亿美元）	公式/参数	百分比	公式/参数	金额（亿美元）	公式/参数
技术授权	12.31	a	74.60%	d=a/c	4.85	g=i×d
研发服务	4.20	b	25.40%	e=b/c	1.65	h=i×e
合计	16.51	c=a+b	100.00%	f=d+e	6.50	i

分 析

将交易价格按各单项履约义务的公允价值的比例分摊。

按上述方式分摊后，发行人进行如下会计处理：对于将交易对价分摊归属于技术授权的部分，于合作与授权协议生效后，发行人即将该专利许可转让给诺华，完成相关履约义务，满足收入确认条件，于截至2021年6月30日六个月期间，发行人确认与该项技术授权相关的收入总计4.85亿美元（折合人民币3,136,535千元）。对于将交易对价分摊归属于研发服务的部分，初始确认时计入合同负债，并按研发服务提供进度在一段期间内确认收入。于截至2021年6月30日止六个月期间，发行人根据截至2021年6月30日止六个月期间在初始全球开发计划下针对合作研发范围内的替雷利珠单抗的特定临床试验发生的实际成本占其预计总成本的比例即16%，确认与上述研发服务的收入总计0.26亿美元（折合人民币171,359千元）。

11-11　荣昌生物 2022-01

问题：关于发行人与西雅图基因全球独家许可协议。

请发行人说明：不同履约义务的识别及合同对价在不同履约义务之间的分摊情况，履约业务是在某一时段内履行还是在某一时点履行的确定情况及依据，会计处理是否符合《企业会计准则》的规定。

｜回复｜

根据协议合作内容，发行人判断其向西雅图基因授予知识产权的许可适用《企业会计准则第14号——收入》的有关规定，并识别出一项单独的履约义务，即发行人将RC48产品相关的技术授权给西雅图基因，授予其在西雅图基因区域内开发、生产以及商业化RC48许可产品及新许可产品的权利，由西雅图基因负责西雅图基因区域RC48许可产品的开发、全球临床试验（包括全球合作性临床试验）以及监管批准，由发行人负责荣昌生物区域RC48许可产品和选择加入产品的开发、合作性全球临床试验在荣昌生物区域的日常运营以及监管批准。发行人将其向西雅图基因授予知识产权的许可整体识别为一个单项履约义务。

根据《企业会计准则第14号——收入》规定，“企业向客户授予知识产权许可，同时满足下列条件时，应当作为在某一时段内履行的履约义务确认相关收入；否则，应当作为在某一时点履行的履约义务确认相关收入：（一）合同要求或客户能够合理预期企业将从事对该项知识产权有重大影响的活动；（二）该活动对客户将产生有利或不利影响；（三）该活动不会导致向客户转让某项商品”。

对于发行人对西雅图基因的RC48产品技术授权，基于授予时点RC48专利许可情况，不需要发行人再执行其他有重大影响的活动，西雅图基因即可使用并从中获取收益，因此不满足上述某一时段内履行的履约义务的条件，属于在某一时点履行的履约义务。

授予知识产权许可属于在某一时点履行履约义务的，应在履行该履约义务时确认收入。在客户能够使用某项知识产权许可并开始从中获利之前，企业不能对此类知识产权许可确认收入。企业向客户授予知识产权许可，并约定按客户实际销售或使用情况（如按照客户的销售额）收取特许权使用费的，应当在客户后续销售或使用行为实际发生与企业履行相关履约义务二者孰晚的时点确认收入。企业在向客户转让商品的同时，需要向客户或第三方支付对价的，应当将该应付对价冲减交易价格，但应付对价是为了自客户取得其他可明确区分商品的除外。在对应付客户对价冲减交易价格进行会计处理时，企业应当在确认相关收入与支付（或承诺支付）客户对价二者孰晚的时点冲减当期收入。

发行人根据《企业会计准则第14号——收入》的相关规定对合同交易价格的会计处理进行判断分析：2021年10月，发行人收到协议约定的2亿美元首付款，根据合作与授权协议，发行人认为，交付知识产权许可的时点为履行该履约义务的时点，客户在该时点取得相关产品的控制权，能够使用并从中受益，针对首期付款金额部分，应当在转移产品控制权时点确认收入。截至本回复出具日，发行人已将RC48产品相关的技术转移给西雅图基因，完成了相关履约义务，满足收入确认条件，因此发行人将首付款2亿美元于授权许可转移时点确认收入。

此外，发行人有权在达到开发和商业化里程碑事件后自西雅图基因收取至多24亿美元的里程碑付款，亦有权根据相关产品于西雅图基因区域的净销售额自西雅图基因收取特许使用权费（销售提成），考虑到潜在付款的不确定性，发行人将其作为可变对价，其支付均取决于未来的不确定事项且现阶段难以合理估计，发行人应于资产负债表日重新估计应计入交易价格的可变对价金额，对于收取的特权使用权费，应在客户后续销售或使用行为实际发生与企业履行相关履约义务二者孰晚的时点确认收入，因此其在初始时点亦不确认收入，截至本回复出具日，西雅图基因尚未在西雅图基因区域产生RC48许可产品销售收入，发行人未收到西雅图基金支付的特许使用权费。

分 析

在西雅图基因区域，发行人有权根据产品的净销售额从西雅图基因处收取特许使用权费，与案例“11-10 百济神州 2021-11”一样，将销售提成作为可变对价处理，一开始估值为0，未来再择机调整，这也是“谨慎性原则”的体现。

对于发行人需按照荣昌生物区域内的RC48许可产品销售净额的一定比例支付给西雅图基因的对价，发行人按照准则规定将其作为应付客户对价，在确认对西雅图基因的授予知识产权收入与支付（或承诺支付）特许权使用费二者孰晚的时间点冲减当期收入，因授予知识产权相关的2亿美元首付款已在2021年10月确认收入，发行人未来将按照每季度在荣昌生物区域的净销售额，根据合同约定的比例计算应支付西雅图基因的特许使用权费，在各季度末冲减当期收入。截至本回复出具日，发行人已经按照合同约定根据维迪西妥单抗自合同生效日起至2021年9月末在中国的净销售额，向西雅图基因支付特许使用权费2.93万美元，并在2亿美元首付款确认收入的当期，冲减当期收入，具体账务处理为：借记主营业务收入2.93万美元，贷记应付账款2.93万美元；双方确认后，发行人于2021年11月向西雅图基因支付了相关款项，并进行了如下账务处理：借记应付账款2.93万美元，贷记银行存款2.93万美元。

分 析

1.在荣昌生物区域内，发行人须按照许可产品销售净额的某个比例支付给西雅图基因，这与对西雅图基因的授予知识产权收入属于不可明确区分的商品或服务，应当将应付对价冲减交易价格，并在确认收入与支付（或承诺支付）客户对价二者孰晚的时点冲减当期收入，详细请温习第4章“应付客户对价”。

2.本案例中，确认收入是在2021年10月，根据约定，未来每季度末才支付特许使用权费。所以，在孰晚的时点，即每季度末冲减当期收入。

综上，发行人RC48产品的技术授权属于某一时点履行的履约义务，在客户取得相关产品控制权时点完成履约义务，其中：首付款于授权许可转移时点确认收入，对于里程碑付款的可变对价部分将在满足极可能不会发生重大转回的金额的情况下确认收入，对于收取的特许使用权费应在客户后续销售或使用行为实际发生与企业履行相关履约义务二者孰晚的时点确认收入，对于支付的特许权使用费应在确认相关收入与支付（或承诺支付）特许权使用费二者孰晚的时间点冲减当期收入。

第12章 售后回购

售后回购，是指企业销售商品的同时承诺或有权选择日后再将该商品（包括相同或几乎相同的商品，或以该商品作为组成部分的商品）购回的销售方式。主要规定来自《企业会计准则第14号——收入》第三十八条。

一、回购时点

售后回购强调的是远期安排，回购时点必须显著晚于销售时点。按笔者自己的理解，若销售的同时回购，本质上是一揽子交易，应当将前后两个操作揉成一揽子交易综合考虑，参见案例“12-1 容汇锂业 2021-09”。

二、两种情形

企业与客户享有的回购选择权是一种期权，企业与客户是否会要求回购都存在不确定性。这里面其实包含了两种情形：一是企业负有回购义务或权利回购商品；二是企业负有应客户要求回购商品义务。前者行使回购的选择权在于企业（销售方），而后者的主动权则是在客户（买方）手上。企业应当对这两种情形区分处理：

（一）企业负有回购义务或权利回购商品

企业因存在与客户的远期安排而负有回购义务或企业享有回购权利的，客户可能随时准备向企业返还或有义务向企业返还商品。这表明客户在销售时点并未取得商品的控制权，不满足收入的确认条件，企业不得确认收入，而应当作为租赁交易或融资交易处理。

但是，如果企业负有回购义务或享有的回购权利不具有实质性，如按未来市场价格回购，或者企业与客户都没有动机回购，那么在评估客户是否取得商品的控制权时可以忽略该回购义务或权利，请阅读案例“12-3 志特新材 2020-09”。

1. 租赁交易

当回购价格低于原售价，应当视为租赁交易，按照《企业会计准则第21号——租赁》的规定处理。回购价格与原售价的差额本质上是企业让渡资产使用权而收取的租金，由企业在回购期间分摊，确认为当期的租赁收入。

2. 融资交易

当回购价格不低于原售价，应当视为融资交易，在收到客户款项时确认为金融负债而非收入。款项和回购价格的差额是企业占用客户资金而支付的资金占用费，应确认为利息费用并在回购期间分摊。一般认为，回购期短于1年的，不用考虑货币的时间价值，销售方将收到款直接确认为流动负债，回购价与销售价的差额采用直线法在回购期内平均摊销；回购期长于1年的，货币的时间价值就不能忽略了，销售方应通过“长期应付款”科目确认收到款，并采用实际利率法摊销回购价与销售价的差额。

企业到期未行使回购权利的，应当在回购权利到期时终止确认金融负债，同时确认收入、结转成本；而客户应当终止确认债权，同时将购进的商品确认为资产。

（二）企业负有应客户要求回购商品义务

如果企业负有应客户要求回购商品义务，应当在合同开始日评估客户是否具有行使该要求权的重大经济动因。

重大经济动因一般看客户要求回购的动机，例如，如果回购价格明显高于资产回购时的市场价值，则表明客户有行权的重大经济动因；反之，则表明客户没有要求回购的强烈动机。

1. 具有重大经济动因

客户具有行使要求权重大经济动因的，意味着回购可能会发生，客户不能主导商品的使用并获得其全部的剩余利益。换而言之，客户并未取得商品的控制权，企业应当将售后回购作为上文“（一）企业负有义务或权利”提到的租赁交易或融资交易处理。

2. 不具有重大经济动因

如果客户不具有行使该要求权重大经济动因，这种情形之下，虽然企业有义务应客户要求回购商品，但客户既无义务也不会随时准备返还商品。企业向客户转让商品时，客户就取得了商品的控制权，企业应当将其作为附有销售退回条款的销售交易，请回忆一下第8章“附有销售退回条款的销售”的内容，如果退货的金额小或者金额占主营业务收入的比例较小，根据重要性原则，可以不用计提预计负债。

请阅读案例“12-4 创世纪 2022-05”“12-5 光隆科技 2022-03”“12-6星邦智能 2020-12”。

12-1 容汇锂业 2021-09

根据二轮问询回复，公司与洛克伍德采购的锂精矿数量与最终销售碳酸锂（包含其中回购部分）数量是明确必须遵守8：1规定。2017—2019年，发行人向洛克伍德销售碳酸锂20,936.72万吨，其中发行人回购了4,202.50吨。

请发行人说明：针对回购业务，2017—2018年发行人进行回购的具体时点、重量和总金额，回购金额与出售金额之间的差额；结合《会计准则》的相关规定，分析回购差额存在几种会计处理方式，公司将回购差额冲减当期加工费是否合理。

｜回复｜

一、2017—2018年发行人进行回购的具体时点、重量和总金额，回购金额与出售金额之间的差额

（此处豁免披露）

公司售后回购业务在2018年6月之后，由于国内市场价格下跌，双方经协商，公司未再选择执行售后回购业务。

将公司碳酸锂实际其他销量和回购数量比较分析，我们可以确认公司当月其他销售数量均大于回购数量，我们可以认为当月回购均实现了当月对外的销售，即各报告期末不存在回购部分尚未实现销售的情况，期末不存在尚未实现销售的利用洛克伍德锂精矿生产的碳酸锂产品。

二、结合《会计准则》的相关规定，分析回购差额存在几种会计处理方式，公司将回购差额冲减当期加工费是否合理

企业会计准则中对于售后回购交易，规定了企业应当区分下列两种情形分别进行会计处理：

“（一）企业因存在与客户的远期安排而负有回购义务或企业享有回购权利的，表明客户在销售时点并未取得相关商品控制权，企业应当作为租赁交易或融资交易进行相应的会计处理。其中，回购价格低于原售价的，应当视为租赁交易，按照《企业会计准则第21号——租赁》的相关规定进行会计处理；回购价格不低于原售价的，应当视为融资交易，在收到客户款项时确认金融负债，并将该款项和回购价格的差额在回购期间内确认为利息费用等。企业到期未行使回购权利的，应当在该回购权利到期时终止确认金融负债，同时确认收入。

（二）企业负有应客户要求回购商品义务的，应当在合同开始日评估客户是否具有行使该要求权的重大经济动因。客户具有行使该要求权重大经济动因的，企业应当将售后回购作为租赁交易或融资交易，按照本条（一）规定进行会计处理；否则，企业应当将其作为附有销售退回条款的销售交易，按照本准则第三十二条规定进行会计处理。

售后回购，是指企业销售商品的同时承诺或有权选择日后再将该商品（包括相同或几乎相同的商品，或以该商品作为组成部分的商品）购回的销售方式。”

分 析

售后回购的规定来自《企业会计准则第14号——收入》第三十八条。

公司认为与洛克伍德的回购业务非企业会计准则所讨论的回购业务，会计准则所讨论的回购业务满足一个基本情况，该回购业务是销售日后发生的，是基于与客户的远期安排或者应客户要求而可能发生的回购义务或享有的回购权利，销售和回购时点是不一样的，回购时点要晚于销售时点，回购价格高于销售价格，视为融资交易处理；回购价格低于销售价格，视为租赁。对于收入准则而言，无论是视为融资交易还是租赁交易，其回购时点必须显著晚于销售时点，才具有实际意义，因此公司的回购业务不属于收入准则所规范的售后回购业务。

公司的这个回购业务与向洛克伍德“采购”锂精矿、交付碳酸锂是属于一揽子交易，公司的销售业务与回购业务几乎是同时发生的，公司对洛克伍德售后回购业务的产品自始至终在公司控制之下，实物并不发生流转，只进行票据和资金流转，从公司与洛克伍德交易的演变过程，我们可以看出实质回购业务是公司的“生产产能、技术能力、产品质量稳定性”与洛克伍德拥有矿产资源优势之间博弈谈判的结果，公司取得洛克伍德锂精矿的同时，就约定了销售和回购数量。公司在2017年之前采取的是平价回购模式，自2017年起双方谈判提高回购价格，同时约定相应调整加工费金额。从定价公式可以看出，利用数学方法，在2017年锂精矿价格与2016年一致的情况下，如双方按协议量执行，并且公司选择执行回购2,300吨，则同时提高了公司相等的销售金额和回购金额，即销售价格提高金额为=（此处豁免披露）万美元，回购价格提高金额为=（此处豁免披露）万美元，所以从中我们可以确认，2017年提高了加工费的情况下，则通过提高回购价格的方式，将洛克伍德多支付的加工费予以归还。所以该提高的回购价格实质上是对提高的加工费的调整。因此，公司在销售给洛克伍德的时候不确认相关销售收入，在回购业务发生时，直接将差额冲减了当期的加工费收入，是鉴于以下三个理由：1.加工费调整本身就是双方协议真实意思的表示；2.回购的实物没有发生流转，一直处于公司的控制之下，不能够将回购单独认为是一项贸易采购；3.公司向洛克伍德“采购”锂精矿、交付碳酸锂、回购锂精矿是属于一揽子交易，也不能够将回购孤立单独认为是一项贸易采购。

分　析

售后回购强调的是远期安排，回购时点必须显著晚于销售时点。而本案例比较特殊，是虚拟采购，“销售”的同时“回购”碳酸锂，是一揽子交易，二者几乎是同时发生的。公司这么做只是为了调整加工费，实物并没有流转，不符合售后回购的特征。

12-2　钜泉光电 2022-03

根据申报文件：发行人与经销商之间的销售属于买断式销售，但在主要经销商客户的已履行完毕的《代理合约书》《经销合约书》中存在发行人有权因策略性之政策主动回收产品的条款，该条款已在新签署的《经销合约书》中予以删除。

请发行人说明：

一、发行人与经销商约定有权因策略性之政策主动回收产品的原因以及报告期内有无实际执行，是否对收入确认政策和收入确认金额构成影响，是否实质上属于代销模式

｜回复｜

发行人与经销商做出该项约定主要是发行人为了预防在一些极端情况下，某个客户对某种型号非常急需，而在其他经销商有富余备货，便于发行人向经销商回购后安排调货。

报告期内，实际未出现发行人执行该条款主动回购产品的情形。此外，发行人与经销商之间的销售属于买断式销售，货物在经销商签收后发行人已无法进行控制，某种产品经销商处是否有货可供调配发行人实际并无法准确获知。

鉴于该条款是为了预防极端情况，因此并未约定回收产品的期限与价格。同时，因为在实际操作中不具有可操作性，且实际也未执行，因此该条款与常规意义上的售后回购条款是不同的，应理解为一项保护性条款。因此对收入确认政策和收入确认金额不构成影响，相应销售模式并不属于代销模式。

二、新签署的《经销合约书》删除相关条款的原因，合同条款变更前后对实际销售过程和收入确认政策有无变更

｜回复｜

如上所述，因考虑该条款不具有实际意义，且从未执行过，同时也为了更加明确与经销商的买断式销售业务模式，因此发行人与经销商新签署的《经销合约书》删除了相关条款。

合同条款变更前后，发行人实际销售过程和收入确认政策均未发生变更。

分　析

售后回购，是指企业销售商品的同时承诺或有权选择日后再将该商品购回的销售方式。本案例中，发行人与客户约定，发行人未来有权回收产品，存在远期安排，即使未约定回收产品的期限与价格，但也踩了“售后回购”定义的一大半。后来发行人怕影响收入确认，故合同最后删去该条款。

12-3　志特新材 2020-09

根据申报材料，2018年、2019年，发行人向海天建设集团有限公司、中天建设集团有限公司采购旧板，金额为473.75万元和1.87万元。主要系客户项目施工结束后，与发行人协商将模板出售给发行人，出售价格接近废铝销售价格。

请发行人补充披露：该等客户未向发行人租赁模板而在使用后以废铝价格销

售给发行人的原因，是否存在其他主要客户采用相同销售模式的情形，相关业务是否属于售后回购，具体会计处理。

｜回复｜

报告期内，发行人客户与供应商重合情况占比较小。客户长沙昌华供应链有限责任公司临时有部分辅材配件寻求出售，且价格较为优惠，因此发行人子公司经过协商后同意采购该批辅材配件；原部分销售客户项目使用结束后，与发行人协商将模板出售给发行人。考虑上述采购价格接近废铝销售价格，且模板状况良好，因此发行人同意采购旧板。

1. 上述客户未向发行人租赁模板的原因

2014年9月，海天建设集团有限公司（以下简称海天建设）拟向发行人采购铝模系统用于“南宁凯旋一号项目”的施工，基于其旗下其他项目后续的应用需要，海天建设经评估对比，选择了综合成本更低的直接采购模式与发行人合作。后因其他项目开发计划调整，海天建设与发行人协商在“南宁凯旋一号项目”施工结束后，由发行人结合自有旧板的周转需要，按市场价格将该批铝模系统回购。

2019年4月，中天建设集团有限公司（以下简称中天建设）拟向发行人采购铝模系统用于“惠州博罗碧桂园兴飞花园项目”的样板展示。中天建设因计划将样板房模板在展示结束后用于其他楼栋使用，经评估对比，选择了综合成本更低的直接采购模式与发行人合作。因其中66.00平方米非标准板在其他楼栋使用频率较低，中天建设与发行人协商在使用完毕后由发行人按市场价格销售回购。

2017年11月，深圳市泰祥汇丰实业发展有限公司（以下简称泰祥汇丰）的总包方团队拟向发行人采购铝模系统用于“珠海御金山花园项目”及“河源雅居乐花园项目”的施工，基于其旗下其他项目的后续应用，泰祥汇丰经评估对比，选择了综合成本更低的直接采购模式与发行人合作，并在旧板重复使用时委托发行人进行翻新。后该总包方转入江西赣联建设工程有限公司（以下简称江西赣联），并将该批模板于“惠州碧桂园星钻花园项目”的施工。2020年初，“惠州碧桂园星钻花园项目”完工后，部分铝模板因周转次数过多产生变形。因总包方缺乏旧板销售渠道，且上述项目旧板翻新业务均由发行人承做，故按照当时市场废铝回收价格销售给发行人。

2019年4月，中国建筑第五工程局有限公司（以下简称中建五局）拟向发行人采购铝模系统用于“汕头保利和府项目”的施工。基于其旗下其他项目的后续应用，泰祥汇丰经评估对比，选择了综合成本更低的直接采购方式与发行人合作。后因其他项目开发计划调整，中建五局与发行人协商在“汕头保利和府项目”施工结束后，由发行人结合自有旧板的周转需要，按市场价格将该批铝模系统回购。

分 析

1.《企业会计准则第14号——收入》第三十八条规定，当回购价格低于原售价，应当视为租赁交易；当回购价格不低于原售价，应当视为融资交易。本案例中，按未来的市场价格回购，不属于《企业会计准则第14号——收入》第三十八条规定的情形，这意味着在评估客户是否取得商品的控制权时可以忽略该回购义务或权利。

2.按未来的市场价格回购，在会计上，资产可以出表。

2.其他相同销售模式的情形

报告期内，发行人存在少量其他项目应客户要求采取相同销售模式，即在销售合同中约定日后客户可选择由发行人将铝模系统回购。因合同约定的回购价格较低，且结合客户其他项目的应用需要，回购条款执行的概率较低，故发行人对上述铝模系统在销售时全额确认销售收入，具体销售情况如下：

单位：万元

客户名称	项目名称	约定回购价格	是否执行回购
上海建工一建集团有限公司	静安区天目社区C070102单元46-02街坊开发地块	265.49	否
中国建筑第五工程局有限公司	九江市八里湖嘉园小区项目	238.94	否
中国建筑第八工程局有限公司	罗湖“二线插花地”棚户区改造项目	304.7	否
占当期销售业务收入比重		5.47%	

如上表所示，报告期内，发行人该类模式的销售占比较低。截至本招股说明书签署日，上述项目均未回购。

分 析

如果企业负有应客户要求回购商品义务，应当在合同开始日评估客户是否具有行使该要求权的重大经济动因。上表中，客户有权要求发行人将铝模系统回购，由于合同约定的回购价格较低，为此，发行人评估执行的概率较低，客户不具有行使该要求权的重大经济动因。发行人向客户转让铝模系统时，客户就取得了铝模系统的控制权，发行人应当将其作为附有销售退回条款的销售交易预提负债，但实务中倾向于不计提负债。

3. 上述交易不属于售后回购

上述项目的采购价格或约定回购价格大幅度低于销售价格，不属于融资性质的售后回购。

4. 上述交易的具体会计处理

发行人对上述铝模系统在销售时确认销售收入，在发生回购时按回购价格确认模板的购入价值。

12-4 创世纪 2022-05

申请文件显示，深圳创世纪部分客户采用银行贷款/融资租赁方式购入数控机床设备产品，标的资产为客户提供买方信贷担保，截至2021年12月31日，深圳创世纪上述对外担保余额合计19,360.06万元。

请上市公司补充说明：附有销售退回条款的计提情况售退回条款的销售计提情况。

｜回复｜

2020年末，深圳创世纪与个别客户签订战略合作协议期为2021年1月1日至2023年12月31日，同时协议约定了回购条款，即根据设备购销合同深圳创世纪交付客户的设备，在交付后24个月内客户有权要求深圳创世纪予以回购。

根据《企业会计准则第14号——收入》第五章特定交易的会计处理第三十八条第一款的规定：对于售后回购交易，企业应当区分下列两种情形分别进行会计处理：

（一）企业因存在与客户的远期安排而负有回购义务或企业享有回购权利的，表明客户在销售时点并未取得相关商品控制权，企业应当作为租赁交易或融资交易进行相应的会计处理。其中，回购价格低于原售价的，应当视为租赁交易，按照《企业会计准则第21号——租赁》的相关规定进行会计处理；回购价格不低于原售价的，应当视为融资交易，在收到客户款项时确认金融负债，并将该款项和回购价格的差额在回购期间内确认为利息费用等。企业到期未行使回购权利的，应当在该回购权利到期时终止确认金融负债，同时确认收入。

（二）企业负有应客户要求回购商品义务的，应当在合同开始日评估客户是否具有行使该要求权的重大经济动因。客户具有行使该要求权重大经济动因的，企业应当将售后回购作为租赁交易或融资交易，按照本条（一）规定进行会计处理；否则，企业应当将其作为附有销售退回条款的销售交易，按照本准则第三十二条规定进行会计处理。

根据战略合作协议的规定，在双方根据设备购销合同中深圳创世纪交付客户24个月以内的设备，深圳创世纪应按客户要求予以回购。因此，该业务属于第三十八条第一款第二项的规定，即企业负有应客户要求回购商品义务。

根据深圳创世纪统计的二手机市场销售行情以及获取的第三方对同类型二手设备的报价单与协议约定的回购价格进行比较，成新率相同的同类机型设备二手市场价和第三方报价均高于协议约定的回购价格，深圳创世纪认为客户不会行使回购权，不存在回购的重大经济动因，故将其作为附有销售退回条款的销售交易进行会计处理。

分 析

企业负有应客户要求回购商品的义务，主动权在客户手上，应先评估客户是否具有行使该要求权的重大经济动因。如果客户不具有重大经济动因，企业应当将其作为附有销售退回条款的销售交易。实务中，企业一般会认为客户不具有行使的重大经济动因。

综上所述，深圳创世纪与个别客户在战略合作期间2021年1月1日至2023年12月31日发生的购销业务需按照附有销售退回条款的销售交易进行会计处有销售退回条款的销售交易进行会计处理，因此从2021年开始计提预计负债。

分 析

附有销售退回条款的销售交易一般需要计提负债，详细请温习第8章“附有销售退回条款的销售”。

12-5 光隆科技 2022-03

根据申报材料，部分合同中约定：非定制件入库时间自完成入库记账起算不满一年的，发行人应接受客户退（换）货或回购要求；非定制件完成入库记账一年以上的库存或定制件库存，回购价格由双方协商确定。

请发行人：结合回购条款的约定、产品风险和报酬转移情况及发行人的收入确认政策等进一步说明收入确认时点的准确性，是否符合企业会计准则的规定。

| 回复 |

一、回购条款的约定、产品风险和报酬转移情况及发行人的收入确认政策

发行人与铭普光磁及其下属子公司关于回购条款/退（换）货条款、产品交付及验收的约定情况如下：

项目	合同具体条款内容
回购/退（换）货条款	交付及验收管理： （三）对于甲方向乙方采购后所产生的材料库存，如系非定制件，且入库时间自甲方完成入库记账起算不满一年的，乙方应接受甲方退（换）货或回购要求，如乙方拒绝退货或回购的，甲方有权调整其份额或取消其供货资格。对于非定制件甲方完成入库记账一年以上的库存，或甲方的定制件库存，回购价格由双方协商确定。
产品交付	交付及验收管理： （四）乙方负责将材料运输到甲方指定的交货地，同时在交货前应办理完毕甲方要求或相关法律法规规定应办理的交付必备手续。
验收	交付及验收管理： （五）乙方交付之日起7天（铭普光磁和东莞市铭庆电子有限公司）/30天（广州安晟半导体技术有限公司）内为验收期，验收期满材料未出现质量问题的，验收及格。 （六）验收及格之日起，材料的所有权归甲方所有。

发行人将货物运送至客户指定地点，客户收到货物并进行验收后，商品所有权上的主要风险和报酬已经转移。发行人在取得客户确认的验收结算证明后确认收入。

分　析

很多销售合同约定需要验收，卖方以客户验收单作为收入确认的主要凭证，在取得验收单时确认收入，请温习第7章第2节“验收”。

二、收入确认时点准确，符合企业会计准则的规定

1.企业会计准则的相关规定

（1）第三十八条：“对于售后回购交易，企业应当区分下列两种情形分别进行会计处理：

（一）企业因存在与客户的远期安排而负有回购义务或企业享有回购权利的，表明客户在销售时点并未取得相关商品控制权，企业应当作为租赁交易或融资交易进行相应的会计处理。其中，回购价格低于原售价的，应当视为租赁交易，按照《企业会计准则第21号——租赁》的相关规定进行会计处理；回购价格不低于原售价的，应当视为融资交易，在收到客户款项时确认金融负债，并将该款项和回购价格的差额在回购期间内确认为利息费用等。企业到期未行使回购权利的，应当在该回购权利到期时终止确认金融负债，同时确认收入。

（二）企业负有应客户要求回购商品义务的，应当在合同开始日评估客户是否具有行使该要求权的重大经济动因。客户具有行使该要求权重大经济动因的，企业应当将售后回购作为租赁交易或融资交易，按照本条（一）规定进行会计处理；否则，企业应当将其作为附有销售退回条款的销售交易，按照本准则第三十二条规定进行会计处理。

售后回购，是指企业销售商品的同时承诺或有权选择日后再将该商品（包括相同或几乎相同的商品，或以该商品作为组成部分的商品）购回的销售方式。”

（2）第三十二条：“对于附有销售退回条款的销售，企业应当在客户取得相关商品控制权时，按照因向客户转让商品而预期有权收取的对价金额（即，不包含预期因销售退回将退还的金额）确认收入，按照预期因销售退回将退还的金额确认负债；同时，按照预期将退回商品转让时的账面价值，扣除收回该商品预计发生的成本（包括退回商品的价值减损）后的余额，确认为一项资产，按照所转让商品转让时的账面价值，扣除上述资产成本的净额结转成本。

每一资产负债表日，企业应当重新估计未来销售退回情况，如有变化，应当作为会计估计变更进行会计处理。”

2. 对发行人收入确认时点的分析

结合发行人与铭普光磁、东莞市铭庆电子有限公司及广州安晟半导体技术有限公司之间的合同条款和销售内容，发行人需要接受客户回购/退（换）货的要求，负有应客户要求的回购/退（换）货的义务。

铭普光磁、东莞市铭庆电子有限公司及广州安晟半导体技术有限公司为上市公司及其子公司，经营情况良好。根据合同条款、并结合报告期内交易情况，合同中回购条款/退（换）货条款的约定实质为上述客户要求对退（换）货有权选择采取的形式，而非以融资需求为目的，不属于企业会计准则第三十八条规定的租赁交易或融资交易。

分　析

退货权赋予了客户要求企业收回商品的权利，主动权在客户手上，应先评估客户是否具有行使该要求权的重大经济动因。一般而言，卖方都会评估客户不具有行使该要求权的重大经济动因，作为附有销售退回条款的销售交易处理。

发行人对铭普光磁及其下属子公司为内销非寄售模式，在取得客户确认的验收结算证明后，按照双方已确认的数量及金额确认收入。验收结算证明为发行人最早知悉客户取得相关商品控制权的依据，因此发行人在取得客户验收结算证明的时点确认收入，符合企业会计准则第三十二条的规定。

报告期内，铭普光磁及其下属子公司的历史退货金额及占比较低，发行人因此未将因销售退回将退还的金额确认为负债。

分　析

企业应将向客户退款的义务确认为一项预计负债。如果历史数据表明退货的金额小或者占主营业务收入的比例较小，则可以“偷懒”，不用计提负债，详细请温习第8章“附有销售退回条款的销售”。

综上，发行人与铭普光磁及其下属子公司之间的回购条款实质为退换货条款，发行人在取得客户验收结算证明的时点确认收入，符合企业会计准则的规定。

12-6 星邦智能 2020-12

招股说明书披露，在高空作业平台成熟市场，设备制造商一般不直接对终端客户进行销售，而是以租赁商为中间渠道向市场提供产品，租赁商成为制造商的主要下游客户。报告期内，国内高空作业平台竞争格局开始呈现向大型知名经营租赁商集中的趋势。根据行业惯例，客户为解决批量采购的资金问题而采用融资租赁结算方式，即融资租赁公司根据客户的要求向发行人购买指定的高空作业平台，并将标的物融资租赁给客户使用，同时融资租赁公司将客户融资的款项支付给发行人。

请发行人：补充披露发行人是否存在与客户的远期安排而附有回购义务，如是，补充披露触发回购的条件，回购价格及确定方式，回购物回收费用承担方式和回购物处理方式，是否为行业通用模式。报告期内是否实际发生回购情形，如是，补充披露回购金额，回购物实际处理情况，对发行人经营业绩的影响。

｜回复｜

一、是否存在与客户的远期安排而附有的回购义务

（一）公司业务实际情况

报告期内，部分国内客户通过向融资租赁公司融资采购公司的高空作业平台产品。根据行业惯例，公司与融资租赁公司签订《垫付及回购担保协议》，约定公司为客户与融资租赁公司签订的《融资租赁合同》项下债务向融资租赁公司提供担保。若融资租赁合同项下的承租人延迟向融资租赁公司支付租金，则公司需要承担担保责任为承租人垫付租金，若因承租人违约触发设备回购条款，公司需承担回购义务。

分　析

1.本案例属于卖方信贷模式。融资租赁公司是金主，根据客户的要求向卖方购买大型商品，然后出租给客户。发行人作为卖方，为客户向融资租赁公司担保、承诺：若客户违约，未支付租金，发行人须承担垫付租金、回购的义务。

2.在这三方关系中，融资租赁公司有双重支付租金的保障，客户也融到了资，融资租赁公司与客户都受了益。而发行人虽然卖出了商品但需要给客户担保，大利中夹杂着小弊。

1. 回购条件

发生下列情况之一时，融资租赁公司有权要求公司回购《融资租赁合同》项下的租赁物和/或租赁债权：客户连续逾期或累计逾期达到约定次数（一般约定连续3期或累计3期未按时、足额向融资租赁公司支付租金）；客户逾期后，公司未履行垫付义务；租赁物灭失或毁损，造成融资租赁合同实际无法履行；客户出现融资租赁合同项下的根本违约情形；客户资料不真实，造成虚假交易；非融资租赁公司原因造成融资租赁合同无效；其他约定情形。

2. 回购价格及确定方式

回购价格不低于截至回购之日融资租赁合同下全部应收但未收到的款项，一般包括未到期租金、逾期租金、违约金及留购价款，或以租赁合同项下的租赁物经第三方评估机构评估的公允价格回购。

3. 回购费用承担方式

根据公司与融资租赁公司签订的合作协议，回购费用由公司自行承担，公司履行回购义务后向客户及其实际控制人追偿。

4. 回购物处理方式

公司履行的回购义务为不见物回购，公司向融资租赁公司支付回购价款后，融资租赁公司将回购物所有权转让给公司，融资租赁公司不负责回购物的交付，由公司自行与客户协商拖车安排，公司可将回购物二次出售或者用于租赁。

（二）是否存在与客户的远期安排而附有回购义务

1. 远期安排定义

《企业会计准则第14号——收入》应用指南2018相关规定：

“售后回购是指企业销售商品的同时承诺或有权选择日后再将该商品购回的销售方式。一般来说，售后回购通常有三种形式：一是企业和客户约定企业有义务回购该商品，即存在远期安排。二是企业有权利回购该商品，即企业拥有回购选择权。三是当客户要求时，企业有义务回购该商品，即客户拥有回售选择权。”

2. 担保义务是否构成远期安排而附有的回购义务

按照准则定义：“企业和客户约定企业有义务回购该商品，即存在远期安排。”融资租赁结算销售下，公司为客户如约履行融资租赁合同提供担保，如客户不能履行其与融资租赁公司还款约定，根据《垫付及回购担保协议》可能触发回购条款而导致公司需要向融资租赁公司回购客户购买的设备。因此，公司存在与融资租赁公司的远期安排而附有回购义务。

（三）附有回购义务的远期安排是否导致客户未取得该商品的控制权

1.相关准则规定

《企业会计准则第14号——收入》应用指南2018相关规定：

"企业因存在与客户的远期安排而负有回购义务或企业享有回购权利的，尽管客户可能已经持有了该商品的实物，但是，由于企业承诺回购或者有权回购该商品，导致客户主导该商品的使用并从中获取几乎全部经济利益的能力受到限制，因此，在销售时点，客户并没有取得该商品的控制权。"

2.附有回购义务的远期安排是否导致客户未取得该商品的控制权

客户在支付首付款和保证金后，设备公允价值通常将大于未到期租金余额，触发回购条款后融资租赁公司有权取回设备，客户将损失设备公允价值与未到期租金余额的差额部分。因此，通常情况下，承租人不会在租赁期间内故意违约而失去获得高空作业平台的所有权的权利，即在合同确认收入开始日，客户不具有行使该要求权的重大经济动因。

分　析

客户具不具有行使该要求权的重大经济动因，一般看动机。实务中，一般会评估客户不具有重大经济动因，这样就不影响商品控制权的转移、出表。

客户在支付首付款并办理融资租赁手续后取得设备的控制权，客户能够主导该商品的使用。除非客户自身主动出现逾期情况，否则公司无权对商品进行回购，既不负有回购义务也不享有回购权利。因此，该担保不会导致客户未取得该商品的控制权，该担保不影响客户在初始转让时主导该商品的使用权并从中获得几乎全部的经济利益的能力。

分　析

在融资租赁中，供货商一般在承租人验收完毕后即可确认收入，详细请温习第7章第9节"融资租赁"。

3.同行业公司的回购担保情况

国内工程机械及专用设备行业中，普遍存在厂商为客户融资采购厂商产品向融资租赁公司或贷款银行提供回购担保的情况，为行业的通行模式。

综上，根据公司与融资租赁公司签订的《垫付及回购担保协议》，公司为客户的融资租赁提供担保义务，该担保构成附有回购义务的远期安排。但该担保义务并不影响客户在初始转让时即主导该商品的使用权并从中获得几乎全部的经济利益的能力，且客户不具有行使该要求权的重大经济动因。因此，公司根据《垫付及回购担保协议》对融资租赁公司附有回购义务的远期安排不会导致客户未取得该商品的控制权。

二、报告期内，公司为客户向融资租赁公司履行回购义务情况

报告期内，公司因上述担保义务满足一定条件而触发回购义务共支付回购金额656.63万元（在回购上述租赁物前公司已因先履行垫付义务而支付1,601.51万元）。公司通过向客户追偿、对回购物进行二次出售或对外出租等方式降低回购损失，报告期内公司实际发生回购损失1,292.61万元，占营业收入的0.54%，占营业利润的4.88%，并已足额计提预计担保损失和减值准备，对公司经营业绩的影响较小。

第13章 客户未行使的权利

客户未行使的权利经常出现在预收账款的交易中，常见的形式有储值卡、预付卡等。主要规定来自《企业会计准则第14号——收入》第三十九条。

企业向客户收取的预收款，赋予了客户一项在未来从企业获得商品或服务的权利，企业有义务在未来向客户转让商品或服务。

1. 先确认为负债

企业向客户预收销售商品款项的，除租赁业务确认为收入之外，应当首先将款项确认为负债，待履行了履约义务时再转为收入，请阅读案例“9–20 收入准则应用案例——合同负债（电商平台预售购物卡）”。

2. 确认额外收入

当企业预收款项无须退回，且客户可能会放弃全部或部分合同权利时，如客户遗失、忘记预付卡或者零头余额未消费，企业预期将有权获得与客户所放弃的合同权利相关的金额的，应当按照客户行使合同权利的模式按比例将金额确认为收入；如果无法预计客户欲放弃的比例或金额，企业只有在客户要求其履行剩余履约义务的可能性极低时，如预付卡过期，才能将负债的余额转为收入。

企业在确定是否预期将有权获得与客户所放弃的合同权利的金额时，应当考虑将估计的可变对价计入交易价格的限制要求。

如果有法律规定，企业所收取的与客户未行使权利的款项须转交给其他方的，如法律规定无人认领的财产须上交政府，企业不应将其确认为收入。

13-1 思维造物 2021-12

2017—2019年末发行人预收账款分别为4,625.16万元、5,440.05万元、3,915.75

万元，2020年3月末发行人合同负债余额为21,934.11万元，主要为未消耗代币余额和知识服务待摊收入，2017—2019年未消耗代币余额和知识服务待摊收入主要在其他流动负债中核算。

请发行人：补充披露预收货款核算的具体内容、相关货物的主要类别、货物期后发货情况。

｜回复｜

发行人报告期内各期末预收货款的具体类别如下：

单位：万元

项目	2021年6月30日
线上知识服务兑换卡及兑换码	2,444.11
电商预收款	467.83
赞助款、线下课程预收款及其他	531.76
合计	3,443.70

线上知识服务兑换卡及兑换码核算发行人已销售“得到”App产品或代币兑换卡中用户未激活的金额；电商预收款核算发行人预收的电商业务货款，用户购买电商产品时进行预付款，待用户签收且满足收入确认原则后确认收入；赞助款、线下课程预收款及其他主要核算公司跨年演讲业务根据与客户合同约定预收的赞助款及线下课程业务预收的货款。

报告期内，各期末预收的线上知识服务兑换卡及兑换码货款，在用户激活后结转至其他流动负债（2020年1月1日起执行新收入准则后为合同负债），根据兑换产品内容对应的收入确认原则确认收入，未激活的兑换卡及兑换码在过期后一次性结转收入；预收电商货款在客户物流签收货物后在电商平台确认收货的情况下结转收入；预收的赞助款在发行人次年为赞助商提供权益露出后结转收入；预收的线下课程款在次年课程结束根据每期课程签到人数结转收入。

分 析

客户未行使的权利常见于预收款。先确认为负债，后待履行了履约义务时再转为收入。当客户要求履行剩余履约义务的可能性极低时，如储值卡过期，可以直接将负债转为收入。

13-2　海看股份 2022-03

根据申报材料，2018—2019年，发行人递延收益中的预收服务费金额分别为68.43万元、304.03万元，2020年1月1日起，根据新收入准则，该部分预收服务费调整至合同负债核算，合同负债金额为1,062.41万元。公司在开展IPTV增值业务中，对于终端用户订阅的年包/半年包/季包等增值包产品，公司将该部分增值包服务费分成确认为递延收益，在用户订阅增值包的期限内按月进行分摊。

请发行人说明：递延收益—预收服务费的核算、结转、分配方法及过程，递延收益、合同负债余额与收入确认金额之间的匹配性，相关会计处理是否符合《企业会计准则》的规定，是否与同行业可比公司同类业务一致。

｜回复｜

一、递延收益—预收服务费的核算、结转、分配方法及过程

发行人在开展IPTV增值业务中，终端用户订购年包/半年包/季包等期限超过月度的增值包产品时，向运营商一次性全款支付了订购款项。三大运营商中，山东移动将终端用户订购年包/半年包/季包等增值包产品的款项分期与发行人进行了结算；山东联通和山东电信则将收取的订购款项按照约定的分成比例一次性与发行人进行了结算。

上述过程中，终端用户一次性支付了季度、半年或者全年的费用，运营商、发行人以及版权方在未来一段期间内持续承担履约义务，为客户提供持续服务。因此，在与山东联通和山东电信合作开展的IPTV增值业务中，发行人根据不同运营商各个月度的年包/半年包/季包等期限超过月度的产品流水占该侧运营商增值业务流水的比例，计算各个月度增值业务结算金额中年包/半年包/季包等各种产品包的结算金额，并将结算金额在产品的整个服务期限内按照直线法进行分配，当月尚未提供服务的部分确认递延收益或合同负债。对于确认递延收益或合同负债的部分，在年包/半年包/季包的剩余服务期限内，按月分别结转确认收入。

分　析

客户预先支付对价，卖方预先收取货款，卖方欠客户一个义务，未来需要向客户转让商品或服务，相当于客户拥有未行使的权利，卖方应当首先确认为负债，待义务履行了之后再转为收入。

二、递延收益、合同负债余额与收入确认金额之间的匹配性

报告期各期末，发行人因终端用户订购年包/半年包/季包等增值包产品而形成的递延收益—预收服务费/合同负债—预收服务费的金额分别为304.03万元、363.43万元和629.62万元。报告期内，发行人联通侧和电信侧增值业务年包/半年包/季包等产品包收入确认金额合计为615.75万元、1,015.70万元和1,417.22万元。

发行人自2018年起与山东联通、山东电信合作开展增值业务，业务起步阶段收入规模尚小，随着联通侧和电信侧增值业务规模的增长，增值业务收入规模相应增长，因其中订阅年包/半年包/季包产品而形成的递延收益/合同负债也随之增长。2020年，用户订购的年包产品在上半年比重更高，该部分年包的服务期限大部分在年内，对年末的合同负债金额影响较小，因而2020年末合同负债的增长幅度低于当年收入增长幅度。

综上所述，随着增值业务规模的增长，发行人因用户订购年包、半年包、季包而确认的合同负债/递延收益以及增值业务收入确认金额也随之增长，发行人递延收益、合同负债余额与收入确认金额之间具有匹配性。

三、相关会计处理是否符合《企业会计准则》的规定

1. 2020年、2021年

2020年，发行人执行《企业会计准则第14号——收入》(2017)。根据《企业会计准则第14号——收入》(2017)第十一条第一款规定，满足下列条件之一的，属于在某一时段内履行履约义务；否则，属于在某一时点履行履约义务：(一)客户在企业履约的同时即取得并消耗企业履约所带来的经济利益。(二)客户能够控制企业履约过程中在建的商品。(三)企业履约过程中所产出的商品具有不可替代用途，且该企业在整个合同期间内有权就累计至今已完成的履约部分收取款项。根据《企业会计准则第14号——收入》(2017)第十二条规定，对于在某一时段内履行的履约义务，企业应当在该段时间内按照履约进度确认收入，但是，履约进度不能合理确定的除外……

根据《企业会计准则第14号——收入》(2017)的规定，合同负债，是指企业已收或应收客户对价而应向客户转让商品的义务。如企业在转让承诺的商品之前已收取的款项。对于IPTV增值业务中终端用户一次性支付了季度、半年或者全年的费用，运营商、发行人以及版权方在未来一段期间内持续承担履约义务，为客户提供持续服务。因此，发行人需将收到的该部分增值业务结算款计入合同负债，并分别在服务期限内按月进行摊销确认收入。

2. 2019年

2019年度，发行人执行《企业会计准则第14号——收入》(2006)。发行人

IPTV增值业务属于提供劳务，在资产负债表日提供劳务交易的结果能够可靠估计的，采用完工百分比法确认提供劳务收入，并按已经提供的劳务占应提供劳务总量的比例确定完工进度。对于IPTV增值业务中终端用户一次性支付了季度、半年或者全年的费用，发行人按已提供服务占全部服务期限的比例确认收入，并将未确认收入的部分确认为递延收益，在服务期限内按月进行摊销确认收入。

分　析

确认为"递延收益"的做法已经过时了。现在预收账款且附带义务的，都应计入"合同负债"。

综上，发行人的会计处理符合《企业会计准则》的规定。

13-3　通行宝2021-06

根据申报材料和审核问询回复：报告期各期，发行人购买银行类产品产生的利息收入和投资收益合计金额分别为2,349.77万元、12,068.14万元和12,957.66万元，占净利润比例较大。发行人用于购买银行类产品的沉淀资金主要来源于储值卡卡内余额形成的沉淀资金、通行费清分的结算账期形成的沉淀资金以及公司股东投入资金及滚存收益形成的资金。

请发行人：

一、补充披露沉淀资金产生的各类收益（包括委托贷款利息、银行类产品利息收入和投资收益等）构成情况，各类资金收益合计金额及占利润的比例，结合业务特点及行业情况说明其合理性

｜回复｜

发行人沉淀资金产生的各类收益构成情况及占利润比例如下表所示：

单位：万元

项目	2020年度
资金收益合计	12,957.66
资金收益税后合计	11,014.01
净利润	18,189.27
资金收益占净利润比例（%）	60.55

2019年7月之前，全国高速公路电子收费主要发行ETC储值卡，采用先充值后消费模式。在该模式下ETC用户在办理ETC储值卡时需签署相关协议，根据约定ETC储值卡需提前充值，不能透支使用。考虑到业务办理的便捷性，用户一般在充值时都会预存一定额度的资金，方便后续一定时期内多次使用，因此，ETC储值卡内会形成较大的沉淀资金。另外，ETC发行服务机构在开展电子收费清分结算业务时，都会根据一定的周期与高速公路运营管理单位进行通行费资金结算，从而会形成一部分通行费结算沉淀资金。

目前，各省ETC发行服务机构根据其发行的ETC储值卡数量不同，沉淀资金的总额也存在一定的差别，ETC沉淀资金收益和电子收费业务收入构成了该类机构的主要收入来源，以支持其日常运营。由于一般情况下，在财务核算中电子收费业务运营成本只在电子收费业务大类归集分配，ETC沉淀资金收益记入投资收益或财务费用—利息收入，不参与分配业务运营成本，导致行业普遍存在ETC沉淀资金收益占净利润的比例较高。

综上，发行人沉淀资金的产生与发行人从事的智慧交通电子收费业务密切相关，是开展该项经营活动导致的必然结果，ETC沉淀资金收益占净利润的比例较高也符合行业的情况，因此，发行人ETC沉淀资金收益占净利润的比例较高具有合理性。

二、补充披露沉淀资金使用的相关监管规定（或要求）及发行人的合法合规性情况，沉淀资金用途是否存在限制

｜回复｜

发行人沉淀资金主要来源于公司股东投入资金及留存收益形成的资金、通行费清分的结算账期形成的沉淀资金以及储值卡卡内余额形成的沉淀资金。

其中，发行人股东投入及留存收益形成的资金系发行人所有，发行人具有处置此类资金的完全的自主权；通行费清分的结算账期形成的沉淀资金系因发行人与高速公路运营管理单位按期清分通行费并结算技术服务费用，由于各高速公路通行费总体较为稳定，因此发行人基于通行费清分的结算账期会形成相应通行费沉淀资金，发行人具有此类资金的使用权及收益权。前述两类沉淀资金系因发行人自有资金沉淀形成，或因发行人通行费清分的结算账期形成，均属于企业正常生产经营中形成的沉淀的资金。对于此类沉淀资金的使用和管理，只需符合公司治理和内部控制对资金使用和管理的要求，不存在其他特殊监管规定或要求。

储值卡卡内余额形成的沉淀资金系因ETC用户在办理ETC储值卡充值后的卡内余额而形成。ETC用户在办理ETC储值卡时需签署《ETC用户章程》《ETC用户协议》，根据约定ETC储值卡需提前充值，不能透支使用，储值卡内充值的资金不计利息，是一种普遍的商业模式和行业惯例。

对于此类沉淀资金，除需符合公司治理和内部控制对资金使用和管理的要求外，根据交通运输部路网监测与应急处置中心制定的《全国ETC客户服务业务规程》的规定："储值卡采用实名制，卡内电子钱包记录资金信息，客户需在卡内预存通行费，其车辆在通过收费公路时，系统直接从卡内扣除当次通行费，并根据通行记录在卡账户中记账。"发行人发行的ETC储值卡符合上述规定，属于行业卡，其中预存的资金系用户为获得ETC相关服务而支付的预付款，发行人拥有沉淀资金的使用权。

为了提高沉淀资金使用效益，精细化财务管理，从而保证发行人科学发展，实现国有资产保值增值，发行人2017年和2018年初将大部分沉淀资金用于关联方委托贷款，并已经发行人董事会及股东会审议通过，履行了必要的内部审议、审批程序。根据《委托贷款协议》约定，发行人委托资金贷款对象均为其关联方，均通过有资质的金融机构办理，借款期限均为一年以内，借款利率均按人民银行同期贷款基准利率执行，借款不得用于股票及其他证券投资、用于任何法律、法规、监管规定及相关政策禁止准入的项目或未经依法批准的项目，以及禁止以银行贷款及委托贷款投入的项目、用途。前述资金业务风险较小、收益率相对稳定、流动性较强，均已到期收回，未对发行人的正常经营造成不利影响，且提高了发行人沉淀资金的使用效益，是正常的资金管理手段。自2018年开始，发行人不再进行关联方委托贷款，转为购买银行存款类产品，进行低风险投资，并形成投资收益。

分 析

沉淀资金是预收款项，属于客户未行使的权利。虽然属于负债，但发行人对沉淀资金有使用权，可以进行购买银行存款类产品等低风险投资，所产生的利息收益可以抵减财务费用。

综上，发行人沉淀资金主要来源于公司股东投入资金及留存收益形成的资金、通行费清分的结算账期形成的沉淀资金以及储值卡卡内余额形成的沉淀资金，发行人拥有上述资金的使用权及收益权，不存在其他特殊监管规定或要求；发行人关于沉淀资金的使用履行了必要的内部审议、审批程序，上述资金业务风险较小、收益率相对稳定、流动性较强，均已到期收回，系正常的资金管理手段，使用过程合法合规，沉淀资金用途不存在限制。

13-4 收入准则应用案例——合同负债（涉及不同增值税率的储值卡）

甲公司经营一家连锁超市，以主要责任人的身份销售商品给客户。甲公司销售的商品适用不同的增值税税率，如零食等适用税率为16%，粮食等适用税率为10%等。2×18年，甲公司向客户销售了5,000张不可退的储值卡，每张卡的面值为200元，总额为1,000,000元。客户可在甲公司经营的任意一家门店使用该等储值卡进行消费。根据历史经验，甲公司预期客户购买的储值卡金额将全部被消费。甲公司为增值税一般纳税人，在客户使用该等储值卡消费时发生增值税纳税义务。

|解析|

甲公司经营一家连锁超市，销售适用不同税率的各种商品，并收取商品价款及相应的增值税。因此，甲公司销售储值卡收取的款项1,000,000元中，仅商品价款部分代表甲公司已收客户对价而应向客户转让商品的义务，应当确认合同负债，其中增值税部分，因不符合合同负债的定义，不应确认为合同负债。

甲公司应根据历史经验（例如公司以往年度类似业务的综合税率等）估计客户使用该类储值卡购买不同税率商品的情况，将估计的储值卡款项中的增值税部分确认为应交税费—待转销项税额，将剩余的商品价款部分确认为合同负债。实际消费情况与预计不同时，根据实际情况进行调整；后续每个资产负债表日根据最新信息对合同负债和应交税费的金额进行重新估计。

分 析

1.向消费者销售的储值卡1,000,000元是客户未行使的权利，应当先确认为合同负债。

2.增值税部分不属于合同负债，将估计的储值卡1,000,000元中的增值税确认为“应交税费—待转销项税额”，未来消费者消费后再转入“应交税费—应交增值税（销项税额）”；剩余的商品价款部分先确认为合同负债，待客户消费者消费后再转为收入。

第14章 无须退回的初始费

实务中，无须退回的初始费，常见的有初始费会、会员费、入会费、项目启动费、销售权等，主要规定来自《企业会计准则第14号——收入》第四十条。

企业在合同开始（或接近合同开始）日向客户收取的无须退回的初始费应当计入交易价格。企业应当评估初始费是否与向客户转让已承诺的商品相关：

（一）与向客户转让已承诺的商品相关

若初始费与向客户转让已承诺的商品相关，应进一步观察该商品是否构成单项履约义务，以确定是否按照分摊至商品的交易价格确认收入。

构不构成单项履约义务，实际上是回到第1章“单项履约义务”的内容。

1. 构成单项履约义务

倘若初始费与向客户转让已承诺的商品相关，并且商品构成单项履约义务的，企业应当在转让商品时，按照分摊至该商品的交易价格确认收入，可能是按时点，也可能是按履约进度。

实务中，大部分是上述情形，请阅读案例“14-1 皓元医药 2020-09”“14-2 键凯科技 2020-03”“14-3 力品药业 2022-12”“14-4 商客通 2023-10”。

2. 不构成单项履约义务

倘若初始费与向客户转让已承诺的商品相关，但商品不构成单项履约义务的，企业应当在包含该商品的单项履约义务履行时，按照分摊至该单项履约义务的交易价格确认收入。

（二）与向客户转让已承诺的商品不相关

初始费与向客户转让已承诺的商品不相关的，应当作为未来将转让商品的预收款，在未来转让商品时确认为收入。

（三）与未来将转让的已承诺商品相关

企业收取了无须退回的初始费且为履行合同应开展初始活动，但这些活动本身并没有向客户转让已承诺的商品的，初始费与未来将转让的已承诺商品相关，应当在未来转让商品时确认为收入，企业在确定履约进度时不应考虑这些初始活动；企业为初始活动发生的支出应当作为合同履约成本确认为一项资产，或者计入当期损益。

14-1　皓元医药 2020-09

在合同开始日向客户收取的无需退回的、计入交易价格的初始费，在完成第一个里程碑后，与第一阶段收入一同确认。

请发行人进一步说明：结合新收入准则中关于初始费的收入确认方式及确认时点，说明上述收取的初始费在新收入准则适用后是否与现行收入准则下收入确认方式、确认时点不同。

｜回复｜

新收入准则和现行收入准则对无需退回的初始费相关规定及发行人的处理方式列示如下：

新收入准则规定	现行收入准则规定	发行人的处理方式
企业在合同开始（或接近合同开始）日向客户收取的无需退回的初始费应当计入交易价格。企业应当评估该初始费是否与向客户转让已承诺的商品相关，具体分三种情况：（1）该初始费与向客户转让已承诺的商品相关，并且该商品构成单项履约义务的，企业应当在转让该商品时，按照分摊至该商品的交易价格确认	现行准则并未对收取无需退回的初始费进行明确规定。但证监会会计部《2017年会计监管协调会——具体会计问题监管口径》中提到，“企业对于向客户收取的无需退回的申请入会费和会员费等初始费，应当评估该费用是否与向客户转让特定	发行人在合同开始（或接近合同开始）日向客户收取的无需退回的、计入交易价格的初始费（如项目启动费等），在完成第一个里程碑后，与第一阶段收入一同确认。

新收入准则规定	现行收入准则规定	发行人的处理方式
收入；（2）该初始费与向客户转让已承诺的商品相关，但该商品不构成单项履约义务的，企业应当在包含该商品的单项履约义务履行时，按照分摊至该单项履约义务的交易价格确认收入；（3）该初始费与向客户转让已承诺的商品不相关的，该初始费应当作为未来将转让商品的预收款，在未来转让该商品时确认为收入。	商品或服务相关：如果与已承诺的商品或服务相关，应该作为销售商品或提供服务所换取对价的一部分予以确认；如果没有向客户承诺商品或提供服务的，应在合同期内分期确认为收入”。	

发行人收到无需退回的初始费属于FFS类技术服务，根据合同约定，在合同生效后，客户向发行人支付约定比例的预付款，该预付款与向客户转让商品或服务相关，合同各阶段的工作内容是独立的，且后续不会对已交付的成果进行重大修改，按照新收入准则规定，如果企业向客户转让的商品或服务与合同中的其他承诺可单独或明确区分，可认定为单项履约义务，在控制权转移的时点确认收入。发行人收取的初始费符合新收入准则中的情况一，即“该初始费与向客户转让已承诺的商品相关，并且该商品构成单项履约义务的，企业应当在转让该商品时，按照分摊至该商品的交易价格确认收入”。

综上，发行人收取的初始费在新收入准则与现行收入准则下收入确认方式、确认时点存在差异，若按新收入准则，对初始费在各里程碑之间进行分摊，需调减技术服务收入188.30万元。

分 析

案例中，FFS类技术服务是无须退回的初始费，与向客户转让已承诺的商品息息相关，且附着的商品可明确区分，构成单项履约义务，故采用与附着的商品一样的方式确认收入，即在各里程碑之间分摊。

14-2 键凯科技 2020-03

公司通过“许可费+里程碑收入+收益分成”的方式收取技术服务费。

请发行人说明：对比同行业可比公司的处理情况。

| 回复 |

经比对，发行人与同行业公司的收入确认政策基本相同。同行业可比公司的处理情况如下：

公司名称	适用会计准则	收入确认政策
苏州博瑞	企业会计准则	1. 销售商品收入 本公司销售商品收入的确认标准及收入确认时间的具体判断标准： 对于国内销售，在按照合同约定的交货方式，将产品交付给客户或送至指定地点，已经收回货款或取得了收款凭证且相关的经济利益很可能流入后确认收入； 对于出口销售，在完成海关报关手续并按照合同约定的交货方式，将产品交付给承运人或送至指定地点，已经收回货款或取得了收款凭证且相关的经济利益很可能流入后确认收入。 2. 技术收入 本公司确认技术收入的具体标准为：在合同执行完毕或交付合同明确约定的阶段性成果后，公司已经收回货款或取得了收款凭证，且不附有任何退款义务时，确认收入。对于合同约定有退款条款的，在退款义务已明确不成立之前，收取的分阶段合同款计入预收账款，不确认收入。在合同开始（或接近合同开始）日向客户收取的无需退回的、计入交易价格的初始费（如项目启动费等），在完成第一个里程碑后，与第一阶段收入一同确认。 3. 权益分成收入 权益分成收入是指公司与客户签订合同，由公司提供技术支持，并约定从客户特定产品的销售收入或利润中提取一定比例权益分成产生的收入。公司根据合同约定的权益分成方式，在收到客户的定期的销售数据结算文件后，根据分成比例确认权益分成收入。 4. 让渡资产使用权收入 让渡资产使用权在同时满足相关的经济利益很可能流入、收入金额能够可靠计量时，确认让渡资产使用权的收入。使用费收入按有关合同或协议约定的收费时间和方法计算确定。

续表

公司名称	适用会计准则	收入确认政策
药石科技	企业会计准则	1.销售商品 本公司商品销售收入分为国外销售和国内销售。 对于国外销售，本公司将商品发运给客户，客户收货后物流提供收货信息，海关出具报关单，公司取得海关报关单及客户收货信息、完成合同约定后确认收入。对于国内销售，本公司将商品发运给客户，客户收货后签具收货回单，公司取得客户回单、开具销售发票、完成合同约定后确认收入。 2.提供劳务 公司技术服务具体的收入确认标准为：因公司提供技术服务均以最终完成某项特定技术成果为结束，故均在相关的技术服务已经完成后，根据在科技局已备案的合同开具发票，确认收入。 3.让渡资产使用权 本公司在让渡资产使用权相关的经济利益很可能流入并且收入的金额能够可靠地计量时确认让渡资产使用权收入。

分　析

本案例中，项目启动费是无须退回的初始费，与向客户转让已承诺的商品相关，且附着的商品可明确区分，构成单项履约义务。所以，采用与附着的商品一样的方式确认收入。

14-3　力品药业 2022-12

根据招股说明书及申报材料，（1）发行人的盈利模式包括药品销售、销售权摊销、利润分成和药品研发服务/技术转让服务；对于销售前景看好的品种，发行人采取多元化合作方式；（2）对于销售权摊销收入，在期限内发行人按照“当年摊销比例=当年实际销售数量/合同约定期间的预计总销量，最后一年将余下部分一次性摊销”的方法确认相关药品销售收入。

请发行人说明：销售权是否存在具体期限，该摊销方法的合理性、是否符合行业惯例。

｜回复｜

1.销售权是否存在具体期限

发行人销售权存在具体期限，系双方根据商业谈判结果，在合同中予以约定，其中盐酸可乐定缓释片摊销期是10年，盐酸达泊西汀片摊销期是30年。

2.该摊销方法的合理性、是否符合行业惯例

根据《企业会计准则第14号——收入》，第四十条规定“企业在合同开始（或接近合同开始）日向客户收取的无需退回的初始费……应当计入交易价格。企业应当评估该初始费是否与向客户转让已承诺的商品相关。该初始费与向客户转让已承诺的商品相关，并且该商品构成单项履约义务的，企业应当在转让该商品时，按照分摊至该商品的交易价格确认收入……”

药品的生产和销售严格受到国家各项法律法规的限制，客户无法通过转让等形式从单独的销售权利中获益，销售权与后续的产品销售直接相关，因此根据上述准则规定，发行人应当在销售产品时，将销售权权利金分摊至该产品的交易价格确认收入，即采用与后续产品收入确认相同的基础进行摊销，以符合收入准则在客户取得相关商品控制权时确认收入的原则。所以，发行人将销售权权利金按照当年实际销售数量占合同约定期间的预计销售数量的占比进行摊销确认收入，符合企业会计准则的上述规定。

部分同行业A股上市公司（如宣泰药业）针对销售权的收入确认方式，存在采用直线法摊销的方式，发行人将报告期内实际确认的销售权摊销收入与直线法方式模拟确认的收入进行了对比：

项　　目	2022年1—6月（万元）
发行人实际收入确认	22.11
直线法下模拟确认收入	21.80
差异金额	–0.31

综上，发行人采用的收入确认方式虽与部分同行业A股上市公司存在差异，但在具备可信的销售预测数据情况下，发行人按照实际销量和预计销量的比例关系确认收入符合企业会计准则关于可变对价收入确认的相关规定，即销售权摊销收入随着产品销售收入的波动而发生变化。上述方式与直线法下模拟确认收入在报告期内的差异金额较小。

分　析

销售权与后续的产品销售直接相关，且后续的产品销售构成单项履约义务，企业应当在销售该类产品时，顺带按照分摊至该产品的交易价格确认收入。至于用什么方法确认收入，可以用直线法摊销，省事，也可以用与该类产品一样的确认方式，如本案例，销售权权利金按照当年实际销售数量占总预计销售数量的比例去度量履约进度，并摊销确认收入。

14-4　商客通 2023-10

根据申请材料，公司的企业智能语音门户系统SaaS平台服务的收入确认政策如下：（1）周期性服务收入：公司将套餐内增值服务在服务期内按月分摊，当客户实际使用量小于应分摊金额时，公司根据合同约定的服务期限分期确认收入；当客户实际话务消耗量大于应分摊金额时，按实际消耗量确认收入。（2）一次性收入：对于企业智能语音门户系统SaaS平台服务开通前进行的实时培训等，公司根据与客户签订的服务合同约定，在开通和续约完成时一次性确认收入。

请说明：SaaS平台服务开通前收取的培训实施费对应的服务具体内容，是否构成单项履约义务，会计处理是否与同行业可比公司一致，结合新收入准则中关于初始费的收入确认方式及确认时点说明相关会计处理是否符合准则规定。

｜回复｜

一、说明SaaS平台服务开通前收取的培训实施费对应的服务具体内容

公司通信管理平台的培训实施费的具体内容包括：（1）根据各个运营商的要求，协助客户准备实名制的材料，核实客户营业执照、法人身份证等文件；（2）通过线下办理、标准化端口传输或邮寄的方式代客户向运营商提交实名制材料，完成400号码开通工作；（3）为客户进行平台功能配置以及平台功能培训，绑定400电话号码所对应的终端接听号码；（4）为客户制作400语音热线的二维码，通过手机扫描二维码实现自动拨打400语音热线的功能，方便用户对外宣传；（5）根据客户需求进行地图标记，在高德地图、腾讯地图等软件中新增所在地址客户信息及400电话号码信息；（6）根据客户要求制作客户400电话宣传视频等其他服务。

二、说明SaaS平台服务开通前收取的培训实施费是否构成单项履约义务

公司通信管理平台服务开通前收取的培训实施费构成单项履约义务，具体原因如下：

（1）合同中明确区分培训实施与通信管理平台套餐金额，合同层面作为单项承诺；

（2）培训实施内容与通信管理平台所提供的服务本质上属于两种不同的业务类型，提供的服务的内容、模式以及成本构成完全不同，平台主要成本为运营商的基础电信资源费用、运维部人员薪酬以及日常经营费用，实施培训的成本主要是支撑部及风控部人员薪酬，相关成本独立核算，能够与其他业务的成本区分，报告期内培训实施费的营业成本如下：

单位：万元

项目	2023年1—6月	2022年度	2021年度	2020年度
支撑部人员薪酬	44.92	103.35	107.54	134.94
风控部人员薪酬	50.95	134.41	235.69	210.48
合计	95.87	237.76	343.23	345.42

（3）培训实施作为公司提供给客户具有明确项目的服务，可收取相应的报酬，相关收入在合同中与其他服务可单独拆分，符合企业会计准则中可明确区分商品的定义；

（4）公司实施培训费是客户在开通前所提供的各项400电话套餐外的服务，通信管理平台服务收入是客户在使用400电话过程中使用公司所提供的软件及电信资源所产生的收入，两者不具有高度关联。

分　析

以上内容是在讨论构不构成单项履约义务。构不构成单项履约义务关键要看向客户承诺转让的商品或服务本身是否能够明确区分，请温习第1章“单项履约义务”的内容。

三、会计处理是否与同行业可比公司一致

经查询可比公司的收入确认政策，未查询到明确提及实施培训费等情况的确认情况，由于公司的通信管理平台与可比公司具体产品存在差异性，同时为进一

步明确培训实施费的确认是否符合行业惯例，与公司产品具有相似属性的通信类产品的上市公司会计处理如下：

1.指南针（300803）

北京指南针主要从事的金融信息服务业务是以互联网为平台，通过线上广告投放获取免费客户，并由客服人员引导免费客户购买付费产品后，向投资者提供金融数据分析和证券投资咨询服务。北京指南针金融信息服务业务主要面向数量众多的自然人客户，客户付费方式和产品使用行为复杂且采取预收款结算，一次性预收客户初始化费用和服务期限不等的后续维护运行费，其中：初始化费用在客户取得授权后一次性确认收入，后续维护运行费在服务期限内分期确认收入。

2.三五互联（300051）

三五互联企业邮箱业务包括销售企业邮箱产品并提供后续服务，企业邮箱收入划分为邮箱销售收入及后续空间租用、服务收入。邮箱销售收入在已经收款或取得了收款的证据，并将企业邮箱产品提交给客户时确认收入的实现；后续空间租用及服务收入在后续提供服务期间分期确认收入。

3.鹏博士（600804）

鹏博士向用户提供的服务通常按照履约进度确认收入，与鹏博士取得收入的主要活动相关的具体会计政策描述如下：

（1）周期性服务收入：对于按服务周期结算的项目，根据服务期限分期确认收入；对于按流量结算的项目，根据实际使用流量及合同单价确认收入。即按照履约进度确认收入。

（2）一次性收入：对于网络开通服务费等，公司根据与客户签订的服务合同约定，在开通当期一次性确认收入；对于设备销售收入在客户已取得商品控制权时确认收入。

4.南凌科技（300921）

南凌科技的凌网服务主要是为客户提供IP-VPN虚拟专用网、企业级互联网及配套服务的网络通信服务，该类型服务通常与客户签订固定金额的服务合同，根据合同相关约定，南凌科技在提供相关服务后，确认收入。具体包括：通常在线路安装调试完毕并经客户验收后开始计费，后续在服务期限内每月按固定金额确认收入；部分合同存在初始调试费或其他单项服务，在线路安装调试完毕或服务完成并经客户验收后一次性确认收入。综上所述，公司在通信管理平台服务开通时确认培训实施费与上市公司相关会计处理一致。

四、结合新收入准则中关于初始费的收入确认方式及确认时点说明相关会计处理是否符合准则规定

根据新收入准则第四十条规定，企业在合同开始（或接近合同开始）日向客户收取的无须退回的初始费（如俱乐部的入会费等）应当计入交易价格……在具体操作时，对收取的无需退回的初始费，要考虑是否构成单项履约义务进行账务处理。当初始费与向客户转让已承诺的商品相关且构成单项履约义务的，在转让该商品时，按照分摊至该商品的交易价格确认收入。

对于公司的业务而言，收取的培训实施费系为客户代办实名制认证、向运营商提交申请开通400语音热线、终端电话号码绑定、功能配置、平台操作培训、为客户制作400语音热线二维码、地图标记、400语音热线宣传视频等一系列服务，实施培训所收取的费用与向客户转让已承诺的服务相关，且构成单项履约义务，公司对于培训实施业务活动的收入和成本独立核算，因此，公司培训实施费在套餐开通时点按照合同对应的金额一次性确认收入符合企业会计准则的规定。

分　析

1.无须退回的初始费与向客户转让已承诺的商品相关、构成单项履约义务的，该怎么处理就怎么处理，无特殊之处。

2.本案例中，开通前就收取的培训实施费是一项履约义务，且是一次性、瞬间转移的，那么交易价格按时点确认收入。如果不是一次性的，则需要分摊，如案例“14-1 皓元医药 2020-09”“14-2 键凯科技 2020-03”是在各里程碑之间分别确认收入，“14-3 力品药业 2022-12”是按未来的销售比例去分摊。

图书在版编目（CIP）数据

IPO企业上市财务问题答疑与案例应用 / 陈涣波著．
北京 ： 中国法治出版社，2025．1．-- ISBN 978-7-5216-4848-5

Ⅰ．F279．246

中国国家版本馆CIP数据核字第202420SN53号

策划编辑：韩璐玮
责任编辑：贺鹏娟　　　封面设计：周黎明

IPO企业上市财务问题答疑与案例应用
IPO QIYE SHANGSHI CAIWU WENTI DAYI YU ANLI YINGYONG

著者 / 陈涣波
经销 / 新华书店
印刷 / 三河市紫恒印装有限公司
开本 / 710毫米×1000毫米　16开　　　印张 / 31.75　字数 / 551千
版次 / 2025年1月第1版　　　2025年1月第1次印刷

中国法治出版社出版
书号ISBN 978-7-5216-4848-5　　　定价：99.00元

北京市西城区西便门西里甲16号西便门办公区
邮政编码：100053　　　传真：010-63141600
网址：http://www.zgfzs.com　　　编辑部电话：010-63141791
市场营销部电话：010-63141612　　　印务部电话：010-63141606